应用型高等教育财经类专业“十三五”规划教材

会计顶岗实操

余　浩　黎向华　编著

上海财经大学出版社

图书在版编目(CIP)数据

会计顶岗实操/余浩，黎向华编著．—上海：上海财经大学出版社，2020.1

(应用型高等教育财经类专业“十三五”规划教材)

ISBN 978-7-5642-3450-8/F·3450

Ⅰ.①会… Ⅱ.①余…②黎… Ⅲ.①会计学-高等学校-教材 Ⅳ.①F230

中国版本图书馆 CIP 数据核字(2019)第 285061 号

□ 责任编辑 刘 兵
□ 封面设计 张克瑶

会计顶岗实操

余 浩 黎向华 编著

上海财经大学出版社出版发行
(上海市中山北一路 369 号 邮编 200083)
网 址：http://www.sufep.com
电子邮箱：webmaster @ sufep.com
全国新华书店经销
上海华业装璜印刷厂有限公司印刷装订
2020 年 1 月第 1 版 2023 年 5 月第 2 次印刷

787mm×1092mm 1/16 26 印张 666 千字
印数：3 001—4 000 定价：66.00 元

序

多年来，尤其是教育部《关于引导部分地方普通本科高校向应用型转变的指导意见(教发〔2015〕7号)》发布以来，我国高校教育工作者对如何办好应用型本科教育进行了不懈的探索，从宏观层面看，对应用型本科办学定位、办学指导思想和办学理念等方面进行了理论研究和实践探索；从中观层面看，对应用型本科的人才培养理念、人才培养目标定位、人才培养模式、人才培养规格、人才培养方案设计、产学研合作等进行了研究与实践；从微观层面看，对应用型本科专业教学模式、课程设计、教学方法、教材开发、实践教学等进行了创新研究与实践。这些研究与实践，在一定程度上统一了教师教育教学思想，有效推进了应用型本科高校教育教学改革、办学成果的形成和办学特色的培育。

目前，在应用型本科教育教学中，虽然教育研究与实践成果丰硕，但也存在不少需要深入研究与不断实践解决的问题，如实践教学仍然落实不到位、效果不佳的问题，教师教学理念有待进一步更新，不少教师虽然口头上重视实践教学，但由于其所受教育以理论教学及其研究为主，自觉不自觉地以理论教学为重，将实践教学当作理论教学的补充和附属，其结果是学校实践教学的内容大多是对理论知识的验证，并非培养学生应用能力的技术训练，从而导致实践教学的效果不佳；不少教师尤其是青年教师自身专业实践能力不足，高校在学位上要求教师具有硕士、博士学位，不少青年教师从学校到学校，缺少行业企业实践经历；人才培养方案中的实践教学课程体系构建问题，有的专业课程体系不是以学科为逻辑起点构建的，对人才培养的理论课程体系与实践课程体系缺乏必要的研究，有的专业对必要的理论课程重视不够，在这种情况下，实践教学即使得到了重视，效果仍然可能也不好，培养出来的学生虽然能够较快地适应一般的岗位工作，但后劲不足，难以得到较快的成长；此外还有学科专业校内实践教学平台构建问题、理实一体化课程中实践教学效果问题、产学研合作平台构建与作用发挥问题等。

由此看来，应用型本科教育，应构建适应应用型本科教育而有别于传统本科教育的理论教学课程体系和实践教学课程体系，其中实践教学课程体系的构建尤为重要，这需要从事应用型本科教育的教师进行系统的研究和实践，还需要行业企业的实际工作者积极参与，由教育专家和行业专家共同完成这一体系的构建。

值得高兴的是，在应用型本科教育领域，有一批教师在坚持不懈地进行实践课程教学的研究与实践，取得了一定的研究与实践成果。广州商学院余浩和黎向华两位老师就是其中的代表，他们结合会计教学实践，适应应用型本科教育特点，独辟蹊径，基于到企业公司、进财务部门、顶会计岗位、做财务工作的设计理念，创建了会计仿真工作室，创设了会计顶岗实操课程，开发了《会计顶岗实操》教材，使学生在校内会计实训中，实现了会计角色仿真、会计环境仿真、会计过程仿真、会计内容仿真。

《会计顶岗实操》教材是应用型本科会计专业教育发展的产物，该教材的出版发行和在教学中的运用，将有助于培养高素质应用型会计人才。

黄 弢

2019年9月26日

前　言

会计具有很强的实践性和可操作性，在会计教学实践中，我们坚持理实融合，通过创设条件，力求会计实操环境与会计工作环境一致、会计实操岗位与实际工作岗位一致、会计实操内容与实际工作内容一致、会计实操过程与实际工作过程一致，从而成功地实现了会计顶岗实操训练。在此基础上，我们编写了《会计顶岗实操》教材。

在《会计顶岗实操》编写过程中，我们成功地设计了相互有经济往来的12家制造公司、4家贸易公司和2家银行，其中每家公司又分设财务科长、记账会计、出纳会计、业务员（商品材料会计）等岗位。每家银行设置两个岗位，负责处理与其客户间的往来结算业务。通过经济业务的发生，产生原始凭证，形成了大量的会计业务，并通过制证、签章、传递凭证、往来结算、记账、审核、结账、编表等，展现实际会计业务处理的全过程。

编写《会计顶岗实操》教材，花费了作者大量的心血。本教材不是编者闭门造车的结果，也不是若干企业一个月会计业务拼凑的产物，而是在大量收集资料，经过筛选整理、精心设计构思后撰写而成的。正因如此，这本《会计顶岗实操》教材才能融真实性、知识性、实用性、科学性于一体，从而独具特色。

本教材的研发、出版、使用，使会计顶岗实操实现了三个仿真：

一是角色仿真。通过内部分工，分设财务科长、记账会计、出纳会计、业务员（商品材料会计）等岗位，让学生在参加会计顶岗实操中，通过分工协作，轮流担任不同会计角色，处理会计业务，使学生体会不同会计岗位的工作特点，从而实现了角色仿真。

二是环境仿真。本教材通过设计12家制造公司、4家贸易公司和2家银行，并独具匠心地设计了十分接近实际工作的会计环境，学生通过置身本教材设计的操作环境中，进行会计业务处理，亲身感受实际会计工作环境。

三是过程仿真。本教材基于会计工作的全过程进行设计编写，学生通过各种会计业务手续的办理，从接受原始凭证开始，经过审核凭证、制证、签章、传递凭证、往来结算、记账、结账、编表等全套会计业务处理，从而感受会计核算的全过程。

《会计顶岗实操》教材编写分工如下：余浩拟定编写提纲并撰写1～10部分；黎向华编写11～18部分；最后由余浩总纂定稿。

《会计顶岗实操》教材的编写、出版，得到了广州商学院黄弢校长、欧洁梅副校长的大力支持，得到了广州商学院会计学院同仁们的支持与帮助，得到了上海财经大学出版社何苏湘老师、刘兵老师的指导与帮助。在此，一并表示衷心的感谢！

本教材出版后，希望得到读者尤其是同行读者的批评和帮助，以便今后修改、补充、完善。

编者

2019年9月18日

目　录

1 会计顶岗实操的实施

会计顶岗实操是基于工作过程开发的一门实践课程。组织本课程的教学需要达到一定的要求,学生在顶岗操作中要按其所顶岗位承担相应的职责,教师在组织会计顶岗实操教学中要采取相应的教学方法和手段。

1.1 会计顶岗实操的要求

组织会计顶岗实操有三个方面的要求:对学生的要求、对教师的要求、对条件的要求。

会计顶岗实操对学生的要求如下:

会计顶岗实操是学生在具有仿真环境的会计顶岗实操室所进行的实战训练,所有学生都被确定在不同公司的不同岗位,一人一岗,进行相对独立的会计操作。因此,进入顶岗操作之前,学生必须学完《会计基础》《财务会计》《成本会计》《会计模拟训练》等课程,必须具备一定的会计知识和操作技能。

会计顶岗实操对教师的要求如下:

会计顶岗实操是以学生为主体的自主学习课程,教师在教学中只是组织指导,并不系统地讲授,但对教师的要求更高。担任《会计顶岗实操》课程教学的教师,必须具有双师素质,既要具有深厚的会计理论知识,更要具有从事会计实际工作的能力和娴熟的会计操作技能。

会计顶岗实操对条件的要求如下:

会计顶岗实操教学必须具备一定的条件,包括会计顶岗实操室、会计顶岗实操教材、会计顶岗实操所需各种用品。

(1)会计顶岗实操室

会计顶岗实操室设置 16 家公司的财务科和 2 家银行。

16 家公司财务科是:大兴公司财务科、大华公司财务科、兴隆公司财务科、兴盛公司财务科、德源公司财务科、德茂公司财务科、昌平公司财务科、昌安公司财务科、丰润公司财务科、丰利公司财务科、众生公司财务科、众健公司财务科、宏源公司财务科、宏盛公司财务科、达昌公司财务科和达亿公司财务科。

每家公司财务科均设置出纳会计、记账会计、财务科长、业务员(商品材料会计)4个岗位。

2家银行是:中国工商银行江泽市支行、中国工商银行崎峰市支行。

每家银行均设置2个结算业务岗位。

(2)会计顶岗实操教材

《会计顶岗实操》是其配套教材,与会计顶岗实操室的单位设置和岗位设置相呼应,是必备教材。

(3)会计顶岗实操所需用品

会计顶岗实操所需用品很多,除相关证账表外,可根据实际需要和条件加以配备,下面主要介绍所需证账表(各种证账表样式与需用量见有关网站):

原始凭证

增值税专用发票(一式三联)

增值税普通发票(一式二联)

旅差费用报销单

保费收据(一式二联)

进账单(一式二联)

领款单

亚洲证券营业部成交过户交割单

三峡证券营业部成交过户交割单

机动车辆保险单

材料入库验收单(一式三联)

商业承兑汇票(一式三联)

转账支票(一式四联)

收据(一式三联)

委托收款凭证(一式五联)

现金支票

信汇(一式四联)

费用报销领用单

固定资产折旧计算表

税收缴款书

借款单

物品领用单

工资结算汇总表

工资表

管理费用支出汇总表

市税务局印花税票发售统一发票(一式三联)

综合奖金结算汇总表

固定资产报废单(一式二联)

固定资产验收单(一式二联)

业务费招待费汇总表

验收单(一式三联)

材料入库单(一式二联)
内部转账单
罚款没收专用收据(一式三联)
水费分配表
外购动力分配表
材料采购费用分配表
专利申报表
报废低值易耗品汇总表
低值易耗品报废单
车间产品耗用工时汇总表
辅助生产情况表
生产情况报告表
产品入库汇总表
无形资产、长期待摊费用表
本月入库材料差异汇总表
领用包装物汇总表
领用低值易耗品汇总表
基本生产车间生产工人工资分配表
职工薪酬分配汇总表
基本生产车间制造费用分配表
发料凭证汇总表
发料凭证分配汇总表
辅助生产费用分配表
产品成本计算单
产品销售成本计算表
商品调价单(一式三联)
商品溢余短缺报告单(一式二联)
商品内部调拨单(一式三联)
商品销售成本计算单
商品进销差价计算表
地方税收综合纳税申报表
所得税纳税申报表
暂时性差异计算表
利润分配计算表
中国工商银行湖北省分行存款计息凭证(一式三联)
中国工商银行湖北省分行贷款计息凭证(一式五联)
②记账凭证
③科目汇总表
④账页
三栏式账页

数量金额式账页

多栏式账页

⑤试算平衡表

⑥会计报表

资产负债表

利润表

现金流量表

1.2 会计顶岗实操的职责

为了使企业会计业务顶岗操作具有角色仿真功能，企业会计业务顶岗操作室应设置不同的岗位，各操作岗位担负起相应的职责。

1.2.1 出纳会计岗位职责

出纳会计的岗位职责是：负责现金的收付和保管、支票的签发以及银行结算业务，负责涉及货币资金业务的记账凭证的编制，负责库存现金日记账、银行存款日记账等账簿的登记、结账、核对等工作。

为了有效地履行职责，对出纳会计岗位的要求如下：

(1)正确、及时地反映货币资金的收入、付出和结存情况，保证货币资金的安全和完整；

(2)严格按现金结算管理制度的有关规定办理现金的收、付事项；

(3)严格按银行结算纪律和结算原则办理银行转账结算业务；

(4)做到凭证真实准确，账目清楚，日清月结，账款相符；

(5)做好其他有关工作。

1.2.2 记账会计岗位职责

记账会计的岗位职责是：负责部分记账凭证的编制，明细账的登记、结账和对账工作。

为了有效地履行职责，对记账会计岗位的要求如下：

(1)严格审核各种原始凭证，保证原始凭证的真实性、合理性和合法性；

(2)及时根据审核无误的原始凭证，编制正确的记账凭证，并根据记账凭证及时登记各种明细分类账；

(3)做好有关计算和账务结转工作；

(4)做好对账和结账工作；

(5)做好其他有关工作。

1.2.3 财务科长岗位职责

财务科长(主办会计)的职责是：负责记账凭证的复核、科目汇总表的编制、总账的登记以及会计报表的编制工作；负责协调财务科各种业务关系。

为了有效地履行职责，对财务科长岗位的要求如下：

(1)全面组织财务科的会计工作，负责财务科人员的分工协作关系的协调；

(2)在审核记账凭证,保证记账凭证无误的基础上,做好科目汇总表的编制工作;

(3)及时登记总账,按月办理总账的月结工作,并将总账及时与出纳会计所经管的库存现金日记账、银行存款日记账等,以及记账会计所经管的各种明细分类账进行核对;

(4)根据账簿记录及有关资料,于月末编制“资产负债表”“利润表”“现金流量表”等会计报表。

1.2.4　业务员的岗位职责

业务员的岗位职责是:按操作要求以各种不同的身份填制各种不同的原始凭证,办理相应手续,传递各种凭证等。

为了有效地履行职责,对业务员岗位的要求如下:

(1)保质保量按时填制各种原始凭证,字迹清楚、手续齐全、内容正确;

(2)按规定时间将准确无误的原始凭证及时传递到有关人员手中。

1.2.5　银行结算岗位职责

银行结算的岗位职责是:负责办理各企业的存、取、贷款业务及银行转账业务。

为了有效地履行职责,对银行有关岗位的要求如下:

(1)认真负责地办理有关银行结算业务;

(2)在接受企业办理银行业务时,应认真审核企业名称、开户行、账号、印鉴等,如有不符或有疑问,则不予办理;如审核无误,加盖银行印章,及时办理;

(3)按各开户单位(企业)分别认真地登记银行对账单,并于月末及时提供给各开户单位予以对账;如企业对账发现疑问,应及时配合查找;如系银行记录有误,应及时更正银行对账单,并通知企业予以更正。

1.3　会计顶岗实操的组织

企业会计业务顶岗操作在完成会计理论教学和会计模拟系统训练后进行。

为了仿真企业存、取、贷款业务以及企业间经济往来业务通过银行结算,设立中国工商银行江泽市支行和中国工商银行崎峰市支行 2 个银行,每行设 2 个岗位,共 4 人。

除银行机构外,设立大兴公司、大华公司、兴隆公司、兴盛公司、德源公司、德茂公司、昌平公司、昌安公司、丰润公司、丰利公司、众生公司、众健公司、宏源公司、宏盛公司、达昌公司、达亿公司,共 16 家公司,每家公司均分设财务科长 1 人、记账员 1 人、出纳员 1 人、业务员 1 人,共 64 人。

会计业务顶岗操作机构设岗位 68 人,如参加操作的学生不足 68 人或多于 68 人,则由操作指导教师灵活安排。会计业务顶岗操作以 10 天左右为一个循环,每完成一个循环,交换岗位后从头操作,如此进行下去,直到操作结束。

1.3.1　岗位安排

会计顶岗实操教学指导教师在组织学生进入岗位操作前,应通过班主任、前导各门专业课程任课教师,了解学生学习、组织能力、表达能力等情况,综合考虑各种因素,将学生分别安排到不同的操作岗位上，填写“会计顶岗实操岗位安排表”(见表1—1)。

表1—1　　会计顶岗实操岗位安排

班级：　　　　年　月　日至　年　月　日

企业名称	财务科长	记账员	出纳员	业务员
大兴公司				
大华公司				
兴隆公司				
兴盛公司				
德源公司				
德茂公司				
昌平公司				
昌安公司				
丰润公司				
丰利公司				
众生公司				
众健公司				
宏源公司				
宏盛公司				
达昌公司				
达亿公司				
工商银行江泽市支行				
工商银行崎峰市支行				

1.3.2 会计建账

按《会计顶岗实操》教材要求发放各种账页，指导学生按所在会计岗位建账。

1.3.3 发放证表

每个公司发放通用记账凭证200张(由记账员领取)；科目汇总表9张、资产负债表1张、利润表1张、现金流量表1张、试算平衡表1张(由财务科长领取)。

每家银行发放“中国工商银行湖北省分行存款计息凭证”8份、“中国工商银行湖北省分行贷款计息凭证”8份。

除此之外，原始凭证按业务发生时间每5日发放一次(见表1—2～表1—5)。

表 1—2 **会计顶岗实操凭证领用表 1**

江泽市制造业(丰润、丰利、众生、众健、宏源、宏盛)6 个公司(每个公司耗用量)

日期	岗位	原始凭证名称	份数	岗位	原始凭证名称	份数	岗位	原始凭证名称	份数
一至五日	业务员	增值税专用发票	4	出纳员	商业承兑汇票	3	记账员		
		旅差费用报销单	1		转账支票	6			
		保费收据	1		收据	1			
		进账单	1		委托收款凭证	3			
		领款单	1		现金支票	1			
		亚洲证券营业部成交过户交割单	1		信汇	1			
		机动车辆保险单	1						
		材料入库验收单	4						
六至十日	业务员	增值税普通发票	4	出纳员	税收缴款书	2	记账员		
		增值税专用发票	2		转账支票	4			
		收据	1		进账单	1			
		固定资产折旧计算表	1		现金支票	1			
		费用报销领用单	2						
		材料入库验收单	1						
十一至十五日	业务员	借款单	1	出纳员	转账支票	1	记账员		
		增值税普通发票	1		现金支票	3			
		物品领用单	1		委托收款	1			
		收据	3		收据	1			
		工资结算汇总表	1						
		增值税专用发票	1						
		管理费用支出汇总表	1						
十六至二十日	业务员	市税务局印花税票发售统一发票	1	出纳员	现金支票	2	记账员	内部转账单	1
		综合奖金结算汇总表	1		转账支票	2			
		增值税普通发票	4		收据	1			
		固定资产报废单	1						
		固定资产验收单	1						
		差旅费报销单	1						
		业务费招待汇总表	1						
		费用报销领款单	1						
		材料入库单	1						
		物品领用单	1						
		进账单	1						

续表

日期	岗位	原始凭证名称	份数	岗位	原始凭证名称	份数	岗位	原始凭证名称	份数
二十一至二十五日	业务员	增值税普通发票	2	出纳员	转账支票	3	记账员		
		增值税专用发票	3		商业承兑汇票	3			
		管理费用支出汇总表	1		现金支票	1			
		罚款没收专用收据	1		水费分配表	1			
					外购动力分配表	1			
					材料采购费用分配表	1			
二十六至三十一日	业务员	增值税普通发票	1	出纳员	转账支票	2	记账员	无形资产长期待摊费用分配表	1
		增值税专用发票	1		委托收款	1		本月入库材料差异汇总表	1
		借款单	1		进账单	1		领用包装物汇总表	1
		专利申报表	1		内部转账单	1		低值易耗品领用及摊销表	1
		固定资产验收单	1					职工薪酬分配汇总表	2
		报废低值易耗品汇总表	1					领用低值易耗品汇总表	1
		材料入库验收单	2					基本生产车间生产工人工资分配表	1
		车间产品耗用工时汇总表	1					基本生产车间制造费用分配表	1
		辅助生产情况表	1					发料凭证汇总表	1
		生产情况报告表	1					发料凭证分配汇总表	1
		产品入库汇总表	1					领用包装物分配表	1
								内部转账单	5
								辅助生产费用分配表	1
								产品成本计算单	4
								产品销售成本计算表	2
								工商企业营业税纳税申报表	2
								所得税纳税申报表	1
								暂时性差异计算表	1
								利润分配计算表	1

表 1—3　　会计顶岗实操凭证领用表 2

崎峰市制造业(大兴、大华、德源、德茂、昌平、昌安)6 个公司(每个公司耗用量)

日期	岗位	原始凭证名称	份数	岗位	原始凭证名称	份数	岗位	原始凭证名称	份数
一至五日	业务员	增值税专用发票	1	出纳员	商业承兑汇票	3	记账员		
		差旅费用报销单	1		转账支票	6			
		保费收据	1		收据	1			
		进账单	1		委托收款凭证	3			
		领款单	1		现金支票	1			
		三峡证券营业部成交过户交割单	1						
		机动车辆保险单	1						
		材料入库验收单	4						
六至十日	业务员	增值税普通发票	6	出纳员	税收缴款书	2	记账员		
		增值税专用发票	2		转账支票	4			
		收据	1		进账单	1			
		固定资产折旧计算表	1		现金支票	1			
		费用报销领用单	2						
		材料入库验收单	1						
十一至十五日	业务员	借款单	1	出纳员	转账支票	1	记账员		
		增值税普通发票	1		现金支票	3			
		物品领用单	1		委托收款	1			
		收据	3		收据	1			
		工资结算汇总表	1						
		增值税专用发票	3						
		管理费用支出汇总表	1						
十六至二十日	业务员	市税务局印花税票发售统一发票	1	出纳员	现金支票	2	记账员	内部转账单	1
		综合奖金结算汇总表	1		转账支票	2			
		增值税普通发票	5		收据	1			
		固定资产报废单	1						
		固定资产验收单	1						
		差旅费报销单	1						
		业务费招待汇总表	1						
		费用报销领款单	1						
		材料入库单	1						
		物品领用单	1						

续表

日期	岗位	原始凭证名称	份数	岗位	原始凭证名称	份数	岗位	原始凭证名称	份数
二十一至二十五日	业务员	增值税普通发票	4	出纳员	转账支票	3	记账员		
		增值税专用发票	2		商业承兑汇票	3			
		管理费用支出汇总表	1		现金支票	1			
		罚款没收专用收据	1		水费分配表	1			
					外购动力分配表	1			
二十六至三十一日	业务员	借款单	1	出纳员	转账支票	2	记账员	无形资产、长期待摊费用分摊表	1
		专利申报表	1		委托收款	1		本月入库材料差异汇总表	1
		增值税专用发票	6		进账单	1		领用包装物汇总表	1
		固定资产验收单	1		内部转账单	1		低值易耗品领用及摊销表	1
		报废低值易耗品汇总表	1					职工薪酬分配汇总表	2
		材料入库验收单	2					领用低值易耗品汇总表	1
		车间产品耗用工时汇总表	1					基本生产车间生产工人工资分配表	1
		辅助生产情况表	1					基本生产车间制造费用分配表	1
		生产情况报告表	1					发料凭证汇总表	1
		产品入库汇总表	1					发料凭证分配汇总表	1
								领用包装物分配表	1
								内部转账单	5
								辅助生产费用分配表	1
								产品成本计算单	4
								产品销售成本计算表	2
								工商企业营业税纳税申报表	2
								所得税纳税申报表	1
								暂时性差异计算表	1
								利润分配计算表	1

表 1—4 **会计顶岗实操凭证领用表 3**

江泽市商品流通业 2 个公司(每个公司耗用量)

日期	岗位	原始凭证名称	份数	岗位	原始凭证名称	份数	岗位	原始凭证名称	份数
一至五日	业务员	借款单	2	出纳员	委托收款	1	记账员		
		增值税专用发票	16		现金支票	2			
		进账单	1		信汇	3			
		领款单	1		转账支票	2			
		亚洲证券营业部交割单	2						
		验收单	1						
		机动车辆保险单	1						
		保费收据	1						
六至十日	业务员	增值税普通发票	3	出纳员	税收缴款书	2	记账员		
		收据	1		转账支票	4			
		固定资产折旧计算表	1		收据	1			
		增值税专用发票	5		进账单	1			
		验收单	3		现金支票	1			
		费用报销领款单	1						
		保险公司保险收据	1						
		费用报销领款单	1						
		商品内部调拨单	3						
		进账单	3						
十一至十五日	业务员	增值税普通发票	2	出纳员	现金支票	4	记账员		
		增值税专用发票	1		转账支票	1			
		物品领用单	1		收据	2			
		收据	1						
		工资表	2						
		差旅费报销单	1						
		商品调价单	1						
		管理费用支出汇总表	1						
		收据	1						
十六至二十日	业务员	市税务局印花税发票	1	出纳员	转账支票	3	记账员	内部转账单	1
		收据	2		现金支票	2			
		验收单	2						
		综合奖金结算汇总表	1						
		固定资产报废单	1						
		固定资产验收单	1						
		业务招待费汇总表	1						
		费用报销领款单	1						

续表

日期	岗位	原始凭证名称	份数	岗位	原始凭证名称	份数	岗位	原始凭证名称	份数
		增值税普通发票	2						
		进账单	1						
		材料入库单	1						
		物品领用单	1						
二十一号至二十五日	业务员	增值税专用发票	5	出纳员	转账支票	2	记账员		
		增值税普通发票	3		收据	1			
		管理费用支出汇总表	1		现金支票	1			
		罚款没收收据	1		外购动力分配表	1			
二十六号至三十一日	业务员	增值税普通发票	1	出纳员	转账支票	2	记账员	职工薪酬分配表	1
		增值税专用发票	5		商业承兑汇票	3		无形资产、长期待摊分配表	1
		借款单	1		委托收款	3		内部转账单	6
		专利申报表	1		内部转账单	1		企业所得税纳税申报表	1
		验收单	3		进账单	1		增值税纳税申报表	1
		商品内部调拨单	3					商品销售成本计算单	13
		进账单	3					商品进销差价计算表	1
		低值易耗品报废单	1					地方税收综合纳税申报表	1
		收据	2					利润分配计算表	1
		固定资产验收单	1						
		商品溢余短缺报告单	3						

表 1—5　　会计顶岗实操凭证领用表 4

崎峰市商品流通业 2 个公司(每个公司耗用量)

日期	岗位	原始凭证名称	份数	岗位	原始凭证名称	份数	岗位	原始凭证名称	份数
一至五日	业务员	借款单	2	出纳员	委托收款	1	记账员		
		增值税专用发票	16		现金支票	2			
		进账单	1		信汇	3			
		领款单	1		转账支票	2			
		三峡证券营业部交割单	2						
		验收单	1						
		机动车辆保险单	1						
		保费收据	1						

续表

日期	岗位	原始凭证名称	份数	岗位	原始凭证名称	份数	岗位	原始凭证名称	份数
六至十日	业务员	增值税普通发票	5	出纳员	税收缴款书	2	记账员		
		收据	1		转账支票	4			
		固定资产折旧计算表	1		收据	1			
		增值税专用发票	3		进账单	1			
		验收单	3		现金支票	1			
		费用报销领款单	2						
		保险公司保险收据	1						
		商品内部调拨单	3						
		进账单	3						
十一至十五日	业务员	增值税普通发票	2	出纳员	现金支票	4	记账员		
		增值税专用发票	1		转账支票	1			
		物品领用单	1		收据	2			
		收据	1						
		工资表	2						
		差旅费报销单	1						
		商品调价单	1						
		管理费用支出汇总表	1						
		收据	1						
十六至二十日	业务员	市税务局印花税发票	1	出纳员	转账支票	3	记账员	内部转账单	1
		收据	2		现金支票	2			
		验收单	2						
		综合奖金结算汇总表	1						
		增值税普通发票	3						
		固定资产报废单	1						
		固定资产验收单	1						
		业务招待费汇总表	1						
		费用报销领款单	1						
		进账单	1						
		材料入库单	1						
		物品领用单	1						
二十一号至二十五日	业务员	增值税普通发票	4	出纳员	转账支票	2	记账员		
		增值税专用发票	5		收据	1			
		管理费用支出汇总表	1		现金支票	1			
		增值税普通发票	4		外购动力分配表	1			
		罚款没收收据	1						

续表

日期	岗位	原始凭证名称	份数	岗位	原始凭证名称	份数	岗位	原始凭证名称	份数
二十六号至三十一日	业务员	借款单	1	出纳员	转账支票	2	记账员	应付职工薪酬分配表	1
		专利申报表	1		商业承兑汇票	3		无形资产、长期待摊费用分配表	1
		验收单	3		委托收款	3		内部转账单	6
		商品内部调拨单	3		内部转账单	1		企业所得税纳税申报表	1
		进账单	3		进账单	1		增值税纳税申报表	1
		低值易耗品报废单	1		信汇	1		商品销售成本计算单	13
		收据	2					商品进销差价计算表	1
		增值税专用发票	5					地方税收综合纳税申报表	1
		固定资产验收单	1					利润分配计算表	1
		商品溢余短缺报告单	3						

1.3.4 组织操作

要求根据业务发生情况，各岗位按《会计顶岗实操》教材相应岗位要求进行操作，完成填制原始凭证、审核原始凭证、传递原始凭证、处理原始凭证、编制记账凭证、登记会计账簿等日常会计业务处理。在此基础上，结算账目，编制各种会计报表。整个过程教师只进行组织指导。

2 大兴公司会计业务岗位实操

2.1 大兴公司出纳会计岗位实操

2.1.1 开设有关日记账

大兴公司 2017 年 11 月 30 日有关账户余额如下：

库存现金日记账 1 000(借)

银行存款日记账 299 000(借)

大兴公司及往来公司相关情况如表 2—1 所示：

表 2—1 大兴公司及往来公司相关情况

开户行:中国工商银行江泽市支行		开户行:中国工商银行崎峰市支行	
公司名称	账　号	公司名称	账　号
达昌公司	1156674356327	昌平公司	823653676512
达亿公司	1156674356328	昌安公司	823653676513
丰润公司	1156674356321	大兴公司	823653676514
丰利公司	1156674356322	大华公司	823653676515
		兴隆公司	823653676516
		兴盛公司	823653676517

2.1.2 办理如下业务

凡出纳业务，在业务办理完毕后，编制记账凭证，交财务科长复核后据以登记库存现金和银行存款日记账，并将记账凭证连同所附原始凭证一并转给记账员记账。

(1)12 月 1 日，收到周源“旅差费报销单”(所附单据略)，经审核无误，报销费用 1 190 元，按原预支额 1 200 元开出“收据”，当即交回现金 10 元，并在差旅费报销单上填写“收现 10 元”。

(2)12 月 1 日，收到业务员送来的“进账单”及“增值税专用发票”的记账联，进行账务处理。

(3)12 月 1 日，收到开户银行转来昌平公司和昌安公司“转账支票”据以填写“进账单”，到开户行办理入账。

(4)12 月 1 日，填写“信汇”凭证 2 张，分别支付丰润公司账款 100 000 元和应付达昌公司账款 110 000 元。签发“转账支票”1 张，支付应付大华公司账款 100 000 元；填好结算凭证后去开户银行办理相关手续，依据“转账支票”存根和“信汇”凭证回单，审核无误后进行账务处理。

(5)12 月 2 日，填写“转账支票”与“进账单”，转出投资款 250 000 元，存入三峡证券营业部账户(三峡证券营业部开户行：中国工商银行崎峰市支行，账号：123456786789)准备用于购买股票。到银行办理转账手续。

(6)12 月 2 日，填写“现金支票”1 张，提取现金 16 000 元备用，到开户银行办理支款手续。

(7)12 月 2 日，收到业务科向东方的“领款单”，经审核无误，当即支付现金 3 300 元，作为业务科的备用金(在领款单上注明“现金付讫”)。

(8)12 月 3 日，收到“三峡证券营业部成交过户交割单”，购入股票划作交易性金融资产。

(9)12 月 5 日，收到开户行转来达亿公司“信汇”凭证收款通知联。

(10)12 月 5 日，收到中财保险股份有限公司机动车辆保险单(正本)和保费收据发票联，经审核无误，据以填写转账支票(中财保险股份有限公司开户行：中国工商银行崎峰市支行；账号：823653676538)，并到银行办理转账手续。

(11)12 月 6 日，填写“税收通用缴款书”，将未交增值税、应交城市维护建设税、应交个人所得税、应交教育费附加上交国库，具体金额见明细分类账各该账户的月初余额。税收通用缴款书填写好后，到开户行办理手续，经税务机关、银行盖章后取得完税凭证联，并据以进行账务处理。

(12)12 月 6 日，收到收到律师事务所“增值税专用发票”发票联、抵扣联，经审核无误，以现金付讫。

(13)12 月 8 日，收到崎峰市电视台的“增值税专用发票”发票联、抵扣联，经审核无误，据以填写转账支票(崎峰市电视台开户行：中国工商银行崎峰市支行；账号：823653676658)，付广告费，并到银行办理转账手续。

(14)12 月 8 日，大兴公司委托债券发行公司发行 5 年期债券，按面值的 10%溢价发行。现债券公司已发行债券面值 600 000 元，实收金额 660 000 元，款项今日全部交来，收到转账支票，当即送存银行。据以填写“收据”及“进账单”，到银行办理手续后据“收据”记账联及“进账单”回单进行账务处理。

(15)12 月 9 日，收到债券公司的“增值税普通发票”发票联，经审核无误，据以填写转账支票(债券公司开户行：中国工商银行崎峰市支行；账号：825533667788)，付手续费，并到银行办理转账手续。

(16)12 月 10 日，收到本公司职工丰收“费用报销领款单”，经审核无误，以现金付讫。

(17)12 月 10 日，收到房地产管理所的“增值税专用发票”发票联、抵扣联，经审核无误，以现金付讫。

(18)12 月 10 日，收到崎峰市汽车运输公司的“增值税专用发票”发票联、抵扣联，经审核无误，据以填写“转账支票”(崎峰市汽车运输公司开户行：中国工商银行崎峰市支行；账号：823653675588)，付运费，并到银行办理转账手续。

(19)12 月 10 日，依据“应付职工薪酬——社会保险费”期初余额，填写“税收通用缴款书”到银行办理缴款手续。

(20)12 月 10 日，签发“现金支票”，到银行办理取款手续，提回现金 4 200 元备用。根据“现金支票”存根作账务处理。

(21)12 月 10 日，收到孙红等 3 人的“费用报销领款单”，经审核无误，以现金付讫。

(22)12 月 10 日，收到司法局的“增值税专用发票”发票联、抵扣联，经审核无误，据以填写转账支票(司法局开户行：中国工商银行崎峰市支行；账号：825634221668)，付诉讼费，并到银行办理转账手续。

(23)12 月 11 日，收到周源的“借款单”，经审核无误，以现金付讫。

(24)12 月 11 日，收到工程队的“增值税专用发票”，经审核无误，如数签发“现金支票”，交郭进到银行取款。

(25)12 月 12 日，收到证券公司的“收据”，经审核无误，据以填写转账支票(证券公司开户行：中国工商银行崎峰市支行；账号：825634211698)，付债券及手续费，并到银行办理转账手续。

(26)12 月 13 日，收到“工资结算汇总表”，根据实发工资总额签发“现金支票”，从银行提取现金，当即发放完毕。

(27)12 月 13 日，收到业务员送来的增值税专用发票，据以填写“委托收款凭证”(应收达亿公司款)持委托收款凭证和增值税专用发票的发票联、抵扣联到银行办理托收手续，经银行盖章后，将退回的“委托收款凭证”回单与“增值税专用发票”记账联一并作账务处理。

(28)12 月 14 日，收到业务科“管理费用支出汇总表”(所附单据 38 张略)，经审核无误，以现金付讫。

(29)12 月 14 日，收到崎峰市工学院的“增值税普通发票”，经审核无误，开出“转账支票”付讫。

(30)12 月 15 日，收到职工食堂购买炊具的发票，经审核无误，以现金付讫。

(31)12 月 16 日，收到银行转来“委托收款凭证”的收款通知联。系达亿公司应收款。

(32)12 月 16 日，收到“市税务局印花税票发售统一发票”，经审核无误，以现金付讫。

(33)12 月 17 日，收到新达建筑公司“增值税专用发票”的发票联、抵扣联，经审核无误，据以填写“转账支票”(新达建筑公司开户行：中国工商银行崎峰市支行；账号：825625671350)，付工程款，并到银行办理转账手续。

(34)12 月 17 日，根据“综合奖金结算汇总表”(实际还应按人头的奖金发放表，此处略)，签发“现金支票”提回现金，当即发放完毕。

(35)12 月 18 日，收到立新设计院的“增值税普通发票”发票联、抵扣联，经审核无误，以现金付讫。

(36)12 月 18 日，收到业务员送来的昌安公司“转账支票”的收账通知联(当即据以填写“进账单”，送存银行)及本公司的固定资产销售的“增值税专用发票”的会计记账联，经审核无误进行账务处理。

(37)12 月 19 日，收到大华公司出售设备的“增值税专用发票”发票联、抵扣联，及本公司业务员送来的“固定资产验收单”，经审核无误据以填写“转账支票”付设备款，并到银行办理转账手续。

(38)12 月 19 日，收到周源的“旅差费报销单”(所附单据略)和交来的现金 560 元，开出“收据”收讫。收据金额按周源原借支数填写。

(39)12 月 19 日，收到业务科的“业务招待费汇总表”及所附 19 张单据(单据略)，经审核无误后，当即签发“现金支票”补足其备用金。

(40)12 月 19 日，收到黄红的“费用报销领款单”，经审核无误，以现金付讫。

(41)12 月 19 日，收到业务员送来的仓库租金收入“进账单”回单及“增值税专用发票”记账联。

(42)12 月 20 日，收到业务员送来的“增值税普通发票”和“物品领用单”经审核无误后签发“现金支票”，从银行提回现金 5 700 元，除支付灭火器款外，其余备用。

(43)12 月 20 日，收到业务员送来的兴隆公司“转账支票”(当即据以填写“进账单”，送存银行)，及本公司收取技术转让收入的“增值税专用发票”记账联。

(44)12 月 21 日，收到购买书籍的“增值税普通发票”发票联，经审核无误以现金付讫。

(45)12 月 21 日，收到昌安公司的“增值税专用发票”发票联、抵扣联，经审核无误后签发“转账支票”支付技术转让费。到银行办理转账手续。

(46)12 月 21 日，收到汽车修配厂的“增值税专用发票”发票联、抵扣联，经审核无误后以现金付讫。

(47)12 月 23 日，收到自来水厂“增值税专用发票”，审核无误后填写“转账支票”支付水费，到银行办理转账手续。(自来水厂开户行:中国工商银行崎峰市支行;账号:865235217658)。

同时根据定额耗用量分配本月水费，定额耗用量如下:动力车间 630 吨，机修车间 610 吨，基本生产车间 2 860 吨，公司管理部门 1 500 吨，据以编制“水费分配表”。

根“自来水厂发票的发票联、抵扣联、“转账支票”存根和“水费分配表”进行账务处理。

(48)12 月 23 日，收到业务科的“管理费用支出汇总表”及所附 32 张单据(单据略)，经审核无误后，当即签发“现金支票”补足其备用金。

(49)12 月 24 日，收到电力局的“增值税专用发票”发票联、抵扣联，审核无误后填写“转账支票”支付电费，到银行办理转账手续。(电力局开户行:中国工商银行崎峰市支行;账号:865235217666)

同时根据表 2—2 定额耗用量资料编制“外购动力费分配表”。

表 2—2 **定额耗用量资料**

产品名称	定额耗用量	车间部门	定额耗用量
K-1 产品	11 000 度	动力车间	600 度
K-2 产品	11 500 度	机修车间	1 000 度
K-3 产品	12 000 度	基本生产车间	800 度
K-4 产品	12 500 度	管理部门	7 600 度

根据电力局的发票联、“转账支票”存根和“外购动力费分配表”进行账务处理。

(50)12 月 24 日，收到新世纪商厦的“增值税普通发票”发票联，经审核无误后以现金付讫。

(51)12 月 25 日，签发“现金支票”，到银行办理取款手续，提回现金 6 600 元备用。根据“现金支票”存根作账务处理。

(52)12 月 25 日，收到物价检查所“罚款没收专用收据”，以现金支付罚款。

(53)12 月 26 日，收到副食商店“增值税普通发票”发票联，经审核后以现金付讫。

(54)12 月 26 日，收到通达搬运公司的“增值税专用发票”发票联、抵扣联，经审核无误后以现金付讫。

(55)12 月 26 日，收到周源的“借款单”经审核无误后以现金付讫。

(56)12 月 27 日，收到本公司业务员送来销售商品给昌安公司、昌平公司和达亿公司的“增值税专用发票”记账联和 3 张“商业承兑汇票”。

(57)12 月 27 日，收到业务员送来的“专利申报表”和专利局的“增值税专用发票”发票联、抵扣联，审核无误后填写“转账支票”支付专利注册登记费，到银行办理转账手续。(专利局开户行：中国工商银行崎峰市支行；账号：865235367685)

(58)12 月 27 日，收到达昌公司、大华公司、丰润公司业务员送来的增值税专用发票，经审核无误后分别填写为期 2 个月的“商业承兑汇票”3 份，将第二联分别送达昌公司、大华公司、丰润公司业务员。

同时收到顺达运输公司的“增值税专用发票”发票联、抵扣联，经审核无误后填写“转账支票”支付材料运费，到银行办理转账手续。(顺达运输公司开户行：中国工商银行崎峰市支行；账号：865235367898)

根据材料重量编制“材料采购运费分配表”。各种材料采购的重量：A-1 材料 6 000 千克，L-1 材料 10 000 千克，甲材料 20 000 千克，乙材料 20 000 千克，丙材料 10 000 千克，丁材料 10 000 千克。

根据“增值税专用发票”的发票联、“商业汇票”的留存联，“转账支票”存根联、“增值税专用发票”发票联、抵扣联、“材料采购费用分配表”，作账务处理。

(59)12 月 30 日，收到业务员送来的“增值税专用发票”，合同规定销货款采用委托收款结算方式，经审核无误后，据以填写“委托收款凭证”，持“委托收款凭证”和“增值税专用发票”的发票联、抵扣联到银行办理托收手续，经银行盖章后，将退回的“委托收款凭证”回单与“增值税专用发票”的记账联一并作账务处理。

(60)12 月 31 日，到开户行拿回贷款计息凭证，进行账务处理。(已预计应付利息 11 000 元)

(61)12 月 31 日，到开户行拿回存款计息凭证，进行账务处理。

(62)12 月 31 日，将账面价值为 100 000 元的“交易性金融资产——基金”全部出售，实得现金 105 000 元。填写“内部转账单”和“进账单”，将现金送存银行(全为百元券)。

2.2 大兴公司记账会计岗位实操

2.2.1 明细账期末资料

大兴公司 2017 年 11 月 30 日明细账期末资料如表 2—3 所示：

表 2—3 **明细账期末资料(截至 2017 年 11 月 30 日)** 单位:元

科 目	借或贷	金 额
其他货币资金——外埠存款	借	12 000.00
交易性金融资产——股票(成本)	借	100 000.00
交易性金融资产——债券(成本)	借	90 000.00
交易性金融资产——基金(成本)	借	100 000.00
应收票据——达亿公司	借	90 000.00
应收票据——昌平公司	借	100 000.00
应收票据——昌安公司	借	90 000.00
应收账款——达亿公司	借	110 000.00
应收账款——昌平公司	借	100 000.00
应收账款——昌安公司	借	110 000.00
坏账准备	贷	1 280.00
其他应收款——周源	借	1 200.00
其他应收款——代扣水电费	借	12 000.00
材料采购——原材料	借	54 850.00
原材料——原料及主要材料	借	400 000.00
原材料——其他材料	借	100 000.00
周转材料——包装物	借	20 000.00
周转材料——低值易耗品	借	60 000.00
材料成本差异——原材料	借	5 000.00
材料成本差异——包装物	贷	200.00
材料成本差异——低值易耗品	借	600.00
库存商品——K-1 产品	借	180 000.00
库存商品——K-2 产品	借	600 000.00
库存商品——K-3 产品	借	640 000.00
库存商品——K-4 产品	借	1 000 000.00
长期股权投资——股票投资(宏源公司)	借	150 000.00
持有至到期投资——成本	借	100 000.00
持有至到期投资——利息调整	借	10 000.00
持有至到期投资——应计利息	借	10 000.00
固定资产——生产用固定资产	借	1 450 000.00
固定资产——非生产用固定资产	借	600 000.00
固定资产——不需用固定资产	借	100 000.00

续表

科 目	借或贷	金 额
固定资产——出租固定资产	借	150 000.00
累计折旧	贷	650 000.00
工程物资——专用材料	借	200 000.00
工程物资——专用设备	借	400 000.00
在建工程——机床大修工程	借	60 000.00
在建工程——设备安装工程	借	380 000.00
固定资产清理——报废	借	5 000.00
无形资产——专利权	借	377 000.00
无形资产——专有技术	借	360 000.00
研发支出——资本化支出	借	23 000.00
长期待摊费用——固定资产大修费用	借	43 000.00
待处理财产损溢——待处理固定资产损溢	借	2 000.00
生产成本——基本生产成本(K-1 产品)	借	11 700.00
生产成本——基本生产成本(K-2 产品)	借	13 500.00
生产成本——基本生产成本(K-3 产品)	借	15 600.00
生产成本——基本生产成本(K-4 产品)	借	17 500.00
短期借款——生产周转借款	贷	1 500 000.00
应付票据——丰润公司	贷	200 000.00
应付票据——达昌公司	贷	90 000.00
应付票据——大华公司	贷	100 000.00
应付账款——丰润公司	贷	100 000.00
应付账款——达昌公司	贷	110 000.00
应付账款——大华公司	贷	100 000.00
应付职工薪酬——职工教育经费	贷	4 000.00
应付职工薪酬——职工福利	贷	1 600.00
应付职工薪酬——社会保险费	贷	8 400.00
应交税费——未交增值税	贷	50 000.00
应交税费——应交所得税	借	45 000.00
应交税费——应交城市维护建设税	贷	3 000.00
应交税费——应交个人所得税	贷	2 500.00
应交税费——应交教育费附加	贷	1 000.00
应付利息	贷	23 000.00

续表

科　目	借或贷	金　额
长期借款——基建借款	贷	1 300 000.00
长期应付款——应付设备款	贷	100 000.00
应付债券——面值	贷	300 000.00
应付债券——利息调整	贷	10 000.00
应付债券——应计利息	贷	20 000.00
实收资本——国家投资	贷	1 500 000.00
实收资本——宏源公司	贷	100 000.00
实收资本——其他	贷	1 163 970.00
资本公积——资本溢价	贷	270 000.00
资本公积——其他	贷	90 000.00
盈余公积——法定盈余公积	贷	540 000.00
利润分配——未分配利润	贷	60 000.00
本年利润	贷	400 000.00

原材料明细账 2017 年 11 月 30 日期末资料如表 2—4 所示。

表 2—4　　原材料明细账(截至 2017 年 11 月 30 日)　　单位:元

品　名		单位	数量	计划单价	金额
原料及主要材料	甲材料	千克	10 000	4.06	40 600
	乙材料	千克	10 000	2.93	29 300
	丙材料	千克	10 000	5.04	50 400
	丁材料	千克	10 000	6.07	60 700
	L-1 材料	千克	12 000	9.8	117 600
	A-1 材料	千克	10 000	10.14	101 400
	小计				400 000
其他材料					100 000
合　计					500 000

材料采购明细账 2017 年 11 月 30 日期末资料如表 2—5。

表 2—5 **材料采购明细账(截至 2017 年 11 月 30 日)** 单位:元

供货单位	项目	借方			贷方			备注
		买价	运杂费	合计	计划成本	差异	合计	
达昌公司	甲材料	8 000	150	8 150				
	乙材料	8 000	150	8 150				
达亿公司	丙材料	9 000	150	9 150				
	丁材料	9 000	150	9 150				
大华公司	L-1 材料	10 000	100	10 100				
丰润公司	A-1 材料	10 000	150	10 150				
合计		54 000	850	54 850				

库存商品明细账 2017 年 11 月 30 日期末资料如表 2—6 所示。

表 2—6 **库存商品明细账(截至 2017 年 11 月 30 日)** 单位:元

商品名称	单位	数量	单位成本	金额
K-1 商品	千克	20 000	9	180 000
K-2 商品	件	40 000	15	600 000
K-3 商品	件	40 000	16	640 000
K-4 商品	件	50 000	20	1 000 000
合计				2 420 000

生产成本明细账 2017 年 11 月 30 日期末在产品成本资料如表 2—7 所示。

表 2—7 **生产成本明细账(截至 2017 年 11 月 30 日)** 单位:元

产品名称	数量	成本项目			
		直接材料(元)	直接人工(元)	制造费用(元)	合计(元)
K-1 产品	2 600 千克	6 000	3 000	2 700	11 700
K-2 产品	1 800 件	7 000	3 500	3 000	13 500
K-3 产品	1 950 件	8 000	4 000	3 600	15 600
K-4 产品	1 750 件	9 000	4 500	4 000	17 500
合计					58 300

2.2.2 开设明细账

下列账户使用三栏式账页(有期初余额的账户结转期初余额,没有期初余额的账户设户后待记发生额):

表 2—8 **明细账账户**

序号	一级科目	明细科目	序号	一级科目	明细科目
1	其他货币资金	外埠存款	48	短期借款	生产周转借款
2	其他货币资金	存出投资款	49	应付票据	丰润公司
3	交易性金融资产	股票(成本)	50	应付票据	达昌公司
4	交易性金融资产	股票(公允价值变动)	51	应付票据	大华公司
5	交易性金融资产	债券(成本)	52	应付账款	丰润公司
6	交易性金融资产	基金(成本)	53	应付账款	达昌公司
7	应收票据	达亿公司	54	应付账款	大华公司
8	应收票据	昌平公司	55	应付职工薪酬	工资
9	应收票据	昌安公司	56	应付职工薪酬	职工福利
10	应收账款	达亿公司	57	应付职工薪酬	社会保险费
11	应收账款	昌平公司	58	应付职工薪酬	住房公积金
12	应收账款	昌安公司	59	应付职工薪酬	工会经费
13	预付账款	中财保险公司	60	应付职工薪酬	职工教育经费
14	坏账准备		61	应付职工薪酬	非货币性福利
15	其他应收款	周源	62	应交税费	未交增值税
16	其他应收款	业务科	63	应交税费	应交所得税
17	其他应收款	代扣水电费	64	应交税费	应交城市维护建设税
18	原材料	原料及主要材料	65	应交税费	应交个人所得税
19	原材料	其他材料	66	应交税费	应交教育费附加
20	周转材料	包装物	67	应交税费	应交房产税
21	周转材料	低值易耗品——在库	68	应付利息	
22	材料成本差异	原材料	69	应付股利	
23	材料成本差异	包装物	70	其他应付款	社会保险费
24	材料成本差异	低值易耗品	71	其他应付款	住房公积金
25	长期股权投资	股票投资(宏源公司)	72	长期借款	基建借款
26	持有至到期投资	成本	73	长期应付款	应付设备款
27	持有至到期投资	利息调整	74	应付债券	面值
28	持有至到期投资	应计利息	75	应付债券	利息调整
29	固定资产	生产用固定资产	76	应付债券	应计利息
30	固定资产	非生产用固定资产	77	递延所得税负债	
31	固定资产	不需用固定资产	78	实收资本	国家投资
32	固定资产	出租固定资产	79	实收资本	宏源公司

续表

序号	一级科目	明细科目	序号	一级科目	明细科目
33	累计折旧		80	实收资本	其他
34	工程物资	专用材料	81	资本公积	资本溢价
35	工程物资	专用设备	82	资本公积	其他
36	在建工程	机床大修工程	83	盈余公积	法定盈余公积
37	在建工程	设备安装工程	84	利润分配	提取法定盈余公积
38	在建工程	生产车间扩建工程	85	利润分配	应付现金股利
39	固定资产清理	报废	86	利润分配	未分配利润
40	固定资产清理	出售不需用固定资产	87	本年利润	
41	无形资产	专利权	88	主营业务收入	K-1 产品
42	无形资产	专有技术	89	主营业务收入	K-2 产品
43	研发支出	资本化支出	90	主营业务收入	K-3 产品
44	累计摊销		91	主营业务收入	K-4 产品
45	长期待摊费用	固定资产大修费用	92	其他业务收入	
46	待处理财产损溢	待处理固定资产损溢	93	投资收益	
47	递延所得税资产		94	公允价值变动损益	
			95	营业外收入	
			96	主营业务成本	K-1 产品
			97	主营业务成本	K-2 产品
			98	主营业务成本	K-3 产品
			99	主营业务成本	K-4 产品
			100	税金及附加	
			101	其他业务成本	
			102	资产减值损失	
			103	营业外支出	
			104	所得税费用	

(2)下列账户使用多栏式账页(有期初余额的账户结转期初余额,没有期初余额的账户设户后待记发生额):

应交税费——应交增值税

生产成本——基本生产成本(K-1 产品)

生产成本——基本生产成本(K-2 产品)

生产成本——基本生产成本(K-3 产品)

生产成本——基本生产成本(K-4 产品)

生产成本——辅助生产成本——机修车间

生产成本——辅助生产成本——动力车间

制造费用——基本生产车间

销售费用

财务费用

管理费用

(3)“材料采购——原材料”使用横线登记式账页(有期初余额的账户结转期初余额,没有期初余额的账户设户后待记发生额)。

(4)下列账户使用数量金额式账页(有期初余额的账户结转期初余额,没有期初余额的账户设户后待记发生额):

库存商品——K-1 产品

库存商品——K-2 产品

库存商品——K-3 产品

库存商品——K-4 产品

原材料——原料及主要材料——甲材料

原材料——原料及主要材料——乙材料

原材料——原料及主要材料——丙材料

原材料——原料及主要材料——丁材料

原材料——原料及主要材料——L-1 材料

原材料——原料及主要材料——A-1 材料

2.2.3 办理记账业务

办理如下记账业务:

(1)收到业务员送来“产品出库单”第二联。(留待月末汇总进行账务处理)

(2)12 月 4 日,收到业务员送来的材料入库验收单。(留待月末汇总进行收料的账务处理)

(3)12 月 9 日,收到固定资产折旧计算表,经审核无误进行账务处理。

(4)12 月 9 日,收到业务员交来本公司换出商品的增值税专用发票的记账联,换入材料的增值税发票的抵扣联与发票联及材料入库验收单的会计记账联,经审核无误进行非货币性交易的账务处理。

(5)12 月 12 日,收到杜豪、方矩的“物品领用单”,经审核无误进行账务处理。

(6)12 月 18 日,收到固定资产报废单,经审核无误进行账务处理。

(7)12 月 18 日,收到业务员送来的“内部转账单”,经审核无误进行账务处理。

(8)12 月 20 日,收到业务员送来的工程物资入库验收单。

(9)12 月 20 日,报废固定资产清理完毕,根据“固定资产清理——报废清理”账户余额编制“内部转账单”,结转清理损益。

(10)12 月 27 日,收到业务员送来的材料入库验收单。(留待月末汇总进行收料的账务处理)

(11)12 月 28 日,本月应摊销专利权 40 000 元,应摊销专有技术 30 000 元,应摊销基本生产车间固定资产大修费 20 000 元,据以编制“无形资产、长期待摊费用分摊表”,经审核无误进行账务处理。

(12)12 月 29 日,收到“报废低值易耗品汇总表”及“材料入库验收单”(会计记账联),经审核无误进行账务处理。

(13)12 月 29 日,据前面留存的“材料入库验收单”登记“材料采购”明细账(横线登记式明细账)的贷方发生额,并计算入库材料成本差异,据此编制“本月已付款的入库材料汇总表”。

(14)12 月 30 日本月生产产品领用包装物的计划成本汇总如下(根据领料单汇总的,因为领料单不便一一列出,故略去):

K-1 产品领用 2 300 元

K-2 产品领用 2 600 元

K-3 产品领用 2 700 元

K-4 产品领用 2 400 元

据“周转材料——包装物”与“材料成本差异—包装物”账户资料计算材料成本差异率、领用材料应分摊的差异额及领用材料实际成本,据计算结果编制:“领用包装物汇总表”,经审核无误进行账务处理。

(15)12 月 30 日本月领用低值易耗品的计划成本汇总如下(根据领料单汇总的,因为领料单不便一一列出,故略去):

基本生产车间领用 12 000 元

动力车间领用 800 元

机修车间领用 1 200 元

公司管理部门领用 1 600 元

据“周转材料——低值易耗品”与“材料成本差异——低值易耗品”账户资料计算材料成本差异率、领用材料应分摊的差异额及领用材料实际成本,据计算结果编制:“领用低值易耗品汇总表”,经审核无误进行账务处理。

(16)12 月 31 日,收到“车间产品耗用工时汇总表”,结合“工资结算汇总表”与“奖金发放表”先编制“基本生产车间生产工人工资分配表”,后编制“职工薪酬分配表”,经审核无误进行账务处理。

(17)12 月 31 日,收到业务员送来的“发料凭证汇总表”及下列材料耗用资料编制“发料凭证分配汇总表”。据“原材料”各数量金额式明细账及“材料成本差异——原材料”账户资料计算材料成本差异率、领用材料应分摊的差异额及领用材料实际成本。

材料耗用的计划成本汇总如表 2—9 所示。

表 2—9 **材料耗用的计划成本汇总资料** 单位:元

产品、车间、部门	主要材料	其他材料	备 注
K-1 产品	140 000		
K-2 产品	150 000		
K-3 产品	146 000		
K-4 产品	160 000		
基本生产车间一般耗用		3 000	列入物料消耗
动力车间	8 000	4 000	
机修车间	11 300	3 000	

续表

产品、车间、部门	主要材料	其他材料	备 注
公司管理部门		4 000	列入公司经费
销售部门		3 000	列入包装费
车间扩建工程	16 000	33 000	按13%转出进项税额

经审核无误进行账务处理。

(18)12月31日，原作待处理的盘亏设备净值2 000元，经批准转销。据以编制“内部转账单”，经审核无误进行账务处理。

(19)12月31日，收到“辅助生产情况表”，结合“生产成本——辅助生产成本——动力车间”和“生产成本——辅助生产成本——机修车间”账户资料，采取直接分配法分配辅助生产费用，编制“辅助生产费用分配表”(分配率精确到后四位数)，经审核无误进行账务处理。

(20)12月31日，根据工时记录(见第15笔业务“车间耗用工时汇总表”)和“制造费用——基本生产车间”账户资料编制“制造费用分配表”(分配率精确到后四位数)，经审核无误进行账务处理。

(21)12月31日，收到“生产情况报告表”和“产品入库汇总表”，结合基本生产成本明细账资料，据以编制“产品成本计算表”(分别四种产品进行计算)，经审核无误进行账务处理。

(22)12月31日，根据“产品出库单”本月商品销售数量及“库存商品”明细账的加权平均单位成本，编制“产品销售成本计算表”，结转产品销售成本。

(23)12月31日，“交易性金融资产——股票”的公允价值为220 000元，依据“交易性金融资产——股票——成本”及“交易性金融资产——股票——公允价值变动”明细账户资料计算本期公允价值变动金额，据以填制“内部转账单”，经审核无误进行账务处理。

(24)12月31日，按应收款项百分比法计提坏账准备，提取比例为3%，依据“应收账款”及“坏账准备”明细账资料分析计算本期应计提的坏账准备金，据以编制“内部转账单”，经审核无误进行账务处理。

(25)12月31日，依据“应交税费——应交增值税”明细账资料分析填写“增值税纳税申报表”，计算出未交增值税额，经审核无误进行账务处理。

(26)12月31日，依据“其他业务收入”和“固定资产”明细账及“增值税纳税申报表”资料，计算应交营业税、应交房产税、应交城市维护建设税、应交教育费附加，编制“地方税收综合纳税(费)申报表”，经审核无误进行账务处理。

(27)12月31日，依据“持有至到期投资”明细账期初资料计算本年利息收入，并进行利息调整(按票面利率10%，实际利率6%计算)，据以填制“内部转账单”，经审核无误进行账务处理。(本月发生数，暂不计算利息)

(28)12月31日，依据“应付债券”明细账期初资料计算本年利息费用，并进行利息调整，按票面利率8%，实际利率6%计算(为安装工程而发行债券)，据以填制“内部转账单”，经审核无误进行账务处理。(本月发生数，暂不计算利息)

(29)12月31日，结平“待处理财产损溢”账户。结平“应付职工薪酬——职工福利”账户。

(30)12月31日，填写“内部转账单”，将损益类账户的本月净发生额结转“本年利润”账户。

(31)12月31日，编制“利润表”初稿，据以编制“暂时性差异计算表”“所得税纳税申报表”

(所得税税率:25%),经审核无误进行账务处理。

(32)12 月 31 日,将“所得税费用”账户发生额,转入“本年利润”账户后,将“本年利润”账户余额转入“利润分配——未分配利润”账户。

(33)12 月 31 日,编制“利润分配计算表”,进行利润分配。法定盈余公积按全年净利润的 10%分配,应付现金股利按“未分配利润”明细账期初余额加上本年净利润,减去本年提取的法定盈余公积后的 30%分配。

(34)12 月 31 日,将“利润分配——提取盈余公积”“利润分配——应付现金股利”账户余额转入“利润分配——未分配利润”账户。

2.3 大兴公司财务科长岗位实操

2.3.1 开设总账

根据下列资料开设总账账户,每个账户占一页。大兴公司 2017 年 11 月 30 日总账期末资料如表 2—10 所示:

表 2—10　　总账账户余额(截至 2017 年 11 月 30 日)　　单位:元

科 目	借或贷	金 额	科 目	借或贷	金 额
库存现金	借	1 000.00	短期借款	贷	1 500 000.00
银行存款	借	299 000.00	应付票据	贷	390 000.00
其他货币资金	借	12 000.00	应付账款	贷	310 000.00
交易性金融资产	借	290 000.00	应付职工薪酬	贷	14 000.00
应收票据	借	280 000.00	应交税费	贷	11 500.00
应收账款	借	320 000.00	应付利息	贷	23 000.00
预付账款	平		应付股利	平	
坏账准备	贷	1 280.00	其他应付款	平	
其他应收款	借	13 200.00	长期借款	贷	1 300 000.00
材料采购	借	54 850.00	长期应付款	贷	100 000.00
原材料	借	500 000.00	应付债券	贷	330 000.00
周转材料	借	80 000.00	递延所得税负债	平	
材料成本差异	借	5 400.00	实收资本	贷	2 763 970.00
库存商品	借	2 420 000.00	资本公积	贷	360 000.00
长期股权投资	借	150 000.00	盈余公积	贷	540 000.00
持有至到期投资	借	120 000.00	利润分配	贷	60 000.00
固定资产	借	2 300 000.00	本年利润	贷	400 000.00
累计折旧	贷	650 000.00	主营业务收入	平	

续表

科　目	借或贷	金　额	科　目	借或贷	金　额
工程物资	借	600 000.00	其他业务收入	平	
在建工程	借	440 000.00	投资收益	平	
固定资产清理	借	5 000.00	公允价值变动损益	平	
无形资产	借	737 000.00	营业外收入	平	
研发支出	借	23 000.00	主营业务成本	平	
累计摊销	平		税金及附加	平	
长期待摊费用	借	43 000.00	其他业务成本	平	
待处理财产损溢	借	2 000.00	销售费用	平	
递延所得税资产	平		管理费用	平	
生产成本	借	58 300.00	财务费用	平	
制造费用	平		资产减值损失	平	
			营业外支出	平	
			所得税费用	平	

2.3.2 处理日常总账业务

日常总账业务如下：

(1)复核上旬会计凭证，根据审核无误的上旬记账凭证编制记账凭证汇总表，并据以登记总账，结出账户余额，与出纳员所经管的日记账核对，如有不符，查明原因，予以更正；与记账员所经管的明细账进行核对，如有不符，查明原因，予以更正。

(2)复核中旬会计凭证，根据审核无误的中旬记账凭证编制记账凭证汇总表，并据以登记总账，结出账户余额，与出纳员所经管的日记账核对，如有不符，查明原因，予以更正；与记账员所经管的明细账进行核对，如有不符，查明原因，予以更正。

(3)复核下旬会计凭证，根据审核无误的下旬记账凭证编制记账凭证汇总表，并据以登记总账，结出账户余额，与出纳员所经管的日记账核对，如有不符，查明原因，予以更正；与记账员所经管的明细账进行核对，如有不符，查明原因，予以更正。

(4)编制总账账户余额试算平衡表。

(5)办理年结。

2.3.3 编制会计报表

编制如下会计报表：

(1)编制资产负债表。

(2)编制利润表。

(3)编制现金流量表。

2.4 大兴公司业务员岗位实操

按要求填制和传递2017年12月份凭证：

(1)12月1日，周源出差返回公司报账，出差相关内容如下：周源出差联系业务推销产品，2017年11月24日从崎峰市乘火车至武汉市（当日到达）车票288元，在武汉市期间住宿费100元，2017年11月26日从武汉乘火车至郑州（次日到达）车票168元，在郑州期间住宿费304元，29日从郑州乘火车回崎峰市（次日到达）火车票204元，出差补助每天18元，据以填写“旅差费报销单”（经理邱成东在单上签字：同意报销），并持单以周源的名义向财务科出纳处报账（出差前已预支1 200元）。

(2)12月1日，销售给BA公司K-4商品9 000件，销售给BB公司K-4商品7 000件，销售给BC公司K-4商品8 000件，销售给BD公司K-4商品7 000件，K-4商品每件售价29元，增值税率13%，价税款均已收讫。据以填写“增值税专用发票”，款项全部存入银行，填写“进账单”，送银行办理进账手续后取回“进账单”回单。将“进账单”回单连同“增值税专用发票”的记账联送财务科出纳员，填写“产品出库单”送本公司记账员（开户行：中国工商银行崎峰市支行；账号：823653676514）。

(3)12月2日，以业务科向东方的名义填写“领款单”，领款金额3 300元，领款单填写好后到财务科找出纳员领款，作为业务科的备用金。

(4)12月3日，以三峡证券营业部的名义填写“三峡证券营业部成交过户交割单”1张，内容如下：本交割单系大兴公司购买股票，成交编号为13582，股东账户为53657893，股东名称为大兴公司，申请编号为682，公司代码为M239，申报时间为105028（即10点50分28秒），成交时间为105045，实收金额为151 227元，资金余额为98 773元；证券名称为635278，成交数量17 000股，成交价格8.84元，佣金440元，印花税490元，附加费17元。填好后送大兴公司出纳员。

(5)12月4日，表2—11所列材料全部入库，据以填写“材料入库验收单”。

表2—11 材料入库资料

供货单位	材料名称	计量单位	数量	单位买价（元）	运杂费（元）	计划单价（元）
达昌公司	甲材料	千克	2 000	4	150	4.06
	乙材料	千克	3 200	2.5	150	2.93
达亿公司	丙材料	千克	1 800	5	150	5.04
	丁材料	千克	1 800	5	150	6.07
大华公司	L-1材料	千克	1 000	10	100	9.8
丰润公司	A-1材料	千克	1 000	10	150	10.14

将填写好的“材料入库验收单”记账联送本公司记账员。

(6)12月5日，以中财保险股份有限公司的名义填写“机动车辆保险单”和“保费收据”各一张，填写内容如下：被保险人为大兴公司；投保险种为车辆损失险、第三责任险，盗抢险、玻璃险、他人恶意险等；车辆型号为皇冠（普）；发动机号36756954；牌号为A-355689；非营业用车；

座位为5座；保险价值33万元，保险金额33万元；基本保费250元；车辆损失险费率0.8%；第三责任险最高赔偿限额为24万元；第三责任险保费为2 200元；盗抢险保费据表计算；玻璃险保费为50元；他人恶意险保费为100元；保险期限自2018年1月1日零时起至2018年12月31日24时止。地址：十字街58号；电话：8666688；邮政编码438000；总经理：刘峰。填好后将“机动车辆保险单”正本和“保费收据”发票联送大兴公司出纳员。

(7)12月6日，以崎峰市王宏的名义填写“增值税专用发票”，收取大兴公司本月律师顾问费1 200元，持其发票联找大兴公司出纳员收款。(税率6%)

(8)12月8日，崎峰市电视台收取大兴公司广告费19 000元，代电视台填写“增值税专用发票”，持其发票联、抵扣联找大兴公司出纳员收款。(广告业增值税税率6%)

(9)12月9日，债券公司应向大兴公司收取债券印刷费及手续费6 000元。代填写“增值税普通发票，并持其第二联到大兴财务科结算。(税率3%)

(10)12月9日，根据下述资料编制“固定资产折旧表”(采用平均年限法)，编制完成后将其送大兴公司记账员。

11月30日，固定资产资料如表2—12所示。

表2—12 **固定资产资料**

部　门	固定资产类型	固定资产原值(元)	预计净残值(元)	预计使用年限
基本车间	房屋	250 000	15 000	40
	机床加工设备	260 000	10 000	10
	专用电子设备	300 000	15 000	10
	其他专用设备	200 000	8 000	20
机修车间	房屋	100 000	5 000	40
	机床加工设备	50 000	2 500	10
	其他专用设备	40 000	2 000	20
动力车间	房屋	100 000	5 000	40
	内燃发电机组	100 000	5 000	20
	其他专用设备	50 000	2 000	20
管理部门	房屋	600 000	30 000	40
	不需用设备	100 000	20 000	10
出租	仓库	150 000	8 000	10

(11)12月9日，大兴公司与兴盛公司进行非货币交易，交易内容如下：

大兴公司向兴盛公司销售K-3商品1 212件，每件售价25元；向兴盛公司购进乙材料10 000千克，每千克进价格3.03元。增值税率均为13%，据以填写销售K-3商品的“增值税专用发票”“产品出库单”和购进乙材料的“材料入库验收单”(材料已如数入库，乙材料的计划单位成本见记账员岗位的数量金额式明细账)填写好后先持销售商品的增值税专用发票的二、三联到兴盛公司业务处换取购进材料的增值税专用发票的二、三联；后将销售商品的“增值税专用发票”的记账联和购进材料的“增值税专用发票”的二、三联及“材料入库验收单”一并送交大兴公司记账员。将“产品出库单”第二联送本公司记账员。

(12)12月10日，以公司职工丰收的名义填写“费用报销领款单”，到财务科领取独生子女费170元。

(13)12月10日，代房地产管理所开具“增值税专用发票”，应收取大兴公司办公用房租金

1 100 元。制单人:张选。持发票联到大兴公司财务科结算。(税率 6%)

(14)12 月 10 日,以崎峰市汽车队的名义开具“增值税专用发票”,应收取大兴公司销货运费 6 800 元。制单人:王平。持发票联到大兴公司财务科结算。(运费增值税税率 9%)

(15)12 月 10 日,业务科孙红、赵启、陆凤 3 人领取本年度烤火费,每人 80 元,经理宋峰登签字:同意付款。代填写“费用报销领款单”,到财务科出纳处领款。

(16)12 月 10 日,代司法局开具“增值税专用发票”应收取大兴公司公证费用 1 300 元。收款人:游咏。持发票联到大兴公司财务科结算。(鉴证业务增值税税率 6%)

(17)12 月 11 日,生产技术科周源去省城开生产技术会,经领导宋峰登同意借款 2 000 元。据以填写“借款单”,持单向财务科出纳员借款。

(18)12 月 11 日,支付建安公司的生产车间扩建工程款 9 000 元,经公司经理宋峰登签字同意付款,由郭进统一领款,据以填写“增值税专用发票”,持发票联、抵扣联到财务科出纳处办理领款,取得出纳员签发的“现金支票”到银行取款。(税率 9%)

(19)12 月 12 日,业务员杜豪、方柜各领计算器一个,单价 140 元,合计金额 280 元。经理宋峰登审批:同意领用,一次摊销。据以填写“物品领用单”并将其送交财务科记账员。

(20)12 月 12 日,大兴公司向证券公司购买一年期债券 800 000 元,手续费 1 600 元,证券公司名义开出“收据”,持收据第二联到大兴司财务科结算。

(21)12 月 13 日,根据表 2—13 列资料编制“工资结算汇总表”(因工资结算原始资料比较复杂,实际工作中的工资发放表是根据岗位将每个人的工资计算出来加以汇总的。而下列资料直接以汇总的形式给出)。

表 2—13 工资结算汇总资料

车间、部门、类型	职工人数	标准工资(元)	应扣工资(元)		津贴(元)	代扣款项			
			事假	病假		水电费(元)	住房公积金(元)	个人所得税(元)	个人承担社保(元)
基本生产车间生产工人	290	280 000	1 500	300	28 000	9 350	11 000	50	2 360
基本生产车间管理人员	11	10 500			1 200	363	450	20	102
援外工程人员	3	3 100			1 400		65		20
在建工程人员	24	23 000			2 500	792	900		250
机修车间人员	6	5 800			500	198	230		65
动力车间人员	4	3 900			380	132	160		35
公司管理人员	33	35 000			3 400	1 000	1 300	32	350
医务人员	4	3 850			400	130	120		35
六个月以上长病人员	1	1 100		220	5	35	40		25

工资结算汇总表编制好后送交财务科出纳员。

(22)12 月 13 日,销售给达亿公司 K-1 商品 10 000 千克,每千克售价 13.80 元,K-2 商品 10 000 件,每件售价 21.60 元,增值税税率 13%,据以填写“增值税专用发票”“产品出库单”后将“增值税专用发票”送交本公司出纳员办理收款手续。将“产品出库单”送本公司记账员。

(23)12 月 14 日,业务科各种费用支出汇总情况如下:差旅费 320 元(18 张原始凭证);办公费 250 元(15 张原始凭证);其他费用 110 元(5 张原始凭证);经核对,编制“管理费用支出汇总表”，持表到财务科报账。

(24)12 月 14 日，张庆旺等 8 名职工参加崎峰市工学院短期培训，支付学杂费 3 600 元，以工学院名义开出“增值税普通发票”，持第 2 联(付款人联)找大兴公司财务科出纳员办理领款，取得出纳员签发的“现金支票”到银行取款。(税率 3%)

(25)12 月 15 日，大兴公司职工食堂向为民日杂公司购铁锅一口，计 70 元；盘子 50 个，每个 2.60 元，计 130 元，合计 200 元。以为民日杂公司名义开具“增值税普通发票”，持发票联向大兴公司财务科出纳员报账。(在发票备注上填写：列入职工福利。税率 3%)

(26)12 月 16 日，大兴公司向税务局购买 20 张 5 元券印花税票，30 张 2 元券印花税票，30 张 1 元券印花税票，以税务局名义开具“市税务局印花税票发售统一发票”，持发票联向大兴公司财务科出纳员报账。

(27)12 月 17 日，大兴公司应付的车间扩建工程包工款 220 000 元，以新达建筑公司的名义填写“增值税专用发票”，持发票联到大兴公司财务科办理结算。(税率 9%)

(28)12 月 17 日，本月综合奖金结算汇总资料如表 2—14 所示。

表 2—14　　本月综合奖金结算汇总资料

车间、部门	奖金(元)
基本生产车间生产工人	29 000
基本生产车间管理人员	1 100
机修车间人员	600
动力车间人员	400
公司管理人员	3 300
医务人员	400

据以编制“综合奖金结算汇总表”，持表向财务科出纳员领取奖金。

(29)12 月 18 日，大兴公司应付立新设计院产品设计费 1 000 元，以立新设计院的名义填写“增值税专用发票”，持发票联到大兴公司财务科办理结算。(税率 6%)

(30)12 月 18 日，销售给昌安公司不需用丙设备一台，原始价值 70 000 元，已提折旧 20 000 元，协商作价 53 000 元。据以填写“增值税专用发票”，持其发票联、抵扣联到昌安公司财务科收款，要求昌安公司出纳员签发“转账支票”，并与其一同去银行办理“进账”手续，将“进账单”及“增值税专用发票”记账联送交本公司财务科出纳员。同时依据固定资产原始价值与已提折旧填写“内部转账单”，并将其送本公司财务科记账员。(税率 13%)

(31)12 月 18 日，一栋仓库 290 平方米，预计使用 28 年，已使用 26 年，原值 95 000 元，已提折旧 82 000 元，因重建提前报废。其处理意见：使用部门的意见：因陈旧要求报废；技术鉴定小组意见：情况属实；固定资产管理部门意见：同意转入清理；主管部门审批意见：同意报废重建。据以填写“固定资产报废单”后将其会计记账联送财务科记账员。

(32)12 月 19 日，向大华公司购进丁设备一台，交易价 50 000 元，经验收交基本生产车间使用，据以填写“固定资产验收单”，将其第二联送财务科出纳员。

(33)12 月 19 日，周源 12 月 11 日去省城参加工业生产技术会，12 月 18 日返回，往返汽车票均为 45 元，住宿费用 700 元，会议费用 150 元，其他费用 380 元，每天补助 15 元。以周源的名义填写“差旅费报销单”，经理宋峰登在单上签字：同意报销。持单向财务科出纳员报账(原借支 2 000 元)。

(34)12 月 19 日,业务科与业务往来单位洽谈业务,接待、就餐、补助及接车费共计金额 2 111 元,单据 19 张。据以填写“业务招待费汇总表”,经理宋峰登在单上签字:同意报销。持单向财务科出纳员报账,取得出纳员签发的“现金支票”后到银行提取现金。

(35)12 月 19 日,报废固定资产的清理人员黄红等 5 人应领取清理费用 500 元,以黄红的名义填写“费用报销领款单”,经理宋峰登在单上签字:同意付款。持单向财务科出纳员领款。

(36)12 月 19 日,大兴公司向崎南公司收取仓库租金 4 900 元,据以开出“增值税专用发票”,收到现金 4 900 元,当即填写“进账单”到开户行办理进账手续,收到银行盖章后的“进账单”回单,将“增值税专用发票”的记账联及“进账单”回单送交本公司出纳员。(本公司开户行:中国工商行崎峰市支行,账号:823653676514。税率 9%)

(37)12 月 20 日,仓库清理残料如下:红砖 70 000 块,每块 0.20 元,计 14 000 元,其他材料 5 200 元,合计 19 200 元。材料全部入工程物资库作重建仓库用,据以编制“材料入库单”,并将其记账联送财务科记账员。

(38)12 月 20 日,大兴公司向为民五金公司购买灭火器 7 个,单价 100 元,计 700 元。灭火器购回后当即由仓库领用。先以为民五金公司名义开具“增值税普通发票”;再以仓库保管员陈诚名义填写“物品领用单”(经理宋峰登在单上签字:同意领用,一次摊销)。最后将发票联和“物品领用单”送财务科出纳员,并要求领款、领物。(税率 3%)

(39)12 月 20 日,向兴隆公司转让技术,收取技术转让费 17 000 元,据以填写“增值税专用发票”,持其发票联、抵扣联到兴隆公司财务科收款,要求兴隆公司出纳员签发“转账支票”,去银行办理转账手续,取得银行盖章后的“进账单”的收账通知联后,将“进账单”的收账通知联及“增值税专用发票”记账联送交本公司财务科出纳员。(税率 6%)

(40)12 月 21 日,向会计局购买《新会计准则》等书籍,付款 180 元,以会计局的名义填写“增值税普通发票”,并持其发票联到账务科报账。(税率 3%)

(41)12 月 21 日,大兴公司的汽车送汽车修配厂修理,具体修配项目如下:汽车补胎 236 元,汽车轮胎 2 个,单价 500 元,以汽车修配厂名义开具“增值税专用发票”,将发票联、抵扣联送交本公司出纳员。(税率 13%)

(42)12 月 23 日,大兴公司使用自来水厂的供水,水表记录是:本月号码为 63 265,上月号码为 57 105,实用水 6 160 吨,每吨单价 4 元。以自来水厂名义开具“增值税专用发票”持其发票联、抵扣联到大兴公司财务科结算。(水费增值税税率 9%)

(43)12 月 23 日,业务科用备用金开支下列各种费用:差旅费 1 020 元(11 张原始凭证);办公费 980 元(18 张原始凭证);修理费 1 200 元(3 张原始凭证);经核对全部报销,编制“管理费用支出汇总表”,持单到财务科报账。

(44)12 月 24 日,大兴公司电表的起码是 136582,止码是 199282,实用电 62 700 度,每度单价 0.80 元,以电力局的名义填写“增值税专用发票”(电费增值税税率 13%),持发票联到大兴公司财务科结算。

(45)12 月 24 日,大兴公司参加本市商品展销会,应付新世界商厦的商品展位租用费 1 100 元,以新世界商厦的名义填写“增值税普通发票”,持发票联到大兴公司财务科结算。(税率 3%)

(46)12 月 25 日,物价检查所对大兴公司商品销售情况进行检查,发现部分商品违反国家价格政策,罚款 1 680 元,以物价检查所名义填写“罚款没收专用收据”,持单到大兴公司财务科结算。

(47)12 月 26 日,看望住院职工张卫国,从副食品商品店购买 2 袋奶粉,每袋 180 元,苹果 4 千克,每千克 12 元,据以填写"增值税普通发票",经理宋峰登签字:在福利费列支,持发票联到大兴公司财务科结算。(税率 3%)

(48)12 月 26 日,通达搬运公司为大兴公司装卸货物,应收取装卸费 1 300 元,以通达公司的名义开具"增值税专用发票",持发票联到大兴公司财务科结算。(运费增值税税率 9%)

(49)12 月 26 日,周源出差预支差旅费 1 100 元,据以填写"借款单",持单向财务科出纳借款。

(50)12 月 27 日,大兴公司自行开发一项实用型专利开发成功,先根据下列资料填写"专利申报表":申请单位:大兴公司;专利项目:实用新型专利;技术开发费:23 000 元;注册登记费:3 500 元;单位意见:同意申报;专利局审批:同意注册。再以专利局名义填写"增值税专用发票"收取大兴公司专利注册登记费 3 500 元,然后持"专利申报表"和"增值税专用发票"发票联、抵扣联到大兴公司财务科结算。(鉴证业的增值税税率 6%)

(51)12 月 27 日,大兴公司销售给达亿公司 K-3 商品 10 000 件,每件售价 23 元;销售给昌平公司 K-1 商品 5 000 千克,每千克售价 14 元;销售给昌安公司 K-1 商品 4 800 千克,每千克售价 14 元;增值税税率均为 13%,据以分别 3 个公司填写"增值税专用发票""产品出库单"后持"增值税专用发票"到昌平、昌安、达亿公司财务科结算,要求各公司出纳员根据购销合同填写"商业承兑汇票",经付款人(各购货公司)承兑后取得"商业承兑汇票"第二联,将"增值税专用发票"的记账联和"商业承兑汇票"第二联送交大兴公司出纳员。将"产品出库单"第二联送财务科记账员。

(52)12 月 27 日,顺达运输公司为大兴公司运输购入的材料,应收运费 7 600 元。以顺达运输公司的名义开具"增值税专用发票",持发票联、抵扣联到大兴公司财务科结算。(运费增值税税率 9%)

(53)12 月 27 日,外购材料全部验收入库。据表 2—15 所列资料填写"材料入库验收单",将其记账联送财务科记账员。

表 2—15 **外购材料入库资料**

供货单位	材料名称	数量(千克)	买价(元)	运杂费(元)	计划单价(元)
丰润公司	A-1 材料	6 000	60 000	600	10.14
大华公司	L-1 材料	10 000	100 000	1 000	9.80
达昌公司	甲材料	20 000	80 000	2 000	4.06
	乙材料	20 000	60 000	2 000	2.93
	丙材料	10 000	50 000	1 000	5.04
	丁材料	10 000	60 000	1 000	6.07

(54)12 月 29 日,各部门报废低值易耗品(领用时均一次摊销),本月收回残值如下:基本生产车间 560 元,动力车间 70 元,机修车间 80 元,行政管理部门 190 元。报废材料均已入库(计划价按照 900 元计算)。据以编制"报废低值易耗品汇总表"和"材料入库验收单",并将其送财务科记账员。

(55)12 月 30 日,销售给达亿公司 K-2 商品 10 000 件,每件售价 22 元,K-3 商品 10 000

件，每件售价23元，增值税税率13%，据以填写"增值税专用发票"送本公司出纳员。填写"产品出库单"，将"产品出库单"送本公司记账员。

(56)12月31日，基本生产车间生产K-1产品耗用7 300工时，生产K-2产品耗用7 600工时，生产K-3产品耗用7 500工时，生产K-4产品耗用8 220工时，据以编制"产品耗用工时汇总表"，并将表送财务科记账员。

(57)12月31日，本月发出材料汇总资料如表2—16所示。

表2—16　　本月发出材料资料

材料名称	数量(千克)	计划总价(元)	计划单价(元)
甲材料	30 000	4.06	121 800
乙材料	30 000	2.93	87 900
丙材料	20 000	5.04	100 800
丁材料	20 000	6.07	121 400
L-1材料	10 000	9.8	98 000
A-1材料	10 000	10.14	101 400
小　计			631 300
其他材料			50 000

据以编制"发料凭证汇总表"，并将表送财务科记账员。

(58)12月31日，辅助生产车间本月提供劳务总量资料如表2—17所示。

表2—17　　辅助生产车间本月提供劳务总量

项　目	机修车间服务量(工时)	动力车间供电量(度)
K-1产品耗用	—	8 000
K-2产品耗用	—	8 000
K-3产品耗用	—	10 000
K-4产品耗用	—	10 000
基本生产车间耗用	1 610	1 000
行政管理部门耗用	100	5 000
车间扩建工程耗用	290	8 000
动力车间耗用	80	—
机修车间耗用	—	900
合　计	2 080	50 900

据以编制"辅助生产情况表"，并将表送财务科记账员。

(59)12月31日，本月产品生产及入库情况如表2—18所示。

表 2—18 **本月产品生产及入库情况**

产品名称	月初在产品	本月投产	本月完工入库	月末在产品	在产品完工程度	投料方式
K-1 产品	2 600 千克	28 576 千克	29 000 千克	2 176 千克	50%	逐步投料
K-2 产品	1 800 件	18 622 件	18 000 件	2 422 件	50%	逐步投料
K-3 产品	1 950 件	16 872 件	17 000 件	1 822 件	50%	逐步投料
K-4 产品	1 750 件	14 468 件	15 000 件	1 218 件	50%	逐步投料

代基本生产车间编制“生产情况报告表”;代成品仓库编制“产品入库汇总表”;将填写好的两张表送财务科记账员。

3　大华公司会计业务岗位实操

3.1　大华公司出纳会计岗位实操

3.1.1　开设有关日记账表

大华公司2017年11月30日有关账户余额如下：

库存现金日记账　　1 000(借)

银行存款日记账　　300 000(借)

大华公司及往来公司相关情况如表3—1所示。

表3—1　大华公司及往来公司相关情况

开户行：中国工商银行江泽市支行		开户行：中国工商银行崎峰市支行	
公司名称	账　号	公司名称	账　号
丰润公司	1156674356321	昌安公司	823653676513
丰利公司	1156674356322	大兴公司	823653676514
达昌公司	1156674356327	大华公司	823653676515
达亿公司	1156674356328	兴隆公司	823653676516
		兴盛公司	823653676517

3.1.2　办理如下业务

凡出纳业务，在业务办理完毕后，编制记账凭证，交财务科长复核后据以登记库存现金和银行存款日记账，并将记账凭证连同所附原始凭证一并转交记账员记账。

(1)12月1日，收到冯春"旅差费报销单"(所附单据略)，经审核无误，报销费用1 256元，按原预支额1 200元开出"收据"，当即补付现金56元，并在差旅费报销单上填写"付现56

元”。

(2)12 月 1 日，收到业务员送来的“进账单”回单及“增值税专用发票”的记账联进行账务处理。

(3)12 月 1 日，收到开户银行转来大兴公司和昌安公司“转账支票”据以填写“进账单”，到开户行办理入账。

(4)12 月 1 日，填写“信汇”凭证 3 张，分别支付丰润公司账款 180 000 元、丰利公司账款 120 000 元和应付达昌公司账款 90 000 元。填好结算凭证后去开户银行办理相关手续，取回“信汇”凭证回单，审核无误后进行账务处理。

(5)12 月 2 日，填写“转账支票”1 张，转出投资款 170 000 元，存入三峡证券营业部账户(三峡证券营业部开户行：中国工商银行崎峰市支行，账号：123456786789)准备用于购买股票。到银行办理转账手续，取回回单。

(6)12 月 2 日，填写“现金支票”1 张，提取现金 15 000 元备用，到开户银行办理支款手续。

(7)12 月 2 日，收到业务科向齐规的“领款单”，经审核无误，当即支付现金 3 000 元，作为业务科的备用金(在领款单上注明“现金付讫”)。

(8)12 月 3 日，收到“三峡证券营业部成交过户交割单”，购入股票划作交易性金融资产。

(9)12 月 5 日，收到开户行转来达亿公司“信汇”凭证收款通知联。

(10)12 月 5 日，收到中财保险股份有限公司机动车辆保险单(正本)和保费收据，经审核无误，据以填写转账支票(中财保险股份有限公司开户行：中国工商银行崎峰市支行；账号：823653676538)，并到银行办理转账手续。

(11)12 月 6 日，填写“税收通用缴款书”，将未交增值税、应交城市维护建设税、应交个人所得税、应交教育费附加上交国库，具体金额见明细分类账各该账户的月初余额。税收通用缴款书填写好后，到开户行办理手续，经税务机关、银行盖章后取得完税凭证联，并据以进行账务处理。

(12)12 月 6 日，收到律师事务所“增值税专用发票”发票联、抵扣联，经审核无误，以现金付讫。

(13)12 月 8 日，收到崎峰市电视台的“增值税专用发票”发票联、抵扣联，经审核无误，据以填写转账支票(崎峰市电视台开户行：中国工商银行崎峰市支行；账号：823653676658)，付广告费，并到银行办理转账手续。

(14)12 月 8 日，大华公司委托债券发行公司发行 5 年期债券，按面值的 10%溢价发行。现债券公司已发行债券面值 800 000 元，实收金额 880 000 元，款项今日全部交来，当即送存银行。据以填写“收据”及“进账单”，到银行办理手续后据“收据”记账联及“进账单”回单进行账务处理。

(15)12 月 9 日，收到债券公司的“增值税普通发票”发票联，经审核无误，据以填写转账支票(债券公司开户行：中国工商银行崎峰市支行；账号：825533667788)，付手续费，并到银行办理转账手续。

(16)12 月 10 日，收到本公司职工王达“费用报销领款单”，经审核无误，以现金付讫。

(17)12 月 10 日，收到房地产管理所的“增值税普通发票”发票联，经审核无误，以现金付讫。

(18)12 月 10 日，收到崎峰市汽车运输公司的“增值税专用发票”发票联，经审核无误，据以填写“转账支票”(崎峰市汽车运输公司开户行：中国工商银行崎峰市支行；账号：

823653675588)，付运费，并到银行办理转账手续，经银行盖章，取回“转账支票”回单。

(19)12 月 10 日，依据“应付职工薪酬——社会保险费”期初余额，填写“税收通用缴款书”到银行办理缴款手续。

(20)12 月 10 日，签发“现金支票”，到银行办理取款手续，提回现金 5 000 元备用。根据“现金支票”存根作账务处理。

(21)12 月 10 日，收到黎华等 3 人的“费用报销领款单”，经审核无误，以现金付讫。

(22)12 月 10 日，收到司法局的“增值税专用发票”，经审核无误，据以填写转账支票(司法局开户行：中国工商银行崎峰市支行；账号：825634221668)，付诉讼费，并到银行办理转账手续。

(23)12 月 11 日，收到冯春的“借款单”，经审核无误，以现金付讫。

(24)12 月 11 日，收到工程队的“增值税专用发票”，经审核无误，如数签发“现金支票”，交苏亮到银行取款。

(25)12 月 12 日，收到证券公司的“收据”，经审核无误，据以填写转账支票(证券公司开户行：中国工商银行崎峰市支行；账号：825634211698)，付债券及手续费，并到银行办理转账手续。

(26)12 月 13 日，收到“工资结算汇总表”，根据实发工资总额签发“现金支票”，从银行提取现金，当即发放完毕。

(27)12 月 13 日，收到业务员送来的增值税专用发票，据以填写“委托收款凭证”(应收达亿公司款)，持委托收款凭证和“增值税专用发票”的发票联、抵扣联到银行办理托收手续，经银行盖章后，将退回的“委托收款凭证”回单与“增值税专用发票”记账联一并作账务处理。

(28)12 月 14 日，收到业务科“管理费用支出汇总表”(所附单据 48 张略)，经审核无误，以现金付讫。

(29)12 月 14 日，收到崎峰市工学院的“收据”，经审核无误，开出“现金支票”付讫。

(30)12 月 15 日，收到职工食堂购买炊具的发票，经审核无误，以现金付讫。

(31)12 月 16 日，收到银行转来“委托收款凭证”的收款通知联，系达亿公司应收款。

(32)12 月 16 日，收到“市税务局印花税票发售统一发票”，经审核无误，以现金付讫。

(33)12 月 17 日，收到新达建筑公司“增值税专用发票”的发票联、抵扣联，经审核无误，据以填写“转账支票”(新达建筑公司开户行：中国工商银行崎峰市支行；账号：825625671350)，付工程款，并到银行办理转账手续。

(34)12 月 17 日，根据“综合奖金结算汇总表”(实际还应按人头的奖金发放表，此处略)，签发“现金支票”提回现金，当即发放完毕。

(35)12 月 18 日，收到立新设计院的“增值税普通发票”发票联，经审核无误，以现金付讫。

(36)12 月 18 日，收到兴隆公司出售设备的“增值税专用发票”发票联、抵扣联，及本公司业务员送来的“固定资产验收单”，经审核无误，据以填写“转账支票”付设备款，并到银行办理转账手续。

(37)12 月 19 日，收到业务员送来的大兴公司“转账支票”的收账通知联及本公司的固定资产销售的“增值税专用发票”的会计记账联，经审核无误进行账务处理。

(38)12 月 19 日，收到冯春的“旅差费报销单”(所附单据略)和交来的现金 530 元，开出“收据”收讫。收据金额按原借支数填写。

(39)12 月 19 日，收到业务科的“业务招待费汇总表”及所附 17 张单据(单据略)，经审核无误后，当即签发“现金支票”补足其备用金。

(40)12 月 19 日，收到朱锋的“费用报销领款单”，经审核无误，以现金付讫。

(41)12 月 19 日，收到业务员送来的仓库租金收入“进账单”回单及“崎峰市增值税专用发票”记账联。

(42)12 月 20 日，收到业务员送来的“增值税普通发票”和“物品领用单”，经审核无误后签发“现金支票”，从银行提回现金 5 600 元，除支付灭火器款外，其余备用。

(43)12 月 20 日，收到业务员送来的兴盛公司“转账支票”的收账通知联，及本公司收取技术转让收入的“增值税专用发票”记账联。

(44)12 月 21 日，收到购买书籍的“增值税普通发票”发票联，经审核无误，以现金付讫。

(45)12 月 21 日，收到兴隆公司的“增值税专用发票”发票联、抵扣联，经审核无误后签发“转账支票”支付技术转让费。到银行办理转账手续。

(46)12 月 21 日，收到汽车修配厂的“增值税专用发票”发票联、抵扣联，经审核无误后以现金付讫。

(47)12 月 23 日，收到自来水厂“增值税专用发票”，审核无误后填写“转账支票”支付水费，到银行办理转账手续。(自来水厂开户行：中国工商银行崎峰市支行；账号：865235217658)

同时根据定额耗用量分配本月水费，定额耗用量如下：动力车间 560 吨，机修车间 520 吨，基本生产车间 2 800 吨，公司管理部门 1 370 吨，据以编制“水费分配表”。

根据自来水厂的发票联、抵扣联、“转账支票”存根和“水费分配表”进行账务处理。

(48)12 月 23 日，收到业务科的“管理费用支出汇总表”及所附 39 张单据(单据略)，经审核无误后，当即签发“现金支票”补足其备用金。

(49)12 月 24 日，收到电力局的“增值税专用发票”发票联、抵扣联，审核无误后填写“转账支票”支付电费，到银行办理转账手续。(电力局开户行：中国工商银行崎峰市支行；账号：865235217666)

同时根据表 3—2 所列定额耗用量资料编制“外购动力费分配表”。

表 3—2 **定额耗用量资料**

产品名称	定额耗用量	车间部门	定额耗用量
L-1 产品	10 000 度	动力车间	600 度
L-2 产品	11 000 度	机修车间	900 度
L-3 产品	10 800 度	基本生产车间	800 度
L-4 产品	10 200 度	管理部门	7 700 度

根据电力局的发票联、“转账支票”存根和“外购动力费分配表”进行账务处理。

(50)12 月 24 日，收到新世纪商厦的“增值税普通发票”发票联，经审核无误后以现金付讫。

(51)12 月 25 日，签发“现金支票”，到银行办理取款手续，提回现金 7 000 元备用。根据“现金支票”存根作账务处理。

(52)12 月 25 日，收到物价检查所“罚款没收专用收据”，以现金支付罚款。

(53)12 月 26 日，收到“增值税普通发票”发票联，经审核无误后以现金付讫。

(54)12 月 26 日，收到通达搬运公司的“增值税专用发票”发票联、抵扣联，经审核无误后以现金付讫。

(55)12 月 26 日，收到冯春的“借款单”，经审核无误后以现金付讫。

(56)12 月 27 日，收到本公司业务员送来销售商品给昌安公司、大兴公司和达亿公司的“增值税专用发票”记账联和三张“商业承兑汇票”。

(57)12 月 27 日，收到业务员送来的“专利申报表”和专利局的“增值税专用发票”发票联、抵扣联，经审核无误后填写“转账支票”支付专利注册登记费，到银行办理转账手续。(专利局开户行：中国工商银行崎峰市支行；账号：865235367685)

(58)12 月 27 日，收到达昌公司、丰利公司、丰润公司业务员送来的增值税专用发票 2、3 联，经审核无误后分别填写为期 2 个月的“商业承兑汇票”三份，填好后将第二联分别交达昌公司、丰利公司、丰润公司业务员。

同时收到顺达运输公司的“增值税专用发票”发票联、抵扣联，经审核无误后填写“转账支票”支付材料运费，到银行办理转账手续。(顺达运输公司开户行：中国工商银行崎峰市支行；账号：865235367898)

根据材料重量编制“材料采购费用分配表”。各种材料采购的重量：A-1 材料 6 000 千克，B-1 材料 9 000 千克，甲材料 15 000 千克，乙材料 20 000 千克，丙材料 12 000 千克，丁材料 15 000 千克。

根据“增值税专用发票”的发票联、“商业汇票”的留存联、“转账支票”存根联、“增值税专用发票”发票联和抵扣联、“材料采购费用分配表”，作账务处理。

(59)12 月 30 日，收到业务员送来的“增值税专用发票”的二、三、四联，合同规定销货款采用委托收款结算方式，经审核无误后，据以填写“委托收款凭证”，持“委托收款凭证”和“增值税专用发票”2、3 联到银行办理托收手续，经银行盖章后，将退回的“委托收款凭证”回单与“增值税专用发票”的记账联一并作账务处理。

(60)12 月 31 日，到开户行拿回贷款计息凭证，进行账务处理。(已预计应付利息 11 000 元)

(61)12 月 31 日，到开户行拿回存款计息凭证，进行账务处理。

(62)12 月 31 日，将账面价值为 80 000 元的“交易性金融资产——基金”全部出售，实得现金 84 000 元。填写“内部转账单”和“进账单”，将现金送存银行(全为百元券)。

3.2 大华公司记账会计岗位实操

3.2.1 开设记账户资料

大华公司 2017 年 11 月 30 日明细账期末资料如表 3－3 所示：

表 3－3　　明细账期末资料(截至 2017 年 11 月 30 日)　　单位：元

科　目	借或贷	金　额
其他货币资金——外埠存款	借	10 000.00
交易性金融资产——股票(成本)	借	100 000.00

续表

科　目	借或贷	金　额
交易性金融资产——债券(成本)	借	90 000.00
交易性金融资产——基金(成本)	借	80 000.00
应收票据——昌安公司	借	110 000.00
应收票据——大兴公司	借	100 000.00
应收票据——达亿公司	借	110 000.00
应收账款——昌安公司	借	90 000.00
应收账款——大兴公司	借	100 000.00
应收账款——达亿公司	借	120 000.00
坏账准备	贷	1 240.00
其他应收款——冯春	借	1 200.00
其他应收款——代扣水电费	借	13 000.00
材料采购——原材料	借	50 660.00
原材料——原料及主要材料	借	368 000.00
原材料——其他材料	借	92 000.00
周转材料——包装物	借	21 000.00
周转材料——低值易耗品	借	56 000.00
材料成本差异——原材料	借	4 600.00
材料成本差异——包装物	贷	210.00
材料成本差异——低值易耗品	借	560.00
库存商品——L-1 产品	借	280 000.00
库存商品——L-2 产品	借	484 000.00
库存商品——L-3 产品	借	552 000.00
库存商品——L-4 产品	借	1 000 000.00
长期股权投资——股票投资(众生公司)	借	200 000.00
持有至到期投资——成本	借	100 000.00
持有至到期投资——利息调整	借	10 000.00
持有至到期投资——应计利息	借	15 000.00
固定资产——生产用固定资产	借	1 370 000.00
固定资产——非生产用固定资产	借	600 000.00
固定资产——不需用固定资产	借	160 000.00
固定资产——出租固定资产	借	150 000.00
累计折旧	贷	640 000.00

续表

科　目	借或贷	金　额
工程物资——专用材料	借	350 000.00
工程物资——专用设备	借	361 000.00
在建工程——机床大修工程	借	60 000.00
在建工程——设备安装工程	借	370 000.00
固定资产清理——报废	借	4 600.00
无形资产——专利权	借	353 000.00
无形资产——专有技术	借	350 000.00
研发支出——资本化支出	借	27 000.00
长期待摊费用——固定资产大修费用	借	42 000.00
待处理财产损溢——待处理固定资产损溢	借	1 800.00
生产成本——基本生产成本(L-1 产品)	借	9 500.00
生产成本——基本生产成本(L-2 产品)	借	11 700.00
生产成本——基本生产成本(L-3 产品)	借	13 500.00
生产成本——基本生产成本(L-4 产品)	借	15 600.00
短期借款——生产周转借款	贷	1 800 000.00
应付票据——丰润公司	贷	150 000.00
应付票据——丰利大司	贷	100 000.00
应付票据——达昌公司	贷	110 000.00
应付账款——丰润公司	贷	180 000.00
应付账款——丰利公司	贷	120 000.00
应付账款——达昌公司	贷	90 000.00
应付职工薪酬——职工教育经费	贷	3 000.00
应付职工薪酬——职工福利	贷	4 100.00
应付职工薪酬——社会保险费	贷	8 400.00
应交税费——未交增值税	贷	40 000.00
应交税费——应交所得税	借	40 000.00
应交税费——应交城市维护建设税	贷	3 000.00
应交税费——应交个人所得税	贷	2 000.00
应交税费——应交教育费附加	贷	1 000.00
应付利息	贷	20 000.00
长期借款——基建借款	贷	1 240 000.00
长期应付款——应付设备款	贷	95 000.00

续表

科　目	借或贷	金　额
应付债券——面值	贷	280 000.00
应付债券——利息调整	贷	20 000.00
应付债券——应计利息	贷	10 000.00
实收资本——国家投资	贷	1 400 000.00
实收资本——宏盛公司	贷	100 000.00
实收资本——其他	贷	840 770.00
资本公积——资本溢价	贷	300 000.00
资本公积——其他	贷	120 000.00
盈余公积——法定盈余公积	贷	570 000.00
利润分配——未分配利润	贷	50 000.00
本年利润	贷	450 000.00

原材料明细账 2017 年 11 月 30 日期末资料如表 3—4 所示。

表 3—4　　原材料明细账(截至 2017 年 11 月 30 日)　　单位:元

<table>
<tr><th colspan="2">品　名</th><th>单位</th><th>数量</th><th>计划单价</th><th>金额</th></tr>
<tr><td rowspan="7">原料及主要材料</td><td>甲材料</td><td>千克</td><td>12 000</td><td>4.2</td><td>50 400</td></tr>
<tr><td>乙材料</td><td>千克</td><td>10 000</td><td>3.06</td><td>30 600</td></tr>
<tr><td>丙材料</td><td>千克</td><td>10 000</td><td>4.95</td><td>49 500</td></tr>
<tr><td>丁材料</td><td>千克</td><td>10 000</td><td>6.04</td><td>60 400</td></tr>
<tr><td>A-1 材料</td><td>千克</td><td>10 000</td><td>9.8</td><td>98 000</td></tr>
<tr><td>B-1 材料</td><td>千克</td><td>10 000</td><td>7.91</td><td>79 100</td></tr>
<tr><td>小　计</td><td></td><td></td><td>368 000</td><td></td></tr>
<tr><td colspan="2">其他材料</td><td></td><td></td><td></td><td>92 000</td></tr>
<tr><td colspan="2">合　计</td><td></td><td></td><td></td><td>460 000</td></tr>
</table>

材料采购明细账 2017 年 11 月 30 日期末资料如表 3—5 所示。

表 3—5　　材料采购明细账(截至 2017 年 11 月 30 日)　　单位:元

供货单位	项目	借　方			贷　方			备注
		买价	运杂费	合计	计划成本	差异	合计	
达昌公司	甲材料	7 000	100	7 100				
	乙材料	7 000	100	7 100				
达亿公司	丙材料	8 000	110	8 110				
	丁材料	8 000	110	8 110				

续表

供货单位	项目	借方			贷方			备注
		买价	运杂费	合计	计划成本	差异	合计	
丰润公司	A-1 材料	10 000	120	10 120				
丰利公司	B-1 材料	10 000	120	10 120				
合计		50 000	660	50 660				

库存商品明细账 2017 年 11 月 30 日期末资料如表 3—6 所示。

表 3—6　　库存商品明细账(截至 2017 年 11 月 30 日)　　单位:元

商品名称	单位	数量	单位成本	金额
L-1 商品	千克	40 000	7	280 000
L-2 商品	件	44 000	11	484 000
L-3 商品	件	46 000	12	552 000
L-4 商品	件	50 000	20	1 000 000
合计				2 316 000

生产成本明细账 2017 年 11 月 30 日期末在产品成本资料如表 3—7 所示。

表 3—7　　生产成本明细账(截至 2017 年 11 月 30 日)　　单位:元

产品名称	数量	成本项目			
		直接材料(元)	直接人工(元)	制造费用(元)	合计(元)
L-1 产品	2 715 千克	5 000	2 500	2 000	9 500
L-2 产品	2 126 件	6 000	3 000	2 700	11 700
L-3 产品	2 260 件	7 000	3 500	3 000	13 500
L-4 产品	1 560 件	8 000	4 000	3 600	15 600
合计					50 300

3.2.2 开设明细账

按下列要求开设明细账：

(1)下列账户(表 3—8)使用三栏式账页(有期初余额的账户结转期初余额,没有期初余额的账户设户后待记发生额)。

表 3—8　　明细账账户

序号	一级科目	明细科目	序号	一级科目	明细科目
1	其他货币资金	外埠存款	48	短期借款	生产周转借款
2	其他货币资金	存出投资款	49	应付票据	丰润公司

续表

序号	一级科目	明细科目	序号	一级科目	明细科目
3	交易性金融资产	股票(成本)	50	应付票据	丰利公司
4	交易性金融资产	股票(公允价值变动)	51	应付票据	达昌公司
5	交易性金融资产	债券(成本)	52	应付账款	丰润公司
6	交易性金融资产	基金(成本)	53	应付账款	丰利公司
7	应收票据	昌安公司	54	应付账款	达昌公司
8	应收票据	大兴公司	55	应付职工薪酬	工资
9	应收票据	达亿公司	56	应付职工薪酬	职工福利
10	应收账款	昌安公司	57	应付职工薪酬	社会保险费
11	应收账款	大兴公司	58	应付职工薪酬	住房公积金
12	应收账款	达亿公司	59	应付职工薪酬	工会经费
13	预付账款	中财保险公司	60	应付职工薪酬	职工教育经费
14	坏账准备		61	应付职工薪酬	非货币性福利
15	其他应收款	冯春	62	应交税费	未交增值税
16	其他应收款	业务科	63	应交税费	应交所得税
17	其他应收款	代扣水电费	64	应交税费	应交城市维护建设税
18	原材料	原料及主要材料	65	应交税费	应交个人所得税
19	原材料	其他材料	66	应交税费	应交教育费附加
20	周转材料	包装物	67	应交税费	应交房产税
21	周转材料	在库	68	应付利息	
22	材料成本差异	原材料	69	应付股利	
23	材料成本差异	包装物	70	其他应付款	社会保险费
24	材料成本差异	低值易耗品	71	其他应付款	住房公积金
25	长期股权投资	股票投资(众生公司)	72	长期借款	基建借款
26	持有至到期投资	成本	73	长期应付款	应付设备款
27	持有至到期投资	利息调整	74	应付债券	面值
28	持有至到期投资	应计利息	75	应付债券	利息调整
29	固定资产	生产用固定资产	76	应付债券	应计利息
30	固定资产	非生产用固定资产	77	递延所得税负债	
31	固定资产	不需用固定资产	78	实收资本	国家投资
32	固定资产	出租固定资产	79	实收资本	宏盛公司
33	累计折旧		80	实收资本	其他
34	工程物资	专用材料	81	资本公积	资本溢价

续表

序号	一级科目	明细科目	序号	一级科目	明细科目
35	工程物资	专用设备	82	资本公积	其他
36	在建工程	机床大修工程	83	盈余公积	法定盈余公积
37	在建工程	设备安装工程	84	利润分配	提取法定盈余公积
38	在建工程	生产车间扩建工程	85	利润分配	应付现金股利
39	固定资产清理	报废	86	利润分配	未分配利润
40	固定资产清理	出售不需用固定资产	87	本年利润	本年利润
41	无形资产	专利权	88	主营业务收入	L-1 产品
42	无形资产	专有技术	89	主营业务收入	L-2 产品
43	研发支出	资本化支出	90	主营业务收入	L-3 产品
44	累计摊销		91	主营业务收入	L-4 产品
45	长期待摊费用	固定资产大修费用	92	其他业务收入	
46	待处理财产损溢	待处理固定资产损溢	93	投资收益	
47	递延所得税资产		94	公允价值变动损益	
			95	营业外收入	
			96	主营业务成本	L-1 产品
			97	主营业务成本	L-2 产品
			98	主营业务成本	L-3 产品
			99	主营业务成本	L-4 产品
			100	税金及附加	
			101	其他业务成本	
			102	资产减值损失	
			103	营业外支出	
			104	所得税费用	

(2)下列账户使用多栏式账页(有期初余额的账户结转期初余额,没有期初余额的账户设户后待记发生额)。

应交税费——应交增值税

生产成本——基本生产成本(L-1 产品)

生产成本——基本生产成本(L-2 产品)

生产成本——基本生产成本(L-3 产品)

生产成本——基本生产成本(L-4 产品)

生产成本——辅助生产成本——机修车间

生产成本——辅助生产成本——动力车间

制造费用——基本生产车间

销售费用

财务费用

管理费用

(3)“材料采购——原材料”使用横线登记式账页(有期初余额的账户结转期初余额,没有期初余额的账户设户后待记发生额)。

(4)下列账户使用数量金额式账页(有期初余额的账户结转期初余额,没有期初余额的账户设户后待记发生额)。

库存商品——L-1 产品

库存商品——L-2 产品

库存商品——L-3 产品

库存商品——L-4 产品

原材料——原料及主要材料——甲材料

原材料——原料及主要材料——乙材料

原材料——原料及主要材料——丙材料

原材料——原料及主要材料——丁材料

原材料——原料及主要材料——A-1 材料

原材料——原料及主要材料——B-1 材料

3.2.3 办理记账业务

办理如下记账业务:

(1)12 月 1 日,收到业务员送来“产品出库单”第二联。(留待月末汇总进行账务处理)

(2)12 月 4 日,收到业务员送来的材料入库验收单。(留待月末汇总进行收料的账务处理)

(3)2 月 9 日,收到固定资产折旧计算表,经审核无误进行账务处理。

(4)12 月 9 日,收到业务员交来本公司换出商品的增值税专用发票的记账联,换入材料的增值税发票的抵扣联与发票联及材料入库验收单的会计记账联,经审核无误进行非货币性交易的账务处理。

(5)12 月 12 日,收到柴园、曾方的“物品领用单”,经审核无误进行账务处理。

(6)12 月 18 日,收到固定资产报废单,经审核无误进行账务处理。

(7)12 月 19 日,收到业务员送来的“内部转账单”,经审核无误进行账务处理。

(8)12 月 20 日,收到业务员送来的工程物资入库验收单。

(9)12 月 20 日,报废固定资产清理完毕,根据“固定资产清理——报废清理”账户余额编制“内部转账单”,结转清理损益。

(10)12 月 27 日,收到业务员送来的材料入库验收单。(留待月末汇总进行收料的账务处理)

(11)12 月 28 日,本月应摊销专利权 38 000 元,应摊销专有技术 35 000 元,应摊销基本生产车间固定资产大修费 21 000 元,据以编制“无形资产、长期待摊费用分摊表”,经审核无误进行账务处理。

(12)12 月 29 日,收到“报废低值易耗品汇总表”及“材料入库验收单”(会计记账联)经审核无误进行账务处理。

(13)12 月 29 日,据前面留存的“材料入库验收单”登记“材料采购”明细账(横线登记式明细账)的贷方发生额,并计算入库材料成本差异,据此编制“本月已付款的入库材料汇总表”。

(14)12 月 30 日本月生产产品领用包装物的计划成本汇总如下(根据领料单汇总的,因为领料单不便一一列出,故略去):

L-1 产品领用 2 600 元

L-2 产品领用 2 800 元

L-3 产品领用 2 900 元

L-4 产品领用 2 700 元

据“周转材料——包装物”与“材料成本差异——包装物”账户资料计算材料成本差异率、领用材料应分摊的差异额及领用材料实际成本,据计算结果编制:“领用包装物汇总表”,经审核无误进行账务处理。

(15)12 月 30 日本月领用低值易耗品的计划成本汇总如下(根据领料单汇总的,因为领料单不便一一列出,故略去):

基本生产车间领用 12 000 元

动力车间领用 1 200 元

机修车间领用 1 600 元

公司管理部门领用 2 400 元

据“周转材料——低值易耗品”与“材料成本差异——低值易耗品”账户资料计算材料成本差异率、领用材料应分摊的差异额及领用材料实际成本,据计算结果编制:“领用低值易耗品汇总表”,经审核无误进行账务处理。

(16)12 月 31 日,收到“车间产品耗用工时汇总表”,结合“工资结算汇总表”与“奖金发放表”先编制“基本生产车间生产工人工资分配表”,后编制“职工薪酬分配表”,经审核无误进行账务处理。

(17)12 月 31 日,收到业务员送来的“发料凭证汇总表”及其“发料单”(略),根据“发料单”上所载明的用途及下列材料耗用资料编制“发料凭证分配汇总表”。据“原材料——原料用主要材料”各数量金额式明细账及“材料成本差异——原材料”账户资料计算材料成本差异率、领用材料应分摊的差异额及领用材料实际成本。

材料耗用的计划成本汇总资料如表 3—9 所示。

表 3—9 **材料耗用的计划成本汇总资料** 单位:元

产品、车间、部门	主要材料	其他材料	备　注
L-1 产品	130 000		
L-2 产品	140 000		
L-3 产品	145 000		
L-4 产品	150 000		
基本生产车间一般耗用		3 000	列入物料消耗
动力车间	6 600	7 000	
机修车间	5 000	5 000	
公司管理部门		3 000	列入公司经费

续表

产品、车间、部门	主要材料	其他材料	备 注
销售部门		2 000	列入包装费
车间扩建工程	27 000	30 000	按13%转出进项税额

经审核无误进行账务处理。(材料成本差异率精确至小数点后四位。)

(18)12月31日,原作待处理的盘亏设备净值1 800元,经批准转销。据以编制“内部转账单”,经审核无误进行账务处理。

(19)12月31日,收到“辅助生产情况表”,结合“生产成本——辅助生产成本——动力车间”和“生产成本——辅助生产成本——机修车间”账户资料,采取直接分配法分配辅助生产费用,编制“辅助生产费用分配表”(分配率精确至小数点后四位),经审核无误进行账务处理。

(20)12月31日,根据工时记录(见第15笔业务“车间耗用工时汇总表”)和“制造费用——基本生产车间”账户资料编制“制造费用分配表”(分配率精确至小数点后四位),经审核无误进行账务处理。

(21)12月31日,收到“生产情况报告表”和“产品入库汇总表”,结合基本生产成本明细账资料,据以编制“产品成本计算表”(分别四种产品进行计算),单位成本保留到分。经审核无误进行账务处理。

(22)12月31日,根据“产品出库单”本月商品销售数量及“库存商品”明细账的加权平均单位成本,编制“产品销售成本计算表”,结转产品销售成本。

(23)12月31日,“交易性金融资产——股票”的公允价值为220 000元,依据“交易性金融资产——股票——成本”及“交易性金融资产——股票——公允价值变动”明细账户资料计算本期公允价值变动金额,据以填制“内部转账单”,经审核无误进行账务处理。

(24)12月31日,按应收款项百分比法计提坏账准备,提取比例为3%,依据“应收账款”“其他应收款”“预付账款”及“坏账准备”明细账资料分析计算本期应计提的坏账准备金,据以编制“内部转账单”,经审核无误进行账务处理。

(25)12月31日,依据“应交税费——应交增值税”明细账资料分析填写“增值税纳税申报表”,计算出未交增值税额,经审核无误进行账务处理。

(26)12月31日,依据“其他业务收入”和“固定资产”明细账及“增值税纳税申报表”资料,计算应交营业税、应交房产税、应交城市维护建设税、应交教育费附加,编制“地方税收综合纳税(费)申报表”,经审核无误进行账务处理。

(27)12月31日,依据“持有至到期投资”明细账期初资料计算本年利息收入,并进行利息调整(按票面利率10%,实际利率6%计算),据以填制“内部转账单”,经审核无误进行账务处理。(本月发生数,暂不计算利息)

(28)12月31日,依据“应付债券”明细账期初资料计算本年利息费用,并进行利息调整,按票面利率9%,实际利率6%计算(为安装工程而发行债券),据以填制“内部转账单”,经审核无误进行账务处理。(本月发生数,暂不计算利息)

(29)12月31日,结平“待处理财产损溢”“应付职工薪酬——职工福利”账户。

(30)12月31日,填写“内部转账单”,将损益类账户的本月净发生额结转“本年利润”账户。

(31)12月31日,编制“利润表”初稿,据以编制“暂时性差异计算表”“所得税纳税申报表”

(所得税税率:25%),经审核无误进行账务处理。

(32)12 月 31 日,将"所得税费用"账户发生额,转入"本年利润"账户后结平"本年利润"。

(33)12 月 31 日,编制"利润分配计算表"进行利润分配。法定盈余公积按净利润的 10% 分配,应付现金股利按"未分配利润"明细账期初余额加上本年净利润,减去本年提取的法定盈余公积后的 30%分配。

(34)12 月 31 日,将"利润分配——提取盈余公积""利润分配——应付现金股利"账户余额转入"利润分配——未分配利润"账户。

3.3 大华公司财务科长岗位实操

3.3.1 开设总账

根据下列资料(表 3—10)开设总账账户,每个账户占一页。大华公司 2017 年 11 月 30 日总账期末资料如下:

表 3—10 **总账账户余额(截至 2017 年 11 月 30 日)** 单位:元

科 目	借或贷	金 额	科 目	借或贷	金 额
库存现金	借	1 000.00	短期借款	贷	1 800 000.00
银行存款	借	300 000.00	应付票据	贷	360 000.00
其他货币资金	借	10 000.00	应付账款	贷	390 000.00
交易性金融资产	借	270 000.00	应付职工薪酬	贷	15 500.00
应收票据	借	320 000.00	应交税费	贷	6 000.00
应收账款	借	310 000.00	应付利息	贷	20 000.00
预付账款	平		应付股利	平	
坏账准备	贷	1 240.00	其他应付款	平	
其他应收款	借	14 200.00	长期借款	贷	1 240 000.00
材料采购	借	50 660.00	长期应付款	贷	95 000.00
原材料	借	460 000.00	应付债券	贷	310 000.00
周转材料	借	77 000.00	递延所得税负债	平	
材料成本差异	借	4 950.00	实收资本	贷	2 340 770.00
库存商品	借	2 316 000.00	资本公积	贷	420 000.00
长期股权投资	借	200 000.00	盈余公积	贷	570 000.00
持有至到期投资	借	125 000.00	利润分配	贷	50 000.00
固定资产	借	2 280 000.00	本年利润	贷	450 000.00
累计折旧	贷	640 000.00	主营业务收入	平	
工程物资	借	711 000.00	其他业务收入	平	

续表

科目	借或贷	金额	科目	借或贷	金额
在建工程	借	430 000.00	投资收益	平	
固定资产清理	借	4 600.00	公允价值变动损益	平	
无形资产	借	703 000.00	营业外收入	平	
研发支出	借	27 000.00	主营业务成本	平	
累计摊销	平		税金及附加	平	
长期待摊费用	借	42 000.00	其他业务成本	平	
待处理财产损溢	借	1 800.00	销售费用	平	
递延所得税资产	平		管理费用	平	
生产成本	借	50 300.00	财务费用	平	
制造费用	平		资产减值损失	平	
			营业外支出	平	
			所得税费用	平	

3.3.2 处理日常总账业务

日常总账业务如下：

(1)复核上旬会计凭证，根据审核无误的上旬记账凭证编制记账凭证汇总表，并据以登记总账，结出账户余额，与出纳员所经管的日记账核对，如有不符，查明原因，予以更正；与记账员所经管的明细账进行核对，如有不符，查明原因，予以更正。

(2)复核中旬会计凭证，根据审核无误的中旬记账凭证编制记账凭证汇总表，并据以登记总账，结出账户余额，与出纳员所经管的日记账核对，如有不符，查明原因，予以更正；与记账员所经管的明细账进行核对，如有不符，查明原因，予以更正。

(3)复核下旬会计凭证，根据审核无误的下旬记账凭证编制记账凭证汇总表，并据以登记总账，结出账户余额，与出纳员所经管的日记账核对，如有不符，查明原因，予以更正；与记账员所经管的明细账进行核对，如有不符，查明原因，予以更正。

(4)编制总账账户余额试算平衡表。

(5)办理年结。

3.3.3 编制会计报表

(1)编制资产负债表。

(2)编制利润表。

(3)编制现金流量表。

3.4 大华公司业务员岗位实操

按要求填制和传递2017年12月份凭证：

(1)12月1日，冯春出差返回公司报账，出差相关内容如下：冯春出差联系业务推销产品，2017年11月25日从崎峰市乘火车至北京市(当日到达)车票360元，在北京市期间住宿费200元，2017年11月28日从北京乘火车至天津(次日到达)车票30元，在天津期间住宿费150元，29日从天津乘火车回崎峰市(次日到达)火车票408元，出差补助每天18元，据以填写“旅差费报销单”(经理张文斌在单上签字：同意报销)，并持单以冯春的名义向财务科出纳处报账。(出差前已预支1 200元)

(2)12月1日，销售给MB公司L-4商品7 500件，销售给MC公司L-4商品8 000件，销售给MD公司L-4商品7 500件，销售给ME公司L-4商品7 000件，L-4商品每件售价29元，增值税税率13%，价税款均已收讫。据以填写“增值税专用发票”，款项全部存入银行，填写“进账单”，送银行办理进账手续后取回“进账单”回单。将“进账单”回单连同“增值税专用发票”的记账联送财务科出纳员。填写“产品出库单”送本公司记账员。(开户行：中国工商银行崎峰市支行；账号：823653676515)

(3)12月2日，以业务科齐规的名义填写“领款单”，领款金额3 000元，领款单填写好后到财务科找出纳员领款，作为业务科的备用金。

(4)12月3日，以三峡证券营业部的名义填写“三峡证券营业部成交过户交割单”1张，内容如下：本交割单系大华公司购买股票，成交编号为13583，股东账户为53657894，股东名称为大华公司，申请编号为683，公司代码为M240，申报时间为105029(即10点50分29秒)，成交时间为105045，实收金额为89 100元，资金余额为80 900元；证券名称为635278，成交数量10 000股，成交价格8.85元，佣金280元，印花税310元，附加费10元。填好后送大华公司出纳员。

(5)12月4日，表3—11所列材料全部入库，据以填写“材料入库验收单”。

表3—11 材料入库资料

供货单位	材料名称	计量单位	数量	单位买价(元)	运杂费(元)	计划单价(元)
达昌公司	甲材料	千克	1 750	4	100	4.2
	乙材料	千克	2 500	2.8	100	3.06
达亿公司	丙材料	千克	1 600	5	110	4.95
	丁材料	千克	1 600	5	110	6.04
丰润公司	A-1材料	千克	1 000	10	120	9.8
丰利公司	B-1材料	千克	1 250	8	120	7.91

将填写好的“材料入库验收单”记账联送本公司记账员。

(6)12月5日，以中财保险股份有限公司的名义填写“机动车辆保险单”和“保费收据”各一张，填写内容如下：被保险人为大华公司；投保险种为车辆损失险、第三责任险，盗抢险、玻璃险、他人恶意险等；车辆型号为皇冠(普)；发动机号367508；牌号为A-35567；非营业用车；座位为5座；保险价值34万元，保险金额34万元；基本保费250元；车辆损失险费率0.8%；第三责任险最高赔偿限额为23万元;第三责任险保费为2 100元;盗抢险保费据表计算;玻璃险保费为50元;他人恶意险保费为100元;保险期限自2018年1月1日0时起至2018年12月31日24时止。地址:十字街58号;电话:8666688;邮政编码438000;总经理:刘峰。填好后将"机动车辆保险单"正本和"保费收据"发票联送大华公司出纳员。

(7)12月6日,以崎峰市王宏的名义填写"增值税专用发票",收取大华公司本月律师顾问费960元,持其发票联、抵扣联找大华公司出纳员收款。(税率6%)

(8)12月8日,崎峰市电视台收取大华公司广告费20 000元,代电视台填写"增值税专用发票",持其发票联、抵扣联找大华公司出纳员收款。(税率6%)

(9)12月9日,债券公司应向大华公司收取债券印刷费及手续费8 000元,代填写"增值税普通发票",并持其第二联到大华财务科结算。(税率3%)

(10)12月9日,根据下述资料编制"固定资产折旧表"(采用平均年限法),编制完成后将其送大华公司记账员。

11月30日,固定资产资料如表3-12所示。

表3-12　　固定资产资料

部　门	固定资产类型	固定资产原值(元)	预计净残值(元)	预计使用年限
基本车间	房屋	250 000	15 000	40
	机床加工设备	220 000	10 000	10
	专用电子设备	300 000	15 000	10
	其他专用设备	200 000	8 000	20
机修车间	房屋	100 000	5 000	40
	机床加工设备	50 000	2 500	10
	其他专用设备	10 000	2 000	20
动力车间	房屋	100 000	5 000	40
	内燃发电机组	100 000	5 000	20
	其他专用设备	40 000	2 000	20
管理部门	房屋	600 000	30 000	40
	不需用设备	160 000	20 000	10
出租	仓库	150 000	8 000	10

(11)12月9日,大华公司与兴盛公司进行非货币交易,交易内容如下:

大华公司向兴盛公司销售L-2商品2 525件,每件售价20元;向兴盛公司购进丙材料10 000千克,每千克进价格5.05元。增值税税率均为13%,据以填写销售L-2商品的"增值税专用发票"和购进丙材料的"材料入库验收单"(材料已如数入库,丙材料的计划单位成本见记账员岗位的数量金额式明细账),填写好后先持销售商品的增值税专用发票的二、三联到兴盛公司业务处换取购进材料的增值税专用发票的二、三联;后将销售商品的"增值税专用发票"的记账联和购进材料的"增值税专用发票"的二、三联及"材料入库验收单"一并送交大华公司记账员。填写"产品出库单"交本公司记账员。

(12)12月10日,以公司职工王达的名义填写"费用报销领款单",到财务科领取独生子女费 180 元。

(13)12 月 10 日,代房地产管理所开具“增值税专用发票”,应收取大华公司办公用房租金 1 000 元。制单人:张选。持发票联、抵扣联到大华公司财务科结算。(税率 9%)

(14)12 月 10 日,以崎峰市汽车队的名义开具“增值税专用发票”,应收取大华公司销货运费 8 500 元。制单人:王平。持发票联、抵扣联到大华公司财务科结算。(税率 9%)

(15)12 月 10 日,业务科黎华、王敬、姚文华 3 人领取本年度烤火费,每人 90 元,经理雷扉签字:同意付款。代填写“费用报销领款单”,到财务科出纳处领款。

(16)12 月 10 日,代司法局开具“增值税专用发票”,应收取大华公司公证费用 1 100 元。收款人:游咏。持发票联、抵扣联到大华公司财务科结算。(税率 6%)

(17)12 月 11 日,生产技术科冯春去省城开生产技术会,经领导张文斌同意借款 2 000 元。据以填写“借款单”,持单向财务科出纳员借款。

(18)12 月 11 日,支付建安公司的生产车间扩建工程款 8 600 元,经公司经理张文斌签字同意付款,由苏亮统一领款,据以填写“增值税专用发票”,持发票联、抵扣联到财务科出纳处办理领款,取得出纳员签发的“现金支票”到银行取款。(税率 9%)

(19)12 月 12 日,业务员柴园、曾方各领计算器一个,单价 145 元,合计金额 290 元。经理张文斌审批:同意领用,一次摊销。据以填写“物品领用单”并将其送交财务科记账员。

(20)12 月 12 日,大华公司向证券公司购买一年期债券 900 000 元,手续费 1 800 元,证券公司名义开出“收据”,持收据第二联到大华司财务科结算。

(21)12 月 13 日,根据表 3—13 所列资料编制“工资结算汇总表”(因工资结算原始资料比较复杂,实际工作中的工资发放表是根据岗位将每个人的工资计算出来加以汇总的。而下列资料直接以汇总的形式给出)。

表 3—13 **工资结算汇总资料**

车间、部门、类型	职工人数	标准工资(元)	应扣工资(元)		津贴(元)	代扣款项			
			事假	病假		水电费(元)	住房公积金(元)	个人所得税(元)	个人承担社保(元)
基本生产车间生产工人	290	251 000	1 600	310	26 770	10 220	9 000	35	3 220
基本生产车间管理人员	12	13 200			1 600	500	460	20	140
援外工程人员	2	2 600			2 200		200		25
在建工程人员	20	21 000			3 000	700	500		240
机修车间人员	6	6 800			610	180	180		65
动力车间人员	5	5 200			500	140	120		50
公司管理人员	33	38 000			3 500	1 100	1 000	50	350
医务人员	3	3 300			290	100	100		35
六个月以上长病人员	2	2 100		560	10	60	60		20

工资结算汇总表编制好后送交财务科出纳员。

(22)12 月 13 日,销售给达亿公司 L-1 商品 10 000 千克,每千克售价 9.80 元,L-2 商品 10 000 件,每件售价 15.80 元,增值税率 13%,据以填写“增值税专用发票”后将其第 2、3、4 联大华公司财务科出纳员办理收款手续。填写“产品出库单”交本公司记账员。

(23)12 月 14 日,业务科各种费用支出汇总情况如下:差旅费 360 元(19 张原始凭证),办公费 210 元(17 张原始凭证),其他费用 220 元(12 张原始凭证);经核对,编制“管理费用支出汇总表”,持表到财务科报账。

(24)12 月 14 日,韩风等 7 名职工参加崎峰市工学院短期培训,支付学杂费 2 900 元,以工学院名义开出“增值税普通发票”,持第 2 联(付款人联)找大华公司财务科出纳员办理领款,取得出纳员签发的“现金支票”到银行取款。(税率 3%)

(25)12 月 15 日,大华公司职工食堂向为民日杂公司购碗 40 个,单价 3 元,计 120 元;盘子 40 个,每个 2.50 元,计 100 元,合计 220 元。以为民日杂公司名义开具“增值税普通发票”,持发票联向大华公司财务科出纳员报账。(在发票备注上填写:列入职工福利。税率 3%)

(26)12 月 16 日,大华公司向税务局购买 30 张 5 元券印花税票,20 张 2 元券印花税票,30 张 1 元券印花税票,以税务局名义开具“市税务局印花税票发售统一发票”,持发票联向大华公司财务科出纳员报账。

(27)12 月 17 日,大华公司应付的车间扩建工程包工款 200 000 元,以新达建筑公司的名义填写“增值税专用发票”,持发票联、抵扣联到大华公司财务科办理结算。(税率 9%)

(28)12 月 17 日,本月综合奖金结算汇总资料如表 3—14 所示。

表 3—14　　本月综合奖金结算汇总资料

车间、部门	奖金(元)
基本生产车间生产工人	28 000
基本生产车间管理人员	1 200
机修车间人员	600
动力车间人员	500
公司管理人员	3 300
医务人员	300

据以编制“综合奖金结算汇总表”,持表向财务科出纳员领取奖金。

(29)12 月 18 日,大华公司应付立新设计院产品设计费 1 460 元,以立新设计院的名义填写“增值税专用发票”,持发票联、抵扣联到大华公司财务科办理结算。(税率 6%)

(30)12 月 18 日,向兴隆公司购进丁设备一台,交易价 41 000 元,经验收交基本生产车间使用,据以填写“固定资产验收单”,将其第二联送财务科出纳员。

(31)12 月 18 日,一栋仓库 300 平方米,预计使用 25 年,已使用 23 年,原值 80 000 元,已提折 70 000 元,因重建提前报废。其处理意见:使用部门的意见:因陈旧要求报废;技术鉴定小组意见:情况属实;固定资产管理部门意见:同意转入清理;主管部门审批意见:同意报废重建。据以填写“固定资产报废单”后将其会计记账联送财务科记账员。

(32)12 月 19 日,销售给大兴公司不需用丁设备一台,原始价值 62 000 元,已提折 16 000 元,协商作价 50 000 元。据以填写“增值税专用发票”,持其发票联、抵扣联到大兴公司财务科收款,要求大兴公司出纳员签发“转账支票”,并与其一同去银行办理转账手续,收账通知联及“增值税专用发票”记账联送交本公司财务科出纳员。同时依据固定资产原始价值与已提折旧填写“内部转账单”,并将其送本公司财务科记账员。(税率 13%)

(33)12 月 19 日，冯春 12 月 11 日去省城参加工业生产技术会，12 月 18 日返回，往返汽车票均为 45 元，住宿费用 700 元，会议费用 150 元，其他费用 410 元，每天补助 15 元。以冯春的名义填写“差旅费报销单”，经理张文斌在单上签字：同意报销。持单向财务科出纳员报账（原借支 2 000 元）。

(34)12 月 19 日，业务科与业务往来单位洽谈业务，接待、就餐、补助及接车费共计金额 2 100 元，单据 17 张。据以填写“业务招待费汇总表”，经理雷迅在单上签字：同意报销。持单向财务科出纳员报账，取得出纳员签发的“现金支票”后到银行提取现金。

(35)12 月 19 日，报废固定资产的清理人员朱锋等 5 人应领取清理费用 480 元，以朱锋的名义填写“费用报销领款单”，经理雷迅在单上签字：同意付款。持单向财务科出纳员领款。

(36)12 月 19 日，大华公司向崎南公司收取仓库租金 5 600 元，据以开出“增值税专用发票”，收到现金 5 600 元，当即填写“进账单”到开户行办理进账手续，收到银行盖章后的“进账单”回单，将“增值税专用发票”的记账联及“进账单”回单送交本公司出纳员。（本公司开户行：中国工商银行崎峰市支行，账号：823653676515。税率 9%）

(37)12 月 20 日，仓库清理残料如下：红砖 60 000 块，每块 0.20 元，计 12 000 元，其他材料 3 800 元，合计 15 800 元。材料全部入库作重建仓库用，据以编制“材料入库单”，并将其记账联送财务科记账员。

(38)12 月 20 日，大华公司向为民五金公司购买灭火器 6 个，单价 100 元，计 600 元。灭火器购回后当即由仓库领用。先以为民五金公司名义开具“增值税普通发票”，再以仓库保管员章法名义填写“物品领用单”（经理雷迅在单上签字：同意领用，一次摊销）。最后将“增值税普通发票”的发票联和“物品领用单”送财务科出纳员，并要求领款、领物。（税率 3%）

(39)12 月 20 日，向兴盛公司转让技术，收取技术转让费 15 000 元，据以填写“增值税专用发票”，持其发票联、抵扣联到兴盛公司财务科收款，要求兴盛公司出纳员签发“转账支票”，并与其一同去银行办理转账手续，将收账通知联及“增值税专用发票”记账联送交本公司财务科出纳员。（税率 6%）

(40)12 月 21 日，向会计局购买《新会计准则》等书籍，付款 200 元，以会计局的名义填写“增值税普通发票”，并持其发票联到账务科报账。（税率 3%）

(41)12 月 21 日，大华公司的汽车送汽车修配厂修理，具体修配项目如下：汽车补胎 190 元，汽车轮胎 2 个，单价 500 元。以汽车修配厂名义开具“增值税专用发票”，将“增值税专用发票”的发票联、抵扣联送交本公司出纳员。（税率 13%）

(42)12 月 23 日，大华公司使用自来水厂的供水，水表记录是：本月号码为 63657，上月号码为 57882，实用水 5 775 吨，每吨单价 4 元。以自来水厂名义开具“增值税专用发票”，持其发票联、抵扣联到大华公司财务科结算。（税率 9%）

(43)12 月 23 日，业务科用备用金开支下列各种费用：差旅费 1 000 元（15 张原始凭证）；办公费 1 200 元（21 张原始凭证）；修理费 1 150 元（3 张原始凭证）；经核对全部报销，编制“管理费用支出汇总表”，持单到财务科报账。

(44)12 月 24 日，大华公司电表的起码是 134655，止码是 191855，实用电 57 200 度，每度单价 0.80 元，以电力局的名义填写“增值税专用发票”（电费增值税率为 13%），持发票联、抵扣联到大华公司财务科结算。

(45)12 月 24 日，大华公司参加本市商品展销会，应付新世界商厦的商品展位租用费 900 元，以新世界商厦的名义填写“增值税普通发票”，持发票联到大华公司财务科结算。（税率

3%)

(46)12 月 25 日,物价检查所对大华公司商品销售情况进行检查,发现部分商品违反国家价格政策,罚款 1 750 元,以物价检查所名义填写"罚款没收专用收据",持单到大华公司财务科结算。

(47)12 月 26 日,看望住院职工韩月东,从副食品商品店购买 2 袋奶粉,每袋 100 元,苹果 4 千克,每千克 16 元,据以填写"增值税普通发票",经理雷迅签字:在福利费列支,持发票联到大华公司财务科结算。(税率 3%)

(48)12 月 26 日,通达搬运公司为大华公司装卸货物,应收取装卸费 1 322 元,以通达公司的名义开具"增值税专用发票",持发票联、抵扣联到大华公司财务科结算。(税率 9%)

(49)12 月 26 日,冯春出差预支差旅费 1 500 元,据以填写"借款单",持单向财务科出纳借款。

(50)12 月 27 日,大华公司自行开发一项实用型专利开发成功,先根据下列资料填写"专利申报表":申请单位:大华公司;专利项目:实用新型专利;技术开发费:27 000 元;注册登记费:3 500 元;单位意见:同意申报;专利局审批:同意注册。再以专利局名义填写"增值税专用发票",收取大华公司专利注册登记费 3 500 元,然后持"专利申报表"和"增值税专用发票"到大华公司财务科结算。(税率 6%)

(51)12 月 27 日,大华公司销售给昌安公司 L-1 商品 10 000 千克,每千克售价 10 元;销售给大兴公司 L-1 商品 10 000 千克,每千克售价 10 元;销售给达亿公司 L-3 商品 10 000 件,每件售价 17 元;增值税率均为 13%,据以分别三个公司填写"增值税专用发票"后持"增值税专用发票"到大兴、昌安、达亿公司财务科结算,要求各公司出纳员根据购销合同填写"商业承兑汇票",经付款人(各购货公司)承兑后取得"商业承兑汇票"的第二联,将"增值税专用发票"的记账联和"商业承兑汇票"的第二联送交大华公司出纳员。填写"产品出库单"交本公司记账员。

(52)12 月 27 日,顺达运输公司为大华公司运输购入的材料,应收运费 7 700 元。以顺达运输公司的名义开具"增值税专用发票",持发票联、抵扣联到大华公司财务科结算。(税率 9%)

(53)12 月 27 日,外购材料全部验收入库。据表 3—15 所列资料填写"材料入库验收单",将其记账联送财务科记账员。

表 3—15 外购材料入库资料

供货单位	材料名称	数量(千克)	买价(元)	运杂费(元)	计划单价(元)
丰润公司	A-1 材料	6 000	60 000	600	9.80
丰利公司	B-1 材料	9 000	72 000	900	7.91
达昌公司	甲材料	15 000	60 000	1 500	4.2
	乙材料	20 000	60 000	2 000	3.06
	丙材料	12 000	60 000	1 200	4.95
	丁材料	15 000	90 000	1 500	6.04

(54)12 月 29 日,各部门报废低值易耗品(领用时均一次摊销),本月收回残值如下:基本生产车间 460 元,动力车间 58 元,机修车间 62 元,行政管理部门 120 元。报废材料均已入库

(计划价按照700元计算)。据以编制“报废低值易耗品汇总表”和“材料入库验收单”,并将其送财务科记账员。

(55)12月30日,销售给达亿公司L-2商品15 000件,每件售价16元,L-3商品15 000件,每件售价17元,增值税税率13%,据以填写“增值税专用发票”,送本公司出纳员。填写“产品出库单”交本公司记账员。

(56)12月31日,基本生产车间生产L-1产品耗用6 800工时,生产L-2产品耗用6 900工时,生产L-3产品耗用7 000工时,生产L-4产品耗用6 886工时,据以编制“产品耗用工时汇总表”,并将表送财务科记账员。

(57)12月31日,本月发出材料汇总资料如表3—16所示。

表3—16 **本月发出材料汇总**

材料名称	数量(千克)	计划总价(元)	计划单价(元)
甲材料	25 000	4.2	105 000
乙材料	30 000	3.06	91 800
丙材料	22 000	4.95	108 900
丁材料	20 000	6.04	120 800
A-1材料	10 000	9.8	98 000
B-1材料	10 000	7.91	79 100
小　计			603 600
其他材料			50 000

据以编制“发料凭证汇总表”,并将表送财务科记账员。

(58)12月31日,辅助生产车间本月提供劳务总量资料如表3—17所示。

表3—17 **辅助生产车间本月提供劳务总量**

项　目	机修车间服务量(工时)	动力车间供电量(度)
L-1产品耗用	—	7 000
L-2产品耗用	—	8 000
L-3产品耗用	—	10 000
L-4产品耗用	—	10 000
基本生产车间耗用	2 600	1 000
行政管理部门耗用	200	5 000
车间扩建工程耗用	200	9 000
动力车间耗用	60	—
机修车间耗用	—	900
合　计	3 060	50 900

据以编制“辅助生产情况表”,并将表送财务科记账员。

(59)12月31日,本月产品生产及入库情况如表3—18所示。

表 3—18 **本月产品生产及入库情况**

产品名称	月初在产品	本月投产	本月完工入库	月末在产品	在产品完工程度	投料方式
L-1 产品	2 715 千克	34 981 千克	35 000 千克	2 696 千克	50%	逐步投料
L-2 产品	2 126 件	23 618 件	23 000 件	2 744 件	50%	逐步投料
L-3 产品	2 260 件	22 252 件	22 000 件	2 512 件	50%	逐步投料
L-4 产品	1 560 件	13 882 件	13 000 件	2 442 件	50%	逐步投料

代基本生产车间编制“生产情况报告表”；代成品仓库编制“产品入库汇总表”；将填写好的两张表送财务科记账员。

4 兴隆公司会计业务岗位实操

4.1 兴隆公司出纳会计岗位实操

4.1.1 开设有关日记账

兴隆公司 2017 年 11 月 30 日有关账户余额如下：

库存现金日记账 1 500(借)

银行存款日记账 290 000(借)

兴隆公司及往来公司相关情况如表 4—1 所示。

表 4—1 兴隆公司及往来公司相关情况

开户行:中国工商银行江泽市支行		开户行:中国工商银行崎峰市支行	
公司名称	账　号	公司名称	账　号
丰润公司	1156674356321	德源公司	823653676510
丰利公司	1156674356322	德茂公司	823653676511
众生公司	1156674356323	昌平公司	823653676512
众健公司	1156674356324	昌安公司	823653676513
宏源公司	1156674356325	大兴公司	823653676514
宏盛公司	1156674356326	大华公司	823653676515
		兴隆公司	823653676516

4.1.2 办理如下业务

凡出纳业务，在业务办理完毕后，编制记账凭证，交财务科长审核后据以登记库存现金和

银行存款日记账，并将记账凭证连同所附原始凭证一并转交记账员记账。

(1)12 月 1 日，收到周全和林涛的“借款单”各 1 张，经审核无误，签发 5 000 元的“现金支票”交给两人到开户行取款，留下“借款单”和“现金支票”存根进行账务处理。

(2)12 月 1 日，收到业务员送来的“进账单”回单及“增值税专用发票”的记账联进行账务处理。

(3)12 月 1 日，填写“信汇”凭证 3 张，分别支付应付众生公司账款 90 000 元和应付丰润公司账款 200 000 元；支付应付丰利公司账款 90 000 元。填好结算凭证后去开户银行办理相关手续，取回“信汇”凭证回单，审核无误后进行账务处理。

(4)12 月 2 日，填写“转账支票”和“进账单”，转出投资款 200 000 元，存入三峡证券营业部账户(三峡证券营业部开户行：中国工商银行江泽市支行，账号：123456786789)准备用于购买股票。到银行办理转账手续，取回回单。

(5)12 月 2 日，填写“现金支票”一张，提取现金 16 000 元备用，到开户银行办理支款手续。

(6)12 月 2 日，收到采购办事处洪波的“领款单”，经审核无误，当即支付现金 3 500 元，作为采购办事处的备用金(在领款单上注明“现金付讫”)。

(7)12 月 3 日，收到“三峡证券营业部成交过户交割单”，购入股票划作交易性金融资产。

(8)12 月 5 日，收到开户行转来众健公司(90 000 元)、宏盛公司(120 000 元)和宏源公司(120 000 元)“信汇”凭证收款通知。

(9)12 月 5 日，收到中财保险股份有限公司机动车辆保险单(正本)和保费收据第一联，经审核无误，据以填写转账支票(中财保险股份有限公司开户行：中国工商银行崎峰市支行；账号：823653676538)，并到银行办理转账手续。

(10)12 月 6 日，填写“税收通用缴款书”，将未交增值税、应交城市维护建设税、应交个人所得税、应交教育费附加上交国库，具体金额见明细分类账各该账户的月初余额。税收通用缴款书填写好后，到开户行办理手续，经税务机关、银行盖章后取得完税凭证联，并据以进行账务处理。

(11)12 月 6 日，收到律师事务所的“增值税专用发票”发票联、抵扣联，经审核无误，以现金付讫。

(12)12 月 8 日，收到崎峰市电视台的“增值税专用发票”发票联、抵扣联，经审核无误，据以填写转账支票(崎峰市电视台开户行：中国工商银行崎峰市支行；账号：823653676658)，付广告费，并到银行办理转账手续。

(13)12 月 8 日，本(兴隆公司)公司委托债券发行公司发行 5 年期债券，按面值的 10%溢价发行。现债券公司已发行债券面值 1 100 000 元，实收金额 1 210 000 元，款项今日全部交来，当即送存银行。据以填写“收据”及“进账单”，到银行办理手续后据“收据”记账联及“进账单”回单进行账务处理。

(14)12 月 9 日，收到债券公司的“增值税普通发票”发票联，经审核无误，据以填写转账支票(债券公司开户行：中国工商银行崎峰市支行；账号：823653677788)，付手续费，并到银行办理转账手续。

(15)12 月 10 日，收到职工周源的“费用报销领款单”，经审核无误，以现金付讫。

(16)12 月 10 日，收到房地产管理所的“增值税专用发票”发票联、抵扣联，经审核无误，以现金付讫。

(17)12 月 10 日，收到崎峰市汽车运输公司的“增值税专用发票”发票联、抵扣联，经审核无误，据以填写转账支票(崎峰市汽车运输公司开户行：中国工商银行崎峰市支行；账号：823653675588)，付运费，并到银行办理转账手续。

(18)12 月 10 日，依据“应付职工薪酬——社会保险费”期初余额，填写“税收通用缴款书”到银行办理缴款手续。

(19)12 月 10 日，签发“现金支票”，到银行办理取款手续，提回现金 5 000 元备用。根据“现金支票”存根作账务处理。

(20)12 月 10 日，收到王致等 3 人的“费用报销领款单”，经审核无误，以现金付讫。

(21)12 月 10 日，收到司法局的“增值税专用发票”，经审核无误，据以填写转账支票(司法局开户行：中国工商银行崎峰市支行；账号：823653671688)，付诉讼费，并到银行办理转账手续。

(22)12 月 10 日，收到各零售部销售商品的送存款的“进账单”回单。

(23)12 月 11 号，收到商品采购供应站的“增值税普通发票”，经审核无误，以现金付讫。

(24)12 月 11 日，收到大楼承建单位韩国韩的“增值税专用发票”，经审核无误，签发“现金支票”，交其到银行取款。

(25)12 月 12 日，收到证券公司的“收据”，经审核无误，据以填写转账支票(证券公司开户行：中国工商银行崎峰市支行；账号：823654211698)，付债券及手续费，并到银行办理转账手续。

(26)12 月 13 日，收到“工资表”，根据实发工资总额签发“现金支票”，从银行提取现金，当即发放完毕。

(27)12 月 13 日，收到周全、林涛的“旅差费报销单”(所附单据略)，经审核无误，分别开出“收据”，林涛多余款未交，补付周全现金 120 元 。

(28)12 月 14 日，收到业务科“管理费用支出汇总表”(所附单据 49 张略)，经审核无误，以现金付讫。

(29)12 月 14 日，收到崎峰市商学院的“增值税普通发票”，经审核无误，开出“现金支票”付讫。

(30)12 月 15 日，收到银行转来“委托收款凭证”的付款通知 3 张出及“增值税专用发票”的发票联和抵扣联，系付丰润公司、丰利公司、众生公司货款。

(31)12 月 15 日，收到职工食堂购买炊具发票，经审核无误，以现金付讫。

(32)12 月 16 日，收到“市税务局印花税票发售统一发票”，经审核无误，以现金付讫。

(33)12 月 17 日，根据“综合奖金结算汇总表”(实际还应按人头的奖金发放表，此处略)，签发“现金支票”提回现金，当即发放完毕。

(34)12 月 18 日，收到业务员送来的大华公司转账支票的收账通知联及本公司的固定资产销售的“增值税专用发票”，经审核无误进行账务处理。

(35)12 月 19 日，收到兴盛公司出售设备的“增值税专用发票”，及本公司业务员送来的“固定资产验收单”，经审核无误据以填写“转账支票”付设备款，并到银行办理转账手续。

(36)12 月 19 日，收到采购办事处的“业务招待费汇总表”及所附 20 单据(单据略)，经审核无误后，当即签发“现金支票”补足其备用金。

(37)12 月 19 日，收到张勇报销领款单”，经审核无误，以现金付讫。

(38)12 月 19 日，收到业务员送来的仓库租金收入“进账单”回单及“增值税专用发票”。

(39)12 月 20 日，收到业务员送来的“增值税普通发票”和“物品领用单”，经审核无误后以现金付讫。

(40)12 月 20 日,收到大兴公司的“增值税专用发票”发票联、抵扣联,经审核无误后签发“转账支票”支付技术转让费。到银行办理转账手续。

(41)12 月 21 日,收到购买书籍的“增值税普通发票”发票联,经审核无误以现金付讫。

(42)12 月 21 日,收到业务员送来的大华公司“转账支票”的收账通知联,及本公司收取技术转让收入的“增值税专用发票”记账联。

(43)12 月 21 日,收到汽车修配厂的“增值税专用发票”,经审核无误后以现金付讫。

(44)12 月 23 日,收到自来水厂增值税专用发票,审核无误后填写“转账支票”支付水费,到银行办理转账手续。(自来水厂开户行:中国工商银行崎峰市支行;账号:8652355217658)

(45)12 月 23 日,收到采购办事处的“管理费用支出汇总表”及所附 35 张单据(单据略),经审核无误后,开出“收据”冲销其备用金,将收据第二联交报账人。

(46)12 月 24 日,收到电力局的“增值税专用发票”发票联,审核无误后填写“转账支票”支付电费,到银行办理转账手续。(电力局开户行:中国工商银行崎峰市支行;账号:8652355217666)

同时根据耗用量分配本月电费,耗用量资料如下:大楼建设工程 17 000 度,其他应收款(代扣职工水电费)9 500 度,公司管理部门 11 500 度,据以编制“外购动力费分配表”。

根据电力局的发票联、“转账支票”存根和“外购动力费分配表”进行账务处理。

(47)12 月 24 日,收到新世纪商厦的“增值税普通发票”发票联,经审核无误后以现金付讫。

(48)12 月 25 日,签发“现金支票”,到银行办理取款手续,提回现金 6 500 元备用。根据“现金支票”存根作账务处理。

(49)12 月 25 日,收到物价检查所“罚款没收专用收据”,以现金支付罚款。

(50)12 月 26 日,收到“增值税普通发票”发票联,经审核无误后以现金付讫。

(51)12 月 26 日,收到通达搬运公司的“增值税专用发票”发票联、抵扣联,经审核无误后以现金付讫。

(52)12 月 26 日,收到周全的“借款单”,经审核无误后以现金付讫。

(53)12 月 27 日,收到业务员送来的“专利申报表”和专利局的“增值税普通发票”发票联,审核无误后填写“转账支票”支付专利注册登记费,到银行办理转账手续。(专利局开户行:中国工商银行崎峰市支行;账号:865235527898)。

(54)12 月 27 日,收到本公司业务员送来销售商品给众健公司、宏源公司和宏盛公司的 6 张“增值税专用发票”记账联和三张商业承兑汇票。

(55)12 月 27 日,收到丰润公司、丰利公司、众生公司业务员送来的“增值税专用发票”二、三联,经审核无误后分别填写为期 2 个月的“商业承兑汇票”3 份,填好后将第二联分别交丰润公司、丰利公司、众生公司业务员。

同时收到通达运输公司的“增值税专用发票”发票联、抵扣联,经审核无误后填写“转账支票”支付运费,到银行办理转账手续。(通达运输公司开户行:中国工商银行崎峰市支行;账号:865235367898)

根据“增值税专用发票”的发票联、“商业汇票”的留存联,“转账支票”存根联、“增值税专用发票”发票联、抵扣联作账务处理。

(56)12 月 29 日,收到各零售部送存银行销货款的“进账单”回单。

(57)12 月 30 日,收到工会的“收据”第二联,经审核无误后签发“现金支票”付讫,根据“现金支票"存根作账务处理。

(58)12 月 30 日，收到职工食堂的"收据"第二联，经审核无误后签发"现金支票"付讫，根据"现金支票"存根作账务处理。

(59)12 月 30 日，收到业务员送来的"增值税专用发票"，合同规定销货款采用委托收款结算方式，经审核无误后，据以填写"委托收款凭证"，持"委托收款凭证"和"增值税专用发票"到银行办理托收手续，经银行盖章后，将退回的"委托收款凭证"回单与"增值税专用发票"的记账联一并作账务处理。

(60)12 月 31 日，到开户行拿回贷款计息凭证，进行账务处理。(已预计应付利息 15 000 元)

(61)12 月 31 日，到开户行拿回存款计息凭证，进行账务处理。

(62)12 月 31 日，将账面价值为 100 000 元的"交易性金融资产——基金"全部出售，实得现金 105 000 元。填写"内部转账单"和"进账单"，将现金送存银行(全为百元券)。

4.2 兴隆公司记账会计岗位实操

4.2.1 开设有关账户

兴隆公司 2017 年 11 月 30 日明细账期末资料如表 4—2 所示：

表 4—2　　明细账户余额(截至 2017 年 11 月 30 日)

科　目	借或贷	金额(元)
其他货币资金——外埠存款	借	13 000.00
交易性金融资产——股票(成本)	借	120 000.00
交易性金融资产——债券(成本)	借	110 000.00
交易性金融资产——基金(成本)	借	100 000.00
应收票据——众健公司	借	100 000.00
应收票据——宏盛公司	借	100 000.00
应收票据——宏源公司	借	100 000.00
应收账款——众健公司	借	90 000.00
应收账款——宏盛公司	借	120 000.00
应收账款——宏源公司	借	120 000.00
坏账准备	贷	1 320.00
其他应收款——采购办事处	借	20 000.00
其他应收款——代扣水电费	借	8 000.00
在途材料——丰润公司	借	20 000.00
周转材料——低值易耗品——在用	借	40 000.00
周转材料——低值易耗品——在库	借	30 000.00

续表

科　目	借或贷	金额(元)
周转材料——低值易耗品——摊销	贷	20 000.00
库存商品——A类商品	借	146 700.00
库存商品——B类商品	借	153 000.00
库存商品——C类商品	借	150 400.00
库存商品——D类商品	借	147 900.00
库存商品——E类商品	借	149 200.00
库存商品——F类商品	借	155 800.00
库存商品——G类商品	借	152 600.00
库存商品——H类商品	借	157 700.00
库存商品——I类商品	借	158 600.00
库存商品——J类商品	借	165 300.00
库存商品——K类商品	借	149 400.00
库存商品——L类商品	借	155 100.00
库存商品——M类商品	借	1 290 000.00
库存商品——零售一部	借	600 000.00
库存商品——零售二部	借	650 000.00
库存商品——零售三部	借	600 000.00
商品进销差价——零售一部	贷	180 000.00
商品进销差价——零售二部	贷	195 000.00
商品进销差价——零售三部	贷	180 000.00
长期股权投资——股票投资(丰利公司)	借	200 000.00
持有至到期投资——成本	借	100 000.00
持有至到期投资——利息调整	借	6 000.00
持有至到期投资——应计利息	借	10 000.00
固定资产——经营用固定资产	借	1 350 000.00
固定资产——非经营用固定资产	借	500 000.00
固定资产——不需用固定资产	借	160 000.00
固定资产——出租固定资产	借	150 000.00
累计折旧	贷	580 000.00
工程物资——专用材料	借	500 000.00
在建工程——大楼建设工程	借	600 000.00
固定资产清理——报废	借	10 000.00
无形资产——专利权	借	172 000.00
研发支出——资本化支出	借	28 000.00

续表

科　目	借或贷	金额(元)
长期待摊费用——仓库大修费用	借	64 000.00
待处理财产损溢——待处理流动资产损溢	借	15 000.00
短期借款——经营周转借款	贷	1 600 000.00
应付票据——丰润公司	贷	160 000.00
应付票据——丰利公司	贷	100 000.00
应付票据——众生公司	贷	100 000.00
应付账款——丰润公司	贷	200 000.00
应付账款——丰利公司	贷	90 000.00
应付账款——众生公司	贷	90 000.00
应付职工薪酬——职工教育经费	贷	4 000.00
应付职工薪酬——职工福利	贷	3 200.00
应付职工薪酬——社会保险费	贷	9 000.00
应交税费——未交增值税	贷	30 000.00
应交税费——应交所得税	借	20 000.00
应交税费——应交城市维护建设税	贷	2 500.00
应交税费——应交个人所得税	贷	2 000.00
应交税费——应交教育费附加	贷	1 000.00
应付利息	贷	25 000.00
长期借款——基建借款	贷	1 000 000.00
长期应付款——应付设备款	贷	110 000.00
应付债券——面值	贷	500 000.00
应付债券——利息调整	贷	10 000.00
应付债券——应计利息	贷	20 000.00
实收资本——国家投资	贷	2 076 180.00
实收资本——达昌公司	贷	100 000.00
实收资本——其他	贷	1 500 000.00
资本公积——资本溢价	贷	260 000.00
资本公积——其他	贷	100 000.00
盈余公积——法定盈余公积	贷	700 000.00
利润分配——未分配利润	贷	60 000.00
本年利润	贷	240 000.00

库存商品三级账 2017 年 11 月 30 日期末资料如表 4—3 所示。

表 4—3　　库存商品三级账账户余额(截至 2017 年 11 月 30 日)

类　别	品　名	数　量	单位成本	金额(元)
A类商品	A-1 商品	2 500 千克	10	25 000
	A-2 商品	2 000 件	24	48 000
	A-3 商品	1 300 件	29	37 700
	A-4 商品	1 000 件	36	36 000
B类商品	B-1 商品	4 000 千克	8	32 000
	B-2 商品	2 000 件	22	44 000
	B-3 商品	1 400 件	26	36 400
	B-4 商品	1 400 件	29	40 600
C类商品	C-1 商品	2 000 千克	15	30 000
	C-2 商品	1 800 件	23	41 400
	C-3 商品	1 700 件	22	37 400
	C-4 商品	1 600 件	26	41 600
D类商品	D-1 商品	3 000 千克	10	30 000
	D-2 商品	1 800 件	23	41 400
	D-3 商品	1 500 件	24	36 000
	D-4 商品	1 500 件	27	40 500
E类商品	E-1 商品	3 000 千克	12	36 000
	E-2 商品	1 600 件	22	35 200
	E-3 商品	1 500 件	23	34 500
	E-4 商品	1 500 件	29	43 500
F类商品	F-1 商品	3 000 千克	13	39 000
	F-2 商品	2 500 件	16	40 000
	F-3 商品	2 300 件	17	39 100
	F-4 商品	1 300 件	29	37 700
G类商品	G-1 商品	4 000 千克	10	40 000
	G-2 商品	1 500 件	24	36 000
	G-3 商品	1 400 件	29	40 600
	G-4 商品	1 000 件	36	36 000
H类商品	H-1 商品	3 500 千克	11	38 500
	H-2 商品	1 800 件	22	39 600
	H-3 商品	1 500 件	26	39 000
	H-4 商品	1 400 件	29	40 600
I类商品	I-1 商品	3 000 千克	12	36 000
	I-2 商品	1 800 件	23	41 400
	I-3 商品	1 800 件	22	39 600
	I-4 商品	1 600 件	26	41 600
J类商品	J-1 商品	4 000 千克	13	52 000
	J-2 商品	1 600 件	23	36 800
	J-3 商品	1 500 件	24	36 000
	J-4 商品	1 500 件	27	40 500

续表

类　别	品　名	数　量	单位成本	金额(元)
K类商品	K-1商品	2 000千克	14	28 000
	K-2商品	2 000件	22	44 000
	K-3商品	1 600件	23	36 800
	K-4商品	1 400件	29	40 600
L类商品	L-1商品	4 000千克	10	40 000
	L-2商品	2 500件	16	40 000
	L-3商品	2 200件	17	37 400
	L-4商品	1 300件	29	37 700
M类商品	甲商品	120 000千克	2.4	288 000
	乙商品	120 000千克	1.8	216 000
	丙商品	130 000千克	3	390 000
	丁商品	110 000千克	3.6	396 000

4.2.2 开设明细账

按下列要求开设明细账：

下列账户(表4—4所示)使用三栏式账页(有期初余额的账户结转期初余额,没有期初余额的账户设户后待记发生额)：

表4—4 　　开设明细账户(三栏式)

序号	一级科目	明细科目	序号	一级科目	明细科目
1	其他货币资金	外埠存款	64	短期借款	经营周转借款
2	其他货币资金	存出投资款	65	应付票据	丰润公司
3	交易性金融资产	股票(成本)	66	应付票据	丰利公司
4	交易性金融资产	股票(公允价值变动)	67	应付票据	众生公司
5	交易性金融资产	债券(成本)	68	应付账款	丰润公司
6	交易性金融资产	基金(成本)	69	应付账款	丰利公司
7	应收票据	众健公司	70	应付账款	众生公司
8	应收票据	宏盛公司	71	应付职工薪酬	工资
9	应收票据	宏源公司	72	应付职工薪酬	职工福利
10	应收账款	众健公司	73	应付职工薪酬	社会保险费
11	应收账款	宏盛公司	74	应付职工薪酬	住房公积金
12	应收账款	宏源公司	75	应付职工薪酬	工会经费
13	预付账款	中财保险公司	76	应付职工薪酬	职工教育经费
14	坏账准备		77	应付职工薪酬	非货币性福利
15	其他应收款	采购办事处	78	应交税费	未交增值税
16	其他应收款	周全	79	应交税费	应交所得税

续表

序号	一级科目	明细科目	序号	一级科目	明细科目
17	其他应收款	林涛	80	应交税费	应交城市维护建设税
18	其他应收款	代扣水电费	81	应交税费	应交个人所得税
19	在途物资	丰润公司	82	应交税费	应交教育费附加
20	在途物资	丰利公司	83	应交税费	应交房产税
21	在途物资	众生公司	84	应付利息	
22	周转材料	在用	85	应付股利	
23	周转材料	在库	86	其他应付款	社会保险费
24	周转材料	摊销	87	其他应付款	住房公积金
25	库存商品	A 类商品	88	长期借款	基建借款
26	库存商品	B 类商品	89	长期应付款	应付设备款
27	库存商品	C 类商品	90	应付债券	面值
28	库存商品	D 类商品	91	应付债券	利息调整
29	库存商品	E 类商品	92	应付债券	应计利息
30	库存商品	F 类商品	93	递延所得税负债	
31	库存商品	G 类商品	94	实收资本	国家投资
32	库存商品	H 类商品	95	实收资本	达昌公司
33	库存商品	I 类商品	96	实收资本	其他
34	库存商品	J 类商品	97	资本公积	资本溢价
35	库存商品	K 类商品	98	资本公积	其他
36	库存商品	L 类商品	99	盈余公积	法定盈余公积
37	库存商品	M 类商品	100	利润分配	提取法定盈余公积
38	库存商品	零售一部	101	利润分配	应付现金股利
39	库存商品	零售二部	102	利润分配	未分配利润
40	库存商品	零售三部	103	本年利润	
41	商品进销差价	零售一部	104	主营业务收入	G 类商品
42	商品进销差价	零售二部	105	主营业务收入	H 类商品
43	商品进销差价	零售三部	106	主营业务收入	I 类商品
44	长期股权投资	股票投资(丰利公司)	107	主营业务收入	J 类商品
45	持有至到期投资	成本	108	主营业务收入	K 类商品
46	持有至到期投资	利息调整	109	主营业务收入	L 类商品
47	持有至到期投资	应计利息	110	主营业务收入	M 类商品
48	固定资产	经营用固定资产	111	主营业务收入	零售一部

续表

序号	一级科目	明细科目	序号	一级科目	明细科目
49	固定资产	非经营用固定资产	112	主营业务收入	零售二部
50	固定资产	不需用固定资产	113	主营业务收入	零售三部
51	固定资产	出租固定资产	114	其他业务收入	其他业务收入
52	累计折旧		115	投资收益	
53	工程物资	专用材料	116	公允价值变动损益	
54	工程物资	专用设备	117	营业外收入	
55	在建工程	大楼建设工程	118	主营业务成本	G类商品
56	固定资产清理	报废	119	主营业务成本	H类商品
57	固定资产清理	出售不需用固定资产	120	主营业务成本	I类商品
58	无形资产	专利权	121	主营业务成本	J类商品
59	研发支出	资本化支出	122	主营业务成本	K类商品
60	累计摊销		123	主营业务成本	L类商品
61	长期待摊费用	仓库大修费用	124	主营业务成本	M类商品
62	待处理财产损溢	待处理流动资产损溢	125	主营业务成本	零售一部
63	递延所得税资产		126	主营业务成本	零售二部
			127	主营业务成本	零售三部
			128	税金及附加	
			129	其他业务成本	
			130	资产减值损失	
			131	营业外支出	
			132	所得税费用	

(2)下列账户使用多栏式账页(有期初余额的账户结转期初余额,没有期初余额的账户设户后待记发生额):

应交税费——应交增值税

销售费用

财务费用

管理费用

下列账户(表4—5)使用数量金额式账页(有期初余额的账户结转期初余额,没有期初余额的账户设户后待记发生额):

表4—5　开设明细账户(数量金额式)

序号	一级科目	明细科目	序号	一级科目	明细科目
1	库存商品	A-1商品	27	库存商品	G-3商品

续表

序号	一级科目	明细科目	序号	一级科目	明细科目
2	库存商品	A-2 商品	28	库存商品	G-4 商品
3	库存商品	A-3 商品	29	库存商品	H-1 商品
4	库存商品	A-4 商品	30	库存商品	H-2 商品
5	库存商品	B-1 商品	31	库存商品	H-3 商品
6	库存商品	B-2 商品	32	库存商品	H-4 商品
7	库存商品	B-3 商品	33	库存商品	I-1 商品
8	库存商品	B-4 商品	34	库存商品	I-2 商品
9	库存商品	C-1 商品	35	库存商品	I-3 商品
10	库存商品	C-2 商品	36	库存商品	I-4 商品
11	库存商品	C-3 商品	37	库存商品	J-1 商品
12	库存商品	C-4 商品	38	库存商品	J-2 商品
13	库存商品	D-1 商品	39	库存商品	J-3 商品
14	库存商品	D-2 商品	40	库存商品	J-4 商品
15	库存商品	D-3 商品	41	库存商品	K-1 商品
16	库存商品	D-4 商品	42	库存商品	K-2 商品
17	库存商品	E-1 商品	43	库存商品	K-3 商品
18	库存商品	E-2 商品	44	库存商品	K-4 商品
19	库存商品	E-3 商品	45	库存商品	L-1 商品
20	库存商品	E-4 商品	46	库存商品	L-2 商品
21	库存商品	F-1 商品	47	库存商品	L-3 商品
22	库存商品	F-2 商品	48	库存商品	L-4 商品
23	库存商品	F-3 商品	49	库存商品	甲商品
24	库存商品	F-4 商品	50	库存商品	乙商品
25	库存商品	G-1 商品	51	库存商品	丙商品
26	库存商品	G-2 商品	52	库存商品	丁商品

4.2.3 办理记账业务

(1)12 月 1 日,依据出纳员“增值税专用发票”填写“商品销售成本计算表”(采用先进先出法),进行账务处理。

(2)12 月 4 日,收到业务员送来的“验收单”,按买价进行账务处理。

(3)12 月 9 日,收到“固定资产折旧计算表”,经审核无误进行账务处理。

(4)12 月 9 日,收到业务员交来本公司换出商品的“增值税专用发票”的记账联,换入商品的“增值税专用发票”的抵扣联与发票联及“验收单”的会计记账联,经审核无误进行非货币性交易的账务处理。

(5)12月10日，收到业务员送来的“商品内部调拨单”，经审核无误进行账务处理。

(6)12月12日，收到韩风、夏雨的“物品领用单”，经审核无误进行账务处理。

(7)12月13日，收到零售一部“商品调价单”，进行账务处理。

(8)12月17日，收到业务员送来的“验收单”，按买价进行账务处理。

(9)12月18日，收到固定资产报废单，经审核无误进行账务处理。

(10)12月18日，收到业务员送来的“内部转账单”，经审核无误进行账务处理。

(11)12月20日，收到业务员送来的材料入库验收单，经审核无误进行账务处理。

(12)12月20日，报废固定资产清理完毕，根据“固定资产清理——报废清理”账户余额编制“内部转账单”，结转清理损益。

(13)12月28日，本月应摊销专利权36 000元，应摊销仓库大修费25 000元，据以编制“无形资产、长期待摊费用分摊表”，经审核无误进行账务处理。

(14)12月28日，收到业务员送来的“商品内部调拨单”，经审核无误进行账务处理。

(15)12月29日，收到“低值易耗品报废单”，经审核无误进行账务处理。

(16)12月31日，根据本月“工资表”与“综合奖金结算汇总表”编制“应付职工薪酬分配表”，经审核无误进行账务处理。

(17)12月31日，公司经理批示：批发仓库短少的商品15 000元，挂账已久，查不清原因，同意报损。据以编制“内部转账单”并进行账务处理。

(18)12月31日，收到零售一、二、三部的“商品溢余短缺报告单”进行账务处理。

(19)12月31日，“交易性金融资产——股票”的公允价值为220 000元，依据“交易性金融资产——股票——成本”及“交易性金融资产——股票——公允价值变动”明细账户资料计算本期公允价值变动金额，据以填制“内部转账单”，经审核无误进行账务处理。

(20)12月31日，按应收款项百分比法计提坏账准备，提取比例为3%，依据“应收账款”及“坏账准备”明细账资料分析计算本期应计提的坏账准备金，据以编制“内部转账单”，经审核无误进行账务处理。

(21)12月31日，分步计算零售业务的已销商品应分摊的进销差价，根据计算结果编制“商品进销差价计算表”，并做出账务处理。(进销差价率精确到小数点后四位)

(22)12月31日，依据“应交税费——应交增值税”明细账资料分析填写“增值税纳税申报表”，计算出未交增值税额，经审核无误进行账务处理。

(23)12月31日，依据“其他业务收入”和“固定资产”明细账及“增值税纳税申报表”资料，计算应交营业税、应交房产税、应交城市维护建设税、应交教育费附加，编制“地方税收综合纳税(费)申报表”，经审核无误进行账务处理。

(24)12月31日，依据“持有至到期投资”明细账期初资料计算本年利息收入，并进行利息调整(按票面利率10%，实际利率9%计算)，据以填制“内部转账单”，经审核无误进行账务处理。(本月发生数，暂不计算利息)

(25)12月31日，依据“应付债券”明细账期初资料计算本年利息费用，并进行利息调整，按票面利率9%，实际利率8%计算(为大楼建设工程而发行债券)，据以填制“内部转账单”，经审核无误进行账务处理。(本月发生数，暂不计算利息)

(26)12月31日，结平“待处理财产损溢”及“应付职工薪酬——职工福利”账户。

(27)12月31日，填写“内部转账单”将损益类账户的本月净发生额结转“本年利润”账户。

(28)12月31日,编制"利润表"初稿,据以编制"暂时性差异计算表""所得税纳税申报表"(所得税税率25%),经审核无误进行账务处理。

(29)12月31日,将"所得税费用"账户发生额,转入"本年利润"后结平"本年利润"账户。

(30)12月31日,编制"利润分配计算表"进行利润分配。法定盈余公积按净利润的10%分配,应付现金股利按"未分配利润"明细账期初余额加上本年净利润,减去本年提取的法定盈余公积后的30%分配。

(31)12月31日,将"利润分配——提取盈余公积""利润分配——应付现金股利"账户余额转入"利润分配——未分配利润"账户。

4.3 兴隆公司财务科长岗位实操

4.3.1 开设总账

根据下列资料(表4—6)开设总账账户,每个账户占一页。兴隆公司2017年11月30日总账期末资料如下:

表4—6 **总账账户余额(截至2017年11月30日)**

科目	借或贷	金额(元)	科目	借或贷	金额(元)
库存现金	借	1 500.00	短期借款	贷	1 600 000.00
银行存款	借	290 000.00	应付票据	贷	360 000.00
其他货币资金	借	13 000.00	应付账款	贷	380 000.00
交易性金融资产	借	330 000.00	应付职工薪酬	贷	16 200.00
应收票据	借	300 000.00	其他应付款	平	
应收账款	借	330 000.00	应交税费	贷	15 500.00
预付账款	平		应付利息	贷	25 000.00
坏账准备	贷	1 320.00	应付股利	平	
其他应收款	借	28 000.00	长期借款	贷	1 000 000.00
在途物资	借	20 000.00	长期应付款	贷	110 000.00
周转材料	借	50 000.00	应付债券	贷	530 000.00
库存商品	借	4 981 700.00	递延所得税负债	平	
商品进销差价	贷	555 000.00	实收资本	贷	3 676 180.00
长期股权投资	借	200 000.00	资本公积	贷	360 000.00
持有至到期投资	借	116 000.00	盈余公积	贷	700 000.00
固定资产	借	2 160 000.00	利润分配	贷	60 000.00
累计折旧	贷	580 000.00	本年利润	贷	240 000.00
工程物资	借	500 000.00	主营业务收入	平	

续表

科　目	借或贷	金额(元)	科　目	借或贷	金额(元)
在建工程	借	600 000.00	其他业务收入	平	
固定资产清理	借	10 000.00	投资收益	平	
无形资产	借	172 000.00	公允价值变动损益	平	
研发支出	借	28 000.00	营业外收入	平	
累计摊销	平		主营业务成本	平	
长期待摊费用	借	64 000.00	税金及附加	平	
待处理财产损溢	借	15 000.00	其他业务成本	平	
递延所得税资产	平		销售费用	平	
			管理费用	平	
			财务费用	平	
			资产减值损失	平	
			营业外支出	平	
			所得税费用	平	

4.3.2 处理日常总账业务

日常总账业务如下：

(1)复核上旬会计凭证，根据审核无误的上旬记账凭证编制记账凭证汇总表，并据以登记总账，结出账户余额，与出纳员所经管的日记账核对，如有不符，查明原因，予以更正；与记账员所经管的明细账进行核对，如有不符，查明原因，予以更正。

(2)复核中旬会计凭证，根据审核无误的中旬记账凭证编制记账凭证汇总表，并据以登记总账，结出账户余额，与出纳员所经管的日记账核对，如有不符，查明原因，予以更正；与记账员所经管的明细账进行核对，如有不符，查明原因，予以更正。

(3)复核下旬会计凭证，根据审核无误的下旬记账凭证编制记账凭证汇总表，并据以登记总账，结出账户余额，与出纳员所经管的日记账核对，如有不符，查明原因，予以更正；与记账员所经管的明细账进行核对，如有不符，查明原因，予以更正。

(4)编制总账账户余额试算平衡表。

(5)办理年结。

4.3.3 编制会计报表

编制如下会计报表：

(1)编制资产负债表。

(2)编制利润表。

(3)编制现金流量表。

4.4 兴隆公司业务员岗位实操

按要求填制和传递 2017 年 12 月份凭证：

(1)12 月 1 日，周全因要去北京出差需借支 2 000 元，林涛因要去大连出差需借支 3 000 元，分别以周全和林涛的名义填写"借款单"各一张，经理万友明在借款单上签字：同意借支。持单以周全和林涛的名义向财务科出纳员借款。并将出纳员开出的现金支票送到开户银行提取现金。

(2)12 月 1 日，销售商品一批，资料如表 4—7 所示。

表 4—7 销售商品资料 单位：元

购货单位	品名	数量	单价	购货单位	品名	数量	单价
AA 公司	A-1 商品	1 500 千克	13	AI 公司	G-1 商品	2 000 千克	13
	A-2 商品	1 200 件	31		G-2 商品	1 000 件	31
	A-3 商品	1 000 件	37		G-3 商品	1 000 件	38
	A-4 商品	700 件	46		G-4 商品	600 件	46
AB 公司	B-1 商品	2 000 千克	10	AJ 公司	H-1 商品	2 000 千克	14
	B-2 商品	1 000 件	28		H-2 商品	1 000 件	28
	B-3 商品	1 000 件	33		H-3 商品	1 000 件	34
	B-4 商品	1 000 件	38		H-4 商品	1 000 件	38
AD 公司	C-1 商品	1 000 千克	20	AM 公司	I-1 商品	2 000 千克	15
	C-2 商品	1 000 件	30		I-2 商品	1 000 件	30
	C-3 商品	1 000 件	28		I-3 商品	1 000 件	28
	C-4 商品	1 000 件	34		I-4 商品	1 000 件	34

增值税税率 13%，价税款均已收讫。据以填写"增值税专用发票"，款项全部存入银行，填写"进账单"，送银行办理进账手续后取回"进账单"回单。将"进账单"回单连同"增值税专用发票"的记账联送财务科记账员。(开户行：中国工商银行崎峰市支行；账号：823653676516)

(3)12 月 2 日，以采购办事处洪波的名义填写"领款单"，领款金额 3 500 元，领款单填写好后到财务科找出纳员领款，作为采购办事处的备用金。

(4)12 月 3 日，以三峡证券营业部的名义填写"三峡证券营业部成交过户交割单"1 张，内容如下：本交割单系兴隆公司购买股票，成交编号为 12688，股东账户为 33665895，股东名称为兴隆公司，申请编号为 585，公司代码 N251，申报时间为 105055(即 10 点 50 分 55 秒)，成交时间为 105125，实收金额为 133 645 元，资金余额为 66 355 元；证券名称为 635278，成交数量 15 000 股，成交价格 8.85 元，佣金 420 元，印花税 460 元，附加费 15 元。填写好后送财务科出纳员。

(5)12 月 4 日，向丰润公司购进的 A-1 商品 2 000 千克，每千克买价 10 元，商品全部验收入库，据以填写"验收单"，将其会计记账联送账务科记账员。

(6)12 月 5 日，以中财保险股份有限公司的名义填写"机动车辆保险单"和"保费收据"各一张，填写内容如下：被保险人为兴隆公司；投保险种为车辆损失险、第三责任险，盗抢险、玻璃险、他人恶意险等；车辆型号为丰田(普)；发动机号为 625538；牌号为 A-36579；非营业用车；座位为5座；保险价值35万元，保险金额35万元；基本保费250元；车辆损失险费率0.8%；第三责任险最高赔偿限额为25万元；第三责任险保费为2 100元；盗抢险保费据表计算；玻璃险保费为50元；他人恶意险保费为100元；保险期限自2018年1月1日零时起至2018年12月31日24时止。地址：十字街58号；电话：8666789；邮政编码456000；总经理：刘峰。填好后将“机动车辆保险单”正本和“保费收据”发票联送本公司记账员。

(7)12月6日，以崎峰市第一律师事务所王宏的名义填写“增值税专用发票”，收取本公司本月律师顾问费用1 300元，持其发票联、抵扣联找本公司出纳员收款。(税率6%)

(8)12月8日，崎峰市电视台收取本公司广告费25 000元，代电视台填写“增值税专用发票”，持其发票联、抵扣联兴隆公司出纳员收款。(税率6%)

(9)12月9日，债券公司应向兴隆公司收取债券印刷费及手续费5 000元。代填写“增值税普通发票”，并持其发票联到兴隆财务科结算。(税率3%)

(10)12月9日，根据下述资料编制“固定资产折旧表”(采用平均年限法)，编制完成后将其送交本公司记账员。

11月30日，固定资产资料如表4—8所示。

表4—8　　固定资产资料(截至2017年11月30日)

部　门	固定资产类型	固定资产原值	预计净残值	预计使用年限
经营部门	房屋	500 000	25 000	40
	专用电子设备	150 000	32 500	10
	其他专用设备	350 000	17 500	20
管理部门	房屋	500 000	25 000	40
	不需用设备	160 000	20 000	10
出租	仓库	150 000	10 000	10

(11)12月9日，兴隆公司分别与德源、德茂、昌平公司进行非货币交易，交易内容如下：

兴隆公司向德源公司销售甲商品10 000千克，每千克售价4.08元；向德源公司购进G-2商品1 700件，每件进价24元；向德茂公司销售乙商品10 000千克，每千克售价3.03元；向德茂购进H-3商品1 212件，每件进价25元；向昌平公司销售丙商品10 000千克，每千克售价5.05元，向昌平公司购进I-3商品2 525件，每件进价20元。增值税税率均为13%，据以填写销售商品的“增值税专用发票”和购进商品的“验收单”(保管员：兰领)，填写好后先持销售商品的增值税专用发票送到德源、德茂、昌平公司业务处换取购进商品的增值税专用发票；将销售商品的“增值税专用发票”的记账联和购进商品的“增值税专用发票”联及“验收单”一并送交本公司记账员。

(12)12月10日，以公司职工周源的名义填写“费用报销领款单”，到财务科领取独生子女费160元。

(13)12月10日，代房地产管理所开具“增值税专用发票”，应收取兴隆公司办公用房租金1 200元。制单人：张选。持发票联、抵扣联到兴隆公司财务科结算。(税率9%)

(14)12月10日，以崎峰市汽车队的名义开具“增值税专用发票”，应收取兴隆公司销货运费12 000元。制单人：王平。持发票联、抵扣联到兴隆公司财务科结算。(税率9%)

(15)12月10日，业务科王致用、余新国、周候3人领取本年度烤火费，每人100元，经理周志国签字:同意付款。代填写“费用报销领款单”,到财务科出纳处领款。

(16)12 月 10 日,代司法局开具“增值税专用发票”,应收取兴隆公司公证费用 1 200 元。收款人:游咏。持发票联、抵扣联到兴隆公司财务科结算。(税率 6%)

(17)12 月 10 日,从批发仓库调给各零售部商品如表 4—9 所示。

表 4—9　　批发仓库调给各零售部商品

调入部门	商品名称	数　量	单位进价	零售价(元)
零售一部	A-2 商品	500 件	见数量金额式明细账	40
	B-1 商品	1 000 千克	见数量金额式明细账	13
	C-2 商品	500 件	见数量金额式明细账	38
	D-2 商品	500 件	见数量金额式明细账	38
零售二部	E-2 商品	500 件	见数量金额式明细账	37
	F-1 商品	1 000 千克	见数量金额式明细账	22
	G-2 商品	1 000 件	见数量金额式明细账	40
	H-3 商品	1 000 件	见数量金额式明细账	43
零售三部	I-3 商品	1 000 件	见数量金额式明细账	37
	J-1 商品	1 000 千克	见数量金额式明细账	22
	K-2 商品	800 件	见数量金额式明细账	37
	L-1 商品	1 000 千克	见数量金额式明细账	17

据以分别填写“商品内部调拨单”并将其送交财务科记账员。

(18)12 月 10 日,各零售部将零售款送存银行如表 4—10 所示。开户行:中国工商银行崎峰市支行;账号:823653676516。

表 4—10　　各零售部送存银行零售款

部门	经办人	面值	数量	部门	经办人	面值	数量	部门	经办人	面值	数量
零售一部	杨梅	100 元	900 张	零售二部	张跃	100 元	800 张	零售三部	郑龙	100 元	1 000 张
	杨梅	50 元	400 张		张跃	50 元	1 000 张		郑龙	50 元	1 000 张
	杨梅	10 元	1 000 张		张跃	10 元	500 张		郑龙	10 元	210 张
	杨梅	5 元	410 张		张跃	5 元	612 张				
	杨梅	2 元	400 张								

据以上资料填写“进账单”,持单到银行办理进账手续,取回回单交财务科出纳员。

(19)12 月 11 日,代商品采购供应站开出“增值税普通发票”,应收兴隆公司俞吉参加商品交易会的住宿及会务费计 580 元,持收据向兴隆公司财务科结账。(税率 3%)

(20)12 月 11 日,大楼建设工程的承建单位向兴隆公司收取工程款 120 000 元,领款人:韩国韩。据以填写“增值税专用发票”,持发票联、抵扣联到财务科出纳处办理领款,取得出纳员签发的“现金支票”到银行取款。(税率 9%)

(21)12 月 12 日,业务员韩风、夏雨各领计算器一个,单价 155 元,合计金额 310 元。经理周志国审批:同意领用,一次摊销。据以填写“物品领用单”并将其送交财务科记账员。

(22)12 月 12 日,兴隆公司向证券公司购买一年期债券 1 300 000 元,手续费 2 600 元,以证券公司名义开出“收据”,持收据第二联到兴隆公司财务科结算。

(23)12 月 13 日,根据表 4—7、4—8 的资料分别编制“工资表”。

经营人员工资资料如表 4—11 所示。

表 4—11 **经营人员工资资料** 单位:元

姓　名	月标准工资	津贴	水电费	公积金	个人所得税	个人承担社保
李元勋	1 220	97	50	20		50
张启明	1 220	97	50	20		50
陆　咏	960	87	48	15		40
方　兰	960	87	46	15		40
王为等 240 人	225 000	15 230	6 616	3 000	2 470.50	2 010

管理人员工资资料如表 4—12 所示。

表 4—12 **管理人员工资资料** 单位:元

姓　名	月标准工资	津贴	水电费	公积金	个人所得税	个人承担社保
周志国	1 360	207	50	30		55
赵　芳	1 220	167	48	20		50
王　旁	1 220	167	39	20		50
李双仁	1 220	157	53	20		50
袁方等 36 人	33 600	3 005	1 000	1 100	430.5	830

“工资表”编制好后送交财务科出纳员。

(24)12 月 13 日,周全出差武汉联系业务,返回公司报账,出差相关内容如下:2017 年 12 月 1 日从崎峰市乘火车至武汉(当日到达)火车票 260 元,在武汉期间住宿费 1 300 元,2017 年 12 月 12 日晚从武汉乘火车返回,于 12 月 13 日上午到达返程票 300 元;林涛 12 月 1 日从崎峰市乘火车至大连(当日到达),火车票 380 元,在大连期间住宿费 1 500 元,2017 年 12 月 12 日从大连乘火车回崎峰市(次日到达)火车票 400 元,出差补助每天 20 元,据以分别填写“旅差费报销单”(经理周志国在单上签字:同意报销),并持单以周全与林涛的名义向财务科出纳处报账(出差前周全已预支 2 000 元、林涛已预支 3 000 元)。

(25)12 月 13 日,零售一部库存 C-2 商品 400 件,每件零售价由原来的 25 元调至 24 元,据以填写“商品调价单”将其记账联送兴隆公司财务科记账员。

(26)12 月 14 日,业务科各种费用支出汇总情况如下:差旅费 398 元(21 张原始凭证);办公费 260 元(18 张原始凭证);其他费用 160 元(10 张原始凭证);经核对,编制“管理费用支出汇总表”,持表到财务科报账。

(27)12 月 14 日,张敬等 6 名职工参加崎峰市商学院短期培训,支付学杂费 3 400 元,以商学院名义开出“增值税普通发票”,持第二联(付款人联)找兴隆财务科出纳员办理领款,取得出纳员签发的“现金支票”到银行取款。(税率 3%)

(28)12 月 15 日,兴隆公司职工食堂向为民日杂公司购买铁锅 1 个,计 80 元;盘子 30 个,单价 3 元,计 90 元;合计 170 元。以为民日杂公司名义开具“增值税普通发票”,持发票联向兴隆公司财务科出纳员报账。(在发票备注上填写:列入职工福利。税率 3%)

(29)12 月 16 日,兴隆公司向税务局购买 25 张 5 元券印花税票,25 张 2 元券印花税票,25 张 1 元券印花税票,以税务局名义开具“市税务局印花税票发售统一发票”,持发票联向兴隆公司财务科出纳员报账。

(30)12 月 17 日,向丰润公司购进的 A-2 商品 5 000 件,每件买价 23.80 元;A-4 商品 5 000 件,每件买价 35.80 元;向丰利公司购进的 B-1 商品 5 000 千克,每千克买价 7.80 元;B-2 商品 5 000 件,每件买价 21.80 元;向众生公司购进的 C-1 商品 2 000 千克,每千克买价 14.80 元;C-2 商品 3 000 件,每件买价 22.60 元;以上商品均已到达,如数验收入库。据以填写“验收单”,将验收单的会计记账联送财务科记账员。

(31)12 月 17 日,本月综合奖金结算汇总资料如下:经营人员奖金 20 400 元,管理人员奖金 4 000 元。据以编制“综合奖金结算汇总表”,持表向财务科出纳员领取奖金。

(32)12 月 18 日,销售给大华公司不需用丁设备一台,原始价值 6 万元,已提折旧 20 000 元,协商作价 41 000 元。据以填写“增值税专用发票”,持其发票联、抵扣联到大华公司财务科收款,要求大华公司出纳员签发“转账支票”,并与其一同去银行办理转账手续,将收账通知及“增值税专用发票”记账联送交本公司财务科出纳员。同时依据固定资产原始价值与已提折旧填写“内部转账单”,并将其送本公司财务科记账员。(税率 13%)

(33)12 月 18 日,一栋仓库 300 平方米,预计使用 30 年,已使用 28 年,原值 105 000 元,已提折旧 90 000 元,因重建提前报废。其处理意见:使用部门的意见:因陈旧要求报废;技术鉴定小组意见:情况属实;固定资产管理部门意见:同意转入清理;主管部门审批意见:同意报废重建。据以填写“固定资产报废单”后将其会计记账联送财务科记账员。

(34)12 月 19 日,向兴盛公司购进丁设备一台,交易价 38 000 元,经验收交零售三部使用,据以填写“固定资产验收单”,将其第二联送财务科出纳员。

(35)12 月 19 日,采购办事处与业务往来单位洽谈业务,接待、就餐、补助及接送车费共计金额 2 200 元,单据 20 张。据以填写“业务招待费汇总表”,经理周志国在单上签字:同意报销。持单向财务科出纳员报账,取得出纳员签发的“现金支票”后到银行提取现金。

(36)12 月 19 日,报废固定资产的清理人员张勇等 5 人应领取清理费用 600 元,以张勇的名义填写“费用报销领款单”,经理周志国在单上签字:同意付款。持单向财务科出纳员领款。

(37)12 月 19 日,兴隆公司向峰北公司收取仓库租金 5 200 元,据以开出“增值税专用发票”,收到现金 5 200 元,当即填写“进账单”到开户行办理进账手续,收到银行盖章后的“进账单”回单,将“增值税专用发票”记账联及“进账单”回单送交本公司出纳员。(本公司开户行:中国工商行崎峰市支行,账号:823653676516。税率 9%)

(38)12 月 20 日,仓库清理残料如下:红砖 100 000 块,每块 0.20 元,计 20 000 元,其他材料 7 000 元,合计 27 000 元。材料全部入库作重建仓库用,据以编制“材料入库单”,并将其记账联送财务科记账员。

(39)12 月 20 日,兴隆公司向为民五金公司购买灭火器五个,单价 100 元,计 500 元。灭火器购回后当即由仓库领用。先以为民五金公司名义开具“增值税普通发票”;再以仓库保管员杨立名义填写“物品领用单”(经理周志国在单上签字:同意领用),一次摊销。最后将“增值税普通发票”的发票联和“物品领用单”送财务科出纳员,并要求领款、领物。(税率 3%)

(40)12 月 21 日,向大华公司转让技术,收取技术转让费 18 000 元,据以填写“增值税专用发票”,持其发票联、抵扣联到大华公司财务科收款,要求大华公司出纳员签发“转账支票”,并与其一同去银行办理转账手续,取得银行盖章后的“转账支票”的收账通知联后,将“转账支

票”的收账通知联及“增值税专用发票”记账联送交本公司财务科出纳员。(税率6%)

(41)12月21日,向会计局购买《新会计准则》等书籍,付款190元,以会计局的名义填写“增值税普通发票”,并持其发票联到账务科报账。(税率3%)

(42)12月21日,兴隆公司汽车送汽车修配厂修理,具体修配项目如下:汽车补胎200元,汽车轮胎2个,单价500元。以汽车修配厂名义开具“增值税专用发票”,将“增值税专用发票”的发票联、抵扣联送交本公司财务科结算。(税率13%)

(43)12月23日,兴隆公司使用自来水厂的供水,水表记录是:本月号码为65769,上月号码为63159,实用水2 610吨,每吨单价4元。以自来水厂名义开具“增值税专用发票”,持其发票联、抵扣联到兴隆公司财务科结算。(税率9%)

(44)12月23日,采购办事处用备用金开支下列各种费用:招待费3 800元17张原始凭证);修理费5 200元(16张原始凭证);经核对全部报销,编制“管理费用支出汇总表”,持表到财务科报账。

(45)12月24日,兴隆公司电表的起码是135679,止码是173679,实用电38 000度,每度单价0.80元,以电力局的名义填写“增值税专用发票”(电费增值税税率17%),持发票联、抵扣联到兴隆公司财务科结算。

(46)12月24日,兴隆公司参加本市商品展销会,应付崎峰新世纪商厦的商品展位租用费1 100元,以新世纪商厦的名义填写“增值税普通发票”,持发票联到兴隆公司财务科结算。(税率3%)

(47)12月25日,物价检查所对兴隆公司商品销售情况进行检查,发现部分商品违反国家价格政策,罚款1 800元,以物价检查所名义填写“罚款没收专用收据”,持单到兴隆公司财务科收取罚款。

(48)12月26日,看望住院职工罗建勋,从副食品商品店购买两袋奶粉,每袋120元,苹果4千克,每千克14元,据以填写“增值税普通发票”,经理周志国签字:在福利费列支,持发票联到兴隆公司财务科结算。(税率3%)

(49)12月26日,通达搬运公司为兴隆公司装卸货物,应收取商品装卸费1 300元,以通达公司的名义开具“增值税专用发票”,持发票联、抵扣联到兴隆公司财务科结算。(税率9%)

(50)12月26日,周全出差预支差旅费1 000元,据以填写“借款单”,持单向财务科出纳借款。

(51)12月27日,兴隆公司自行开发一项实用型专利开发成功,先根据下列资料填写“专利申报表”:申请单位:兴隆公司;专利项目:实用新型专利;技术开发费:28 000元;注册登记费:3 300元;单位意见:同意申报;专利局审批:同意注册。再以专利局名义填写“增值税专用发票”收取兴隆公司专利注册登记费3 300元,然后持“专利申报表”和“增值税专用发票”到兴隆公司财务科结算,要求支付注册登记费。(税率6%)

(52)12月27日,兴隆公司销售商品一批如表4—13所示。

表4—13 **兴隆公司销售商品**

购买单位	甲商品		乙商品		丙商品		丁商品	
	单价(元)	数量(千克)	单价(元)	数量(千克)	单价(元)	数量(千克)	单价(元)	数量(千克)
众健公司	4	20 000	3	20 000	5	11 000	6	10 000

续表

购买单位	甲商品		乙商品		丙商品		丁商品	
	单价(元)	数量(千克)	单价(元)	数量(千克)	单价(元)	数量(千克)	单价(元)	数量(千克)
宏源公司	4	20 000	3	20 000	5	10 000	6	10 000
宏盛公司	4	15 000	3	20 000	5	12 000	6	15 000

增值税税率均为13%，据以分别三个公司填写"增值税专用发票"后持"增值税专用发票"到众健、宏源、宏盛公司财务科结算，要求各公司出纳员根据购销合同填写"商业承兑汇票"，经付款人(各购货公司)承兑后，将"增值税专用发票"的记账联和"商业承兑汇票"的第二联送交本公司出纳员。

(53)12月27日，顺达运输公司为兴隆公司运输购入的商品，应收运费7 300元。以顺达运输公司的名义开具"增值税专用发票"，持发票联、抵扣联到兴隆公司财务科结算。(税率9%)

(54)12月27日，外购商品全部验收入库。据表4—14所列资料填写"验收单"，将其记账联送财务科记账员。

表4—14　　外购商品资料

供货单位	商品名称	数量(件)	单位进价(元)	合计金额(元)
丰润公司	A-3商品	10 000	29	290 000
丰利公司	B-2商品	10 000	22	220 000
众生公司	C-2商品	10 000	23	230 000

(55)12月28日，从批发仓库调给各零售部商品如表4—15所示。

表4—15　　批发仓库调给各零售部商品

调入部门	商品名称	数量	单位进价	零售价(元)
零售一部	A-2商品	5 000	见数量金额式明细账	34
	A-3商品	5 000	见数量金额式明细账	41
零售二部	A-4商品	5 000	见数量金额式明细账	51
	B-1商品	5 000	见数量金额式明细账	11
零售三部	B-2商品	5 000	见数量金额式明细账	31.6
	C-2商品	5 000	见数量金额式明细账	33

据以分别填写"商品内部调拨单"，并将其送交财务科记账员。

(56)12月29日，各零售部将零售款送存银行如表4—16所示。开户行：中国工商银行崎峰市支行；账号：115674356327。

表 4—16 **各零售部送存银行零售款**

部门	经办人	面值	数量	部门	经办人	面值	数量	部门	经办人	面值	数量
零售一部	杨梅	100 元	2 000 张	零售二部	张跃	100 元	2 000 张	零售三部	郑龙	100 元	1 500 张
	杨梅	50 元	2 600 张		张跃	50 元	1 500 张		郑龙	50 元	1 600 张
	杨梅	10 元	2 100 张		张跃	20 元	1 460 张		郑龙	20 元	1 370 张

据以上资料填写“进账单”，持单到银行办理进账手续，取回回单交财务科出纳员。

(57)12 月 29 日，兴隆公司报废低值易耗品资料如下：文件柜三乘，成本 1 600 元，已摊销 800 元；办公桌 4 张，成本 1 000 元，已摊销 500 元；其他物品成本 700 元，已摊销 700 元。据以编制“低值易耗品报废表”（备注栏里注明五五摊销或一次摊销），经理周志国在单上签字：同意报废。将其送财务科记账员。

(58)12 月 30 日，兴隆公司支付本公司工会委员会工会经费 3 250 元，以本公司工会委员会的名义开出“收据”，持收据第二联向兴隆公司财务科出纳员收款，收到出纳员签发的“现金支票”到银行提取现金。

(59)12 月 30 日，公司支付职工食堂代扣伙食费 4 291 元。以职工食堂名义填写“收据”，持收据第二联向兴隆公司财务科出纳员收款，收到出纳员签发的“现金支票”到银行提取现金。

(60)12 月 30 日，销售给众健公司甲商品 30 000 千克，每千克售价 4 元；销售给宏源公司丙商品 26 000 千克，每千克售价 5 元；销售给宏盛公司丁商品 20 000 千克，每千克售价 6 元；增值税率 17%，分别填写“增值税专用发票”，将其送财务科记账员。

(61)12 月 31 日，各零售部盘点商品情况如表 4—17 所示。

表 4—17 **各零售部盘点商品情况**

部　门	实际结存	账面结存	进销差价率	备注
零售一部	572 220 元	（明细账余额）	30%	公司经理周志国批示：按进价记入当期损益
零售二部	640 760 元	（明细账余额）	30%	
零售三部	616 600 元	（明细账余额）	30%	

据以分别填写“商品溢余短缺报告单”，将其会计记账联送财务科记账员。

5　兴盛公司会计业务岗位实操

5.1　兴盛公司出纳会计岗位实操

5.1.1　开设有关日记账

兴盛公司 2017 年 11 月 30 日有关账户余额如下：

库存现金日记账　　1 000(借)

银行存款日记账　　301 000(借)

兴盛公司及往来公司相关情况如表 5—1。

表 5—1　　**兴盛公司及往来公司相关情况**

开户行：中国工商银行江泽市支行		开户行：中国工商银行崎峰市支行	
公司名称	账　号	公司名称	账　号
丰润公司	1156674356321	德源公司	823653676510
丰利公司	1156674356322	德茂公司	823653676511
众生公司	1156674356323	昌平公司	823653676512
众健公司	1156674356324	昌安公司	823653676513
宏源公司	1156674356325	大兴公司	823653676514
宏盛公司	1156674356326	大华公司	823653676515
		兴盛公司	823653676517

5.1.2　办理如下业务

凡出纳业务，在业务办理完毕后，编制记账凭证，交财务科长审核后据以登记库存现金和

银行存款日记账，并将记账凭证连同所附原始凭证一并转交记账员记账。

(1)12 月 1 日，收到熊锋、赵明的“借款单”各一张，经审核无误，签发 5 000 元的“现金支票”交给两人到开户行取款，留下“借款单”和“现金支票”存根进行账务处理。

(2)12 月 1 日，收到业务员送来的“进账单”回单及“增值税专用发票”的记账联，进行账务处理。

(3)12 月 1 日，填写“信汇”凭证 3 张，分别支付应付众健公司账款 120 000 元和应付宏源公司账款 110 000 元；支付应付宏盛公司账款 110 000 元。填好结算凭证后去开户银行办理相关手续，取回“信汇”凭证回单，审核无误后进行账务处理。

(4)12 月 2 日，填写“转账支票”和“进账单”，转出投资款 220 000 元，存入三峡证券营业部账户(三峡证券营业部开户行：中国工商银行江泽市支行，账号：123456786789)准备用于购买股票。到银行办理转账手续。

(5)12 月 2 日，填写“现金支票”1 张，提取现金 16 000 元备用，到开户银行办理支款手续。

(6)12 月 2 日，收到采购办事处伍兴的“领款单”，经审核无误，当即支付现金 4 000 元，作为采购办事处的备用金(在领款单上注明“现金付讫”)。

(7)12 月 3 日，收到“三峡证券营业部成交过户交割单”，购入股票划作交易性金融资产。

(8)12 月 5 日，收到开户行转来丰润公司(90 000 元)、丰利公司(150 000 元)和众生公司(110 000 元)“信汇”凭证收款通知。

(9)12 月 5 日，收到中财保险股份有限公司机动车辆保险单(正本)和保费收据第一联，经审核无误，据以填写转账支票(中财保险股份有限公司开户行：中国工商银行崎峰市支行；账号：823653676538)，并到银行办理转账手续。

(10)12 月 6 日，填写“税收通用缴款书”，将未交增值税、应交城市维护建设税、应交个人所得税、应交教育费附加上交国库，具体金额见明细分类账各该账户的月初余额。税收通用缴款书填写好后，到开户行办理手续，经税务机关、银行盖章后取得完税凭证联，并据以进行账务处理。

(11)12 月 6 日，收到律师事务所的“增值税专用发票”发票联、抵扣联，经审核无误，以现金付讫。

(12)12 月 8 日，收到江崎峰市电视台的“增值税专用发票”发票联、抵扣联，经审核无误，据以填写转账支票(崎峰市电视台开户行：中国工商银行崎峰市支行；账号：823653676658)，付广告费，并到银行办理转账手续

(13)12 月 8 日，本公司(兴盛公司)委托债券发行公司发行 5 年期债券，按面值的 10%溢价发行。现债券公司已发行债券面值 1 200 000 元，实收金额 1 320 000 元，款项今日全部交来，收到转账支票当即送存银行。据以填写“收据”及“进账单”，到银行办理手续后据“收据”记账联及“进账单”回单进行账务处理。

(14)12 月 9 日，收到债券公司的“增值税普通发票”发票联，经审核无误，据以填写转账支票(债券公司开户行：中国工商银行崎峰市支行；账号：823653677788)，付手续费，并到银行办理转账手续。

(15)12 月 10 日，收到职工袁海的“费用报销领款单”，经审核无误，以现金付讫。

(16)12 月 10 日，收到房地产管理所的“增值税专用发票”发票联、抵扣联，经审核无误，以现金付讫。

(17)12 月 10 日，收到崎峰市汽车运输公司的“增值税专用发票”发票联、抵扣联，经审核

无误，据以填写转账支票（崎峰市汽车运输公司开户行：中国工商银行崎峰市支行；账号：823653675588），付运费，并到银行办理转账手续。

(18)12 月 10 日，依据"应付职工薪酬——社会保险费"期初余额，填写"税收通用缴款书"到银行办理缴款手续。

(19)12 月 10 日，签发"现金支票"，到银行办理取款手续，提回现金 4 000 元备用。根据"现金支票"存根作账务处理。

(20)12 月 10 日，收到叶中华等 3 人的"费用报销领款单"，经审核无误，以现金付讫。

(21)12 月 10 日，收到司法局的"增值税专用发票"发票联、抵扣联经审核无误，据以填写转账支票（司法局开户行：中国工商银行崎峰市支行；账号：823653671688），付诉讼费，并到银行办理转账手续。

(22)12 月 10 日，收到各零售部销售商品的送存款的"进账单"回单。

(23)12 月 11 号，收到商品采购供应站的"增值税普通发票"，经审核无误，以现金付讫。

(24)12 月 11 日，收到大楼承建单位韩叶贤的"增值税专用发票"，经审核无误，签发"现金支票"，交其到银行取款。

(25)12 月 12 日，收到证券公司的"收据"，经审核无误，据以填写转账支票（证券公司开户行：中国工商银行崎峰市支行；账号：823654211698），付债券及手续费，并到银行办理转账手续。

(26)12 月 13 日，收到"工资表"，根据实发工资总额签发"现金支票"，从银行提取现金，当即发放完毕。

(27)12 月 13 日，收到熊锋、赵明的"旅差费报销单"（所附单据略），经审核无误，分别开出"收据"，赵明多余款未交，补付熊锋现金 100 元。

(28)12 月 14 日，收到业务科"管理费用支出汇总表"（所附单据 49 张略），经审核无误，以现金付讫。

(29)12 月 14 日，收到崎峰市商学院的"收据增值税普通发票"，经审核无误，开出"现金支票"付讫。

(30)12 月 15 日，收到银行转来"委托收款凭证"的付款通知 3 张出及"增值税专用发票"的发票联和抵扣联。系付众健公司、宏源公司、宏盛公司货款。

(31)12 月 15 日，收到职工食堂购买炊具发票，经审核无误，以现金付讫。

(32)12 月 16 日，收到"市税务局印花税票发售统一发票"，经审核无误，以现金付讫。

(33)12 月 17 日，根据"综合奖金结算汇总表"（实际还应按人头的奖金发放表，此处略），签发"现金支票"提回现金，当即发放完毕。

(34)12 月 18 日，收到业务员送来的兴隆公司转账支票的收账通知联，当即填"进账单"去银行办理进账手续。收到本公司的固定资产销售的"发增值税专用发票"的会计记账联，经审核无误进行账务处理。

(35)12 月 19 日，收到德源公司出售设备的"增值税专用发票"发票联、抵扣联，及本公司业务员送来的"固定资产验收单"，经审核无误据以填写"转账支票"付设备款，并到银行办理转账手续。

(36)12 月 19 日，收到采购办事处的"业务招待费汇总表"及所附 16 单据（单据略），经审核无误后，当即签发"现金支票"补足其备用金。

(37)12 月 19 日，收到刘平报销领款单"，经审核无误，以现金付讫。

(38)12月19日，收到业务员送来的仓库租金收入“进账单”回单及“增值税专用发票崎峰市服务业发票”记账联。

(39)12月20日，收到业务员送来的“增值税普通发票”和“物品领用单”，经审核无误后以现金付讫。

(40)12月20日，收到大华公司的“增值税专用发票”发票联、抵扣联，经审核无误后签发“转账支票”支付技术转让费。到银行办理转账手续。

(41)12月21日，收到购买书籍的“增值税普通发票”发票联，经审核无误以现金付讫。

(42)12月21日，收到业务员送来的德源公司“转账支票”的收账通知联，及本公司收取技术转让收入的“增值税专用发票”记账联。

(43)12月21日，收到汽车修配厂的“增值税专用发票”发票联、抵扣联，经审核无误后以现金付讫。

(44)12月23日，收到自来水厂“增值税专用发票”发票联、抵扣联，审核无误后填写“转账支票”支付水费，到银行办理转账手续。(自来水厂开户行：中国工商银行崎峰市支行；账号：8652355217658)

(45)12月23日，收到采购办事处的“管理费用支出汇总表”及所附35张单据(单据略)，经审核无误后，开出“收据”冲销其备用金，将收据第二联交报账人。

(46)12月24日，收到电力局的“增值税专用发票”发票联、抵扣联，审核无误后填写“转账支票”支付电费，到银行办理转账手续。(电力局开户行：中国工商银行崎峰市支行；账号：8652355217666)

同时根据耗用量分配本月电费，耗用量资料如下：大楼建设工程16 500度，其他应收款(代扣职工水电费)9 500度，公司管理部门11 000度，据以编制“外购动力费分配表”。

根据电力局的发票联、抵扣联、“转账支票”存根和“外购动力费分配表”进行账务处理。

(47)12月24日，收到新世纪商厦的“增值税普通发票”发票联，经审核无误后，签发2 000元“现金支票”，从银行提回现金，除支付1 500元商品展位租金外，其余500元现金备用。

(48)12月25日，签发“现金支票”，到银行办理取款手续，提回现金6 500元备用。根据“现金支票”存根作账务处理。

(49)12月25日，收到物价检查所“罚款没收专用收据”，以现金支付罚款。

(50)12月26日，收到“增值税普通发票”发票联，经审核无误后以现金付讫。

(51)12月26日，收到通达搬运公司的“增值税专用发票”发票联、抵扣联，经审核无误后以现金付讫。

(52)12月26日，收到赵明的“借款单”，经审核无误后以现金付讫。

(53)12月27日，收到业务员送来的“专利申报表”和专利局的“增值税专用发票”发票联、抵扣联，审核无误后填写“转账支票”支付专利注册登记费，到银行办理转账手续。(专利局开户行：中国工商银行崎峰市支行；账号：865235527898)

(54)12月27日，收到本公司业务员送来销售商品给丰润公司、丰利公司和众生公司的6张“增值税专用发票”记账联和3张商业承兑汇票。

(55)12月27日，收到众健公司、宏源公司、宏盛公司业务员送来的“增值税专用发票”，经审核无误后分别填写为期2个月的“商业承兑汇票”3份，在第二联的承兑人盖章处盖上财务专用章，将第二联分别交众健公司、宏源公司、宏盛公司业务员。

同时收到通达运输公司的“增值税专用发票”发票联，经审核无误后填写“转账支票”支付

运费，到银行办理转账手续。(通达运输公司开户行：中国工商银行崎峰市支行；账号：865235367898)

收到业务员送来"验收单"。

根据"增值税专用发票"的发票联、抵扣联，"商业汇票"的留存联，"转账支票"存根联，"崎峰市公路、内河货物运输业统一发票"发票联及"验收单"作账务处理。

(56)12 月 29 日，收到各零售部送存银行销货款的"进账单"回单。

(57)12 月 30 日，收到工会的"收据"第二联，经审核无误后签发"现金支票"付讫，根据"现金支票"存根作账务处理。

(58)12 月 30 日，收到职工食堂的"收据"第二联，经审核无误后签发"现金支票"付讫，根据"现金支票"存根作账务处理。

(59)12 月 30 日，收到业务员送来的"增值税专用发票"，合同规定销货款采用委托收款结算方式，经审核无误后，据以填写"委托收款凭证"，持"委托收款凭证"和"增值税专用发票"到银行办理托收手续，经银行盖章后，将退回的"委托收款凭证"回单与"增值税专用发票"的记账联一并作账务处理。

(60)12 月 31 日，到开户行拿回贷款计息凭证，进行账务处理。(已预计应付利息 15 000 元)

(61)12 月 31 日，到开户行拿回存款计息凭证，进行账务处理。

(62)12 月 31 日，将账面价值为 90 000 元的"交易性金融资产——基金"全部出售，实得现金 94 500 元。填写"内部转账单"和"进账单"，将现金送存银行(全为百元券)。

5.2 兴盛公司记账会计岗位实操

5.2.1 开设有关账户

兴盛公司 2017 年 11 月 30 日明细账期末资料如表 5－2 所示：

表 5－2　　明细账户余额(截至 2017 年 11 月 30 日)

科　目	借或贷	金额(元)
其他货币资金——外埠存款	借	12 000.00
交易性金融资产——股票(成本)	借	80 000.00
交易性金融资产——债券(成本)	借	100 000.00
交易性金融资产——基金(成本)	借	90 000.00
应收票据——丰润公司	借	250 000.00
应收票据——丰利公司	借	100 000.00
应收票据——众生公司	借	100 000.00
应收账款——丰润公司	借	90 000.00
应收账款——丰利公司	借	150 000.00

续表

科　目	借或贷	金额(元)
应收账款——众生公司	借	110 000.00
坏账准备	贷	1 400.00
其他应收款——采购办事处	借	20 000.00
其他应收款——代扣水电费	借	11 000.00
在途物资——众健公司	借	20 000.00
周转材料——低值易耗品——在用	借	60 000.00
周转材料——低值易耗品——在库	借	15 000.00
周转材料——低值易耗品——摊销	贷	30 000.00
库存商品——A 类商品	借	166 600.00
库存商品——B 类商品	借	155 600.00
库存商品——C 类商品	借	152 200.00
库存商品——D 类商品	借	152 200.00
库存商品——E 类商品	借	140 500.00
库存商品——F 类商品	借	154 100.00
库存商品——G 类商品	借	156 600.00
库存商品——H 类商品	借	149 300.00
库存商品——I 类商品	借	146 900.00
库存商品——J 类商品	借	152 400.00
库存商品——K 类商品	借	146 900.00
库存商品——L 类商品	借	149 700.00
库存商品——M 类商品	借	1 260 000.00
库存商品——零售一部	借	600 000.00
库存商品——零售二部	借	550 000.00
库存商品——零售三部	借	500 000.00
商品进销差价——零售一部	贷	180 000.00
商品进销差价——零售二部	贷	165 000.00
商品进销差价——零售三部	贷	150 000.00
长期股权投资——股票投资(丰润公司)	借	200 000.00
持有至到期投资——成本	借	120 000.00
持有至到期投资——利息调整	借	10 000.00
持有至到期投资——应计利息	借	20 000.00
固定资产——经营用固定资产	借	1 370 000.00

续表

科　目	借或贷	金额(元)
固定资产——非经营用固定资产	借	500 000.00
固定资产——不需用固定资产	借	150 000.00
固定资产——出租固定资产	借	130 000.00
累计折旧	贷	500 000.00
工程物资——专用材料	借	480 000.00
在建工程——大楼建设工程	借	560 000.00
固定资产清理——报废	借	15 000.00
无形资产——专利权	借	178 000.00
研发支出——资本化支出	借	22 000.00
长期待摊费用——仓库大修费用	借	56 600.00
待处理财产损溢——待处理流动资产损溢	借	12 000.00
短期借款——经营周转借款	贷	1 500 000.00
应付票据——众健公司	贷	110 000.00
应付票据——宏源公司	贷	120 000.00
应付票据——宏盛公司	贷	100 000.00
应付账款——众健公司	贷	120 000.00
应付账款——宏源公司	贷	110 000.00
应付账款——宏盛公司	贷	110 000.00
应付职工薪酬——职工教育经费	贷	3 500.00
应付职工薪酬——职工福利	贷	2 000.00
应付职工薪酬——社会保险费	贷	8 500.00
应交税费——未交增值税	贷	30 000.00
应交税费——应交所得税	借	20 000.00
应交税费——应交城市维护建设税	贷	2 000.00
应交税费——应交个人所得税	贷	1 900.00
应交税费——应交教育费附加	贷	1 200.00
应付利息	贷	25 000.00
长期借款——基建借款	贷	900 000.00
长期应付款——应付设备款	贷	90 000.00
应付债券——面值	贷	500 000.00
应付债券——利息调整	贷	30 000.00
应付债券——应计利息	贷	50 000.00

续表

科 目	借或贷	金额(元)
实收资本——国家投资	贷	2 600 000.00
实收资本——达亿公司	贷	100 000.00
实收资本——其他	贷	1 106 100.00
资本公积——资本溢价	贷	260 000.00
资本公积——其他	贷	110 000.00
盈余公积——法定盈余公积	贷	570 000.00
利润分配——未分配利润	贷	10 000.00
本年利润	贷	490 000.00

库存商品三级账 2017 年 11 月 30 日期末资料如表 5—2 所示。

表 5—2　　库存商品三级账户余额(截至 2017 年 11 月 30 日)

类 别	品名	数量	单位成本(元)	金额(元)
A 类商品	A-1 商品	4 000 千克	10	40 000
	A-2 商品	1 600 件	24	38 400
	A-3 商品	1 800 件	29	52 200
	A-4 商品	1 000 件	36	36 000
B 类商品	B-1 商品	5 000 千克	8	40 000
	B-2 商品	1 900 件	22	41 800
	B-3 商品	1 500 件	26	39 000
	B-4 商品	1 200 件	29	34 800
C 类商品	C-1 商品	2 600 千克	15	39 000
	C-2 商品	1 600 件	23	36 800
	C-3 商品	1 700 件	22	37 400
	C-4 商品	1 500 件	26	39 000
D 类商品	D-1 商品	4 000 千克	10	40 000
	D-2 商品	1 800 件	23	41 400
	D-3 商品	1 600 件	24	38 400
	D-4 商品	1 200 件	27	32 400
E 类商品	E-1 商品	3 000 千克	12	36 000
	E-2 商品	1 600 件	22	35 200
	E-3 商品	1 500 件	23	34 500
	E-4 商品	1 200 件	29	34 800

续表

类　别	品名	数量	单位成本(元)	金额(元)
F 类商品	F-1 商品	3 000 千克	13	39 000
	F-2 商品	2 500 件	16	40 000
	F-3 商品	2 200 件	17	37 400
	F-4 商品	1 300 件	29	37 700
G 类商品	G-1 商品	3 800 千克	10	38 000
	G-2 商品	1 600 件	24	38 400
	G-3 商品	1 400 件	29	40 600
	G-4 商品	1 100 件	36	39 600
H 类商品	H-1 商品	3 000 千克	11	33 000
	H-2 商品	1 800 件	22	39 600
	H-3 商品	1 500 件	26	39 000
	H-4 商品	1 300 件	29	37 700
I 类商品	I-1 商品	3 000 千克	12	36 000
	I-2 商品	1 500 件	23	34 500
	I-3 商品	1 700 件	22	37 400
	I-4 商品	1 500 件	26	39 000
J 类商品	J-1 商品	3 000 千克	13	39 000
	J-2 商品	1 500 件	23	34 500
	J-3 商品	1 600 件	24	38 400
	J-4 商品	1 500 件	27	40 500
K 类商品	K-1 商品	2 500 千克	14	35 000
	K-2 商品	1 700 件	22	37 400
	K-3 商品	1 600 件	23	36 800
	K-4 商品	1 300 件	29	37 700
L 类商品	L-1 商品	3 800 千克	10	38 000
	L-2 商品	2 500 件	16	40 000
	L-3 商品	2 000 件	17	34 000
	L-4 商品	1 300 件	29	37 700
M 类商品	甲商品	120 000 千克	2.4	288 000
	乙商品	140 000 千克	1.8	252 000
	丙商品	120 000 千克	3	360 000
	丁商品	100 000 千克	3.6	360 000

5.2.2 开设明细账

按下列要求开设明细账

(1)下列账户(表5—4)使用三栏式账页(有期初余额的账户结转期初余额,没有期初余额的账户设户后待记发生额):

表5—4 开设明细账户(三栏式)

序号	一级科目	明细科目	序号	一级科目	明细科目
1	其他货币资金	外埠存款	64	短期借款	经营周转借款
2	其他货币资金	存出投资款	65	应付票据	众健公司
3	交易性金融资产	股票(成本)	66	应付票据	宏源公司
4	交易性金融资产	股票(公允价值变动)	67	应付票据	宏盛公司
5	交易性金融资产	债券(成本)	68	应付账款	众健公司
6	交易性金融资产	基金(成本)	69	应付账款	宏源公司
7	应收票据	丰润公司	70	应付账款	宏盛公司
8	应收票据	丰利公司	71	应付职工薪酬	工资
9	应收票据	众生公司	72	应付职工薪酬	职工福利
10	应收账款	丰润公司	73	应付职工薪酬	社会保险费
11	应收账款	丰利公司	74	应付职工薪酬	住房公积金
12	应收账款	众生公司	75	应付职工薪酬	工会经费
13	预付账款	中财保险公司	76	应付职工薪酬	职工教育经费
14	坏账准备		77	应付职工薪酬	非货币性福利
15	其他应收款	采购办事处	78	应交税费	未交增值税
16	其他应收款	熊锋	79	应交税费	应交所得税
17	其他应收款	赵明	80	应交税费	应交城市维护建设税
18	其他应收款	代扣水电费	81	应交税费	应交个人所得税
19	在途物资	众健公司	82	应交税费	应交教育费附加
20	在途物资	宏源公司	83	应交税费	应交房产税
21	在途物资	宏盛公司	84	应付利息	
22	周转材料	在用	85	应付股利	
23	周转材料	在库	86	其他应付款	社会保险费
24	周转材料	摊销	87	其他应付款	住房公积金
25	库存商品	A类商品	88	长期借款	基建借款
26	库存商品	B类商品	89	长期应付款	应付设备款
27	库存商品	C类商品	90	应付债券	面值
28	库存商品	D类商品	91	应付债券	利息调整

续表

序号	一级科目	明细科目	序号	一级科目	明细科目
29	库存商品	E 类商品	92	应付债券	应计利息
30	库存商品	F 类商品	93	递延所得税负债	
31	库存商品	G 类商品	94	实收资本	国家投资
32	库存商品	H 类商品	95	实收资本	达亿公司
33	库存商品	I 类商品	96	实收资本	其他
34	库存商品	J 类商品	97	资本公积	资本溢价
35	库存商品	K 类商品	98	资本公积	其他
36	库存商品	L 类商品	99	盈余公积	法定盈余公积
37	库存商品	M 类商品	100	利润分配	提取法定盈余公积
38	库存商品	零售一部	101	利润分配	应付现金股利
39	库存商品	零售二部	102	利润分配	未分配利润
40	库存商品	零售三部	103	本年利润	
41	商品进销差价	零售一部	104	主营业务收入	G 类商品
42	商品进销差价	零售二部	105	主营业务收入	H 类商品
43	商品进销差价	零售三部	106	主营业务收入	I 类商品
44	长期股权投资	股票投资(丰润公司)	107	主营业务收入	J 类商品
45	持有至到期投资	成本	108	主营业务收入	K 类商品
46	持有至到期投资	利息调整	109	主营业务收入	L 类商品
47	持有至到期投资	应计利息	110	主营业务收入	M 类商品
48	固定资产	经营用固定资产	111	主营业务收入	零售一部
49	固定资产	非经营用固定资产	112	主营业务收入	零售二部
50	固定资产	不需用固定资产	113	主营业务收入	零售三部
51	固定资产	出租固定资产	114	其他业务收入	
52	累计折旧		115	投资收益	
53	工程物资	专用材料	116	公允价值变动损益	
54	工程物资	专用设备	117	营业外收入	
55	在建工程	大楼建设工程	118	主营业务成本	G 类商品
56	固定资产清理	报废	119	主营业务成本	H 类商品
57	固定资产清理	出售不需用固定资产	120	主营业务成本	I 类商品
58	无形资产	专利权	121	主营业务成本	J 类商品
59	研发支出	资本化支出	122	主营业务成本	K 类商品
60	累计摊销		123	主营业务成本	L 类商品

续表

序号	一级科目	明细科目	序号	一级科目	明细科目
61	长期待摊费用	仓库大修费用	124	主营业务成本	M 类商品
62	待处理财产损溢	待处理流动资产损溢	125	主营业务成本	零售一部
63	递延所得税资产		126	主营业务成本	零售二部
			127	主营业务成本	零售三部
			128	税金及附加	
			129	其他业务成本	
			130	资产减值损失	
			131	营业外支出	
			132	所得税费用	

(2)下列账户使用多栏式账页(有期初余额的账户结转期初余额,没有期初余额的账户设户后待记发生额):

应交税费——应交增值税

销售费用

财务费用

管理费用

(3)下列账户(表 5—5)使用数量金额式账页(有期初余额的账户结转期初余额,没有期初余额的账户设户后待记发生额):

表 5—5 **开设明细账户(数量金额式)**

序号	一级科目	明细科目	序号	一级科目	明细科目
1	库存商品	A-1 商品	27	库存商品	G-3 商品
2	库存商品	A-2 商品	28	库存商品	G-4 商品
3	库存商品	A-3 商品	29	库存商品	H-1 商品
4	库存商品	A-4 商品	30	库存商品	H-2 商品
5	库存商品	B-1 商品	31	库存商品	H-3 商品
6	库存商品	B-2 商品	32	库存商品	H-4 商品
7	库存商品	B-3 商品	33	库存商品	I-1 商品
8	库存商品	B-4 商品	34	库存商品	I-2 商品
9	库存商品	C-1 商品	35	库存商品	I-3 商品
10	库存商品	C-2 商品	36	库存商品	I-4 商品
11	库存商品	C-3 商品	37	库存商品	J-1 商品
12	库存商品	C-4 商品	38	库存商品	J-2 商品
13	库存商品	D-1 商品	39	库存商品	J-3 商品

续表

序号	一级科目	明细科目	序号	一级科目	明细科目
14	库存商品	D-2 商品	40	库存商品	J-4 商品
15	库存商品	D-3 商品	41	库存商品	K-1 商品
16	库存商品	D-4 商品	42	库存商品	K-2 商品
17	库存商品	E-1 商品	43	库存商品	K-3 商品
18	库存商品	E-2 商品	44	库存商品	K-4 商品
19	库存商品	E-3 商品	45	库存商品	L-1 商品
20	库存商品	E-4 商品	46	库存商品	L-2 商品
21	库存商品	F-1 商品	47	库存商品	L-3 商品
22	库存商品	F-2 商品	48	库存商品	L-4 商品
23	库存商品	F-3 商品	49	库存商品	甲商品
24	库存商品	F-4 商品	50	库存商品	乙商品
25	库存商品	G-1 商品	51	库存商品	丙商品
26	库存商品	G-2 商品	52	库存商品	丁商品

5.2.3 办理记账业务

按下列资料办理记账业务：

(1)12 月 1 日，依据出纳员“增值税专用发票”填写“商品销售成本计算表”(采用先进先出法)，进行账务处理。

(2)12 月 4 日，收到业务员送来的“验收单”，按买价进行账务处理。

(3)12 月 9 日，收到“固定资产折旧计算表”，经审核无误进行账务处理。

(4)12 月 9 日，收到业务员交来本公司换出商品的“增值税专用发票”的记账联，换入商品的“增值税专用发票”的抵扣联与发票联及“验收单”的会计记账联，经审核无误进行非货币性交易的账务处理。

(5)12 月 10 日，收到业务员送来的“商品内部调拨单”，经审核无误进行账务处理。

(6)12 月 12 日，收到欧阳春、上官秋的“物品领用单”，经审核无误进行账务处理。

(7)12 月 13 日，收到零售三部“商品调价单”，进行账务处理。

(8)12 月 17 日，收到业务员送来的“验收单”，按买价进行账务处理。

(9)12 月 18 日，收到固定资产报废单，经审核无误进行账务处理。

(10)12 月 19 日，收到业务员送来的“内部转账单”，经审核无误进行账务处理。

(11)12 月 20 日，收到业务员送来的材料入库验收单，经审核无误进行账务处理。

(12)12 月 20 日，报废固定资产清理完毕，根据“固定资产清理——报废清理”账户余额编制“内部转账单”，结转清理损益。

(13)12 月 28 日，本月应摊销专利权 30 000 元，应摊销仓库大修费 28 000 元，据以编制“无形资产、长期待摊费用分摊表”，经审核无误进行账务处理。

(14)12 月 28 日，收到业务员送来的“商品内部调拨单”，经审核无误进行账务处理。

(15)12 月 29 日，收到“低值易耗品报废单”经审核无误进行账务处理。

(16)12 月 31 日，根据本月“工资表”与“综合奖金结算汇总表”编制“应付职工薪酬分配表”，经审核无误进行账务处理。

(17)12 月 31 日，公司经理批示：批发仓库短少的商品 12 000 元，挂账已久，查不清原因，同意报损。据以编制“内部转账单”并进行账务处理。

(18)12 月 31 日，收到零售一、二、三部的“商品溢余短缺报告单”进行账务处理。

(19)12 月 31 日，“交易性金融资产——股票”的公允价值为 220 000 元，依据“交易性金融资产——股票——成本”及“交易性金融资产——股票——公允价值变动”明细账户资料计算本期公允价值变动金额，据以填制“内部转账单”，经审核无误进行账务处理。

(20)12 月 31 日，按应收款项百分比法计提坏账准备，提取比例为 3%，依据“应收账款”及“坏账准备”明细账资料分析计算本期应计提的坏账准备金，据以编制“内部转账单”，经审核无误进行账务处理。

(21)12 月 31 日，分步计算零售业务的已销商品应分摊的进销差价，根据计算结果编制“商品进销差价计算表”，并做出账务处理。(进销差价率精确到小数点后四位)

(22)12 月 31 日，依据“应交税费——应交增值税”明细账资料分析填写“增值税纳税申报表”，计算出未交增值税额，经审核无误进行账务处理。

(23)12 月 31 日，依据“其他业务收入”和“固定资产”明细账及“增值税纳税申报表”资料，计算应交营业税、应交房产税、应交城市维护建设税、应交教育费附加，编制“地方税收综合纳税(费)申报表”，经审核无误进行账务处理。

(24)12 月 31 日，依据“持有至到期投资”明细账期初资料计算本年利息收入，并进行利息调整(按票面利率 10%，实际利率 8%计算)，据以填制“内部转账单”，经审核无误进行账务处理。(本月发生数，暂不计算利息)

(25)12 月 31 日，依据“应付债券”明细账期初资料计算本年利息费用，并进行利息调整，按票面利率 10%，实际利率 6%计算(为大楼建设工程而发行债券)，据以填制“内部转账单”，经审核无误进行账务处理。(本月发生数，暂不计算利息)

(26)12 月 31 日，结平“待处理财产损溢”账户。结平“应付职工薪酬——职工福利”账户。

(27)12 月 31 日，填制“内部转账单”，将损益类账户的本月净发生额结转“本年利润”账户。

(28)12 月 31 日，编制“利润表”初稿，据以编制“暂时性差异计算表”“所得税纳税申报表”(所得税税率 25%)，经审核无误进行账务处理。

(29)12 月 31 日，将“所得税费用”账户发生额转入“本年利润”账户后将“本年利润”账户余额转入“利润分配——未分配利润”账户。

(30)12 月 31 日，编制“利润分配计算表”。法定盈余公积按净利润的 10%分配，应付现金股利按“未分配利润”明细账期初余额加上本年净利润，减去本年提取的法定盈余公积后的 30%分配。

(31)12 月 31 日，将“利润分配——提取盈余公积”“利润分配——应付现金股利”账户余额转入“利润分配——未分配利润”账户。

5.3 兴盛公司财务科长岗位实操

5.3.1 开设总账

根据表 5—6 开设总账账户，每个账户占一页。兴盛公司 2017 年 11 月 30 日总账期末资料如下：

表 5—6 **总账账户余额(截至 2017 年 11 月 30 日)**

科　目	余额方向	金额(元)	科　目	余额方向	金额(元)
库存现金	借	1 000.00	短期借款	贷	1500 000.00
银行存款	借	301 000.00	应付票据	贷	330 000.00
其他货币资金	借	12 000.00	应付账款	贷	340 000.00
交易性金融资产	借	270 000.00	应付职工薪酬	贷	14 000.00
应收票据	借	450 000.00	其他应付款	平	
应收账款	借	350 000.00	应交税费	贷	15 100.00
预付账款	平		应付利息	贷	25 000.00
坏账准备	贷	1 400.00	应付股利	平	
其他应收款	借	31 000.00	长期借款	贷	900 000.00
在途物资	借	20 000.00	长期应付款	贷	90 000.00
周转材料	借	45 000.00	应付债券	贷	580 000.00
库存商品	借	4 733 000.00	递延所得税负债	平	
商品进销差价	贷	495 000.00	实收资本	贷	3 806 100.00
长期股权投资	借	200 000.00	资本公积	贷	370 000.00
持有至到期投资	借	150 000.00	盈余公积	贷	570 000.00
固定资产	借	2 150 000.00	利润分配	贷	10 000.00
累计折旧	贷	500 000.00	本年利润	贷	490 000.00
工程物资	借	480 000.00	主营业务收入	平	
在建工程	借	560 000.00	其他业务收入	平	
固定资产清理	借	15 000.00	投资收益	平	
无形资产	借	178 000.00	公允价值变动损益	平	
研发支出	借	22 000.00	营业外收入	平	
累计摊销	平		主营业务成本	平	
长期待摊费用	借	56 600.00	税金及附加	平	
待处理财产损溢	借	12 000.00	其他业务成本	平	

续表

科 目	余额方向	金额(元)	科 目	余额方向	金额(元)
递延所得税资产	借		销售费用	平	
			管理费用	平	
			财务费用	平	
			资产减值损失	平	
			营业外支出	平	
			所得税费用	平	

5.3.2 处理日常总账业务

日常总账业务如下：

(1)复核上旬会计凭证，根据审核无误的上旬记账凭证编制记账凭证汇总表，并据以登记总账，结出账户余额，与出纳员所经管的日记账核对，如有不符，查明原因，予以更正；与记账员所经管的明细账进行核对，如有不符，查明原因，予以更正。

(2)复核中旬会计凭证，根据审核无误的中旬记账凭证编制记账凭证汇总表，并据以登记总账，结出账户余额，与出纳员所经管的日记账核对，如有不符，查明原因，予以更正；与记账员所经管的明细账进行核对，如有不符，查明原因，予以更正。

(3)复核下旬会计凭证，根据审核无误的下旬记账凭证编制记账凭证汇总表，并据以登记总账，结出账户余额，与出纳员所经管的日记账核对，如有不符，查明原因，予以更正；与记账员所经管的明细账进行核对，如有不符，查明原因，予以更正。

(4)编制总账账户余额试算平衡表。

(5)办理年结。

5.3.3 编制会计报表

编制如下会计报表：

(1)编制资产负债表。

(2)编制利润表。

(3)编制现金流量表。

5.4 兴盛公司业务员岗位实操

按要求填制和传递2017年12月份凭证：

(1)12月1日，熊锋因要去武汉市出差需借支2 000元，赵明因要去上海出差需借3 000元，分别以熊锋、赵明的名义填写“借款单”各1张，经理方成林在借款单上签字：同意借支。持单以熊锋和赵明的名义向财务科出纳员借款。并将出纳员开出的“现金支票”送到开户银行提取现金。

(2)12月1日，销售商品一批，资料如表5—7所示。

表 5—7 销售商品资料

购货单位	品名	数量	单价(元)	购货单位	品名	数量	单价(元)
BI 公司	G-1 商品	2 000 千克	13	BL 公司	J-1 商品	2 000 千克	17
	G-2 商品	1 000 件	31		J-2 商品	1 000 千克	30
	G-3 商品	1 000 件	38		J-3 商品	1 000 件	31
	G-4 商品	800 件	46		J-4 商品	1 000 件	35
BK 公司	H-1 商品	2 000 千克	14	BO 公司	K-1 商品	1 500 千克	18
	H-2 商品	1 000 件	28		K-2 商品	1 000 件	28
	H-3 商品	1 000 件	34		K-3 商品	1 000 件	30
	H-4 商品	1 000 件	38		K-4 商品	1 000 件	38
BM 公司	I-1 商品	2 000 千克	15	BP 公司	L-1 商品	2 000 千克	13
	I-2 商品	1 000 件	30		L-2 商品	1 500 件	21
	I-3 商品	1 000 件	28		L-3 商品	1 000 件	22
	I-4 商品	1 000 件	34		L-4 商品	1 000 千克	38

增值税税率 13%，价税款均已收讫。据以填写“增值税专用发票”，款项全部存入银行，填写“进账单”，送银行办理进账手续后取回“进账单”回单。将“进账单”回单连同“增值税专用发票”的记账联送财务科出纳员。（开户行：中国工商银行崎峰市支行；账号：823653676517）

(3)12 月 2 日，以采购办事处伍兴的名义填写“领款单”，领款金额 4 000 元，领款单填写好后到财务科找出纳员领款，作为采购办事处的备用金。

(4)12 月 3 日，以三峡证券营业部的名义填写“三峡证券营业部成交过户交割单”1 张，内容如下：本交割单系兴盛公司购买股票，成交编号为 12689，股东账户为 33665899，股东名称为兴盛公司，申请编号为 586，公司代码 N252，申报时间为 105320(即 10 点 53 分 20 秒)，成交时间为 105525，实收金额为 142 686 元，资金余额为 77 314 元；证券名称为 635278，成交数量 16 000 股，成交价格 8.86 元，佣金 430 元，印花税 480 元，附加费 16 元。填写好后送财务科出纳员。

(5)12 月 4 日，向众健公司购进的 D-1 商品 2 000 千克，每千克买价 10 元，商品全部验收入库，据以填写“验收单”，将其会计记账联送账务科记账员。

(6)12 月 5 日，以中财保险股份有限公司的名义填写“机动车辆保险单”和“保费收据”各一张，填写内容如下：被保险人为兴盛公司；投保险种为车辆损失险、第三责任险，盗抢险、玻璃险、他人恶意险等；车辆型号为丰田(普)；发动机号为 625544；牌号为 A-36522；非营业用车；座位为 5 座；保险价值 36 万元，保险金额 36 万元；基本保费 250 元；车辆损失险费率 0.8%；第三责任险最高赔偿限额为 24 万元；第三责任险保费为 2 200 元；盗抢险保费据表计算；玻璃险保费为 50 元；他人恶意险保费为 100 元；保险期限自 2018 年 1 月 1 日 0 时起至 2018 年 12 月 31 日 24 时止。地址：十字街 58 号；电话：8666789；邮政编码 456000；总经理：刘峰。填好后将“机动车辆保险单”正本和“保费收据”发票联送本公司出纳员。

(7)12 月 6 日，以崎峰市第一律师事务所王宏的名义填写“增值税专用发票”，收取本公司本月律师顾问费用 1 200 元，持其发票联、抵扣联找本公司出纳员收款。（税率 6%）

(8)12 月 8 日，崎峰市电视台收取兴盛公司广告费 26 000 元代电视台填写“增值税专用发票”，持其发票联、抵扣联兴盛公司出纳员收款。(广告业增值税率 6%)

(9)12 月 9 日，债券公司应向兴盛公司收取债券印刷费及手续费 6 000 元。代填写“增值税普通发票”，并持其第二联到兴盛财务科结算。(税率 3%)

(10)12 月 9 日，根据下述资料编制“固定资产折旧表”(采用平均年限法)，编制完成后将其送交本公司记账员。

11 月 30 日，固定资产资料如表 5－8 所示。

表 5－8　　固定资产资料(截至 2017 年 11 月 30 日)

部　门	固定资产类型	固定资产原值(元)	预计净残值(元)	预计使用年限
经营部门	房屋	500 000	25 000	40
	专用电子设备	520 000	32 500	10
	其他专用设备	350 000	17 500	20
管理部门	房屋	500 000	25 000	40
	不需用设备	150 000	2 000	10
出租	仓库	130 000	10 000	10

(11)12 月 9 日，兴盛公司分别与昌安、大兴、大华公司进行非货币交易，交易内容如下：

兴盛公司向昌安公司销售甲商品 10 000 千克，每千克售价 4.04 元；向昌安公司购进 J-2 商品 1 616 件，每件进价 25 元；向大兴公司销售乙商品 10 000 千克，每千克售价 3.03 元；向大兴购进 K-3 商品 1 212 件，每件进价 25 元；向大华公司销售丙商品 10 000 千克，每千克售价 5.05 元，向大华公司购进 L-2 商品 2 525 件，每件进价 20 元。增值税税率均为 13%，据以填写销售商品的“增值税专用发票”和购进商品的“验收单”(保管员：兰领)，填写好后先持销售商品的“增值税专用发票”到昌安、大兴、大华公司业务处换取购进商品的“增值税专用发票”发票联、抵扣联；后将销售商品的“增值税专用发票”的记账联和购进商品的“增值税专用发票”及“验收单”一并送交本公司记账员。

(12)12 月 10 日，以公司职工袁海的名义填写“费用报销领款单”，到财务科领取独生子女费 170 元。

(13)12 月 10 日，代房地产管理所开具“增值税专用发票”，应收取兴盛公司办公用房租金 1 100 元。制单人：张选。持发票联、抵扣联到兴盛公司财务科结算。(税率 9%)

(14)12 月 10 日，以崎峰市汽车队的名义开具“增值税专用发票”，应收取兴盛公司销货运费 11 000 元。制单人：王平。持发票联、抵扣联到兴盛公司财务科结算。(运费增值税税率 9%)

(15)12 月 10 日，业务科叶中华、蔡军、韩天启 3 人领取本年度烤火费，每人 90 元，经理吴发签字：同意付款。代填写“费用报销领款单”，到财务科出纳处领款。

(16)12 月 10 日，代司法局开具“增值税专用发票”，应收取兴盛公司公证费用 1 100 元。收款人：游咏。持发票联、抵扣联到兴盛公司财务科结算。(鉴证业增值税税率 6%)

(17)12 月 10 日，从批发仓库调给各零售部商品如表 5－9 所示。

表 5—9 批发仓库调给各零售部商品

调入部门	商品名称	数量	单位进价	零售价(元)
零售一部	A-1 商品	50 千克	见数量金额式明细账	17
	B-2 商品	500 件	见数量金额式明细账	37
	C-3 商品	500 件	见数量金额式明细账	37
	D-1 商品	1 000 千克	见数量金额式明细账	17
零售二部	E-1 商品	1 000 千克	见数量金额式明细账	20
	F-3 商品	500 件	见数量金额式明细账	28
	G-1 商品	1 000 千克	见数量金额式明细账	17
	H-2 商品	500 件	见数量金额式明细账	37
零售三部	I-3 商品	500 件	见数量金额式明细账	37
	J-2 商品	1 000 件	见数量金额式明细账	38
	K-3 商品	1 000 件	见数量金额式明细账	38
	L-3 商品	1 000 件	见数量金额式明细账	28

据以分别填写"商品内部调拨单"并将其送交财务科记账员。

(18)12 月 10 日,各零售部将零售款送存银行如表 5—10 所示。开户行:中国工商银行崎峰市支行;账号:823653676517。

表 5—10 各零售部送存银行零售款

部门	经办人	面值	数量	部门	经办人	面值	数量	部门	经办人	面值	数量
零售一部	成业	100 元	800 张	零售二部	张功	100 元	1 000 张	零售三部	李树	100 元	1 000 张
	成业	50 元	400 张		张功	50 元	300 张		李树	50 元	700 张
	成业	20 元	600 张		张功	20 元	500 张		李树	20 元	500 张
	成业	10 元	500 张		张功	10 元	370 张		李树	10 元	125 张

据以上资料填写"进账单",持单到银行办理进账手续,取回回单交财务科出纳员。

(19)12 月 11 日,代商品采购供应站开出"增值税普通发票",应收兴盛公司郑志参加商品交易会的住宿及会务费计 600 元,持收据向兴盛公司财务科结账。(税率 3%)

(20)12 月 11 日,大楼建设工程的江泽市东风承建单位向兴盛公司收取工程款 100 000 元,领款人:叶贤。据以填写"增值税专用发票",持发票联、抵扣联到财务科出纳处办理领款,取得出纳员签发的"现金支票"到银行取款。(税率 9%)

(21)12 月 12 日,业务员欧阳春、上官秋各领计算器一个,单价 165 元,合计金额 330 元。经理周昊发审批:同意领用,一次摊销。据以填写"物品领用单"并将其送交财务科记账员。

(22)12 月 12 日,兴盛公司向证券公司购买一年期债券 1 200 000 元,手续费 3 000 元,以证券公司名义开出"收据",持收据第二联到兴盛公司财务科结算。

(23)12 月 13 日,根据下列资料分别编制"工资表"。

经营人员工资计算资料如表 5—11 所示。

表 5－11　　经营人员工资计算资料　　单位：元

姓名	月标准工资	津贴	水电费	公积金	个人所得税	个人承担社保
金松	1220	97	50	50		35
杨月	1 220	97	50	50		35
刘乐	960	87	48	35		20
秋天	960	87	46	35		20
夏日等 300 人	285 000	21 810	8 816	4 500	3 340.5	8 080

管理人员工资计算资料如表 5－12 所示。

表 5－12　　管理人员工资计算资料

姓名	月标准工资	津贴	水电费	公积金	个人所得税	个人承担社保
吴发	1 360	207	50	55		40
习惯	1 220	167	48	50		35
区劲	1 220	167	39	50		35
李兵	1 220	157	53	50		35
成功等 35 人	34 000	3 025	1 800	1 000	451.5	1 950

“工资表”编制好后送交财务科出纳员。

(24)12 月 13 日，熊锋出差武汉联系业务，返回公司报账，出差相关内容如下：2017 年 12 月 1 日从崎峰市乘火车至武汉（当日到达）火车票 260 元，在武汉期间住宿费 1 300 元，2017 年 12 月 12 日晚从武汉乘火车返回，于 12 月 13 日上午到达，返程票 280 元；赵明 12 月 1 日从崎峰市乘火车至上海（当日到达），火车票 280 元，在上海期间住宿费 1 500 元，2017 年 12 月 12 日从上海乘火车回崎峰市（次日到达）火车票 320 元，出差补助每天 20 元，据以分别填写“旅差费报销单”（经理周吴发在单上签字：同意报销），并持单以熊锋和赵明的名义向财务科出纳处报账（出差前熊锋已预支 2 000 元、赵明已预支 3 000 元）。

(25)12 月 13 日，零售一部库存 C-2 商品 700 件，每件零售价由原来的 25 元调至 24 元，据以填写“商品调价单”将其记账联送兴盛公司财务科记账员。

(26)12 月 14 日，业务科各种费用支出汇总情况如下：差旅费 388 元（25 张原始凭证）；办公费 280 元（18 张原始凭证）；其他费用 200 元（10 张原始凭证）；经核对，编制“管理费用支出汇总表”，持表到财务科报账。

(27)12 月 14 日，方星等 6 名职工参加崎峰市商学院短期培训，支付学杂费 3 200 元，以商学院名义开出“增值税普通发票”，持第 2 联（付款人联）找兴盛财务科出纳员办理领款，取得出纳员签发的“现金支票”到银行取款。（税率 3％）

(28)12 月 15 日，兴盛公司职工食堂向为民日杂公司购买铁锅 2 个，计 120 元；盘子 40 个，单价 2.50 元，计 100 元合计 220 元。以为民日杂公司名义开具“增值税普通发票”，持发票联向兴盛公司财务科出纳员报账。（在发票备注上填写：列入职工福利。）（税率 3％）

(29)12 月 16 日，兴盛公司向税务局购买 20 张 5 元券印花税票，30 张 2 元券印花税票，20 张 1 元券印花税票，以税务局名义开具“市税务局印花税票发售统一发票”，持发票联向兴盛公司财务科出纳员报账。

(30)12 月 17 日，向众健公司购进的 D-1 商品 5 000 千克，每千克买价 9.80 元；D-3 商品 5 000 件，每件买价 23.80 元；向宏源公司购进的 E-1 商品 5 000 千克，每千克买价 11.80 元；E-3 商品 5 000 件，每件买价 22.80 元；向宏盛公司购进的 F-1 商品 5 000 千克，每千克买价 12.80 元；F-3 商品 5 000 件，每件买价 16.80 元；以上商品均已到达，如数验收入库。据以填写“验收单”，将验收单的会计记账联送财务科记账员。

(31)12 月 17 日，本月综合奖金结算汇总资料如下：经营人员奖金 30 400 元，管理人员奖金 3 900 元。据以编制“综合奖金结算汇总表”，持表向财务科出纳员领取奖金。

(32)12 月 18 日，向德源公司购进甲设备一台，交易价 45 000 元，经验收交零售二部使用，据以填写“固定资产验收单”，将其第二联送财务科出纳员。

(33)12 月 18 日，一栋仓库 280 平方米，预计使用 30 年，已使用 29 年，原值 90 000 元，已提折旧 83 000 元，因重建提前报废。其处理意见：使用部门的意见：因陈旧要求报废；技术鉴定小组意见：情况属实；固定资产管理部门意见：同意转入清理；主管部门审批意见：同意报废重建。据以填写“固定资产报废单”后将其会计记账联送财务科记账员。

(34)12 月 19 日，销售给兴隆公司不需用丁设备一台，原始价值 52 000 元，已提折旧 16 000 元，协商作价 38 000 元。据以填写“增值税专用发票”，持其发票联、抵扣联到兴隆公司财务科收款，要求兴隆公司出纳员签发“转账支票”，并与其一同去银行办理转账手续，取得银行盖章后“转账支票”的收账通知联后，将“转账支票”的收账通知联及“增值税专用发票”记账联送交本公司财务科出纳员。同时依据固定资产原始价值与已提折旧填写“内部转账单”，并将其送本公司财务科记账员。（税率 13%）

(35)12 月 19 日，采购办事处与业务往来单位洽谈业务，接待、就餐、补助及接送车费共计金额 1 590 元，单据 16 张。据以填写“业务招待费汇总表”，经理吴发在单上签字：同意报销。持单向财务科出纳员报账，取得出纳员签发的“现金支票”后到银行提取现金。

(36)12 月 19 日，报废固定资产的清理人员刘平等 5 人应领取清理费用 560 元，以刘平的名义填写“费用报销领款单”，经理吴发在单上签字：同意付款。持单向财务科出纳员领款。

(37)12 月 19 日，兴盛公司向峰虹公司收取仓库租金 5 300 元，据以开出“增值税专用发票”，收到现金 5 300 元，当即填写“进账单”到开户行办理进账手续，收到银行盖章后的“进账单”回单，将“增值税专用发票”的记账联及“进账单”回单送交本公司出纳员。（本公司开户行：中国工商行崎峰市支行，账号：823653676517）（税率 9%）

(38)12 月 20 日，仓库清理残料如下：红砖 90 000 块，每块 0.20 元，计 18 000 元，其他材料 5 300 元，合计 23 300 元。材料全部入库作重建仓库用，据以编制“材料入库单”，并将其记账联送财务科记账员。

(39)12 月 20 日，兴盛公司向为民五金公司购买灭火器 6 个，单价 100 元，计 600 元。灭火器购回后当即由仓库领用。先以为民五金公司名义开具“增值税普通发票”；再以仓库保管员余新德名义填写“物品领用单”（经理吴发在单上签字：同意领用，一次摊销）。最后将“增值税普通发票”的发票联和“物品领用单”送财务科出纳员，并要求领款、领物。（税率 3%）

(40)12 月 21 日，向德源公司转让技术，收取技术转让费 16 000 元，据以填写“增值税专用发票”，持其发票联、抵扣联到德源公司财务科收款，要求宏德公司出纳员签发“转账支票”，并与其一同去银行办理转账手续，取得银行盖章后的“转账支票”的收账通知联后，将“转账支票”的收账通知联及“增值税专用发票”记账联送交本公司财务科出纳员。（税率 6%）

(41)12 月 21 日，向会计局购买《新会计准则》等书籍，付款 198 元，以会计局的名义填写“增值税普通发票”，并持其发票联到账务科报账。(税率 3%)

(42)12 月 21 日，兴盛公司汽车送汽车修配厂修理，具体修配项目如下：汽车换胎 2 个，单价 500 元，车轮拆装 52 元。以汽车修配厂名义开具“增值税专用发票”，将发票联送交本公司财务科结算。

(43)12 月 23 日，兴盛公司使用自来水厂的供水，水表记录是：本月号码为 36783，上月号码为 34538，实用水 2 200 吨，每吨单价 4 元。以自来水厂名义开具“增值税专用发票”(水费增值税率为 9%)，持其发票联、抵扣联到兴盛公司财务科结算。

(44)12 月 23 日，采购办事处用备用金开支下列各种费用：招待费 3 700 元(12 张原始凭证)；修理费 5 600 元(18 张原始凭证)；经核对全部报销，编制“管理费用支出汇总表”，持表到财务科报账。

(45)12 月 24 日，兴盛公司电表的起码是 215367，止码是 252367，实用电 37 000 度，每度单价 0.80 元，以电力局的名义填写“增值税专用发票”(电费增值税税率为 13%)，持发票联到兴盛公司财务科结算。

(46)12 月 24 日，兴盛公司参加本市商品展销会，应付崎峰新世纪商厦的商品展位租用费 1 500 元，以新世纪商厦的名义填写“增值税普通发票”，持发票联到兴盛公司财务科结算。(税率 3%)

(47)12 月 25 日，物价检查所对兴盛公司商品销售情况进行检查，发现部分商品违反国家价格政策，罚款 1 700 元，以物价检查所名义填写“罚款没收专用收据”，持单到兴盛公司财务科收取罚款。

(48)12 月 26 日，看望住院职工涂展雄，从副食品商品店购买两袋奶粉，每袋 150 元，苹果 5 千克，每千克 14 元，据以填写“增值税普通发票”经理吴发签字：在福利费列支，持发票联到兴盛公司财务科结算。(税率 3%)

(49)12 月 26 日，通达搬运公司为兴盛公司装卸货物，应收取商品装卸费 1 200 元，以通达公司的名义开具“增值税专用发票”，持发票联、抵扣联到兴盛公司财务科结算。(运输业增值税率 9%)

(50)12 月 26 日，赵明出差预支差旅费 1 300 元，据以填写“借款单”，持单向财务科出纳借款。

(51)12 月 27 日，兴盛公司自行开发一项实用型专利开发成功，先根据下列资料填写“专利申报表”：申请单位：兴盛公司；专利项目：实用新型专利；技术开发费：22 000 元；注册登记费：3 700 元；单位意见：同意申报；专利局审批：同意注册。再以专利局名义填写”增值税专用发票”发票联收取兴盛公司专利注册登记费 3 700 元，然后持“专利申报表”和“增值税专用发票”发票联、抵扣联到兴盛公司财务科结算，要求支付注册登记费。(鉴证增值税税率 6%)

(52)12 月 27 日，兴盛公司销售商品一批如表 5—13 所示。

表 5—13　　**兴盛公司销售商品**

购买单位	甲商品		乙商品		丙商品		丁商品	
	单价(元)	数量(千克)	单价(元)	数量(千克)	单价(元)	数量(千克)	单价(元)	数量(千克)
丰润公司	4	15 000	3	15 000	5	16 000	6	15 000

续表

购买单位	甲商品		乙商品		丙商品		丁商品	
	单价(元)	数量(千克)	单价(元)	数量(千克)	单价(元)	数量(千克)	单价(元)	数量(千克)
丰利公司	4	20 000	3	20 000	5	10 000	6	10 000
众生公司	4	15 000	3	15 000	5	14 000	6	15 000

增值税税率均为13%，据以分别三个公司填写“增值税专用发票”后持“增值税专用发票”到丰润、丰利、众生公司财务科结算，要求各公司出纳员根据购销合同填写“商业承兑汇票”，经付款人(各购货公司)承兑后取得“商业承兑汇票”的第二联，将“增值税专用发票”的记账联和“商业承兑汇票”的第二联送交本公司出纳员。

(53)12月27日，通达运输公司为兴盛公司运输购入的商品，应收运费7 500元。以通达运输公司的名义开具“增值税专用发票”，持发票联、抵扣联到兴盛司财务科结算。(运输业增值税率9%)

(54)12月27日，外购商品全部验收入库。据表5—14所列资料填写“验收单”，将其记账联送财务科出纳员。

表5—14 **外购商品资料**

供货单位	商品名称	数量(件)	单位进价(元)	合计金额(元)
众健公司	D-2商品	10 000	23	230 000
宏源公司	E-2商品	10 000	23	230 000
宏盛公司	F-2商品	10 000	16	160 000

(55)12月28日，从批发仓库调给各零售部商品如表5—15所示。

表5—15 **批发仓库调给各零售部商品**

调入部门	商品名称	数　量	单位进价	零售价
零售一部	D-1商品	5 000千克	见数量金额式明细账	14
	D-2商品	5 000件	见数量金额式明细账	33
零售二部	E-2商品	5 000件	见数量金额式明细账	33
	E-3商品	5 000件	见数量金额式明细账	33
零售三部	F-2商品	5 000件	见数量金额式明细账	23
	F-3商品	5 000件	见数量金额式明细账	24

据以分别填写“商品内部调拨单”并将其送交财务科记账员。

(56)12月29日，各零售部将零售款送存银行如表5—16所示。开户行：中国工商银行崎峰市支行；账号：82365676517。

表 5—16　　　　　　　　　**各零售部送存银行零售款**

部门	经办人	面值	数量	部门	经办人	面值	数量	部门	经办人	面值	数量
零售一部	成业	100 元	1 500	零售二部	张功	100 元	1 800 张	零售三部	李树	100 元	1 600 张
	成业	50 元	1 200		张功	50 元	1 600 张		李树	50 元	1 000 张
	成业	20 元	2 000		张功	20 元	1 625 张		李树	20 元	1 200 张
	成业	10 元	710								

根据以上资料填写“进账单”，持单到银行办理进账手续，取回回单交财务科出纳员。

(57)12 月 29 日，兴盛公司报废低值易耗品资料如下：文件柜三乘，成本 2 000 元，已摊销 1 000 元；办公桌 5 张，成本 1 500 元，已摊销 750 元；其他物品成本 650 元，已摊销 650 元。据以编制“低值易耗品报废表”(备注栏注明五摊销或一次摊销)，经理吴发在单上签字：同意报废。将其送财务科记账员。

(58)12 月 30 日，兴盛公司支付工会经费 3 270 元，以市总工会的名义开出“收据”，持收据第二联向兴盛公司财务科出纳员收款，收到出纳员签发的“现金支票”到银行提取现金。

(59)12 月 30 日，公司支付职工食堂代扣伙食费 5 691 元。以职工食堂名义填写“收据”，持收据第二联向兴盛公司财务科出纳员收款，收到出纳员签发的“现金支票”到银行提取现金。

(60)12 月 30 日，销售给丰润公司甲商品 30 000 千克，每千克售价 4 元；销售给丰利公司乙商品 40 000 千克，每千克售价 3 元；销售给众生公司丙商品 20 000 千克，每千克售 5 元；增值税税率 13%，分别填写“增值税专用发票”，将其送财务科记账员。

(61)12 月 31 日，各零售部盘点商品情况如表 5—17 所示。

表 5—17　　　　　　　　　**各零售部盘点商品情况**

部　门	实际结存	账面结存	进销差价率	备　注
零售一部	548 520 元	(明细账余额)	30%	公司经理吴发批示：按进价记入当期损益
零售二部	530 500 元	(明细账余额)	30%	
零售三部	474 550 元	(明细账余额)	30%	

据以分别填写“商品溢余短缺报告单”，将其会计记账联送财务科记账员。

6 德源公司会计业务岗位实操

6.1 德源公司出纳会计岗位实操

6.1.1 开设有关日记账

德源公司 2017 年 11 月 30 日有关账户余额如下：

库存现金日记账　　1 100(借)

银行存款日记账　　299 900(借)

德源公司及往来公司相关情况如表 6—1 所示。

表 6—1　　德源公司及往来公司相关情况

开户行：中国工商银行江泽市支行		开户行：中国工商银行崎峰市支行	
公司名称	账　号	公司名称	账　号
宏源公司	1156674356325	德源公司	823653676510
宏盛公司	1156674356326	德茂公司	823653676511
达昌公司	1156674356327	昌平公司	823653676512
达亿公司	1156674356328	兴隆公司	823653676516
		兴盛公司	823653676517

6.1.2 办理如下业务

凡出纳业务，在业务办理完毕后，编制记账凭证，交财务科长复核后据以登记库存现金和银行存款日记账，并将记账凭证连同所附原始凭证一并转交记账员记账。

(1)12 月 1 日，收到林凡“旅差费报销单”(所附单据略)，经审核无误，报销费用 1 392 元，按原预支额 1 600 元开出“收据”，当即交回现金 208 元，并在差旅费报销单上填写“收现 208

元”。

(2)12 月 1 日,收到业务员送来的“进账单”回单及“增值税专用发票”的记账联进行账务处理。

(3)12 月 1 日,签发“转账支票”2 张,分别支付应付德茂公司账款 110 000 元和应付昌平公司账款 100 000 元;填写“信汇”凭证 1 张,支付应付达亿公司账款 90 000 元。填好结算凭证后去开户银行办理相关手续,取回“信汇”凭证回单,审核无误后进行账务处理。

(4)12 月 2 日,填写“转账支票”1 张,转出投资款 180 000 元,存入三峡证券营业部账户(三峡证券营业部开户行:中国工商银行崎峰市支行,账号:123456786789)准备用于购买股票。到银行办理转账手续。

(5)12 月 2 日,填写“现金支票”1 张,提取现金 15 000 元备用,到开户银行办理支款手续。

(6)12 月 2 日,收到业务科周全的“领款单”,经审核无误,当即支付现金 3 200 元,作为业务科的备用金(在领款单上注明“现金付讫”)。

(7)12 月 3 日,收到“三峡证券营业部成交过户交割单”,购入股票划作交易性金融资产。

(8)12 月 5 日,收到开户行转来宏源公司、宏盛公司、达昌公司“信汇”凭证收款通知联。

(9)12 月 5 日,收到中财保险股份有限公司机动车辆保险单(正本)和保费收据第一联,经审核无误,据以填写转账支票(中财保险股份有限公司开户行:中国工商银行崎峰市支行;账号:823653676538),并到银行办理转账手续。

(10)12 月 6 日,填写“税收通用缴款书”,将未交增值税、应交城市维护建设税、应交个人所得税、应交教育费附加上交国库,具体金额见明细分类账各该账户的月初余额。税收通用缴款书填写好后,到开户行办理手续,经税务机关、银行盖章后取得完税凭证联,并据以进行账务处理。

(11)12 月 6 日,收到律师事务所的“增值税专用发票”发票联、抵扣联,经审核无误,以现金付讫。

(12)12 月 8 日,收到崎峰市电视台的“增值税专用发票”发票联、抵扣联,经审核无误,据以填写转账支票(崎峰市电视台开户行:中国工商银行崎峰市支行;账号:82365567558),付广告费,并到银行办理转账手续。

(13)12 月 8 日,德源公司委托债券发行公司发行 5 年期债券,按面值的 10%溢价发行。现债券公司已发行债券面值 1 000 000 元,实收金额 1 100 000 元,款项今日全部交来,当即送存银行。据以填写“收据”及“进账单”,到银行办理手续后据“收据”记账联及“进账单”回单进行账务处理。

(14)12 月 9 日,收到债券公司的“增值税普通发票”发票联,经审核无误,据以填写转账支票(债券公司开户行:中国工商银行崎峰市支行;账号:825533667788),付手续费,并到银行办理转账手续。

(15)12 月 10 日,收到本公司职工余红“费用报销领款单”,经审核无误,以现金付讫。

(16)12 月 10 日,收到房地产管理所的“增值税专用发票”发票联、抵扣联,经审核无误,以现金付讫。

(17)12 月 10 日,收到崎峰市汽车运输公司的“增值税专用发票”发票联、抵扣联,经审核无误,据以填写转账支票(崎峰市汽车运输公司开户行:中国工商银行崎峰市支行;账号:823653675588),付运费,并到银行办理转账手续。

(18)12 月 10 日,依据“应付职工薪酬——社会保险费”期初余额,填写“税收通用缴款书”

到银行办理缴款手续。

(19)12 月 10 日,签发“现金支票”,到银行办理取款手续,提回现金 3 000 元备用。根据“现金支票”存根作账务处理。

(20)12 月 10 日,收到陆元等 3 人的“费用报销领款单”,经审核无误,以现金付讫。

(21)12 月 10 日,收到司法局的“增值税专用发票”经审核无误,据以填写转账支票(司法局开户行:中国工商银行崎峰市支行;账号:825634221668),付诉讼费,并到银行办理转账手续。

(22)12 月 11 日,收到林凡的“借款单”,经审核无误,以现金付讫。

(23)12 月 11 日,收到工程队的“增值税专用发票”,经审核无误,如数签发“现金支票”,交杨青到银行取款。

(24)12 月 12 日,收到证券公司的“收据”,经审核无误,据以填写转账支票(证券公司开户行:中国工商银行崎峰市支行;账号:825634211698),付债券及手续费,并到银行办理转账手续。

(25)12 月 13 日,收到“工资结算汇总表”,根据实发工资总额签发“现金支票”,从银行提取现金,当即发放完毕。

(26)12 月 13 日,收到业务员送来的“增值税专用发票”,据以填写“委托收款凭证”(应收达昌公司款)持委托收款凭证和增值税专用发票到银行办理托收手续,经银行盖章后,将退回的“委托收款凭证”回单与“增值税专用发票”记账联一并作账务处理。

(27)12 月 14 日,收到业务科“管理费用支出汇总表”(所附单据 34 张略),经审核无误,以现金付讫。

(28)12 月 14 日,收到崎峰市工学院的“增值税普通发票”,经审核无误,开出“现金支票”付讫。

(29)12 月 15 日,收到职工食堂购买炊具的发票,经审核无误,以现金付讫。

(30)12 月 16 日,收到银行转来“委托收款凭证”的收款通知联。系达昌公司应收款。

(31)12 月 16 日,收到“市税务局印花税票发售统一发票”,经审核无误,以现金付讫。

(32)12 月 17 日,收到新达建筑公司“增值税专用发票”的发票联、抵扣联,经审核无误,据以填写转账支票(建筑公司开户行:中国工商银行崎峰市支行;账号:825625671350),付工程款,并到银行办理转账手续。

(33)12 月 17 日,根据“综合奖金结算汇总表”(实际还应按人头的奖金发放表,此处略),签发“现金支票”提回现金,当即发放完毕。

(34)12 月 18 日,收到立新设计院的“增值税专用发票”发票联、抵扣联,经审核无误,以现金付讫。

(35)12 月 18 日,收到业务员送来的兴盛公司转账支票的收账通知联及本公司的固定资产销售的“增值税专用发票”的会计记账联,经审核无误进行账务处理。

(36)12 月 19 日,收到德茂公司出售设备的“增值税专用发票”发票联、抵扣联,及本公司业务员送来的“固定资产验收单”,经审核无误据以填写“转账支票”付设备款,并到银行办理转账手续。

(37)12 月 19 日,收到林凡的“旅差费报销单”(所附单据略)和交来的现金 440 元,开出“收据”收讫。收据金额按林凡原借支数填写。

(38)12 月 19 日,收到业务科的“业务招待费汇总表”及所附 18 张单据(单据略),经审核无误后，当即签发“现金支票”补足其备用金。

(39)12 月 19 日，收到周鑫的“费用报销领款单”，经审核无误，以现金付讫。

(40)12 月 19 日，收到业务员送来的仓库租金收入“进账单”回单及“增值税专用发票”记账联。

(41)12 月 20 日，收到业务员送来的“增值税普通发票”和“物品领用单”，经审核无误后签发“现金支票”，从银行提回现金 6 000 元，除支付灭火器款外，其余备用。

(42)12 月 20 日，收到业务员送来的德茂公司“转账支票”的收账通知联，及本公司收取技术转让收入的“增值税专用发票”记账联。

(43)12 月 21 日，收到购买书籍的“增值税普通发票”发票联，经审核无误以现金付讫。

(44)12 月 21 日，收到兴盛公司的“增值税专用发票”发票联、抵扣联，经审核无误后签发“转账支票”支付技术转让费。到银行办理转账手续。

(45)12 月 21 日，收到汽车修配厂的“增值税专用发票”发票联，经审核无误后以现金付讫。

(46)12 月 23 日，收到自来水厂发票，审核无误后填写“转账支票”支付水费，到银行办理转账手续。(自来水厂开户行：中国工商银行崎峰市支行；账号：865235217658)

同时根据定额耗用量分配本月水费，定额耗用量如下：动力车间 600 吨，机修车间 500 吨，基本生产车间 2 800 吨，公司管理部门 1 100 吨，据以编制“水费分配表”。

根据自来水厂“增值税专用发票”发票联、抵扣联、“转账支票”存根和“水费分配表”进行账务处理。

(47)12 月 23 日，收到业务科的“管理费用支出汇总表”及所附 33 张单据(单据略)，经审核无误后，当即签发“现金支票”补足其备用金。

(48)12 月 24 日，收到电力局的“增值税专用发票”发票联、抵扣联，审核无误后填写“转账支票”支付电费，到银行办理转账手续。(电力局开户行：中国工商银行崎峰市支行；账号：865235217666)

同时根据表 6—2 所列定额耗用量资料编制“外购动力费分配表”。

表 6—2 **定额耗用量资料**

产品名称	定额耗用量	车间部门	定额耗用量
G-1 产品	11 000 度	动力车间	700 度
G-2 产品	11 500 度	机修车间	900 度
G-3 产品	12 000 度	基本生产车间	800 度
G-4 产品	12 500 度	管理部门	7 600 度

根据电力局的发票联、“转账支票”存根和“外购动力费分配表”进行账务处理。

(49)12 月 24 日，收到新世纪商厦的“增值税普通发票”发票联，经审核无误后以现金付讫。

(50)12 月 25 日，签发“现金支票”，到银行办理取款手续，提回现金 6 000 元备用。根据“现金支票”存根作账务处理。

(51)12 月 25 日，收到物价检查所“罚款没收专用收据”，以现金支付罚款。

(52)12 月 26 日，收到副食品商店“增值税普通发票”发票联，经审核后以现金付讫。

(53)12 月 26 日,收到通达搬运公司的“增值税专用发票”发票联、抵扣联,经审核无误后以现金付讫。

(54)12 月 26 日,收到林凡的“借款单”,经审核无误后以现金付讫。

(55)12 月 27 日,收到本公司业务员送来销售商品给宏盛公司、宏源公司和达昌公司的“增值税专用发票”记账联和 3 张“商业承兑汇票”。

(56)12 月 27 日,收到业务员送来的“专利申报表”和专利局的“增值税专用发票”发票联、抵扣联,审核无误后填写“转账支票”支付专利注册登记费,到银行办理转账手续。(专利局开户行:中国工商银行崎峰市支行;账号:865235367685)

(57)12 月 27 日,收到达亿公司、德茂公司、昌平公司业务员送来的“增值税专用发票”,经审核无误后分别填写为期 2 个月的“商业承兑汇票”3 份,填好后将第二联分别交达亿公司、德茂公司、昌平公司业务员。

同时收到顺达运输公司的“增值税专用发票”发票联、抵扣联,经审核无误后填写“转账支票”支付材料运费,到银行办理转账手续。(顺达运输公司开户行:中国工商银行崎峰市支行;账号:865235367898)

根据材料重量编制“材料采购费用分配表”。各种材料采购的重量:L-1 材料 8 000 千克,H-1 材料 4 800 千克,甲材料 20 000 千克,乙材料 20 000 千克,丙材料 10 000 千克,丁材料 10 000 千克。

根据“增值税专用发票”的发票联、抵扣联、“商业汇票”的留存联,“转账支票”存根联、“材料采购费用分配表”,作账务处理。

(58)12 月 30 日,收到业务员送来的“增值税专用发票”,合同规定销货款采用委托收款结算方式,经审核无误后,据以填写“委托收款凭证”,持“委托收款凭证”和“增值税专用发票”送到银行办理托收手续,经银行盖章后,将退回的“委托收款凭证”回单与“增值税专用发票”的记账联一并作账务处理。

(59)12 月 31 日,到开户行拿回贷款计息凭证,进行账务处理。(已预计应付利息 10 000 元)

(60)12 月 31 日,到开户行拿回存款计息凭证,进行账务处理。

(61)12 月 31 日,将账面价值为 90 000 元的“交易性金融资产——基金”全部出售,实得现金 94 500 元。填写“内部转账单”和“进账单”,将现金送存银行(全为百元券)。

6.2 德源公司记账会计岗位实操

6.2.1 开设有关账户

德源公司 2017 年 11 月 30 日明细账期末资料如表 6—3 所示:

表 6—3　　明细账期末资料(截至 2017 年 11 月 30 日)　　单位:元

科　目	借或贷	金　额
其他货币资金——外埠存款	借	10 000.00
交易性金融资产——股票(成本)	借	100 000.00

续表

科　目	借或贷	金　额
交易性金融资产——债券(成本)	借	100 000.00
交易性金融资产——基金(成本)	借	90 000.00
应收票据——宏源公司	借	110 000.00
应收票据——宏盛公司	借	110 000.00
应收票据——达昌公司	借	100 000.00
应收账款——宏源公司	借	110 000.00
应收账款——宏盛公司	借	100 000.00
应收账款——达昌公司	借	120 000.00
坏账准备	贷	1 320.00
其他应收款——林凡	借	1 600.00
其他应收款——代扣水电费	借	15 000.00
材料采购——原材料	借	38 850.00
原材料——原料及主要材料	借	443 000.00
原材料——其他材料	借	57 000.00
周转材料——包装物	借	20 000.00
周转材料——低值易耗品	借	50 000.00
材料成本差异——原材料	借	5 000.00
材料成本差异——包装物	贷	200.00
材料成本差异——低值易耗品	借	500.00
库存商品——G-1 产品	借	140 000.00
库存商品——G-2 产品	借	640 000.00
库存商品——G-3 产品	借	800 000.00
库存商品——G-4 产品	借	1 000 000.00
长期股权投资——股票投资(达亿公司)	借	130 000.00
持有至到期投资——成本	借	100 000.00
持有至到期投资——利息调整	借	10 000.00
持有至到期投资——应计利息	借	10 000.00
固定资产——生产用固定资产	借	1 310 000.00
固定资产——非生产用固定资产	借	540 000.00
固定资产——不需用固定资产	借	100 000.00
固定资产——出租固定资产	借	150 000.00
累计折旧	贷	500 000.00
工程物资——专用材料	借	250 000.00

续表

科　目	借或贷	金　额
工程物资——专用设备	借	450 000.00
在建工程——机床大修工程	借	50 000.00
在建工程——设备安装工程	借	400 000.00
固定资产清理——报废	借	5 000.00
无形资产——专利权	借	300 000.00
无形资产——专有技术	借	380 000.00
研发支出——资本化支出	借	20 000.00
长期待摊费用——固定资产大修费用	借	52 000.00
待处理财产损溢——待处理固定资产损溢	借	3 000.00
生产成本——基本生产成本(G-1 产品)	借	7 800.00
生产成本——基本生产成本(G-2 产品)	借	11 700.00
生产成本——基本生产成本(G-3 产品)	借	13 600.00
生产成本——基本生产成本(G-4 产品)	借	15 600.00
短期借款——生产周转借款	贷	1 500 000.00
应付票据——达亿公司	贷	110 000.00
应付票据——德茂公司	贷	90 000.00
应付票据——昌平公司	贷	100 000.00
应付账款——达亿公司	贷	90 000.00
应付账款——德茂公司	贷	110 000.00
应付账款——昌平公司	贷	100 000.00
应付职工薪酬——职工教育经费	贷	3 800.00
应付职工薪酬——职工福利	贷	1 800.00
应付职工薪酬——社会保险费	贷	8 400.00
应交税费——未交增值税	贷	40 000.00
应交税费——应交所得税	借	45 000.00
应交税费——应交城市维护建设税	贷	2 800.00
应交税费——应交个人所得税	贷	2 500.00
应交税费——应交教育费附加	贷	1 000.00
应付利息	贷	22 000.00
长期借款——基建借款	贷	1 200 000.00
长期应付款——应付设备款	贷	100 000.00
应付债券——面值	贷	300 000.00
应付债券——利息调整	贷	20 000.00

续表

科　目	借或贷	金　额
应付债券——应计利息	贷	10 000.00
实收资本——国家投资	贷	1 560 000.00
实收资本——丰润公司	贷	100 000.00
实收资本——其他	贷	1 331 830.00
资本公积——资本溢价	贷	260 000.00
资本公积——其他	贷	90 000.00
盈余公积——法定盈余公积	贷	700 000.00
利润分配——未分配利润	贷	60 000.00
本年利润	贷	400 000.00

原材料明细账 2017 年 11 月 30 日期末资料如表 6—4 所示。

表 6—4　　原材料明细账(截至 2017 年 11 月 30 日)　　单位:元

品　名		单位	数量	计划单价	金额
原料及主要材料	甲材料	千克	10 000	4.06	40 600
	乙材料	千克	12 000	3.15	37 800
	丙材料	千克	11 000	5.2	57 200
	丁材料	千克	10 000	5.85	58 500
	H-1 材料	千克	12 000	11.2	134 400
	I-1 材料	千克	10 000	11.45	114 500
	小　计				443 000
其他材料					57 000
合　计					500 000

材料采购明细账 2017 年 11 月 30 日期末资料如表 6—5 所示。

表 6—5　　材料采购明细账(截至 2017 年 11 月 30 日)　　单位:元

供货单位	项目	借方(元)			贷方(元)			备注
		买价	运杂费	合计	计划成本	差异	合计	
达昌公司	甲材料	6 000	160	6 160				
	乙材料	7 000	160	7 160				
达亿公司	丙材料	8 000	180	8 180				
	丁材料	5 000	150	5 150				
德茂公司	H-1 材料	6 000	100	6 100				
昌平公司	I-1 材料	6 000	100	6 100				

续表

供货单位	项目	借方(元)			贷方(元)			备注
		买价	运杂费	合计	计划成本	差异	合计	
合　计		38 000	850	38 850				

库存商品明细账 2017 年 11 月 30 日期末资料如表 6—6 所示。

表 6—6　　库存商品明细账(截至 2017 年 11 月 30 日)　　单位:元

商品名称	单位	数量	单位成本	金　额
G-1 商品	千克	20 000	7	140 000
G-2 商品	件	40 000	16	640 000
G-3 商品	件	40 000	20	800 000
G-4 商品	件	40 000	25	1 000 000
合　计				2 580 000

生产成本明细账 2017 年 11 月 30 日期末在产品成本资料如表 6—7 所示。

表 6—7　　生产成本明细账(截至 2017 年 11 月 30 日)　　单位:元

产品名称	数量	成本项目			
		直接材料(元)	直接人工(元)	制造费用(元)	合计(元)
G-1 产品	2200 千克	4 000	2 000	1 800	7 800
G-2 产品	1 500 件	6 000	3 000	2 700	11 700
G-3 产品	1 400 件	7 000	3 500	3 100	13 600
G-4 产品	1 248 件	8 000	4 000	3 600	15 600
合　计					48 700

6.2.2　开设明细账

按下列要求开设明细账：

(1)下列账户(表 6—8)使用三栏式账页(有期初余额的账户结转期初余额,没有期初余额的账户设户后待记发生额):

表 6—8　　明细账账户

序号	一级科目	明细科目	序号	一级科目	明细科目
1	其他货币资金	外埠存款	48	短期借款	生产周转借款
2	其他货币资金	存出投资款	49	应付票据	德茂公司
3	交易性金融资产	股票(成本)	50	应付票据	达亿公司
4	交易性金融资产	股票(公允价值变动)	51	应付票据	昌平公司
5	交易性金融资产	债券(成本)	52	应付账款	德茂公司

续表

序号	一级科目	明细科目	序号	一级科目	明细科目
6	交易性金融资产	基金(成本)	53	应付账款	达亿公司
7	应收票据	宏盛公司	54	应付账款	昌平公司
8	应收票据	宏源公司	55	应付职工薪酬	工资
9	应收票据	达昌公司	56	应付职工薪酬	职工福利
10	应收账款	宏盛公司	57	应付职工薪酬	社会保险费
11	应收账款	宏源公司	58	应付职工薪酬	住房公积金
12	应收账款	达昌公司	59	应付职工薪酬	工会经费
13	预付账款	中财保险公司	60	应付职工薪酬	职工教育经费
14	坏账准备		61	应付职工薪酬	非货币性福利
15	其他应收款	林凡	62	应交税费	未交增值税
16	其他应收款	业务科	63	应交税费	应交所得税
17	其他应收款	代扣水电费	64	应交税费	应交城市维护建设税
18	原材料	原料及主要材料	65	应交税费	应交个人所得税
19	原材料	其他材料	66	应交税费	应交教育费附加
20	周转材料	包装物	67	应交税费	应交房产税
21	周转材料	在库	68	应付利息	
22	材料成本差异	原材料	69	应付股利	
23	材料成本差异	包装物	70	其他应付款	社会保险费
24	材料成本差异	低值易耗品	71	其他应付款	住房公积金
25	长期股权投资	股票投资(达亿公司)	72	长期借款	基建借款
26	持有至到期投资	成本	73	长期应付款	应付设备款
27	持有至到期投资	利息调整	74	应付债券	面值
28	持有至到期投资	应计利息	75	应付债券	利息调整
29	固定资产	生产用固定资产	76	应付债券	应计利息
30	固定资产	非生产用固定资产	77	递延所得税负债	
31	固定资产	不需用固定资产	78	实收资本	国家投资
32	固定资产	出租固定资产	79	实收资本	丰润公司
33	累计折旧		80	实收资本	其他
34	工程物资	专用材料	81	资本公积	资本溢价
35	工程物资	专用设备	82	资本公积	其他
36	在建工程	机床大修工程	83	盈余公积	法定盈余公积
37	在建工程	设备安装工程	84	利润分配	提取法定盈余公积

续表

序号	一级科目	明细科目	序号	一级科目	明细科目
38	在建工程	生产车间扩建工程	85	利润分配	应付现金股利
39	固定资产清理	报废	86	利润分配	未分配利润
40	固定资产清理	出售不需用固定资产	87	本年利润	
41	无形资产	专利权	88	主营业务收入	G-1 产品
42	无形资产	专有技术	89	主营业务收入	G-2 产品
43	研发支出	资本化支出	90	主营业务收入	G-3 产品
44	累计摊销		91	主营业务收入	G-4 产品
45	长期待摊费用	固定资产大修费用	92	其他业务收入	
46	待处理财产损溢	待处理固定资产损溢	93	投资收益	
47	递延所得税资产		94	公允价值变动损益	
			95	营业外收入	
			96	主营业务成本	G-1 产品
			97	主营业务成本	G-2 产品
			98	主营业务成本	G-3 产品
			99	主营业务成本	G-4 产品
			100	税金及附加	
			101	其他业务成本	
			102	资产减值损失	
			103	营业外支出	
			104	所得税费用	

(2)下列账户使用多栏式账页(有期初余额的账户结转期初余额,没有期初余额的账户设户后待记发生额):

应交税费——应交增值税

生产成本——基本生产成本(G-1 产品)

生产成本——基本生产成本(G-2 产品)

生产成本——基本生产成本(G-3 产品)

生产成本——基本生产成本(G-4 产品)

生产成本——辅助生产成本——机修车间

生产成本——辅助生产成本——动力车间

制造费用——基本生产车间

销售费用

财务费用

管理费用

(3)"材料采购——原材料"使用横线登记式账页(有期初余额的账户结转期初余额,没有期初余额的账户设户后待记发生额)。

(4)下列账户使用数量金额式账页(有期初余额的账户结转期初余额,没有期初余额的账户设户后待记发生额):

库存商品——G-1 产品

库存商品——G-2 产品

库存商品——G-3 产品

库存商品——G-4 产品

原材料——原料及主要材料——甲材料

原材料——原料及主要材料——乙材料

原材料——原料及主要材料——丙材料

原材料——原料及主要材料——丁材料

原材料——原料及主要材料——I-1 材料

原材料——原料及主要材料——H-1 材料

6.2.3 办理记账业务

按下列资料办理记账业务:

(1)12 月 1 日,收到业务员送来"产品出库单"第二联。(留待月末汇总进行账务处理)

(2)12 月 4 日,收到业务员送来的材料入库验收单。(留待月末汇总进行收料的账务处理)

(3)12 月 9 日,收到固定资产折旧计算表,经审核无误进行账务处理。

(4)12 月 9 日,收到业务员交来本公司换出商品的增值税专用发票的记账联,换入材料的增值税发票的抵扣联与发票联及材料入库验收单的会计记账联,经审核无误进行非货币性交易的账务处理。

(5)12 月 12 日,收到陈满、宁琛的"物品领用单",经审核无误进行账务处理。

(6)12 月 18 日,收到业务员送来的"内部转账单",经审核无误进行账务处理。

(7)12 月 18 日,收到固定资产报废单,经审核无误进行账务处理。

(8)12 月 20 日,收到业务员送来的工程物资入库验收单。

(9)12 月 20 日,报废固定资产清理完毕,根据"固定资产清理——报废清理"账户余额编制"内部转账单",结转清理损益。

(10)12 月 27 日,收到业务员送来的材料入库验收单。(留待月末汇总进行收料的账务处理)

(11)12 月 28 日,本月应摊销专利权 30 000 元,应摊销专有技术 20 000 元,应摊销基本生产车间固定资产大修费 18 000 元,据以编制"无形资产、长期待摊费用分摊表",经审核无误进行账务处理。

(12)12 月 29 日,收到"报废低值易耗品汇总表"及"材料入库验收单"(会计记账联)经审核无误进行账务处理。

(13)12 月 29 日,据前面留存的"材料入库验收单"登记"材料采购"明细账(横线登记式明细账)的贷方发生额,并计算入库材料成本差异,据此编制"本月已付款的入库材料汇总表"。

(14)12 月 30 日本月生产产品领用包装物的计划成本汇总如下(根据领料单汇总的,因为领料单不便一一列出,故略去):

G-1 产品领用 2 300 元

G-2 产品领用 2 600 元

G-3 产品领用 2 400 元

G-4 产品领用 2 700 元

据“周转材料——包装物”与“材料成本差异——包装物”账户资料计算材料成本差异率、领用材料应分摊的差异额及领用材料实际成本，据计算结果编制:“领用包装物汇总表”，经审核无误进行账务处理。

(15)12 月 30 日本月领用低值易耗品的计划成本汇总如下(根据领料单汇总的，因为领料单不便一一列出，故略去):

基本生产车间领用 10 000 元

动力车间领用 1 200 元

机修车间领用 1 600 元

公司管理部门领用 2 000 元

据“周转材料——低值易耗品”与“材料成本差异——低值易耗品”账户资料计算材料成本差异率、领用材料应分摊的差异额及领用材料实际成本，据计算结果编制:“领用低值易耗品汇总表”，经审核无误进行账务处理。

(16)12 月 31 日，收到“车间产品耗用工时汇总表”，结合“工资结算汇总表”与“奖金发放表”，先编制“基本生产车间生产工人工资分配表”，后编制“职工薪酬分配表”，经审核无误进行账务处理。

(17)12 月 31 日，收到业务员送来的“发料凭证汇总表”及其“发料单”(略)，根据“发料单”上所载明的用途及下列材料耗用资料编制“发料凭证分配汇总表”。据“原材料——原料用主要材料”各数量金额式明细账及“材料成本差异——原材料”账户资料计算材料成本差异率、领用材料应分摊的差异额及领用材料实际成本。

材料耗用的计划成本汇总如表 6—9 所示。

表 6—9 **材料耗用的计划成本汇总资料** 单位:元

产品、车间、部门	主要材料	其他材料	备注
G-1 产品	128 000		
G-2 产品	135 000		
G-3 产品	160 000		
G-4 产品	150 000		
基本生产车间一般耗用		3 000	列入物料消耗
动力车间	8 000	4 000	
机修车间	14 400	2 000	
公司管理部门		3 000	列入公司经费
销售部门		2 000	列入包装费
车间扩建工程	45 000	20 000	按 13%转出进项税额

经审核无误进行账务处理。

(18)12 月 31 日，原作待处理的盘亏设备净值 3 000 元，经批准转销。据以编制“内部转账单”，经审核无误进行账务处理。

(19)12 月 31 日，收到“辅助生产情况表”，结合“生产成本——辅助生产成本——动力车间”和“生产成本——辅助生产成本——机修车间”账户资料，采取直接分配法分配辅助生产费用，编制“辅助生产费用分配表”(分配率精确至小数点后四位)，经审核无误进行账务处理。

(20)12 月 31 日，根据工时记录(见第 15 笔业务“车间耗用工时汇总表”)和“制造费用——基本生产车间”账户资料编制“制造费用分配表”(分配率精确至小数点后四位)，经审核无误进行账务处理。

(21)12 月 31 日，收到“生产情况报告表”和“产品入库汇总表”，结合基本生产成本明细账资料，据以编制“产品成本计算表”(分别四种产品进行计算)，单位成本保留到分。经审核无误进行账务处理。

(22)12 月 31 日，根据本月商品销售数量及“库存商品”明细账的加权平均单位成本，编制“产品销售成本计算表”，结转产品销售成本。

(23)12 月 31 日，“交易性金融资产——股票”的公允价值为 220 000 元，依据“交易性金融资产——股票——成本”及“交易性金融资产——股票——公允价值变动”明细账户资料计算本期公允价值变动金额，据以填制“内部转账单”，经审核无误进行账务处理。

(24)12 月 31 日，按应收款项百分比法计提坏账准备，提取比例为 3%，依据“应收账款”及“坏账准备”明细账资料分析计算本期应计提的坏账准备金，据以编制“内部转账单”，经审核无误进行账务处理。

(25)12 月 31 日，依据“应交税费——应交增值税”明细账资料分析填写“增值税纳税申报表”，计算出未交增值税额，经审核无误进行账务处理。

(26)12 月 31 日，依据“其他业务收入”和“固定资产明细账”及“增值税纳税申报表”资料，计算应交营业税、应交房产税、应交城市维护建设税、应交教育费附加，编制“地方税收综合纳税(费)申报表”，经审核无误进行账务处理。

(27)12 月 31 日，依据“持有至到期投资”明细账期初资料计算本年利息收入，并进行利息调整(按票面利率 8%，实际利率 6%计算)，据以填制“内部转账单”，经审核无误进行账务处理。(本月发生数，暂不计算利息)

(28)12 月 31 日，依据“应付债券”明细账期初资料计算本年利息费用，并进行利息调整，按票面利率 9%，实际利率 6%计算，(为安装工程而发行债券)据以填制“内部转账单”，经审核无误进行账务处理。(本月发生数，暂不计算利息)

(29)12 月 31 日，结平“待处理财产损溢”及“应付职工薪酬——职工福利”账户。

(30)12 月 31 日，填写“内部转账单”将损益类账户的本月净发生额结转“本年利润”账户。

(31)12 月 31 日，编制“利润表”初稿，据以编制“暂时性差异计算表”“所得税纳税申报表”(所得税税率 25%)，经审核无误进行账务处理。

(32)12 月 31 日，将“所得税费用”账户发生额转入“本年利润”后结平“本年利润”账户。

(33)12 月 31 日，编制“利润分配计算表”进行利润分配。法定盈余公积按净利润的 10%分配，应付现金股利按“未分配利润”明细账期初余额加上本年净利润，减去本年提取的法定盈余公积后的 30%分配。

(34)12 月 31 日，将“利润分配——提取盈余公积”“利润分配——应付现金股利”账户余额转入“利润分配——未分配利润”账户。

6.3 德源公司财务科长岗位实操

6.3.1 开设总账

根据下列资料(表6－10)开设总账账户,每个账户占一页。德源公司2017年11月30日总账期末资料如下:

表6－10　　总账账户余额(截至2017年11月30日)　　单位:元

科　目	借或贷	金　额	科　目	借或贷	金　额
库存现金	借	1 100.00	短期借款	贷	1 500 000.00
银行存款	借	299 900.00	应付票据	贷	300 000.00
其他货币资金	借	10 000.00	应付账款	贷	300 000.00
交易性金融资产	借	290 000.00	应付职工薪酬	贷	14 000.00
应收票据	借	320 000.00	应交税费	贷	1 300.00
应收账款	借	330 000.00	应付利息	贷	22 000.00
预付账款	平		应付股利	平	
坏账准备	贷	1 320.00	其他应付款	平	
其他应收款	借	16 600.00	长期借款	贷	1 200 000.00
材料采购	借	38 850.00	长期应付款	贷	100 000.00
原材料	借	500 000.00	应付债券	贷	330 000.00
周转材料	借	70 000.00	递延所得税负债	平	
材料成本差异	借	5 300.00	实收资本	贷	2 991 830.00
库存商品	借	2 580 000.00	资本公积	贷	350 000.00
长期股权投资	借	130 000.00	盈余公积	贷	700 000.00
持有至到期投资	借	120 000.00	利润分配	贷	60 000.00
固定资产	借	2 100 000.00	本年利润	贷	400 000.00
累计折旧	贷	500 000.00	主营业务收入	平	
工程物资	借	700 000.00	其他业务收入	平	
在建工程	借	450 000.00	投资收益	平	
固定资产清理	借	5 000.00	公允价值变动损益	平	
无形资产	借	680 000.00	营业外收入	平	
研发支出	借	20 000.00	主营业务成本	平	
累计摊销	平		税金及附加	平	
长期待摊费用	借	52 000.00	其他业务成本	平	

续表

科　目	借或贷	金　额	科　目	借或贷	金　额
待处理财产损溢	借	3 000.00	销售费用	平	
递延所得税资产	平		管理费用	平	
生产成本	借	48 700.00	财务费用	平	
制造费用	平		资产减值损失	平	
			营业外支出	平	
			所得税费用	平	

6.3.2 处理日常总账业务

日常总账业务如下：

(1)复核上旬会计凭证，根据审核无误的上旬记账凭证编制记账凭证汇总表，并据以登记总账，结出账户余额，与出纳员所经管的日记账核对，如有不符，查明原因，予以更正；与记账员所经管的明细账进行核对，如有不符，查明原因，予以更正。

(2)复核中旬会计凭证，根据审核无误的中旬记账凭证编制记账凭证汇总表，并据以登记总账，结出账户余额，与出纳员所经管的日记账核对，如有不符，查明原因，予以更正；与记账员所经管的明细账进行核对，如有不符，查明原因，予以更正。

(3)复核下旬会计凭证，根据审核无误的下旬记账凭证编制记账凭证汇总表，并据以登记总账，结出账户余额，与出纳员所经管的日记账核对，如有不符，查明原因，予以更正；与记账员所经管的明细账进行核对，如有不符，查明原因，予以更正。

(4)编制总账账户余额试算平衡表。

(5)办理年结。

6.3.3 编制会计报表

编制如下会计报表：

(1)编制资产负债表。

(2)编制利润表。

(3)编制现金流量表。

6.4 德源公司业务员岗位实操

按要求填制和传递 2017 年 12 月份凭证：

(1)12 月 1 日，林凡出差返回公司报账，出差相关内容如下：林凡出差联系业务推销产品，2017 年 11 月 23 日从崎峰市乘大轮至南京市(当日到达)船票 108 元，在南京市期间住宿费 150 元，2017 年 11 月 25 日从南京乘火车至上海(次日到达)火车票 280 元，在上海期间住宿费 360 元，29 日从上海乘火车回崎峰市(次日到达)火车票 350 元，出差补助每天 18 元，据以填写“旅差费报销单”(经理童庆寿在单上签字：同意报销)，并持单以林凡的名义向财务科出纳处报账(出差前已预支 1 600 元)。

(2)12 月 1 日,销售给甲公司 G-4 商品 7 000 件,销售给乙公司 G-4 商品 7 000 件,销售给丙公司 G-4 商品 8 000 件,销售给丁公司 G-4 商品 8 000 件,G-4 商品每件售价 36 元,增值税税率 13%,价税款均已收讫。据以填写"增值税专用发票",款项全部存入银行,填写"进账单",送银行办理进账手续后取回"进账单"回单。将"进账单"回单连同"增值税专用发票"的记账联送财务科出纳员。填写"产品出库单"送本公司记账员。(开户行:中国工商银行崎峰市支行;账号:823653676510)

(3)12 月 2 日,以业务科周全的名义填写"领款单",领款金额 3 200 元,领款单填写好后到财务科找出纳员领款,作为业务科的备用金。

(4)12 月 3 日,以三峡证券营业部的名义填写"三峡证券营业部成交过户交割单"1 张,内容如下:本交割单系德源公司购买股票,成交编号为 13578,股东账户为 53657889,股东名称为德源公司,申请编号为 678,公司代码为 M235,申报时间为 105010(即 10 点 50 分 10 秒),成交时间为 105030,实收金额为 88 600 元,资金余额为 91 400 元;证券名称为 635278,成交数量 10 000 股,成交价格 8.80 元,佣金 280 元,印花税 310 元,附加费 10 元。填好后送德源公司出纳员。

(5)12 月 4 日,表 6—11 所列材料全部入库,据以填写"材料入库验收单"。

表 6—11 材料入库资料

供货单位	材料名称	计量单位	数量	单位买价(元)	运杂费(元)	计划单价(元)
达昌公司	甲材料	千克	1500	4	160	4.06
	乙材料	千克	2000	3.5	160	3.15
达亿公司	丙材料	千克	1600	5	180	5.2
	丁材料	千克	1000	5	150	5.85
德茂公司	H-1 材料	千克	600	10	100	11.2
昌平公司	I-1 材料	千克	500	12	100	11.45

将填写好的"材料入库验收单"记账联送本公司记账员。

(6)12 月 5 日,以中财保险股份有限公司的名义填写"机动车辆保险单"和"保费收据"各一张,填写内容如下:被保险人为德源公司;投保险种为车辆损失险、第三责任险,盗抢险、玻璃险、他人恶意险等;车辆型号为皇冠(普);发动机号 367586;牌号为 A-35688;非营业用车;座位为 5 座;保险价值 35 万元,保险金额 35 万元;基本保费 250 元;车辆损失险费率 0.8%;第三责任险最高赔偿限额为 24 万元;第三责任险保费为 2 200 元;盗抢险保费据表计算;玻璃险保费为 50 元;他人恶意险保费为 100 元;保险期限自 2018 年 1 月 1 日 0 时起至 2018 年 12 月 31 日 24 时止。地址:十字街 58 号;电话:8666688;邮政编码 438000;总经理:刘峰。填好后将"机动车辆保险单"正本和"保费收据"发票联送德源公司出纳员。

(7)12 月 6 日,以崎峰市第一律师事务所王宏的名义填写"增值税专用发票",收取德源公司本月律师顾问费用 1 000 元,持其发票联、抵扣联找德源公司出纳员收款。(税率 6%)

(8)12 月 8 日,崎峰市电视台收取德源公司广告费 20 000 元代电视台填写"增值税专用发票",持其发票联、抵扣联找德源公司出纳员收款。(税率 6%)

(9)12 月 9 日,债券公司应向德源公司收取债券印刷费及手续费 10 000 元。代填写"增

值税普通发票”，并持发票联到德源财务科结算。（税率 3%）

（10）12 月 9 日，根据下述资料编制“固定资产折旧表”（采用平均年限法），编制完成后将其送德源公司记账员。

11 月 30 日，固定资产资料如表 6－12 所示。

表 6－12 固定资产资料

部 门	固定资产类型	固定资产原值(元)	预计净残值(元)	预计使用年限
基本车间	房屋	200 000	15 000	40
	机床加工设备	200 000	10 000	10
	专用电子设备	350 000	20 000	10
	其他专用设备	160 000	8 000	20
机修车间	房屋	100 000	5 000	40
	机床加工设备	50 000	2 500	10
	其他专用设备	10 000	500	20
动力车间	房屋	100 000	5 000	40
	内燃发电机组	100 000	5 000	20
	其他专用设备	40 000	2 000	20
管理部门	房屋	540 000	27 000	40
	不需用设备	100 000	8 000	10
出租	仓库	150 000	8 000	10

（11）12 月 9 日，德源公司与兴隆公司进行非货币交易，交易内容如下：

德源公司向兴隆公司销售 G-2 商品 1 700 件，每件售价 24 元；向兴隆公司购进甲材料 10 000 千克，每千克进价 4.08 元。增值税税率均为 13%，据以填写销售 G-2 商品的“增值税专用发票”和购进甲材料的“材料入库验收单”（材料已如数入库，甲材料的计划单位成本见记账员岗位的数量金额式明细账）填写好后先持销售商品的增值税专用发票送到兴隆公司业务处换取购进材料的增值税专用发票；后将销售商品的“增值税专用发票”的记账联和购进材料的“增值税专用发票”及“材料入库验收单”一并送交德源公司记账员。填写“产品出库单”送本公司记账员。

（12）12 月 10 日，以公司职工余红的名义填写“费用报销领款单”，到财务科领取独生子女费 160 元。

（13）12 月 10 日，代房地产管理所开具“增值税专用发票”，应收取德源公司办公用房租金 1 000 元。制单人：张选。持发票联、抵扣联到德源公司财务科结算。（税率 9%）

（14）12 月 10 日，以崎峰市汽车队的名义开具“增值税专用发票”，应收取德源公司销货运费 6 000 元。制单人：王平。持发票联、抵扣联到德源公司财务科结算。（税率 9%）

（15）12 月 10 日，业务科陆元、欧阳胜、向超 3 人领取本年度烤火费，每人 80 元，经理签字：同意付款。代填写“费用报销领款单”，到财务科出纳处领款。

（16）12 月 10 日，代司法局开具“增值税专用发票”，应收取德源公司公证费用 1 000 元。收款人：游咏。持发票联、抵扣联到德源公司财务科结算。（税率 6%）

（17）12 月 11 日，生产技术科林凡去省城开生产技术会，经领导同意借款 1 600 元。据以填写“借款单”，持单向财务科出纳员借款。

（18）12 月 11 日，支付建安公司的生产车间扩建工程款 8 000 元，经公司经理童庆寿签字同意付款，由杨青统一领款，据以填写“增值税专用发票”，持发票联、抵扣联到财务科出纳处办理领款，取得出纳员签发的“现金支票”到银行取款。(税率 9%)

(19)12 月 12 日，业务员陈满、宁琛各领计算器一个，单价 120 元，合计金额 240 元。经理童庆寿审批：同意领用，一次摊销。据以填写“物品领用单”并将其送交财务科记账员。

(20)12 月 12 日，德源公司向证券公司购买一年期债券 1 200 000 元，手续费 2 400 元，以证券公司名义开出“收据”，持收据第二联到德源公司财务科结算。

(21)12 月 13 日，根据表 6—13 所列资料编制“工资结算汇总表”(因工资结算原始资料比较复杂，实际工作中的工资发放表是根据岗位将每个人的工资计算出来加以汇总的。而下列资料直接以汇总的形式给出)。

表 6—13 工资结算汇总资料

车间、部门、类型	职工人数	标准工资（元）	应扣工资（元）		津贴（元）	代扣款项			
			事假	病假		水电费（元）	住房公积金（元）	个人所得税（元）	个人承担社保（元）
基本生产车间生产工人	290	285 000	1 500	300	30 000	11 660	9 000	50	1 820
基本生产车间管理人员	12	12 300			1 600	500	520	15	105
援外工程人员	3	3 600			2 100				35
在建工程人员	20	19 600			3 000	800	600		205
机修车间人员	5	4 900			480	200	180		55
动力车间人员	4	3 850			370	150	130		45
公司管理人员	36	40 000	300	100	5 000	1 450	1 200	25	350
医务人员	4	4 200			400	160	120		35
六个月以上长病人员	2	1 900		700	10	80	60		25

工资结算汇总表编制好后送交财务科出纳员。

(22)12 月 13 日，销售给达昌公司 G-1 商品 10 000 千克，每千克售价 9.80 元，G-3 商品 10 000 件，每件售价 30.00 元，增值税税率 13%，据以填写“增值税专用发票”后将其送德源财务科出纳员办理收款手续。

(23)12 月 14 日，业务科各种费用支出汇总情况如下：差旅费 230 元(15 张原始凭证)；办公费 120 元(21 张原始凭证)；其他费用 98 元(6 张原始凭证)；经核对，编制“管理费用支出汇总表”，持表到财务科报账。

(24)12 月 14 日，朱正等 5 名职工参加崎峰市工学院短期培训，支付学杂费 3 600 元，以工学院名义开出“增值税普通发票”，持付款人联找德源财务科出纳员办理领款，取得出纳员签发的“现金支票”到银行取款。(税率 3%)

(25)12 月 15 日，德源公司职工食堂向为民日杂公司购买碗 50 个，单价 3 元，计 150 元；盘子 40 个，每个 2 元，计 80 元，合计 230 元。以为民日杂公司名义开具“增值税普通发票”，持发票联向德源公司财务科出纳员报账。(税率 3%。在发票备注上填写：列入职工福利)

(26)12 月 16 日，德源公司向税务局购买 30 张 5 元券印花税票，40 张 2 元券印花税票，30 张 1 元券印花税票，以税务局名义开具“市税务局印花税票发售统一发票”，持发票联向德源公司财务科出纳员报账。

(27)12 月 17 日，德源公司应付的车间扩建工程包工款 180 000 元，以新达建筑公司的名义填写“增值税专用发票 ”，持发票联、抵扣联到德源公司财务科办理结算。(税率 9%)

(28)12 月 17 日，本月综合奖金结算汇总资料如表 6—14。

表 6—14 本月综合奖金结算汇总资料

车间、部门	奖金(元)
基本生产车间生产工人	29 000
基本生产车间管理人员	1 200
机修车间人员	500
动力车间人员	400
公司管理人员	3 600
医务人员	400

据以编制“综合奖金结算汇总表”，持表向财务科出纳员领取奖金。

(29)12 月 18 日，德源公司应付立新设计院产品设计费 450 元，以立新设计院的名义填写“增值税专用发票”，持发票联到德源公司财务科办理结算。(税率 6%)

(30)12 月 18 日，销售给兴盛公司不需用甲设备一台，原始价值 60 000 元，已提折旧 18 000 元，协商作价 45 000 元。据以填写“增值税专用发票”，持其发票联、抵扣联到兴盛公司财务科收款，要求兴盛公司出纳员签发“转账支票”，并与其一同去银行办理转账手续，将收账通知联及“增值税专用发票”记账联送交本公司财务科出纳员。同时依据固定资产原始价值与已提折旧填写“内部转账单”，并将其送本公司财务科记账员。(税率 13%)

(31)12 月 18 日，一栋仓库 300 平方米，预计使用 30 年，已使用 28 年，原值 100 000 元，已提折旧 85 000 元，因重建提前报废。其处理意见：使用部门的意见：因陈旧要求报废；技术鉴定小组意见：情况属实；固定资产管理部门意见：同意转入清理；主管部门审批意见：同意报废重建。据以填写“固定资产报废单”后将其会计记账联送财务科记账员。

(32)12 月 19 日，向德茂公司购进丁设备一台，交易价 38 000 元，经验收交基本生产车间使用，据以填写“固定资产验收单”，将其第二联送财务科出纳员。

(33)12 月 19 日，林凡 12 月 11 日去省城参加工业生产技术会，12 月 18 日返回，往返汽车票均为 40 元，住宿费用 700 元，会议费用 150 元，其他费用 110 元，每天补助 15 元。以林凡的名义填写“差旅费报销单”，经理童庆寿在单上签字：同意报销。持单向财务科出纳员报账。(原借支 1 600 元)

(34)12 月 19 日，业务科与业务往来单位洽谈业务，接待、就餐、补助及接车费共计金额 2 019 元，单据 21 张。据以填写“业务招待费汇总表”，经理童庆寿在单上签字：同意报销。持单向财务科出纳员报账，取得出纳员签发的“现金支票”后到银行提取现金。

(35)12 月 19 日，报废固定资产的清理人员周鑫等 5 人应领取清理费用 360 元，以周鑫的名义填写“费用报销领款单”，经理童庆寿在单上签字：同意付款。持单向财务科出纳员领款。

(36)12 月 19 日，德源公司向崎南公司收取仓库租金 5 200 元，据以开出“增值税专用发票”，收到现金 5 200 元，当即填写“进账单”到开户行办理进账手续，收到银行盖章后的“进账单”回单，将“增值税专用发票”的记账联及“进账单”回单送交本公司出纳员。(本公司开户行：

中国工商行崎峰市支行，账号：823653676510）

(37)12月20日，仓库清理残料如下：红砖80 000块，每块0.20元，计16 000元，其他材料5 000元，合计21 000元。材料全部入库作重建仓库用，据以编制“材料入库单”，并将其记账联送财务科记账员。

(38)12月20日，德源公司向为民五金公司购买灭火器5个，单价100元，计500元。灭火器购回后当即由仓库领用。先以为民五金公司名义开具“增值税普通发票”；再以仓库保管员杨义名义填写“物品领用单”（经理童庆寿在单上签字：同意领用，一次摊销）。最后将“增值税普通发票”的发票联和“物品领用单”送财务科出纳员，并要求领款、领物。（税率3%）

(39)12月20日，向德茂公司转让技术，收取技术转让费16 000元，据以填写“增值税专用发票”，持其发票联到德茂公司财务科收款，要求德茂公司出纳员签发“转账支票”，并与其一同去银行办理转账手续，取得收账通知联后，将收账通知联及“增值税专用发票”记账联送交本公司财务科出纳员。（税率6%）

(40)12月21日，向会计局购买《新会计准则》等书籍，付款200元，以会计局的名义填写“增值税普通发票”，并持其发票联到账务科报账。（税率3%）

(41)12月21日，德源公司的汽车送汽车修配厂修理，具体修配项目如下：汽车补胎275元，汽车轮胎2个，单价500元。以汽车修配厂名义开具“增值税专用发票”，将发票联、抵扣联送交本公司出纳员。（税率13%）

(42)12月23日，德源公司使用自来水厂的供水，水表记录是：本月号码为58639，上月号码为53139，实用水5 500吨，每吨单价4元。以自来水厂名义开具“增值税专用发票”，持其发票联到德源财务科结算。（税率9%）

(43)12月23日，业务科用备用金开支下列各种费用：差旅费900元（16张原始凭证）；办公费1 200元（15张原始凭证）；修理费1 100元（2张原始凭证）；经核对全部报销，编制“管理费用支出汇总表”，持单到财务科报账。

(44)12月24日，德源公司电表的起码是625786，止码是688486，实用电62 700度，每度单价0.80元，以电力局的名义填写“增值税专用发票”（电费增值税税率为13%），持发票联、抵扣联到德源公司财务科结算。

(45)12月24日，德源公司参加本市商品展销会，应付新世界商厦的商品展位租用费1 200元，以新世界商厦的名义填写“增值税普通发票”，持发票联到德源公司财务科结算。（税率3%）

(46)12月25日，物价检查所对德源公司商品销售情况进行检查，发现部分商品违反国家价格政策，罚款1 500元，以物价检查所名义填写“罚款没收专用收据”，持单到德源公司财务科结算。

(47)12月26日，看望住院病人袁全友，从副食品商品店购买2袋奶粉，每袋120元，苹果5千克，每千克18元，据以填写“增值税普通发票”，经理童庆寿签字：在福利费列支，持发票联、抵扣联到德源公司财务科结算。

(48)12月26日，通达搬运公司为德源公司装卸货物，应收取装卸费1 300元，以通达公司的名义开具“增值税专用发票”，持发票联、抵扣联到德源公司财务科结算。（税率9%）

(49)12月26日，林凡出差预支差旅费1 300元，据以填写“借款单”，持单向财务科出纳借款。

(50)12月27日，德源公司自行开发一项实用型专利开发成功，先根据下列资料填写“专利申报表”:申请单位:德源公司;专利项目:实用新型专利;技术开发费:20 000 元;注册登记费:4 000 元;单位意见:同意申报;专利局审批:同意注册。再以专利局名义填写“增值税专用发票”收取德源公司专利注册登记费 4 000 元,然后持“专利申报表”和“增值税专用发票”到德源公司财务科结算。(税率 6%)

(51)12 月 27 日,德源公司销售给宏源公司 G-1 商品 5 000 千克,每千克售 10 元;销售给宏盛公司 G-1 商品 4 800 千克,每千克售价 10 元;销售给达昌公司 G-2 商品 10 000 件,每件售价 24 元;增值税税率均为 13%,据以分别三个公司填写“增值税专用发票”后持发票联、抵扣联到宏源、宏盛、达昌公司财务科结算,要求各公司出纳员根据购销合同填写“商业承兑汇票”,经付款人(各购货公司)承兑后取得“商业承兑汇票”第二联,将“增值税专用发票”记账联和“商业承兑汇票”第二联送交德源公司出纳员。填写“产品出库单”交本公司记账员。

(52)12 月 27 日,顺达运输公司为德源公司运输购入的材料,应收运费 7 280 元。以顺达运输公司的名义开具“增值税专用发票”,持发票联、抵扣联到德源公司财务科结算。(税率 9%)

(53)12 月 27 日,外购材料全部验收入库。据表 6—15 所列资料填写“材料入库验收单”,将其记账联送财务科记账员。

表 6—15　　外购材料入库资料

供货单位	材料名称	数量(千克)	买价(元)	运杂费(元)	计划单价(元)
昌平公司	I-1 材料	8 000	96 000	800	11.45
德茂公司	H-1 材料	4 800	52 800	480	11.2
达亿公司	甲材料	20 000	80 000	2 000	4.06
	乙材料	20 000	60 000	2 000	3.15
	丙材料	10 000	50 000	1 000	5.2
	丁材料	10 000	60 000	1 000	5.85

(54)12 月 29 日,各部门报废低值易耗品(领用时均一次摊销),本月收回残值如下:基本生产车间 510 元,动力车间 70 元,机修车间 80 元,行政管理部门 120 元。报废材料均已入库(计划价按照 780 元计算)。据以编制“报废低值易耗品汇总表”和“材料入库验收单”,并将其送财务科记账员。

(55)12 月 30 日,销售给达昌公司 G-2 商品 10 000 件,每价售价 24 元,G-3 商品 10 000 件,每件售价 29 元,增值税税率 13%,据以填写“增值税专用发票”,将“增值税专用发票”送本公司出纳员。填写“产品出库单”交本公司记账员。

(56)12 月 31 日,基本生产车间生产 G-1 产品耗用 7 500 工时,生产 G-2 产品耗用 7 600 工时,生产 G-3 产品耗用 8 000 工时,生产 G-4 产品耗用 8 220 工时,据以编制“产品耗用工时汇总表”,并将表送财务科记账员。

(57)12 月 31 日,本月发出材料汇总资料如表 6—16 所示。

表 6—16

本月发出材料汇总

材料名称	数量(千克)	计划单价	计划总价
甲材料	35 000	4.06	142 100
乙材料	30 000	3.15	94 500
丙材料	16 000	5.2	83 200
丁材料	20 000	5.85	117 000
H-1 材料	10 000	11.2	112 000
I-1 材料	8 000	11.45	91 600
小　计			640 400
其他材料			34 000

据以编制“发料凭证汇总表”，并将表送财务科记账员。

(58)12 月 31 日，辅助生产车间本月提供劳务总量资料如表 6—17 所示。

表 6—17

辅助生产车间本月提供劳务总量

项　目	机修车间服务量(工时)	动务车间供电量(度)
G-1 产品耗用	—	7 000
G-2 产品耗用	—	7 000
G-3 产品耗用	—	8 000
G-4 产品耗用	—	8 000
基本生产车间耗用	1 620	1 000
行政管理部门耗用	100	2 000
车间扩建工程耗用	280	7 000
动力车间耗用	90	—
机修车间耗用	—	1 000
合　计	2 090	41 000

据以编制“辅助生产情况表”，并将表送财务科记账员。

(59)12 月 31 日，本月产品生产及入库情况如表 6—18 所示。

表 6—18

本月产品生产及入库情况

产品名称	月初在产品	本月投产	本月完工入库	月末在产品	在产品完工程度	投料方式
G-1 产品	2 200 千克	35 720 千克	36 000 千克	1 920 千克	50%	逐步投料
G-2 产品	1 500 件	16 426 件	16 000 件	1 926 件	50%	逐步投料
G-3 产品	1 400 件	14 044 件	15 000 件	444 件	50%	逐步投料
G-4 产品	1 248 件	11 326 件	11 500 件	1 074 件	50%	逐步投料

代基本生产车间编制“生产情况报告表”；代成品仓库编制“产品入库汇总表”；将填写好的两张表送财务科记账员。

7 德茂公司会计业务岗位实操

7.1 德茂公司出纳会计岗位实操

7.1.1 开设有关日记账

德茂公司 2017 年 11 月 30 日有关账户余额如下：

库存现金日记账　　1 100(借)

银行存款日记账　　300 000(借)

德茂公司及往来公司相关情况如表 7—1 所示。

表 7—1　　德茂公司及往来公司相关情况

开户行:中国工商银行江泽市支行		开户行:中国工商银行崎峰市支行	
公司名称	账　号	公司名称	账　号
宏源公司	1156674356325	德源公司	823653676510
宏盛公司	1156674356326	德茂公司	823653676511
达昌公司	1156674356327	昌平公司	823653676512
达亿公司	1156674356328	昌安公司	823653676513
		兴隆公司	823653676516
		兴盛公司	823653676517

7.1.2 办理如下业务

凡出纳业务，在业务办理完毕后，编制记账凭证，交财务科长复核后据以登记库存现金和银行存款日记账，并将记账凭证连同所附原始凭证一并转交记账员记账。

(1)12 月 1 日，收到洪军“旅差费报销单”(所附单据略)，经审核无误，报销费用 1 526 元，按原预支额1 200元开出“收据”，当即补付现金326元，并在差旅费报销单上填写“付现326元”。

(2)12月1日，收到业务员送来的“进账单”回单及“增值税专用发票”的记账联进行账务处理。

(3)12月1日，收到开户银行转来德源公司“转账支票”的收账通知联据以填写“进账单”到开户行办理入账。

(4)12月1日，签发“转账支票”2张，分别支付应付昌平公司账款90 000元和应付昌安公司账款110 000元；填写“信汇”凭证1张，支付应付达亿公司账款100 000元。填好结算凭证后去开户银行办理相关手续，取回“信汇”凭证回单，审核无误后进行账务处理。

(5)12月2日，填写“转账支票”1张，转出投资款200 000元，存入三峡证券营业部账户(三峡证券营业部开户行：中国工商银行崎峰市支行，账号：123456786789)准备用于购买股票。到银行办理转账手续。

(6)12月2日，填写“现金支票”1张，提取现金16 000元备用，到开户银行办理支款手续。

(7)12月2日，收到业务科王前锋的“领款单”，经审核无误，当即支付现金3 500元，作为业务科的备用金(在领款单上注明“现金付讫”)。

(8)12月3日，收到“三峡证券营业部成交过户交割单”，购入股票划作交易性金融资产。

(9)12月5日，收到开户行转来宏盛公司、达昌公司“信汇”凭证收款通知联。

(10)12月5日，收到中财保险股份有限公司机动车辆保险单(正本)和保费收据第一联，经审核无误，据以填写转账支票(中财保险股份有限公司开户行：中国工商银行崎峰市支行；账号：823653676538)，并到银行办理转账手续。

(11)12月6日，填写“中华人民共和国税收通用缴款书”，将未交增值税、应交城市维护建设税、应交个人所得税、应交教育费附加上交国库，具体金额见明细分类账各该账户的月初余额。税收通用缴款书填写好后，到开户行办理手续，经税务机关、银行盖章后取得完税凭证联，并据以进行账务处理。

(12)12月6日，收到律师事务所的“增值税专用发票”发票联、抵扣联，经审核无误，以现金付讫。

(13)12月8日，收到崎峰市电视台的“增值税专用发票”发票联、抵扣联，经审核无误，据以填写转账支票(崎峰市电视台开户行：中国工商银行崎峰市支行；账号：82365567558)，付广告费，并到银行办理转账手续。

(14)12月8日，德茂公司委托债券发行公司发行5年期债券，按面值的10%溢价发行。现债券公司已发行债券面值800 000元，实收金额880 000元，款项今日全部交来，当即送存银行。据以填写“收据”及“进账单”，到银行办理手续后据“收据”记账联及“进账单”回单进行账务处理。

(15)12月9日，收到债券公司的“增值税普通发票”发票联，经审核无误，据以填写转账支票(债券公司开户行：中国工商银行崎峰市支行；账号：825533667788)，付手续费，并到银行办理转账手续。

(16)12月10日，收到本公司职工柳絮“费用报销领款单”，经审核无误，以现金付讫。

(17)12月10日，收到房地产管理所的“增值税专用发票”发票联、抵扣联，经审核无误，以现金付讫。

(18)12月10日，收到崎峰市汽车运输公司的“增值税专用发票”发票联，经审核无误，据以填写“转账支票”(崎峰市汽车运输公司开户行:中国工商银行崎峰市支行;账号:823653675588),付运费,并到银行办理转账手续。

(19)12月10日,依据“应付职工薪酬——社会保险费”期初余额,填写“税收通用缴款书”到银行办理缴款手续。

(20)12月10日,签发“现金支票”,到银行办理取款手续,提回现金3 500元备用。根据“现金支票”存根作账务处理。

(21)12月10日,收到韦天等3人的“费用报销领款单”,经审核无误,以现金付讫。

(22)12月10日,收到司法局的“增值税专用发票”,经审核无误,据以填写转账支票(司法局开户行:中国工商银行崎峰市支行;账号:825634221668),付诉讼费,并到银行办理转账手续。

(23)12月11日,收到洪军的“借款单”,经审核无误,以现金付讫。

(24)12月11日,收到工程队的“增值税专用发票”,经审核无误,如数签发“现金支票”,交奇兵到银行取款。

(25)12月12日,收到证券公司的“收据”,经审核无误,据以填写转账支票(证券公司开户行:中国工商银行崎峰市支行;账号:825634211698),付债券及手续费,并到银行办理转账手续。

(26)12月13日,收到“工资结算汇总表”,根据实发工资总额签发“现金支票”,从银行提取现金,当即发放完毕。

(27)12月13日,收到业务员送来的增值税专用发票,据以填写“委托收款凭证”(应收达昌公司款),持委托收款凭证和增值税专用发票的发票联、抵扣联到银行办理托收手续,经银行盖章后,将退回的“委托收款凭证”回单与“增值税专用发票”记账联一并作账务处理。

(28)12月14日,收到业务科“管理费用支出汇总表”(所附单据33张略),经审核无误,以现金付讫。

(29)12月14日,收到崎峰市工学院的“增值税普通发票”,经审核无误,开出“现金支票”付讫。

(30)12月15日,收到职工食堂购买炊具的发票,经审核无误,以现金付讫。

(31)12月16日,收到银行转来“委托收款凭证”的收款通知联。系达昌公司应收款。

(32)12月16日,收到“市税务局印花税票发售统一发票”,经审核无误,以现金付讫。

(33)12月17日,收到新达建筑公司“增值税专用发票”的发票联、抵扣联,经审核无误,据以填写“转账支票”(新达建筑公司开户行:中国工商银行崎峰市支行;账号:825625671350),付工程款,并到银行办理转账手续。

(34)12月17日,根据“综合奖金结算汇总表”(实际还应按人头的奖金发放表,此处略),签发“现金支票”提回现金,当即发放完毕。

(35)12月18日,收到立新设计院的“增值税专用发票”发票联、抵扣联,经审核无误,以现金付讫。

(36)12月18日,收到昌平公司出售设备的“增值税专用发票”发票联、抵扣联,及本公司业务员送来的“固定资产验收单”,经审核无误据以填写“转账支票”付设备款,并到银行办理转账手续。

(37)12月19日,收到业务员送来的德源公司“转账支票”的收账通知联及本公司的固定资产销售的“增值税专用发票”的会计记账联,经审核无误进行账务处理。

(38)12月19日，收到洪军的“旅差费报销单”(所附单据略)和交来的现金232元，开出“收据”收讫。收据金额按洪军原借支数填写。

(39)12月19日，收到业务科的“业务招待费汇总表”及所附15张单据(单据略)，经审核无误后，当即签发“现金支票”补足其备用金。

(40)12月19日，收到王兴旺的“费用报销领款单”，经审核无误，以现金付讫。

(41)12月19日，收到业务员送来的仓库租金收入“进账单”回单及“增值税专用发票”记账联。

(42)12月20日，收到业务员送来的“增值税普通发票”和“物品领用单”，经审核无误后签发“现金支票”，从银行提回现金5 600元，除支付灭火器款外，其余备用。

(43)12月20日，收到德源公司的“增值税专用发票”发票联、抵扣联，经审核无误后签发“转账支票”支付技术转让费。到银行办理转账手续。

(44)12月21日，收到购买书籍的“增值税普通发票”发票联，经审核无误以现金付讫。

(45)12月21日，收到业务员送来的昌平公司“转账支票”的收账通知联，及本公司收取技术转让收入的“增值税专用发票”记账联。

(46)12月21日，收到汽车修配厂的“增值税专用发票”发票联、抵扣联，经审核无误后以现金付讫。

(47)12月23日，收到增值税专用发票，审核无误后填写“转账支票”支付水费，到银行办理转账手续。(自来水厂开户行：中国工商银行崎峰市支行；账号：865235217658)

同时根据定额耗用量分配本月水费，定额耗用量如下：动力车间700吨，机修车间600吨，基本生产车间3 000吨，公司管理部门1 700吨，据以编制“水费分配表”。

根据“增值税专用发票”发票联、抵扣联，“转账支票”存根和“水费分配表”进行账务处理。

(48)12月23日，收到业务科的“管理费用支出汇总表”及所附29张单据(单据略)，经审核无误后，当即签发“现金支票”补足其备用金。

(49)12月24日，收到电力局的“增值税专用发票”发票联、抵扣联，审核无误后填写“转账支票”支付电费，到银行办理转账手续。(电力局开户行：中国工商银行崎峰市支行；账号：865235217666)

同时根据表7—2所列定额耗用量资料编制“外购动力费分配表”。

表7—2 定额耗用量资料

产品名称	定额耗用量	车间部门	定额耗用量
H-1产品	10 300度	动力车间	500度
H-2产品	11 000度	机修车间	700度
H-3产品	9 700度	基本生产车间	800度
H-4产品	9 500度	管理部门	7 500度

根据电力局的发票联、“转账支票”存根和“外购动力费分配表”进行账务处理。

(50)12月24日，收到新世纪商厦的“增值税普通发票”发票联，经审核无误后以现金付讫。

(51)12月25日，签发“现金支票”，到银行办理取款手续，提回现金6 500元备用。根据“现金支票”存根作账务处理。

(52)12 月 25 日,收到物价检查所“罚款没收专用收据”,以现金支付罚款。

(53)12 月 26 日,收到副品公司“增值税普通发票”发票联,经审核后以现金付讫。

(54)12 月 26 日,收到通达搬运公司的“增值税专用发票”发票联、抵扣联,经审核无误后以现金付讫。

(55)12 月 26 日,收到洪军的“借款单”,经审核无误后以现金付讫。

(56)12 月 27 日,收到本公司业务员送来销售商品给宏盛公司、德源公司和达昌公司的“增值税专用发票”记账联和 3 张“商业承兑汇票”。

(57)12 月 27 日,收到业务员送来的“专利申报表”和专利局的“增值税专用发票”发票联、抵扣联,审核无误后填写“转账支票”支付专利注册登记费,到银行办理转账手续。(专利局开户行:中国工商银行崎峰市支行;账号:865235367685)

(58)12 月 27 日,收到达亿公司、昌安公司、昌平公司业务员送来的增值税专用发票,经审核无误后分别填写为期 2 个月的“商业承兑汇票”3 份,填好后将第二联分别交达亿公司、昌安公司、昌平公司业务员。

同时收到顺达运输公司的“增值税专用发票”发票联、抵扣联,经审核无误后填写“转账支票”支付材料运费,到银行办理转账手续。(顺达运输公司开户行:中国工商银行崎峰市支行;账号:865235367898)

根据材料重量编制“材料采购费用分配表”。各种材料采购的重量:I-1 材料 8 000 千克,J-1 材料 5 000 千克,甲材料 15 000 千克,乙材料 20 000 千克,丙材料 16 000 千克,丁材料 10 000 千克。

根据“增值税专用发票”发票联、“商业汇票”留存联、“转账支票”存根联 、“材料采购费用分配表”,作账务处理。

(59)12 月 30 日,收到业务员送来的“增值税专用发票”,合同规定销货款采用委托收款结算方式,经审核无误后,据以填写“委托收款凭证”,持“委托收款凭证”和“增值税专用发票”到银行办理托收手续,经银行盖章后,将退回的“委托收款凭证”回单与“增值税专用发票”的记账联一并作账务处理。

(60)12 月 31 日,到开户行拿回贷款计息凭证,进行账务处理。(已预计应付利息 10 000 元)

(61)12 月 31 日,到开户行拿回存款计息凭证,进行账务处理。

(62)12 月 31 日,将账面价值为 80 000 元的“交易性金融资产——基金”全部出售,实得现金 84 000 元。填写“内部转账单”和“进账单”,将现金送存银行(全为百元券)。

7.2 德茂公司记账会计岗位实操

7.2.1 开设有关账户

德茂公司 2017 年 11 月 30 日明细账期末资料如表 7—3 所示:

表 7—3 **明细账期末资料(截至 2017 年 11 月 30 日)** 单位:元

科　目	借或贷	金　额
其他货币资金——外埠存款	借	12 000.00
交易性金融资产——股票(成本)	借	110 000.00
交易性金融资产——债券(成本)	借	100 000.00
交易性金融资产——基金(成本)	借	80 000.00
应收票据——宏盛公司	借	120 000.00
应收票据——德源公司	借	90 000.00
应收票据——达昌公司	借	110 000.00
应收账款——宏盛公司	借	110 000.00
应收账款——德源公司	借	110 000.00
应收账款——达昌公司	借	110 000.00
坏账准备	贷	1 320.00
其他应收款——洪军	借	1 200.00
其他应收款——代扣水电费	借	1 500.00
材料采购——原材料	借	40 960.00
原材料——原料及主要材料	借	485 000.00
原材料——其他材料	借	80 000.00
周转材料——包装物	借	19 000.00
周转材料——低值易耗品	借	60 000.00
材料成本差异——原材料	借	5 650.00
材料成本差异——包装物	贷	190.00
材料成本差异——低值易耗品	借	600.00
库存商品——H-1 产品	借	160 000.00
库存商品——H-2 产品	借	750 000.00
库存商品——H-3 产品	借	540 000.00
库存商品——H-4 产品	借	1 000 000.00
长期股权投资——股票投资(达昌公司)	借	150 000.00
持有到到期投资——成本	借	100 000.00
持有至到期投资——利息调整	借	5 000.00
持有至到期投资——应计利息	借	10 000.00
固定资产——生产用固定资产	借	1 350 000.00
固定资产——非生产用固定资产	借	600 000.00
固定资产——不需用固定资产	借	200 000.00

续表

科　目	借或贷	金　额
固定资产——出租固定资产	借	150 000.00
累计折旧	贷	650 000.00
工程物资——专用材料	借	260 000.00
工程物资——专用设备	借	450 000.00
在建工程——机床大修工程	借	60 000.00
在建工程——设备安装工程	借	350 000.00
固定资产清理——报废	借	4 000.00
无形资产——专利权	借	350 000.00
无形资产——专有技术	借	375 000.00
研发支出——资本化支出	借	25 000.00
长期待摊费用——固定资产大修费用	借	47 000.00
待处理财产损溢——待处理固定资产损溢	借	3 000.00
生产成本——基本生产成本(H-1 产品)	借	15 000.00
生产成本——基本生产成本(H-2 产品)	借	18 800.00
生产成本——基本生产成本(H-3 产品)	借	18 800.00
生产成本——基本生产成本(H-4 产品)	借	22 600.00
短期借款——生产周转借款	贷	1 500 000.00
应付票据——达亿公司	贷	100 000.00
应付票据——昌平公司	贷	110 000.00
应付票据——昌安公司	贷	90 000.00
应付账款——达亿公司	贷	100 000.00
应付账款——昌平公司	贷	90 000.00
应付账款——昌安公司	贷	110 000.00
应付职工薪酬——职工教育经费	贷	4 500.00
应付职工薪酬——职工福利	贷	880.00
应付职工薪酬——社会保险费	贷	9 120.00
应交税费——未交增值税	贷	35 000.00
应交税费——应交所得税	借	36 000.00
应交税费——应交城市维护建设税	贷	2 000.00
应交税费——应交个人所得税	贷	2 500.00
应交税费——应交教育费附加	贷	800.00
应付利息	贷	21 000.00

续表

科　目	借或贷	金　额
长期借款——基建借款	贷	1 300 000.00
长期应付款——应付设备款	贷	100 000.00
应付债券——面值	贷	320 000.00
应付债券——利息调整	贷	10 000.00
应付债券——应计利息	贷	20 000.00
实收资本——国家投资	贷	1 639 900.00
实收资本——丰利公司	贷	100 000.00
实收资本——其他	贷	1 200 000.00
资本公积——资本溢价	贷	200 000.00
资本公积——其他	贷	100 000.00
盈余公积——法定盈余公积	贷	700 000.00
利润分配——未分配利润	贷	80 000.00
本年利润	贷	400 000.00

原材料明细账 2017 年 11 月 30 日期末资料如表 7—4 所示。

表 7—4　　原材料明细账(截至 2017 年 11 月 30 日)　　单位:元

品　名		单位	数量	计划单价	金额
原料及主要材料	甲材料	千克	12 000	4.05	48 600
	乙材料	千克	10 000	3.09	30 900
	丙材料	千克	12 000	5.05	60 600
	丁材料	千克	12 000	6.05	72 600
	I-1 材料	千克	11 000	11.8	129 800
	J-1 材料	千克	11 000	12.954	142 500
	小　计				485 000
其他材料					80 000
合　计					565 000

材料采购明细账 2017 年 11 月 30 日期末资料如表 7—5 所示。

表 7—5　　材料采购明细账(截至 2017 年 11 月 30 日)　　单位:元

供货单位	项目	借方			贷方			备注
		买价	运杂费	合计	计划成本	差异	合计	
达昌公司	甲材料	8 000	200	8 200				
	乙材料	8 000	200	8 200				

续表

供货单位	项目	借方			贷方			备注
		买价	运杂费	合计	计划成本	差异	合计	
达亿公司	丙材料	7 000	180	7 180				
	丁材料	7 000	180	7 180				
昌平公司	I-1 材料	5 000	100	5 100				
昌安公司	J-1 材料	5 000	100	5 100				
合　计		40 000	960	40 960				

库存商品明细账 2017 年 11 月 30 日期末资料如表 7—6 所示。

表 7—6　　库存商品明细账(截至 2017 年 11 月 30 日)　　单位:元

商品名称	单位	数量	单位成本	金额
H-1 商品	千克	20 000	8	160 000
H-2 商品	件	50 000	15	750 000
H-3 商品	件	30 000	18	540 000
H-4 商品	件	50 000	20	1 000 000
合　计				2 450 000

生产成本明细账 2017 年 11 月 30 日期末在产品成本资料如表 7—7 所示。

表 7—7　　生产成本明细账(截至 2017 年 11 月 30 日)　　单位:元

产品名称	数量	成本项目			
		直接材料(元)	直接人工(元)	制造费用(元)	合计(元)
H-1 产品	3 750 千克	8 000	4 000	3 000	15 000
H-2 产品	2 515 件	10 000	5 000	3 800	18 800
H-3 产品	2 100 件	10 000	5 000	3 800	18 800
H-4 产品	2 260 件	12 000	6 000	4 600	22 600
合　计					75 200

7.2.2 开设明细账

按下列要求开设明细账：

(1)下列账户(表 7—8)使用三栏式账页(有期初余额的账户结转期初余额,没有期初余额的账户设户后待记发生额)：

表 7—8

明细账账户

序号	一级科目	明细科目	序号	一级科目	明细科目
1	其他货币资金	外埠存款	48	短期借款	生产周转借款
2	其他货币资金	存出投资款	49	应付票据	达亿公司
3	交易性金融资产	股票(成本)	50	应付票据	昌平公司
4	交易性金融资产	股票(公允价值变动)	51	应付票据	昌安公司
5	交易性金融资产	债券(成本)	52	应付账款	达亿公司
6	交易性金融资产	基金(成本)	53	应付账款	昌平公司
7	应收票据	宏盛公司	54	应付账款	昌安公司
8	应收票据	德源公司	55	应付职工薪酬	工资
9	应收票据	达昌公司	56	应付职工薪酬	职工福利
10	应收账款	宏盛公司	57	应付职工薪酬	社会保险费
11	应收账款	德源公司	58	应付职工薪酬	住房公积金
12	应收账款	达昌公司	59	应付职工薪酬	工会经费
13	预付账款	中财保险公司	60	应付职工薪酬	职工教育经费
14	坏账准备		61	应付职工薪酬	非货币性福利
15	其他应收款	洪军	62	应交税费	未交增值税
16	其他应收款	业务科	63	应交税费	应交所得税
17	其他应收款	代扣水电费	64	应交税费	应交城市维护建设税
18	原材料	原料及主要材料	65	应交税费	应交个人所得税
19	原材料	其他材料	66	应交税费	应交教育费附加
20	周转材料	包装物	67	应交税费	应交房产税
21	周转材料	在库	68	应付利息	
22	材料成本差异	原材料	69	应付股利	
23	材料成本差异	包装物	70	其他应付款	社会保险费
24	材料成本差异	低值易耗品	71	其他应付款	住房公积金
25	长期股权投资	股票投资(达昌公司)	72	长期借款	基建借款
26	持有到到期投资	成本	73	长期应付款	应付设备款
27	持有至到期投资	利息调整	74	应付债券	面值
28	持有至到期投资	应计利息	75	应付债券	利息调整
29	固定资产	生产用固定资产	76	应付债券	应计利息
30	固定资产	非生产用固定资产	77	递延所得税负债	递延所得税负债
31	固定资产	不需用固定资产	78	实收资本	国家投资
32	固定资产	出租固定资产	79	实收资本	丰利公司

续表

序号	一级科目	明细科目	序号	一级科目	明细科目
33	累计折旧		80	实收资本	其他
34	工程物资	专用材料	81	资本公积	资本溢价
35	工程物资	专用设备	82	资本公积	其他
36	在建工程	机床大修工程	83	盈余公积	法定盈余公积
37	在建工程	设备安装工程	84	利润分配	提取法定盈余公积
38	在建工程	生产车间扩建工程	85	利润分配	应付现金股利
39	固定资产清理	报废	86	利润分配	未分配利润
40	固定资产清理	出售不需用固定资产	87	本年利润	
41	无形资产	专利权	88	主营业务收入	H-1 产品
42	无形资产	专有技术	89	主营业务收入	H-2 产品
43	研发支出	资本化支出	90	主营业务收入	H-3 产品
44	累计摊销		91	主营业务收入	H-4 产品
45	长期待摊费用	固定资产大修费用	92	其他业务收入	
46	待处理财产损溢	待处理固定资产损溢	93	投资收益	
47	递延所得税资产		94	公允价值变动损益	
			95	营业外收入	
			96	主营业务成本	H-1 产品
			97	主营业务成本	H-2 产品
			98	主营业务成本	H-3 产品
			99	主营业务成本	H-4 产品
			100	税金及附加	
			101	其他业务成本	
			102	资产减值损失	
			103	营业外支出	
			104	所得税费用	

(2)下列账户使用多栏式账页(有期初余额的账户结转期初余额,没有期初余额的账户设户后待记发生额):

应交税费——应交增值税

生产成本——基本生产成本(H-1 产品)

生产成本——基本生产成本(H-2 产品)

生产成本——基本生产成本(H-3 产品)

生产成本——基本生产成本(H-4 产品)

生产成本——辅助生产成本——机修车间

生产成本——辅助生产成本——动力车间
制造费用——基本生产车间
销售费用
财务费用
管理费用

(3)“材料采购——原材料”使用横线登记式账页(有期初余额的账户结转期初余额,没有期初余额的账户设户后待记发生额)。

(4)下列账户使用数量金额式账页(有期初余额的账户结转期初余额,没有期初余额的账户设户后待记发生额):

库存商品——H-1 产品
库存商品——H-2 产品
库存商品——H-3 产品
库存商品——H-4 产品
原材料——原料及主要材料——甲材料
原材料——原料及主要材料——乙材料
原材料——原料及主要材料——丙材料
原材料——原料及主要材料——丁材料
原材料——原料及主要材料——I-1 材料
原材料——原料及主要材料——J-1 材料

7.2.3 办理记账业务

办理如下记账业务:

(1)12 月 1 日,收到业务员送来“产品出库单”第二联。(留待月末汇总进行账务处理)

(2)12 月 4 日,收到业务员送来的材料入库验收单。(留待月末汇总进行收料的账务处理)

(3)12 月 9 日,收到固定资产折旧计算表,经审核无误进行账务处理。

(4)12 月 9 日,收到业务员交来本公司换出商品的增值税专用发票的记账联,换入材料的增值税发票的抵扣联与发票联及材料入库验收单的会计记账联,经审核无误进行非货币性交易的账务处理。

(5)12 月 12 日,收到马立群、牛耕的“物品领用单”,经审核无误进行账务处理。

(6)12 月 18 日,收到固定资产报废单,经审核无误进行账务处理。

(7)12 月 19 日,收到业务员送来的“内部转账单”,经审核无误进行账务处理。

(8)12 月 20 日,收到业务员送来的工程物资入库验收单。

(9)12 月 20 日,报废固定资产清理完毕,根据“固定资产清理——报废清理”账户余额编制“内部转账单”,结转清理损益。

(10)12 月 27 日,收到业务员送来的材料入库验收单。(留待月末汇总进行收料的账务处理)

(11)12 月 28 日,本月应摊销专利权 35 000 元,应摊销专有技术 20 000 元,应摊销基本生产车间固定资产大修费 17 000 元,据以编制“无形资产、长期待摊费用分摊表”,经审核无误进行账务处理。

(12)12 月 29 日，收到“报废低值易耗品汇总表”及“材料入库验收单”(会计记账联)，经审核无误进行账务处理。

(13)12 月 29 日，据前面留存的“材料入库验收单”登记“材料采购”明细账(横线登记式明细账)的贷方发生额，并计算入库材料成本差异，据此编制“本月已付款的入库材料汇总表”。

(14)12 月 30 日本月生产产品领用包装物的计划成本汇总如下(根据领料单汇总的，因为领料单不便一一列出，故略去)：

H-1 产品领用 2 100 元

H-2 产品领用 2 000 元

H-3 产品领用 2 200 元

H-4 产品领用 2 300 元

据“周转材料——包装物”与“材料成本差异——包装物”账户资料计算材料成本差异率、领用材料应分摊的差异额及领用材料实际成本，据计算结果编制：“领用包装物汇总表”，经审核无误进行账务处理。

(15)12 月 30 日本月领用低值易耗品的计划成本汇总如下(根据领料单汇总的，因为领料单不便一一列出，故略去)：

基本生产车间领用 12 000 元

动力车间领用 1 200 元

机修车间领用 1 600 元

公司管理部门领用 2 400 元

据“周转材料——低值易耗品”与“材料成本差异——低值易耗品”账户资料计算材料成本差异率、领用材料应分摊的差异额及领用材料实际成本，据计算结果编制：“领用低值易耗品汇总表”，经审核无误进行账务处理。

(16)12 月 31 日，收到“车间产品耗用工时汇总表”，结合“工资结算汇总表”与“奖金发放表”先编制“基本生产车间生产工人工资分配表”，后编制“职工薪酬分配表”，经审核无误进行账务处理。

(17)12 月 31 日，收到业务员送来的“发料凭证汇总表”及其“发料单”(略)，根据“发料单”上所载明的用途及下列材料耗用资料编制“发料凭证分配汇总表”。据“原材料——原料用主要材料”各数量金额式明细账及“材料成本差异——原材料”账户资料计算材料成本差异率、领用材料应分摊的差异额及领用材料实际成本。

材料耗用的计划成本汇总如表 7—9 所示：

表 7—9 **材料耗用的计划成本汇总资料** 单位：元

产品、车间、部门	主要材料	其他材料	备　注
H-1 产品	150 000		
H-2 产品	140 000		
H-3 产品	130 000		
H-4 产品	160 000		
基本生产车间一般耗用		3 000	列入物料消耗
动力车间	8 000	5 000	

续表

产品、车间、部门	主要材料	其他材料	备　注
机修车间	13 850	3 000	
公司管理部门		3 000	列入公司经费
销售部门		3 000	列入包装费
车间扩建工程	42 000	23 000	按13%转出进项税额

经审核无误进行账务处理。

(18)12月31日，原作待处理的盘亏设备净值3 000元，经批准转销。据以编制“内部转账单”，经审核无误进行账务处理。

(19)12月31日，收到“辅助生产情况表”，结合“生产成本——辅助生产成本——动力车间”和“生产成本——辅助生产成本——机修车间”账户资料，采取直接分配法分配辅助生产费用，编制“辅助生产费用分配表”(分配率精确至小数点后四位)，经审核无误进行账务处理。

(20)12月31日，根据工时记录(见第15笔业务“车间耗用工时汇总表”)和“制造费用——基本生产车间”账户资料编制“制造费用分配表”(分配率精确至小数点后四位)，经审核无误进行账务处理。

(21)12月31日，收到“生产情况报告表”和“产品入库汇总表”，结合基本生产成本明细账资料，据以编制“产品成本计算表”(分别四种产品进行计算)，单位成本保留到分。经审核无误进行账务处理。

(22)12月31日，根据“产品出库单”的本月商品销售数量及“库存商品”明细账的加权平均单位成本，编制“产品销售成本计算表”，结转产品销售成本。

(23)12月31日，“交易性金融资产——股票”的公允价值为220 000元，依据“交易性金融资产——股票——成本”及“交易性金融资产——股票——公允价值变动”明细账户资料计算本期公允价值变动金额，据以填制“内部转账单”，经审核无误进行账务处理。

(24)12月31日，按应收款项百分比法计提坏账准备，提取比例为3%，依据“应收账款”及“坏账准备”明细账资料分析计算本期应计提的坏账准备金，据以编制“内部转账单”，经审核无误进行账务处理。

(25)12月31日，依据“应交税费——应交增值税”明细账资料分析填写“增值税纳税申报表”，计算出未交增值税额，经审核无误进行账务处理。

(26)12月31日，依据“其他业务收入”和“固定资产”明细账及“增值税纳税申报表”资料，计算应交营业税、应交房产税、应交城市维护建设税、应交教育费附加，编制“地方税收综合纳税(费)申报表”，经审核无误进行账务处理。

(27)12月31日，依据“持有至到期投资”明细账期初资料计算本年利息收入，并进行利息调整(按票面利率7%，实际利率6%计算)，据以填制“内部转账单”，经审核无误进行账务处理。(本月发生数，暂不计算利息)

(28)12月31日，依据“应付债券”明细账期初资料计算本年利息费用，并进行利息调整，按票面利率9%，实际利率8%计算(为安装工程而发行债券)，据以填制“内部转账单”，经审核无误进行账务处理。(本月发生数，暂不计算利息)

(29)12月31日结平“待处理财产损溢”及“应付职工薪酬——职工福利”账户。

(30)12 月 31 日,填写“内部转账单”将损益类账户的本月净发生额结转“本年利润”账户。

(31)12 月 31 日,编制“利润表”初稿,据以编制“暂时性差异计算表”“所得税纳税申报表”(所得税税率 25%),经审核无误进行账务处理。

(32)12 月 31 日,将“所得税费用”账户发生额,转入“本年利润”后结平“本年利润”账户。

(33)12 月 31 日,编制“利润分配计算表”进行利润分配。法定盈余公积按净利润的 10% 分配,应付现金股利按“未分配利润”明细账期初余额加上本年净利润,减去本年提取的法定盈余公积后的 30%分配。

(34)12 月 31 日,将“利润分配——提取盈余公积”“利润分配——应付现金股利”账户余额转入“利润分配——未分配利润”账户。

7.3　德茂公司财务科长岗位实操

7.3.1　开设总账

根据下列资料(表 7—10)开设总账账户,每个账户占大一页。德茂公司 2017 年 11 月 30 日总账期末资料如下:

表 7—10　　总账账户余额(截至 2017 年 11 月 30 日)　　单位:元

科　目	借或贷	金　额	科　目	借或贷	金　额
库存现金	借	1 100.00	短期借款	贷	1 500 000.00
银行存款	借	300 000.00	应付票据	贷	300 000.00
其他货币资金	借	12 000.00	应付账款	贷	300 000.00
交易性金融资产	借	290 000.00	应付职工薪酬	贷	14 500.00
应收票据	借	320 000.00	其他应付款	平	
应收账款	借	330 000.00	应交税费	贷	4 300.00
预付账款	平		应付利息	贷	21 000.00
坏账准备	贷	1 320.00	应付股利	平	
其他应收款	借	2 700.00	长期借款	贷	1 300 000.00
材料采购	借	40 960.00	长期应付款	贷	100 000.00
原材料	借	565 000.00	应付债券	贷	350 000.00
周转材料	借	79 000.00	递延所得税负债	平	
材料成本差异	借	6 060.00	实收资本	贷	2 939 900.00
库存商品	借	2 450 000.00	资本公积	贷	300 000.00
长期股权投资	借	150 000.00	盈余公积	贷	700 000.00
持有到到期投资	借	115 000.00	利润分配	贷	80 000.00
固定资产	借	2 300 000.00	本年利润	贷	400 000.00

续表

科　目	借或贷	金　额	科　目	借或贷	金　额
累计折旧	贷	650 000.00	主营业务收入	平	
工程物资	借	710 000.00	其他业务收入	平	
在建工程	借	410 000.00	投资收益	平	
固定资产清理	借	4 000.00	公允价值变动损益	平	
无形资产	借	725 000.00	营业外收入	平	
研发支出	借	25 000.00	主营业务成本	平	
累计摊销	平		其他业务成本	平	
长期待摊费用	借	47 000.00	销售费用	平	
待处理财产损溢	借	3 000.00	管理费用	平	
递延所得税资产	平		财务费用	平	
生产成本	借	75 200.00	资产减值损失	平	
制造费用	平		营业外支出	平	
			所得税费用	平	

7.3.2 处理日常总账业务

日常总账业务如下：

(1)复核上旬会计凭证，根据审核无误的上旬记账凭证编制记账凭证汇总表，并据以登记总账，结出账户余额，与出纳员所经管的日记账核对，如有不符，查明原因，予以更正；与记账员所经管的明细账进行核对，如有不符，查明原因，予以更正。

(2)复核中旬会计凭证，根据审核无误的中旬记账凭证编制记账凭证汇总表，并据以登记总账，结出账户余额，与出纳员所经管的日记账核对，如有不符，查明原因，予以更正；与记账员所经管的明细账进行核对，如有不符，查明原因，予以更正。

(3)复核下旬会计凭证，根据审核无误的下旬记账凭证编制记账凭证汇总表，并据以登记总账，结出账户余额，与出纳员所经管的日记账核对，如有不符，查明原因，予以更正；与记账员所经管的明细账进行核对，如有不符，查明原因，予以更正。

(4)编制总账账户余额试算平衡表。

(5)办理年结。

7.3.3 编制会计报表

编制如下会计报表：

(1)编制资产负债表。

(2)编制利润表。

(3)编制现金流量表。

7.4 德茂公司业务员岗位实操

按要求填制和传递2017年12月份凭证：

(1)12月1日，洪军出差返回公司报账，出差相关内容如下：洪军出差联系业务推销产品，2017年11月24日从崎峰市乘火车至武汉市(当日到达)火车票260元，在武汉市期间住宿费160元，2017年11月26日从武汉乘火车至深圳(次日到达)火车票320元，在深圳期间住宿费300元，29日从深圳乘火车回崎峰市(次日到达)火车票360元，出差补助每天18元，据以填写"旅差费报销单"(经理吴文广在单上签字：同意报销)，并持单以洪军的名义向财务科出纳处报账(出差前已预支1 200元)。

(2)12月1日，销售给A公司H-4商品10 000件，销售给B公司H-4商品8 000件，销售给C公司H-4商品7 000件，销售给D公司H-4商品6 000件，H-4商品每件售价29元，增值税税率13%，价税款均已收讫。据以填写"增值税专用发票"，款项全部存入银行，填写"进账单"，送银行办理进账手续后取回"进账单"回单。将"进账单"回单连同"增值税专用发票"的记账联送财务科出纳员。填写"产品出库单"送本公司记账员。(开户行：中国工商银行崎峰市支行；账号：823653676511)

(3)12月2日，以业务科王前锋的名义填写"领款单"，领款金额3 500元，领款单填写好后到财务科找出纳员领款，作为业务科的备用金。

(4)12月3日，以三峡证券营业部的名义填写"三峡证券营业部成交过户交割单"1张，内容如下：本交割单系德茂公司购买股票，成交编号为13579，股东账户为53657890，股东名称为德茂公司，申请编号为679，公司代码为M236，申报时间为105015(即10点50分15秒)，成交时间为105038，实收金额为106 442元，资金余额为93 558元；证券名称为635278，成交数量12 000股，成交价格8.81元，佣金337元，印花税373元，附加费12元 。填好后送德茂公司出纳员。

(5)12月4日，表7—11所列材料全部入库，据以填写"材料入库验收单"。

表7—11 材料入库资料

供货单位	材料名称	计量单位	数量	单位买价(元)	运杂费(元)	计划单价(元)
达昌公司	甲材料	千克	2000	4	200	4.05
	乙材料	千克	2500	3.2	200	3.09
达亿公司	丙材料	千克	1400	5	180	5.05
	丁材料	千克	1400	5	180	6.05
昌平公司	I-1材料	千克	500	10	100	11.8
昌安公司	J-1材料	千克	400	12.5	100	12.95

将填写好的"材料入库验收单"记账联送本公司记账员。

(6)12月5日，以中财保险股份有限公司的名义填写"机动车辆保险单"和"保费收据"各1张，填写内容如下：被保险人为德茂公司；投保险种为车辆损失险、第三责任险，盗抢险、玻璃险、他人恶意险等；车辆型号为皇冠(普)；发动机号367587；牌号为A-35689；非营业用车；座位为5座；保险价值32万元，保险金额32万元；基本保费240元；车辆损失险费率0.8%；第三责任险最高赔偿限额为20万元；第三责任险保费为2 000元；盗抢险保费据表计算；玻璃险保费为60元；他人恶意险保费为100元；保险期限自2018年1月1日0时起至2018年12月31日24时止。地址：十字街58号；电话：8666688；邮政编码438000；总经理：刘峰。填好后将"机动车辆保险单"正本和"保费收据"发票联送德茂公司出纳员。

(7)12月6日，以崎峰市第一律师事务所王宏的名义填写"增值税专用发票"，收取德茂公司本月律师顾问费用1 100元，持其发票联、抵扣联找德茂公司出纳员收款。(税率6%)

(8)12月8日，崎峰市电视台收取德茂公司广告费21 000元代电视台填写"增值税专用发票"，持其发票联、抵扣联找德茂公司出纳员收款。(税率6%)

(9)12月9日，债券公司应向德茂公司收取债券印刷费及手续费8 000元。代填写"增值税普通发票"，并持其第二联到德茂财务科结算。(税率3%)

(10)12月9日，根据下述资料编制"固定资产折旧表"(采用平均年限法)，编制完成后将其送德茂公司记账员。

11月30日，固定资产资料如表7—12所示。

表7—12 固定资产资料

部　门	固定资产类型	固定资产原值(元)	预计净残值(元)	预计使用年限
基本车间	房屋	250 000	15 000	40
	机床加工设备	200 000	10 000	10
	专用电子设备	300 000	20 000	10
	其他专用设备	200 000	8 000	20
机修车间	房屋	100 000	5 000	40
	机床加工设备	50 000	2 500	10
	其他专用设备	10 000	500	20
动力车间	房屋	100 000	5 000	40
	内燃发电机组	100 000	5 000	20
	其他专用设备	40 000	2 000	20
管理部门	房屋	600 000	30 000	40
	不需用设备	200 000	20 000	10
出租	仓库	150 000	8 000	10

(11)12月9日，德茂公司与兴隆公司进行非货币交易，交易内容如下：

德茂公司向兴隆公司销售H-3商品1 212件，每件售价25元；向兴隆公司购进乙材料10 000千克，每千克进价格3.03元。增值税税率均为13%，据以填写销售H-3商品的"增值税专用发票"和购进乙材料的"材料入库验收单"(材料已如数入库，乙材料的计划单位成本见记账员岗位的数量金额式明细账)，填写好后先持销售商品的增值税专用发票的二、三联到兴隆公司业务处换取购进材料的增值税专用发票；后将销售商品的"增值税专用发票"的记账联和购进材料的"增值税专用发票"及"材料入库验收单"一并送交德茂公司记账员。填写"产品出库单"送本公司记账员。

(12)12月10日，以公司职工柳絮的名义填写"费用报销领款单"，到财务科领取独生子女费180元。

(13)12月10日，代房地产管理所开具"增值税专用发票"，应收取德茂公司办公用房租金

1 100 元。制单人:张选。持发票联、抵扣联到德茂公司财务科结算。(税率 9%)

(14)12 月 10 日,以崎峰市汽车队的名义开具"增值税普通发票",应收取德茂公司销货运费 7 000 元。制单人:王平。持发票联到德茂公司财务科结算。(税率 9%)

(15)12 月 10 日,业务科韦天、黄明、周源 3 人领取本年度烤火费,每人 90 元,经理签字:同意付款。代填写"费用报销领款单",到财务科出纳处领款。

(16)12 月 10 日,代司法局开具"增值税专用发票",应收取德茂公司公证费用 1 000 元。收款人:游咏。持发票联、抵扣联到德茂公司财务科结算。(税率 6%)

(17)12 月 11 日,生产技术科洪军去省城开生产技术会,经领导吴文广同意借款 1 600 元。据以填写"借款单",持单向财务科出纳员借款。

(18)12 月 11 日,支付建安公司的生产车间扩建工程款 8 000 元,经公司经理吴文广签字同意付款,由奇兵统一领款,据以填写"增值税专用发票",持发票联、抵扣联到财务科出纳处办理领款,取得出纳员签发的"现金支票"到银行取款。(税率 9%)

(19)12 月 12 日,业务员马立群、牛耕各领计算器一个,单价 130 元,合计金额 260 元。经理吴文广审批:同意领用,一次摊销。据以填写"物品领用单"并将其送交财务科记账员。

(20)12 月 12 日,德茂公司向证券公司购买一年期债券 1 000 000 元,手续费 2 000 元,以证券公司名义开出"收据",持收据第二联到德茂公司财务科结算。

(21)12 月 13 日,根据表 7—13 所列资料编制"工资结算汇总表"(因工资结算原始资料比较复杂,实际工作中的工资发放表是根据岗位将每个人的工资计算出来加以汇总的。而下列资料直接以汇总的形式给出)。

表 7—13 工资结算汇总资料

车间、部门、类型	职工人数	标准工资(元)	应扣工资(元)		津贴(元)	代扣款项			
			事假	病假		水电费(元)	住房公积金(元)	个人所得税(元)	个人承担社保(元)
基本生产车间生产工人	288	265 000	800	200	26 500	1 100	6 000	45	1 690
基本生产车间管理人员	12	13 700			1 370	50	300	20	105
援外工程人员	3	3 200			1 800				30
在建工程人员	22	22 000			2 200	30	500		25
机修车间人员	7	7 600			760	10	200		65
动力车间人员	5	5 200			520	10	150		40
公司管理人员	37	43 000	150		5 000	300	1 200	25	36
医务人员	3	3 300			300	160	90		25
六个月以上长病人员	2	1 900		360	10	80	45		15

工资结算汇总表编制好后送交财务科出纳员。

(22)12 月 13 日,销售给达昌公司 H-1 商品 10 000 千克,每千克售价 10.80 元,H-2 商品 10 000 件,每件售价 21.50 元,增值税税率 13%,据以填写"增值税专用发票"后将其 送德茂财务科出纳员办理收款手续。填写"产品出库单"送本公司记账员。

(23)12 月 14 日,业务科各种费用支出汇总情况如下:差旅费 300 元(18 张原始凭证);办

公费 180 元(10 张原始凭证);其他费用 58 元(5 张原始凭证);经核对,编制“管理费用支出汇总表”,持表到财务科报账。

(24)12 月 14 日,童志等 6 名职工参加崎峰市工学院短期培训,支付学杂费 4 200 元,以工学院名义开出“增值税普通发票”,持付款人联找德茂财务科出纳员办理领款,取得出纳员签发的“现金支票”到银行取款。(税率 3%)

(25)12 月 15 日,德茂公司职工食堂向为民日杂公司购买碗 30 个,单价 3 元,计 90 元;盘子 40 个,每个 2.50 元,计 100 元,合计 190 元。以为民日杂公司名义开具“增值税普通发票”,持发票联向德茂公司财务科出纳员报账。(税率 3%。在发票备注上填写:列入职工福利)

(26)12 月 16 日,德茂公司向税务局购买 20 张 5 元券印花税票,30 张 2 元券印花税票,20 张 1 元券印花税票,以税务局名义开具“市税务局印花税票发售统一发票”,持发票联向德茂公司财务科出纳员报账。

(27)12 月 17 日,德茂公司应付的车间扩建工程包工款 200 000 元,以新达建筑公司的名义填写“增值税专用发票”,持发票联、抵扣联到德茂公司财务科办理结算。(税率 9%)

(28)12 月 17 日,本月综合奖金结算汇总资料如表 7—14 所示。

表 7—14　　本月综合奖金结算汇总资料

车间、部门	奖金(元)
基本生产车间生产工人	28 800
基本生产车间管理人员	1 200
机修车间人员	700
动力车间人员	500
公司管理人员	3 700
医务人员	300

据以编制“综合奖金结算汇总表”,持表向财务科出纳员领取奖金。

(29)12 月 18 日,德茂公司应付立新设计院产品设计费 400 元,以立新设计院的名义填写“增值税专用发票”,持发票联、抵扣联到德茂公司财务科办理结算。(税率 6%)

(30)12 月 18 日,向昌平公司购进乙设备一台,交易价 38 000 元,经验收交基本生产车间使用,据以填写“固定资产验收单”,将其第二联送财务科出纳员。

(31)12 月 18 日,一栋仓库 280 平方米,预计使用 30 年,已使用 29 年,原值 95 000 元,已提折旧 85 000 元,因重建提前报废。其处理意见:使用部门的意见:因陈旧要求报废;技术鉴定小组意见:情况属实;固定资产管理部门意见:同意转入清理;主管部门审批意见:同意报废重建。据以填写“固定资产报废单”后将其会计记账联送财务科记账员。

(32)12 月 19 日,销售给德源公司不需用丁设备一台,原始价值 50 000 元,已提折旧 15 000 元,协商作价 38 000 元。据以填写“增值税专用发票”,持其到德源公司财务科收款,要求德源公司出纳员签发“转账支票”,并与其一同去银行办理转账手续,将收账通知联及“增值税专用发票”记账联送交本公司财务科出纳员。同时依据固定资产原始价值与已提折旧填写“内部转账单”,并将其送本公司财务科记账员。(税率 13%)

(33)12 月 19 日,洪军 12 月 11 日去省城参加工业生产技术会,12 月 18 日返回,往返汽车票均为 39 元,住宿费用 700 元,会议费用 150 元,其他费用 320 元,每天补助 15 元。以洪军的

名义填写“差旅费报销单”，经理吴文广在单上签字：同意报销。持单向财务科出纳员报账。（原借支 1 600 元）

(34)12 月 19 日，业务科与业务往来单位洽谈业务，接待、就餐、补助及接车费共计金额 1 546 元，单据 15 张。据以填写“业务招待费汇总表”，经理吴文广在单上签字：同意报销。持单向财务科出纳员报账，取得出纳员签发的“现金支票”后到银行提取现金。

(35)12 月 19 日，报废固定资产的清理人员王兴旺等 5 人应领取清理费用 500 元，以王兴旺的名义填写“费用报销领款单”，经理吴文广在单上签字：同意付款。持单向财务科出纳员领款。

(36)12 月 19 日，德茂公司向崎南公司收租金 5 500 元，据以开出“增值税专用发票”，收到现金 5 500 元，当即填写“进账单”到开户行办理进账手续，收到银行盖章后的“进账单”回单，将“增值税专用发票”记账联及“进账单”回单送交本公司出纳员。（本公司开户行：中国工商行崎峰市支行，账号：823653676511。税率 5%）

(37)12 月 20 日，仓库清理残料如下：红砖 50 000 块，每块 0.20 元，计 10 000 元，其他材料 5 000 元，合计 15 000 元。材料全部入库作重建仓库用，据以编制“材料入库单”，并将其记账联送财务科记账员。

(38)12 月 20 日，德茂公司向为民五金公司购买灭火器 6 个，单价 100 元，计 600 元。灭火器购回后当即由仓库领用。先以为民五金公司名义开具“增值税普通发票”；再以仓库保管员袁彤名义填写“物品领用单”（经理吴文广在单上签字：同意领用，一次摊销）。最后将“增值税普通发票”的发票联和“物品领用单”送财务科出纳员，并要求领款、领物。（税率 3%）

(39)12 月 20 日，向昌平公司转让技术，收取技术转让费 20 000 元，据以填写“增值税专用发票”，持其发票联、抵扣联到昌平公司财务科收款，要求昌平公司出纳员签发“转账支票”，并与其一同去银行办理转账手续，将收账通知联及“崎峰市普通发票”记账联送交本公司财务科出纳员。（税率 6%）

(40)12 月 21 日，向会计局购买《新会计准则》等书籍，付款 178 元，以会计局的名义填写“增值税普通发票”，并持其发票联到账务科报账。（税率 3%）

(41)12 月 21 日，德茂公司的汽车送汽车修配厂修理，具体修配项目如下：汽车补胎 236 元，汽车轮胎 2 个，单价 500 元。以汽车修配厂名义开具“增值税专用发票”，将“增值税专用发票”送交本公司出纳员。（税率 13%）

(42)12 月 23 日，德茂公司使用自来水厂的供水，水表记录是：本月号码为 59326，上月号码为 52726，实用水 6 600 吨，每吨单价 4 元。以自来水厂名义开具“增值税专用发票发票”，持其发票联到德茂财务科结算。（税率 9%）

(43)12 月 23 日，业务科用备用金开支下列各种费用：差旅费 950 元（16 张原始凭证）；办公费 800 元（15 张原始凭证）；修理费 1 300 元（2 张原始凭证）；经核对全部报销，编制“管理费用支出汇总表”，持单到财务科报账。

(44)12 月 24 日，德茂公司电表的起码是 356789，止码是 411789，实用电 55 000 度，每度单价 0.80 元，以电力局的名义填写“增值税专用发票”（电费增值税率为 13%），持发票联到德茂公司财务科结算。

(45)12 月 24 日，德茂公司参加本市商品展销会，应付新世界商厦的商品展位租用费 1 000 元，以新世界商厦的名义填写“增值税普通发票”，持发票联到德茂公司财务科结算。（税率 3%）

(46)12月25日，物价检查所对德茂公司商品销售情况进行检查，发现部分商品违反国家价格政策，罚款1 800元，以物价检查所名义填写“罚款没收专用收据”，持单到德茂公司财务科结算。

(47)12月26日，看望住院病人张学文，从副食品商品店购买2袋奶粉，每袋180元，苹果5千克，每千克14元，据以填写“增值税普通发票”经理签字：在福利费列支，持发票联到德茂公司财务科结算。(税率3%)

(48)12月26日，通达搬运公司为德茂公司装卸货物，应收取装卸费1 350元，以通达公司的名义开具“增值税专用发票”，持发票联、抵扣联到德茂公司财务科结算。(税率9%)

(49)12月26日，洪军出差预支差旅费1 500元，据以填写“借款单”，持单向财务科出纳借款。

(50)12月27日，德茂公司自行开发一项实用型专利开发成功，先根据下列资料填写“专利申报表”：申请单位：德茂公司；专利项目：实用新型专利；技术开发费：25 000元；注册登记费：3 800元；单位意见：同意申报；专利局审批：同意注册。再以专利局名义填写“增值税专用发票”收取德茂公司专利注册登记费3 800元，然后持“专利申报表”和“增值税专用发票”到德茂公司财务科结算。(税率6%)

(51)12月27日，德茂公司销售给宏盛公司H-1商品5 000千克，每千克售11元；销售给德源公司H-1商品4 800千克，每千克售价11元；销售给达昌公司H-2商品10 000件，每件售价22元；增值税率均为13%，据以分别三个公司填写“增值税专用发票”后持“增值税专用发票”到德源、宏盛、达昌公司财务科结算，要求各公司出纳员根据购销合同填写“商业承兑汇票”，经付款人(各购货公司)承兑后取得“商业承兑汇票”第二联，将“增值税专用发票”记账联和“商业承兑汇票”第二联送交德茂公司出纳员。填写“产品出库单”交本公司记账员。

(52)12月27日，顺达运输公司为德茂公司运输购入的材料，应收运费7 400元。以顺达运输公司的名义开具“增值税专用发票”，持发票联、抵扣联到德茂公司财务科结算。(税率9%)

(53)12月27日，外购材料全部验收入库。据表7—15所列资料填写“材料入库验收单”，将其记账联送财务科记账员。

表7—15 **外购材料入库资料**

供货单位	材料名称	数量(千克)	买价(元)	运杂费(元)	计划单价(元)
昌平公司	I-1材料	8 000	96 000	800	11.8
昌安公司	J-1材料	5 000	65 000	500	12.95
达亿公司	甲材料	15 000	60 000	1 500	4.05
	乙材料	20 000	60 000	2 000	3.09
	丙材料	16 000	80 000	1 600	5.05
	丁材料	10 000	60 000	1 000	6.05

(54)12月29日，各部门报废低值易耗品(领用时均一次摊销)，本月收回残值如下：基本生产车间490元，动力车间62元，机修车间68元，行政管理部门180元。报废材料均已入库(计划价按照800元计算)。据以编制“报废低值易耗品汇总表”和“材料入库验收单”，并将其送财务科记账员。

(55)12月30日，销售给达昌公司H-2商品10 000件，每价售价22元，H-3商品10 000

件，每件售价 26 元，增值税率 13%，据以填写“增值税专用发票”，将“增值税专用发票”送本公司出纳员。填写“产品出库单”交本公司记账员。

(56)12 月 31 日，基本生产车间生产 H-1 产品耗用 7 000 工时，生产 H-2 产品耗用 7 300 工时，生产 H-3 产品耗用 7 500 工时，生产 H-4 产品耗用 7 250 工时，据以编制“产品耗用工时汇总表”，并将表送财务科记账员。

(57)12 月 31 日，本月发出材料汇总资料如表 7—16 所示。

表 7—16　　本月发出材料汇总

材料名称	数量(千克)	计划单价	计划总价
甲材料	20 000	4.05	81 000
乙材料	40 000	3.09	123 600
丙材料	20 000	5.05	101 000
丁材料	15 000	6.05	90 750
I-1 材料	10 000	11.8	118 000
J-1 材料	10 000	12.95	129 500
小　计			643 850
其他材料			40 000

据以编制“发料凭证汇总表”，并将表送财务科记账员。

(58)12 月 31 日，辅助生产车间本月提供劳务总量资料如表 7—17 所示。

表 7—17　　辅助生产车间本月提供劳务总量

项　目	机修车间服务量(工时)	动务车间供电量(度)
H-1 产品耗用	—	7 000
H-2 产品耗用	—	8 000
H-3 产品耗用	—	10 000
H-4 产品耗用	—	10 000
基本生产车间耗用	1 590	1 000
行政管理部门耗用	100	1 000
车间扩建工程耗用	310	13 000
动力车间耗用	80	—
机修车间耗用	—	900
合　计	2 080	50 900

据以编制“辅助生产情况表”，并将表送财务科记账员。

(59)12 月 31 日，本月产品生产及入库情况如表 7—18 所示。

表 7—18

本月产品生产及入库情况

产品名称	月初在产品	本月投产	本月完工入库	月末在产品	在产品完工程度	投料方式
H-1 产品	3 750 千克	32 456 千克	34 000 千克	2 206 千克	50%	逐步投料
H-2 产品	2 515 件	17 585 件	17 000 件	3 100 件	50%	逐步投料
H-3 产品	2 100 件	14 218 件	14 000 件	2 318 件	50%	逐步投料
H-4 产品	2 260 件	13 896 件	15 000 件	1 156 件	50%	逐步投料

代基本生产车间编制“生产情况报告表”；代成品仓库编制“产品入库汇总表”；将填写好的两张表送财务科记账员。

8 昌平公司会计业务岗位实操

8.1 昌平公司出纳会计岗位实操

8.1.1 开设有关日记账

昌平公司 2017 年 11 月 30 日有关账户余额如下：

库存现金日记账 1 200(借)

银行存款日记账 290 000(借)

昌平公司及往来公司相关情况如表 8—1 所示。

表 8—1 昌平公司及往来公司相关情况

开户行：中国工商银行江泽市支行		开户行：中国工商银行崎峰市支行	
公司名称	账　号	公司名称	账　号
达昌公司	1156674356327	德源公司	823653676510
达亿公司	1156674356328	德茂公司	823653676511
		昌平公司	823653676512
		昌安公司	823653676513
		大兴公司	823653676514
		兴隆公司	823653676516
		兴盛公司	823653676517

8.1.2 办理如下业务

凡出纳业务，在业务办理完毕后，编制记账凭证，交财务科长复核后据以登记库存现金和

银行存款日记账，并将记账凭证连同所附原始凭证一并转交记账员记账。

(1)12 月 1 日，收到熊锋“旅差费报销单”(所附单据略)，经审核无误，报销费用 1 056 元，按原预支额 1 000 元开出“收据”，当即补付现金 56 元，并在差旅费报销单上填写“付现 56 元”。

(2)12 月 1 日，收到业务员送来的“进账单”回单及“增值税专用发票”的记账联进行账务处理。

(3)12 月 1 日，收到开户银行转来德源公司和德茂公司“转账支票”的收账通知联据以填写“进账单”，到开户行办理入账。

(4)12 月 1 日，签发“转账支票”2 张，分别支付应付昌安公司账款 110 000 元和应付大兴公司账款 100 000 元；填写“信汇”凭证 1 张，支付应付达亿公司账款 110 000 元。填好结算凭证后去开户银行办理相关手续，依据“转账支票”和“信汇”凭证回单，经审核无误后进行账务处理。

(5)12 月 2 日，填写“转账支票”及“进账单”，转出投资款 210 000 元，存入三峡证券营业部账户(三峡证券营业部开户行：中国工商银行崎峰市支行，账号：123456786789)准备用于购买股票。到银行办理转账手续。

(6)12 月 2 日，填写“现金支票”一张，提取现金 14 000 元备用，到开户银行办理支款手续。

(7)12 月 2 日，收到业务科何为国的“领款单”，经审核无误，当即支付现金 2 600 元，作为业务科的备用金(在领款单上注明“现金付讫”)。

(8)12 月 3 日，收到“三峡证券营业部成交过户交割单”，购入股票划作交易性金融资产。

(9)12 月 5 日，收到开户行转来达昌公司“信汇”凭证收款通知联。

(10)12 月 5 日，收到中财保险股份有限公司机动车辆保险单(正本)和保费收据，经审核无误，据以填写转账支票(中财保险股份有限公司开户行：中国工商银行崎峰市支行；账号：823653676538)，并到银行办理转账手续。

(11)12 月 6 日，填写“中华人民共和国税收通用缴款书”，将未交增值税、应交城市维护建设税、应交个人所得税、应交教育费附加上交国库，具体金额见明细分类账各该账户的月初余额。税收通用缴款书填写好后，到开户行办理手续，经税务机关、银行盖章后取得完税凭证联，并据以进行账务处理。

(12)12 月 6 日，收到律师事务所的“增值税专用发票”发票联、抵扣联，经审核无误，以现金付讫。

(13)12 月 8 日，收到崎峰市电视台的“增值税专用发票”发票联，经审核无误，据以填写转账支票(崎峰市电视台开户行：中国工商银行崎峰市支行；账号：82365567558)，付广告费，并到银行办理转账手续。

(14)12 月 8 日，昌平公司委托债券发行公司发行 5 年期债券，按面值的 10%溢价发行。现债券公司已发行债券面值 900 000 元，实收金额 990 000 元，款项今日全部交来，当即送存银行。据以填写“收据”及“进账单”，到银行办理手续后据“收据”记账联及“进账单”回单进行账务处理。

(15)12 月 9 日，收到债券公司的“增值税普通发票”发票联，经审核无误，据以填写转账支票(债券公司开户行：中国工商银行崎峰市支行；账号：825533667788)，付手续费，并到银行办理转账手续。

(16)12 月 10 日，收到本公司职工黄川“费用报销领款单”，经审核无误，以现金付讫。

(17)12 月 10 日，收到房地产管理所的“增值税专用发票”发票联、抵扣联，经审核无误，以现金付讫。

(18)12 月 10 日，收到崎峰市汽车运输公司的“增值税专用发票”发票联，经审核无误，据以填写“转账支票”（崎峰市汽车运输公司开户行：中国工商银行崎峰市支行；账号：823653675588），付运费，并到银行办理转账手续。

(19)12 月 10 日，依据“应付职工薪酬——社会保险费”期初余额，填写“税收通用缴款书”到银行办理缴款手续。

(20)12 月 10 日，签发“现金支票”，到银行办理取款手续，提回现金 3 600 元备用。根据“现金支票”存根作账务处理。

(21)12 月 10 日，收到冯吉等 3 人的“费用报销领款单”，经审核无误，以现金付讫。

(22)12 月 10 日，收到司法局的“增值税普通发票”，经审核无误，据以填写转账支票（司法局开户行：中国工商银行崎峰市支行；账号：825634221668），付诉讼费，并到银行办理转账手续。

(23)12 月 11 日，收到熊锋的“借款单”，经审核无误，以现金付讫。

(24)12 月 11 日，收到工程队的“增值税专用发票”，经审核无误，如数签发“现金支票”，交柳贵超到银行取款。

(25)12 月 12 日，收到证券公司的“收据”，经审核无误，据以填写转账支票（证券公司开户行：中国工商银行崎峰市支行；账号：825634211698），付债券及手续费，并到银行办理转账手续。

(26)12 月 13 日，收到“工资结算汇总表”，根据实发工资总额签发“现金支票”，从银行提取现金，当即发放完毕。

(27)12 月 13 日，收到业务员送来的增值税专用发票，据以填写“委托收款凭证”（应收达昌公司款），持委托收款凭证和增值税专用发票发票联与抵扣联到银行办理托收手续，经银行盖章后，将退回的“委托收款凭证”回单与“增值税专用发票”记账联一并作账务处理。

(28)12 月 14 日，收到业务科“管理费用支出汇总表”（所附单据 32 张略），经审核无误，以现金付讫。

(29)12 月 14 日，收到崎峰市工学院的“增值税普通发票”，经审核无误，开出“现金支票”付讫。

(30)12 月 15 日，收到职工食堂购买炊具的发票，经审核无误，以现金付讫。

(31)12 月 16 日，收到银行转来“委托收款凭证”的收款通知联。系达昌公司应收款。

(32)12 月 16 日，收到“市税务局印花税票发售统一发票”，经审核无误，以现金付讫。

(33)12 月 17 日，收到新达建筑公司“增值税专用发票”的发票联、抵扣联，经审核无误，据以填写“转账支票”（新达建筑公司开户行：中国工商银行崎峰市支行；账号：825625671350），付工程款，并到银行办理转账手续。

(34)12 月 17 日，根据“综合奖金结算汇总表”（实际还应按人头的奖金发放表，此处略），签发“现金支票”提回现金，当即发放完毕。

(35)12 月 18 日，收到立新设计院的“增值税专用发票”发票联、抵扣联，经审核无误，以现金付讫。

(36)12 月 18 日，收到业务员送来的德茂公司“转账支票”的收账通知联及本公司的固定资产销售的“增值税专用发票”的会计记账联，经审核无误进行账务处理。

(37)12 月 19 日，收到昌安公司出售设备的“增值税专用发票”，及本公司业务员送来的“固定资产验收单”，经审核无误据以填写“转账支票”付设备款，并到银行办理转账手续。

(38)12 月 19 日，收到熊锋的“旅差费报销单”（所附单据略）和交来的现金 568 元，开出“收据”收讫。收据金额按熊锋原借支数填写。

(39)12 月 19 日，收到业务科的“业务招待费汇总表”及所附 15 张单据（单据略），经审核无误后，当即签发“现金支票”补足其备用金。

(40)12 月 19 日，收到赵全胜的“费用报销领款单”，经审核无误，以现金付讫。

(41)12 月 19 日，收到业务员送来的仓库租金收入“进账单”回单及“增值税专用发票”记账联。

(42)12 月 20 日，收到业务员送来的“增值税普通发票”和“物品领用单”，经审核无误后签发“现金支票”，从银行提回现金 6 000 元，除支付灭火器款外，其余备用。

(43)12 月 20 日，收到业务员送来的昌安公司“转账支票”的收账通知联，及本公司收取技术转让收入的“增值税专用发票”记账联。

(44)12 月 21 日，收到购买书籍的“增值税普通发票”发票联，经审核无误以现金付讫。

(45)12 月 21 日，收到德茂公司的“增值税专用发票”发票联、抵扣联，经审核无误后签发“转账支票”支付技术转让费。到银行办理转账手续。

(46)12 月 21 日，收到汽车修配厂的“增值税专用发票”发票联、抵扣联，经审核无误后以现金付讫。

(47)12 月 23 日，收到增值税专用发票，审核无误后填写“转账支票”支付水费，到银行办理转账手续。（自来水厂开户行：中国工商银行崎峰市支行；账号：865235217658）

同时根据定额耗用量分配本月水费，定额耗用量如下：动力车间 650 吨，机修车间 600 吨，基本生产车间 2 800 吨，公司管理部门 1 150 吨，据以编制“水费分配表”。

根据“增值税专用发票”发票联、“转账支票”存根和“水费分配表”进行账务处理。

(48)12 月 23 日，收到业务科的“管理费用支出汇总表”及所附 36 张单据（单据略），经审核无误后，当即签发“现金支票”补足其备用金。

(49)12 月 24 日，收到电力局的“增值税专用发票”发票联、抵扣联，审核无误后填写“转账支票”支付电费，到银行办理转账手续。（电力局开户行：中国工商银行崎峰市支行；账号：865235217666）

同时根据表 8—2 所列定额耗用量资料编制“外购动力费分配表”。

表 8—2 **定额耗用量资料**

产品名称	定额耗用量	车间部门	定额耗用量
I-1 产品	11 000 度	动力车间	600 度
I-2 产品	11 000 度	机修车间	1 000 度
I-3 产品	12 000 度	基本生产车间	700 度
I-4 产品	11 500 度	管理部门	8 200 度

根据电力局的发票联、“转账支票”存根和“外购动力费分配表”进行账务处理。

(50)12 月 24 日，收到新世纪商厦的“增值税普通发票”发票联，经审核无误后以现金付讫。

(51)12 月 25 日，签发“现金支票”，到银行办理取款手续，提回现金 7 000 元备用。根据“现金支票”存根作账务处理。

(52)12 月 25 日，收到物价检查所“罚款没收专用收据”，以现金支付罚款。

(53)12 月 26 日，收到副食品公司“增值税普通发票”发票联，经审核后以现金付讫。

(54)12 月 26 日，收到通达搬运公司的“增值税专用发票”发票联、抵扣联，经审核无误后以现金付讫。

(55)12 月 26 日，收到熊锋的“借款单”，经审核无误后以现金付讫。

(56)12 月 27 日，收到本公司业务员送来销售商品给德茂公司、德源公司和达昌公司的“增值税专用发票”记账联和 3 张“商业承兑汇票”。

(57)12 月 27 日，收到业务员送来的“专利申报表”和专利局的“增值税专用发票”发票联、抵扣联，审核无误后填写“转账支票”支付专利注册登记费，到银行办理转账手续。(专利局开户行：中国工商银行崎峰市支行；账号：865235367685)

(58)12 月 27 日，收到达亿公司、昌安公司、大兴公司业务员送来的增值税专用发票，经审核无误后分别填写为期 2 个月的“商业承兑汇票”3 份，填好后将第二联分别交达亿公司、昌安公司、大兴公司业务员。

同时收到顺达运输公司的“增值税专用发票”发票联、抵扣联，经审核无误后填写“转账支票”支付材料运费，到银行办理转账手续。(顺达运输公司开户行：中国工商银行崎峰市支行；账号：865235367898)

根据材料重量编制“材料采购费用分配表”。各种材料采购的重量：K-1 材料 5 000 千克，J-1 材料 4 800 千克，甲材料 15 000 千克，乙材料 20 000 千克，丙材料 12 000 千克，丁材料 15 000 千克。

根据“增值税专用发票”的发票联、“商业汇票”的留存联，“转账支票”存根联、“材料采购费用分配表”，作账务处理。

(59)12 月 30 日，收到业务员送来的“增值税专用发票”，合同规定销货款采用委托收款结算方式，经审核无误后，据以填写“委托收款凭证”，持“委托收款凭证”和“增值税专用发票”到银行办理托收手续，经银行盖章后，将退回的“委托收款凭证”回单与“增值税专用发票”的记账联一并作账务处理。

(60)12 月 31 日，到开户行拿回贷款计息凭证，进行账务处理。(已预计应付利息 10 000 元)

(61)12 月 31 日，到开户行拿回存款计息凭证，进行账务处理。

(62)12 月 31 日，将账面价值为 110 000 元的“交易性金融资产——基金”全部出售，实得现金 115 500 元。填写“内部转账单”和“进账单”，将现金送存银行(全为百元券)。

8.2　昌平公司记账会计岗位实操

8.2.1　开设有关账户

昌平公司 2017 年 11 月 30 日明细账期末资料如表 8—3 所示：

表 8—3　　明细账期末资料(截至 2017 年 11 月 30 日)　　单位:元

科　目	借或贷	金　额
其他货币资金——外埠存款	借	10 000.00
交易性金融资产——股票(成本)	借	100 000.00
交易性金融资产——债券(成本)	借	90 000.00
交易性金融资产——基金(成本)	借	110 000.00
应收票据——德源公司	借	100 000.00
应收票据——德茂公司	借	110 000.00
应收票据——达昌公司	借	120 000.00
应收账款——德源公司	借	100 000.00
应收账款——德茂公司	借	90 000.00
应收账款——达昌公司	借	100 000.00
坏账准备	贷	1 160.00
其他应收款——熊锋	借	1 000.00
其他应收款——代扣水电费	借	15 000.00
材料采购——原材料	借	38 700.00
原材料——原料及主要材料	借	499 000.00
原材料——其他材料	借	69 000.00
周转材料——包装物	借	20 000.00
周转材料——低值易耗品	借	50 000.00
材料成本差异——原材料	借	5 680.00
材料成本差异——包装物	贷	200.00
材料成本差异——低值易耗品	借	500.00
库存商品——I-1 产品	借	210 000.00
库存商品——I-2 产品	借	640 000.00
库存商品——I-3 产品	借	600 000.00
库存商品——I-4 产品	借	900 000.00
长期股权投资——股票投资(宏盛公司)	借	150 000.00
持有至到期投资——成本	借	100 000.00
持有至到期投资——利息调整	借	10 000.00
持有至到期投资——应计利息	借	20 000.00
固定资产——生产用固定资产	借	1 230 000.00
固定资产——非生产用固定资产	借	700 000.00
固定资产——不需用固定资产	借	180 000.00

续表

科 目	借或贷	金 额
固定资产——出租固定资产	借	150 000.00
累计折旧	贷	600 000.00
工程物资——专用材料	借	250 000.00
工程物资——专用设备	借	460 000.00
在建工程——机床大修工程	借	60 000.00
在建工程——设备安装工程	借	380 000.00
固定资产清理——报废	借	5 500.00
无形资产——专利权	借	272 000.00
无形资产——专有技术	借	360 000.00
研发支出——资本化支出	借	28 000.00
长期待摊费用——固定资产大修费用	借	44 000.00
待处理财产损溢——待处理固定资产损溢	借	2 500.00
生产成本——基本生产成本(I-1 产品)	借	11 700.00
生产成本——基本生产成本(I-2 产品)	借	13 500.00
生产成本——基本生产成本(I-3 产品)	借	15 600.00
生产成本——基本生产成本(I-4 产品)	借	17 500.00
短期借款——生产周转借款	贷	1 500 000.00
应付票据——达亿公司	贷	110 000.00
应付票据——昌安公司	贷	100 000.00
应付票据——大兴公司	贷	100 000.00
应付账款——达亿公司	贷	110 000.00
应付账款——昌安公司	贷	110 000.00
应付账款——大兴公司	贷	100 000.00
应付职工薪酬——职工教育经费	贷	3 000.00
应付职工薪酬——职工福利	贷	2 000.00
应付职工薪酬——社会保险费	贷	9 000.00
应交税费——未交增值税	贷	30 000.00
应交税费——应交所得税	借	33 000.00
应交税费——应交城市维护建设税	贷	3 000.00
应交税费——应交个人所得税	贷	2 000.00
应交税费——应交教育费附加	贷	1 000.00
应付利息	贷	22 000.00

续表

科　目	借或贷	金　额
长期借款——基建借款	贷	1 280 000.00
长期应付款——应付设备款	贷	100 000.00
应付债券——面值	贷	300 000.00
应付债券——利息调整	贷	20 000.00
应付债券——应计利息	贷	15 000.00
实收资本——国家投资	贷	1 483 820.00
实收资本——众生公司	贷	100 000.00
实收资本——其他	贷	1 191 200.00
资本公积——资本溢价	贷	280 000.00
资本公积——其他	贷	90 000.00
盈余公积——法定盈余公积	贷	600 000.00
利润分配——未分配利润	贷	30 000.00
本年利润	贷	470 000.00

原材料明细账 2017 年 11 月 30 日期末资料如表 8—4 所示。

表 8—4　原材料明细账(截至 2017 年 11 月 30 日)　单位:元

品　名		单位	数量	计划单价	金额
原料及主要材料	甲材料	千克	10 000	4.01	40 100
	乙材料	千克	12 000	3.05	36 600
	丙材料	千克	12 000	4.96	59 520
	丁材料	千克	11 000	5.98	65 780
	J-1 材料	千克	11 000	13.06	143 660
	K-1 材料	千克	11 000	13.94	153 340
	小　计				499 000
其他材料					69 000
合　计					568 000

材料采购明细账 2017 年 11 月 30 日期末资料如表 8—5 所示。

表 8—5　材料采购明细账(截至 2017 年 11 月 30 日)　单位:元

供货单位	项目	借方			贷方			备注
		买价	运杂费	合计	计划成本	差异	合计	
达昌公司	甲材料	5 000	120	5 120				
	乙材料	6 000	130	6 130				

续表

供货单位	项目	借方			贷方			备注
		买价	运杂费	合计	计划成本	差异	合计	
达亿公司	丙材料	6 000	130	6 130				
	丁材料	5 000	120	5 120				
昌安公司	J-1 材料	8 000	100	8 100				
大兴公司	K-1 材料	8 000	100	8 100				
合　计		38 000	700	38 700				

库存商品明细账 2017 年 11 月 30 日期末资料表 8—6 所示。

表 8—6　　库存商品明细账(截至 2017 年 11 月 30 日)　　单位:元

商品名称	单位	数量	单位成本	金额
I-1 商品	千克	30 000	7	210 000
I-2 商品	件	40 000	16	640 000
I-3 商品	件	40 000	15	600 000
I-4 商品	件	50 000	18	900 000
合　计				2 350 000

生产成本明细账 2017 年 11 月 30 日期末在产品成本资料如表 8—7 所示。

表 8—7　　生产成本明细账(截至 2017 年 11 月 30 日)　　单位:元

产品名称	数量	成本项目			
		直接材料(元)	直接人工(元)	制造费用(元)	合计(元)
I-1 产品	3 300 千克	6 000	3 000	2 700	11 700
I-2 产品	1 687 件	7 000	3 500	3 000	13 500
I-3 产品	2 100 件	8 000	4 000	3 600	15 600
I-4 产品	1 950 件	9 000	4 500	4 000	17 500
合　计					58 300

8.2.2　开设明细账

按下列要求开设明细账:

下列账户(表 8—8)使用三栏式账页(有期初余额的账户结转期初余额,没有期初余额的账户设户后待记发生额):

表 8—8 **明细账账户**

序号	一级科目	明细科目	序号	一级科目	明细科目
1	其他货币资金	外埠存款	48	短期借款	生产周转借款
2	其他货币资金	存出投资款	49	应付票据	达亿公司
3	交易性金融资产	股票(成本)	50	应付票据	昌安公司
4	交易性金融资产	股票(公允价值变动)	51	应付票据	大兴公司
5	交易性金融资产	债券(成本)	52	应付账款	达亿公司
6	交易性金融资产	基金(成本)	53	应付账款	昌安公司
7	应收票据	德源公司	54	应付账款	大兴公司
8	应收票据	德茂公司	55	应付职工薪酬	工资
9	应收票据	达昌公司	56	应付职工薪酬	职工福利
10	应收账款	德源公司	57	应付职工薪酬	社会保险费
11	应收账款	德茂公司	58	应付职工薪酬	住房公积金
12	应收账款	达昌公司	59	应付职工薪酬	工会经费
13	预付账款	中财保险公司	60	应付职工薪酬	职工教育经费
14	坏账准备		61	应付职工薪酬	非货币性福利
15	其他应收款	熊锋	62	应交税费	未交增值税
16	其他应收款	业务科	63	应交税费	应交所得税
17	其他应收款	代扣水电费	64	应交税费	应交城市维护建设税
18	原材料	原料及主要材料	65	应交税费	应交个人所得税
19	原材料	其他材料	66	应交税费	应交教育费附加
20	周转材料	包装物	67	应交税费	应交房产税
21	周转材料	在库	68	应付利息	
22	材料成本差异	原材料	69	应付股利	
23	材料成本差异	包装物	70	其他应付款	社会保险费
24	材料成本差异	低值易耗品	71	其他应付款	住房公积金
25	长期股权投资	股票投资(宏盛公司)	72	长期借款	基建借款
26	持有至到期投资	成本	73	长期应付款	应付设备款
27	持有至到期投资	利息调整	74	应付债券	面值
28	持有至到期投资	应计利息	75	应付债券	利息调整
29	固定资产	生产用固定资产	76	应付债券	应计利息
30	固定资产	非生产用固定资产	77	递延所得税负债	递延所得税负债
31	固定资产	不需用固定资产	78	实收资本	国家投资
32	固定资产	出租固定资产	79	实收资本	众生公司

续表

序号	一级科目	明细科目	序号	一级科目	明细科目
33	累计折旧		80	实收资本	其他
34	工程物资	专用材料	81	资本公积	资本溢价
35	工程物资	专用设备	82	资本公积	其他
36	在建工程	机床大修工程	83	盈余公积	法定盈余公积
37	在建工程	设备安装工程	84	利润分配	提取法定盈余公积
38	在建工程	生产车间扩建工程	85	利润分配	应付现金股利
39	固定资产清理	报废	86	利润分配	未分配利润
40	固定资产清理	出售不需用固定资产	87	本年利润	
41	无形资产	专利权	88	主营业务收入	I-1 产品
42	无形资产	专有技术	89	主营业务收入	I-2 产品
43	研发支出	资本化支出	90	主营业务收入	I-3 产品
44	累计摊销		91	主营业务收入	I-4 产品
45	长期待摊费用	固定资产大修费用	92	其他业务收入	
46	待处理财产损溢	待处理固定资产损溢	93	投资收益	
47	递延所得税资产		94	公允价值变动损益	
			95	营业外收入	
			96	主营业务成本	I-1 产品
			97	主营业务成本	I-2 产品
			98	主营业务成本	I-3 产品
			99	主营业务成本	I-4 产品
			100	税金及附加	
			101	其他业务成本	
			102	资产减值损失	
			103	营业外支出	
			104	所得税费用	

(2)下列账户使用多栏式账页(有期初余额的账户结转期初余额,没有期初余额的账户设户后待记发生额):

应交税费——应交增值税

生产成本——基本生产成本(I-1 产品)

生产成本——基本生产成本(I-2 产品)

生产成本——基本生产成本(I-3 产品)

生产成本——基本生产成本(I-4 产品)

生产成本——辅助生产成本——机修车间

生产成本——辅助生产成本——动力车间
制造费用——基本生产车间
销售费用
财务费用
管理费用

（3）“材料采购——原材料”使用横线登记式账页（有期初余额的账户结转期初余额，没有期初余额的账户设户后待记发生额）。

（4）下列账户使用数量金额式账页（有期初余额的账户结转期初余额，没有期初余额的账户设户后待记发生额）：

库存商品——I-1 产品
库存商品——I-2 产品
库存商品——I-3 产品
库存商品——I-4 产品
原材料——原料及主要材料——甲材料
原材料——原料及主要材料——乙材料
原材料——原料及主要材料——丙材料
原材料——原料及主要材料——丁材料
原材料——原料及主要材料——J-1 材料
原材料——原料及主要材料——K-1 材料

8.2.3 办理记账业务

办理如下记账业务：

（1）12 月 1 日，收到业务员送来“产品出库单”第二联。（留待月末汇总进行账务处理）

（2）12 月 4 日，收到业务员送来的材料入库验收单。（留待月末汇总进行收料的账务处理）

（3）12 月 9 日，收到固定资产折旧计算表，经审核无误进行账务处理。

（4）12 月 9 日，收到业务员交来本公司换出商品的增值税专用发票的记账联，换入材料的增值税发票的抵扣联与发票联及材料入库验收单的会计记账联，经审核无误进行非货币性交易的账务处理。

（5）12 月 12 日，收到鲁锋、韩伟的“物品领用单”，经审核无误进行账务处理。

（6）12 月 18 日，收到固定资产报废单，经审核无误进行账务处理。

（7）12 月 18 日，收到业务员送来的“内部转账单”，经审核无误进行账务处理。

（8）12 月 20 日，收到业务员送来的工程物资入库验收单。

（9）12 月 20 日，报废固定资产清理完毕，根据“固定资产清理——报废清理”账户余额编制“内部转账单”，结转清理损益。

（10）12 月 27 日，收到业务员送来的材料入库验收单。（留待月末汇总进行收料的账务处理）

（11）12 月 28 日，本月应摊销专利权 30 000 元，应摊销专有技术 20 000 元，应摊销基本生产车间固定资产大修费 19 000 元，据以编制“无形资产、长期待摊费用分摊表”，经审核无误进行账务处理。

(12)12 月 29 日，收到“报废低值易耗品汇总表”及“材料入库验收单”(会计记账联)，经审核无误进行账务处理。

(13)12 月 29 日，据前面留存的“材料入库验收单”登记“材料采购”明细账(横线登记式明细账)的贷方发生额，并计算入库材料成本差异，据此编制“本月已付款的入库材料汇总表”。

(14)12 月 30 日本月生产产品领用包装物的计划成本汇总如下(根据领料单汇总的，因为领料单不便一一列出，故略去)：

I-1 产品领用 2 300 元

I-2 产品领用 2 600 元

I-3 产品领用 2 500 元

I-4 产品领用 2 600 元

据“周转材料——包装物”与“材料成本差异——包装物”账户资料计算材料成本差异率、领用材料应分摊的差异额及领用材料实际成本，据计算结果编制“领用包装物汇总表”，经审核无误进行账务处理。

(15)12 月 30 日本月领用低值易耗品的计划成本汇总如下(根据领料单汇总的，因为领料单不便一一列出，故略去)：

基本生产车间领用 8 000 元

动力车间领用 800 元

机修车间领用 1 200 元

公司管理部门领用 1 600 元

据“周转材料——低值易耗品”与“材料成本差异——低值易耗品”账户资料计算材料成本差异率、领用材料应分摊的差异额及领用材料实际成本，据计算结果编制：“领用低值易耗品汇总表”，经审核无误进行账务处理。

(16)12 月 31 日，收到“车间产品耗用工时汇总表”，结合“工资结算汇总表”与“奖金发放表”先编制“基本生产车间生产工人工资分配表”，后编制“职工薪酬分配表”，经审核无误进行账务处理。

(17)12 月 31 日，收到业务员送来的“发料凭证汇总表”及其“发料单”(略)，根据“发料单”上所载明的用途及下列材料耗用资料编制“发料凭证分配汇总表”。据“原材料——原料用主要材料”各数量金额式明细账及“材料成本差异——原材料”账户资料计算材料成本差异率、领用材料应分摊的差异额及领用材料实际成本。

材料耗用的计划成本汇总如表 8—9 所示。

表 8—9　　**材料耗用的计划成本汇总资料**　　单位：元

产品、车间、部门	主要材料	其他材料	备　注
I-1 产品	130 000		
I-2 产品	150 000		
I-3 产品	140 000		
I-4 产品	160 000		
基本生产车间一般耗用		2 000	列入物料消耗
动力车间	10 000	2 000	

续表

产品、车间、部门	主要材料	其他材料	备　注
机修车间	8 480	2 000	
公司管理部门		4 000	列入公司经费
销售部门		2 000	列入包装费
车间扩建工程	34 000	26 000	按13%转出进项税额

经审核无误进行账务处理。

(18)12月31日，原作待处理的盘亏设备净值2 500元，经批准转销。据以编制“内部转账单”，经审核无误进行账务处理。

(19)12月31日，收到“辅助生产情况表”，结合“生产成本——辅助生产成本——动力车间”和“生产成本——辅助生产成本——机修车间”账户资料，采取直接分配法分配辅助生产费用，编制“辅助生产费用分配表”(分配率精确至小数点后四位)，经审核无误进行账务处理。

(20)12月31日，根据工时记录(见第15笔业务“车间耗用工时汇总表”)和“制造费用——基本生产车间”账户资料编制“制造费用分配表”(分配率精确至小数点后四位)，经审核无误进行账务处理。

(21)12月31日，收到“生产情况报告表”和“产品入库汇总表”，结合基本生产成本明细账资料，据以编制“产品成本计算表”(分别四种产品进行计算)，单位成本保留到分。经审核无误进行账务处理。

(22)12月31日，根据“产品出库单”的本月商品销售数量及“库存商品”明细账的加权平均单位成本，编制“产品销售成本计算表”，结转产品销售成本。

(23)12月31日，“交易性金融资产——股票”的公允价值为220 000元，依据“交易性金融资产——股票——成本”及“交易性金融资产——股票——公允价值变动”明细账户资料计算本期公允价值变动金额，据以填制“内部转账单”，经审核无误进行账务处理。

(24)12月31日，按应收款项百分比法计提坏账准备，提取比例为3%，依据“应收账款”及“坏账准备”明细账资料分析计算本期应计提的坏账准备金，据以编制“内部转账单”，经审核无误进行账务处理。

(25)12月31日，依据“应交税费——应交增值税”明细账资料分析填写“增值税纳税申报表”，计算出未交增值税额，经审核无误进行账务处理。

(26)12月31日，依据“其他业务收入”和“固定资产”明细账及“增值税纳税申报表”资料，计算应交营业税、应交房产税、应交城市维护建设税、应交教育费附加，编制“地方税收综合纳税(费)申报表”，经审核无误进行账务处理。

(27)12月31日，依据“持有至到期投资”明细账期初资料计算本年利息收入，并进行利息调整(按票面利率9%，实际利率6%计算)，据以填制“内部转账单”，经审核无误进行账务处理。(本月发生数，暂不计算利息)

(28)12月31日，依据“应付债券”明细账期初资料计算本年利息费用，并进行利息调整，按票面利率10%，实际利率6%计算(为安装工程而发行债券)，据以填制“内部转账单”，经审核无误进行账务处理。(本月发生数，暂不计算利息)

(29)12月31日，结平“待处理财产损溢”及“应付职工薪酬——职工福利”账户。

(30)12 月 31 日，填写“内部转账单”将损益类账户的本月净发生额结转“本年利润”账户。

(31)12 月 31 日，编制“利润表”初稿，据以编制“暂时性差异计算表”“所得税纳税申报表”(所得税税率 25%)，经审核无误进行账务处理。

(32)12 月 31 日，将“所得税费用”账户发生额，转入“本年利润”后结平“本年利润”账户。

(33)12 月 31 日，编制“利润分配计算表”进行利润分配。法定盈余公积按净利润的 10% 分配，应付现金股利按“未分配利润”明细账期初余额加上本年净利润，减去本年提取的法定盈余公积后的 30%分配。

(34)12 月 31 日，将“利润分配——提取盈余公积”“利润分配——应付现金股利”账户余额转入“利润分配——未分配利润”账户。

8.3　昌平公司财务科长岗位实操

8.3.1　开设总账

根据下列资料(表 8—10)开设总账账户，每个账户占一页。昌平公司 2017 年 11 月 30 日总账期末资料如下：

表 8—10　　**总账账户余额(截至 2017 年 11 月 30 日)**　　单位：元

科　目	借或贷	金　额	科　目	借或贷	金　额
库存现金	借	1 200.00	短期借款	贷	1500 000.00
银行存款	借	290 000.00	应付票据	贷	310 000.00
其他货币资金	借	10 000.00	应付账款	贷	320 000.00
交易性金融资产	借	300 000.00	应付职工薪酬	贷	14 000.00
应收票据	借	330 000.00	其他应付款	平	
应收账款	借	290 000.00	应交税费	贷	3 000.00
预付账款	平		应付利息	贷	22 000.00
坏账准备	贷	1 160.00	应付股利	平	
其他应收款	借	16 000.00	长期借款	贷	1 280 000.00
材料采购	借	38 700.00	长期应付款	贷	100 000.00
原材料	借	568 000.00	应付债券	贷	335 000.00
周转材料	借	70 000.00	递延所得税负债	平	
材料成本差异	借	5 980.00	实收资本	贷	2 775 020.00
库存商品	借	2 350 000.00	资本公积	贷	370 000.00
长期股权投资	借	150 000.00	盈余公积	贷	600 000.00
持有到到期投资	借	130 000.00	利润分配	贷	30 000.00
固定资产	借	2 260 000.00	本年利润	贷	470 000.00

续表

科　目	借或贷	金　额	科　目	借或贷	金　额
累计折旧	贷	600 000.00	主营业务收入	平	
工程物资	借	710 000.00	其他业务收入	平	
在建工程	借	440 000.00	投资收益	平	
固定资产清理	借	5 500.00	公允价值变动损益	平	
无形资产	借	632 000.00	营业外收入	平	
研发支出	借	28 000.00	主营业务成本	平	
累计摊销	平		税金及附加	平	
长期待摊费用	借	44 000.00	其他业务成本	平	
待处理财产损溢	借	2 500.00	销售费用	平	
递延所得税资产	平		管理费用	平	
生产成本	借	58 300.00	财务费用	平	
制造费用	平		资产减值损失	平	
			营业外支出	平	
			所得税费用	平	

8.3.2　处理日常总账业务

日常总账业务如下：

(1)复核上旬会计凭证，根据审核无误的上旬记账凭证编制记账凭证汇总表，并据以登记总账，结出账户余额，与出纳员所经管的日记账核对，如有不符，查明原因，予以更正；与记账员所经管的明细账进行核对，如有不符，查明原因，予以更正。

(2)复核中旬会计凭证，根据审核无误的中旬记账凭证编制记账凭证汇总表，并据以登记总账，结出账户余额，与出纳员所经管的日记账核对，如有不符，查明原因，予以更正；与记账员所经管的明细账进行核对，如有不符，查明原因，予以更正。

(3)复核下旬会计凭证，根据审核无误的下旬记账凭证编制记账凭证汇总表，并据以登记总账，结出账户余额，与出纳员所经管的日记账核对，如有不符，查明原因，予以更正；与记账员所经管的明细账进行核对，如有不符，查明原因，予以更正。

(4)编制总账账户余额试算平衡表。

(5)办理年结。

8.3.3　编制会计报表

编制如下会计报表：

(1)编制资产负债表。

(2)编制利润表。

(3)编制现金流量表。

8.4 昌平公司业务员岗位实操

按要求填制和传递 2017 年 12 月份凭证：

(1)12 月 1 日，熊锋出差返回公司报账，出差相关内容如下：熊锋出差联系业务推销产品，2017 年 11 月 25 日从崎峰市乘轮船至南京市(当日到达)船票 108 元，在南京市期间住宿费 160 元，2017 年 11 月 27 日从南京乘汽车至武汉(次日到达)车票 60 元，在武汉期间住宿费 300 元，29 日从武汉乘火车回崎峰市(次日到达)火车票 320 元，出差补助每天 18 元，据以填写"旅差费报销单"(经理刘汉江在单上签字：同意报销)，并持单以熊锋的名义向财务科出纳处报账(出差前已预支 1 000 元)。

(2)12 月 1 日，销售给甲公司 I-4 商品 7 000 件，销售给乙公司 I-4 商品 8 000 件，销售给丙公司 I-4 商品 9 000 件，销售给丁公司 I-4 商品 7 000 件，I-4 商品每件售价 26 元，增值税税率 13%，价税款均已收讫。据以填写"增值税专用发票"，款项全部存入银行，填写"进账单"，送银行办理进账手续后取回"进账单"回单。将"进账单"回单连同"增值税专用发票"的记账联送财务科出纳员。填写"产品出库单"送本公司记账员。(开户行：中国工商银行崎峰市支行；账号：823653676512)

(3)12 月 2 日，以业务科何为国的名义填写"领款单"，领款金额 2 600 元，领款单填写好后到财务科找出纳员领款，作为业务科的备用金。

(4)12 月 3 日，以三峡证券营业部的名义填写"三峡证券营业部成交过户交割单"1 张，内容如下：本交割单系昌平公司购买股票，成交编号为 13580，股东账户为 53657891，股东名称为昌平公司，申请编号为 680，公司代码为 M237，申报时间为 105020(即 10 点 50 分 20 秒)，成交时间为 105038，实收金额为 133 175 元，资金余额为 76 825 元；证券名称为 635278，成交数量 15 000 股，成交价格 8.82 元，佣金 400 元，印花税 460 元，附加费 15 元。填好后送昌平公司出纳员。

(5)12 月 4 日，表 8—11 所列材料全部入库，据以填写"材料入库验收单"。

表 8—11 材料入库资料

供货单位	材料名称	计量单位	数量	单位买价(元)	运杂费(元)	计划单价(元)
达昌公司	甲材料	千克	1 250	4	120	4.01
	乙材料	千克	2 000	3	130	3.05
达亿公司	丙材料	千克	1 200	5	130	4.96
	丁材料	千克	1 000	5	120	5.98
昌安公司	J-1 材料	千克	640	12.5	100	13.06
大兴公司	K-1 材料	千克	640	12.5	100	13.94

将填写好的"材料入库验收单"记账联送本公司记账员。

(6)12 月 5 日，以中财保险股份有限公司的名义填写"机动车辆保险单"和"保费收据"各一张，填写内容如下：被保险人为昌平公司；投保险种为车辆损失险、第三责任险，盗抢险、玻璃险、他人恶意险等；车辆型号为三棱(普)；发动机号 367587；牌号为 A-35689；非营业用车；座位为 5 座；保险价值 30 万元，保险金额 30 万元；基本保费 240 元；车辆损失险费率 0.8%；第三责任险最高赔偿限额为 20 万元；第三责任险保费为 2 100 元；盗抢险保费据表计算；玻璃险保费为 50 元；他人恶意险保费为 100 元；保险期限自 2018 年 1 月 1 日零时起至 2018 年 12 月 31 日 24 时止。地址：十字街 58 号；电话：8666688；邮政编码 438000；总经理：刘峰。填好后将“机动车辆保险单”正本和“保费收据”送昌平公司出纳员。

(7)12 月 6 日，以崎峰市第一律师事务所王宏的名义填写“增值税专用发票”，收取昌平公司本月律师顾问费 900 元，持其发票联、抵扣联找昌平公司出纳员收款。(税率 6%)

(8)12 月 8 日，崎峰市电视台收取昌平公司广告费 22 000 元，代电视台填写“增值税专用发票”，持其发票联、抵扣联找昌平公司出纳员收款。(税率 6%)

(9)12 月 9 日，债券公司应向昌平公司收取债券印刷费及手续费 9 000 元。代填写“增值税普通发票”，并持其第二联到昌平财务科结算。(税率 3%)

(10)12 月 9 日，根据下述资料编制“固定资产折旧表”(采用平均年限法)，编制完成后将其送昌平公司记账员。

11 月 30 日，固定资产资料如表 8—12 所示。

表 8—12 **固定资产资料**

部　门	固定资产类型	固定资产原值(元)	预计净残值(元)	预计使用年限
基本车间	房屋	200 000	15 000	40
	机床加工设备	200 000	10 000	10
	专用电子设备	250 000	15 000	10
	其他专用设备	180 000	8 000	20
机修车间	房屋	100 000	5 000	40
	机床加工设备	50 000	2 500	10
	其他专用设备	10 000	500	20
动力车间	房屋	100 000	5 000	40
	内燃发电机组	100 000	5 000	20
	其他专用设备	40 000	2 000	20
管理部门	房屋	700 000	35 000	40
	不需用设备	180 000	20 000	10
出租	仓库	150 000	8 000	10

(11)12 月 9 日，昌平公司与兴隆公司进行非货币交易，交易内容如下：昌平公司向兴隆公司销售 I-3 商品 2 525 件，每件售价 20 元；向兴隆公司购进丙材料 10 000 千克，每千克进价格 5.05 元。增值税率均为 13%，据以填写销售 I-3 商品的“增值税专用发票”和购进丙材料的“材料入库验收单”(材料已如数入库，丙材料的计划单位成本见记账员岗位的数量金额式明细账)，填写好后先持销售商品的增值税专用发票到兴隆公司业务处换取购进材料的增值税专用发票；后将销售商品的“增值税专用发票”的记账联和购进材料的“增值税专用发票”及“材料入库验收单”一并送交昌平公司记账员。填写“产品出库单”送本公司记账员。

(12)12 月 10 日，以公司职工黄川的名义填写“费用报销领款单”，到财务科领取独生子女费 150 元。

(13)12 月 10 日，代房地产管理所开具“增值税专用发票”，应收取昌平公司办公用房租金 800 元。制单人：张选。持发票联、抵扣联到昌平公司财务科结算。(税率 9%)

(14)12月10日，以崎峰市汽车队的名义开具“增值税专用发票”，应收取昌平公司销货运费7 000元。制单人：王平。持发票联到昌平公司财务科结算。（税率9%）

(15)12月10日，业务科冯吉、洪源、叶川3人领取本年度烤火费，每人100元，经理签字：同意付款。代填写“费用报销领款单”，到财务科出纳处领款。

(16)12月10日，代司法局开具“增值税专用发票”，应收取昌平公司公证费用1 000元。收款人：游咏。持发票联、抵扣联到昌平公司财务科结算。（税率6%）

(17)12月11日，生产技术科熊锋去省城开生产技术会，经领导刘汉江同意借款1 800元。据以填写“借款单”，持单向财务科出纳员借款。

(18)12月11日，支付建安公司的生产车间扩建工程款6 500元，经公司经理刘汉江签字同意付款，由柳贵超统一领款，据以填写“增值税专用发票”，持发票联、抵扣联到财务科出纳处办理领款，取得出纳员签发的“现金支票”到银行取款。（税率9%）

(19)12月12日，业务员鲁锋、韩伟各领计算器一个，单价135元，合计金额270元。经理刘汉江审批：同意领用，一次摊销。据以填写“物品领用单”并将其送交财务科记账员。

(20)12月12日，昌平公司向证券公司购买一年期债券1 000 000元，手续费2 000元，以证券公司名义开出“收据”，持收据第二联到昌平公司财务科结算。

(21)12月13日，根据表8－13所列资料编制“工资结算汇总表”（因工资结算原始资料比较复杂，实际工作中的工资发放表是根据岗位将每个人的工资计算出来加以汇总的。而下列资料直接以汇总的形式给出）。

表8－13 工资结算汇总资料

车间、部门、类型	职工人数	标准工资（元）	应扣工资（元）		津贴（元）	代扣款项			
			事假	病假		水电费（元）	住房公积金（元）	个人所得税（元）	个人承担社保（元）
基本生产车间生产工人	275	250 000	1 500	210	26 000	11 920	9 000	45	1 160
基本生产车间管理人员	10	12 200			1 200	500	500	20	105
援外工程人员	2	2 300			2 000				25
在建工程人员	21	23 000		30	2 300	1 000	1 000		250
机修车间人员	6	7 010			600	300	300		55
动力车间人员	5	6 000			500	200	200		45
公司管理人员	34	40 000	160		3 600	1 200	1 200	25	350
医务人员	4	4 500		10	400	130	120		35
六个月以上长病人员	3	3 100		600	15	90	90		25

工资结算汇总表编制好后送交财务科出纳员。

(22)12月13日，销售给达昌公司I-1商品10 000千克，每千克售价11.80元，I-2商品10 000件，每件售价22.60元，增值税率13%，据以填写“增值税专用发票”后将其送昌平财务科出纳员办理收款手续。填写“产品出库单”送本公司记账员。

(23)12月14日，业务科各种费用支出汇总情况如下：差旅费310元（18张原始凭证）；办公费200元（10张原始凭证）；其他费用150元（5张原始凭证）；经核对，编制“管理费用支出汇总表”，持表到财务科报账。

(24)12月14日，徐源等4名职工参加崎峰市工学院短期培训，支付学杂费2 800元，以工学院名义开出“增值税普通发票”，持付款人联找昌平财务科出纳员办理领款，取得出纳员签发的“现金支票”到银行取款。(税率3%)

(25)12月15日，昌平公司职工食堂向为民日杂公司购铁锅一口，计80元；盘子50个，每个2.00元，计100元，合计180元。以为民日杂公司名义开具“增值税普通发票”，持发票联向昌平公司财务科出纳员报账。(在发票备注上填写：列入职工福利。税率3%)

(26)12月16日，昌平公司向税务局购买20张5元券印花税票，20张2元券印花税票，20张1元券印花税票，以税务局名义开具“市税务局印花税票发售统一发票”，持发票联向昌平公司财务科出纳员报账。

(27)12月17日，昌平公司应付的车间扩建工程包工款210 000元，以新达建筑公司的名义填写“增值税专用发票”，持发票联、抵扣联到昌平公司财务科办理结算。(税率9%)

(28)12月17日，本月综合奖金结算汇总资料如表8－14所示。

表8－14 **本月综合奖金结算汇总资料**

车间、部门	奖金(元)
基本生产车间生产工人	27 500
基本生产车间管理人员	1 000
机修车间人员	600
动力车间人员	500
公司管理人员	3 400
医务人员	400

据以编制“综合奖金结算汇总表”，持表向财务科出纳员领取奖金。

(29)12月18日，昌平公司应付立新设计院产品设计费560元，以立新设计院的名义填写“增值税专用发票”，持发票联、抵扣联到昌平公司财务科办理结算。(税率6%)

(30)12月18日，销售给德茂公司不需用乙设备一台，原始价值50 000元，已提折旧15 000元，协商作价38 000元。据以填写“增值税专用发票”，持其发票联、抵扣联到德茂公司财务科收款，要求德茂公司出纳员签发“转账支票”，并与其一同去银行办理转账手续，取得进账单及“增值税专用发票”记账联送交本公司财务科出纳员。同时依据固定资产原始价值与已提折旧填写“内部转账单”，并将其送本公司财务科记账员。(税率13%)

(31)12月18日，一栋仓库310平方米，预计使用28年，已使用26年，原值110 000元，已提折旧98 000元，因重建提前报废。其处理意见：使用部门的意见：因陈旧要求报废；技术鉴定小组意见：情况属实；固定资产管理部门意见：同意转入清理；主管部门审批意见：同意报废重建。据以填写“固定资产报废单”后将其会计记账联送财务科记账员。

(32)12月19日，向昌安公司购进丁设备一台，交易价40 000元，经验收交基本生产车间使用，据以填写“固定资产验收单”，将其第二联送财务科出纳员。

(33)12月19日，熊锋12月11日去省城参加工业生产技术会，12月18日返回，往返汽车票均为41元，住宿费用700元，会议费用150元，其他费用180元，每天补助15元。以熊锋的名义填写“差旅费报销单”，经理刘汉江在单上签字：同意报销。持单向财务科出纳员报账。

(原借支 1 800 元)

(34)12 月 19 日,业务科与业务往来单位洽谈业务,接待、就餐、补助及接车费共计金额 2 600 元,单据 19 张。据以填写"业务招待费汇总表",经理刘汉江在单上签字:同意报销。持单向财务科出纳员报账,取得出纳员签发的"现金支票"后到银行提取现金。

(35)12 月 19 日,报废固定资产的清理人员赵全胜等 5 人应领取清理费用 500 元,以赵全胜的名义填写"费用报销领款单",经理刘汉江在单上签字:同意付款。持单向财务科出纳员领款。

(36)12 月 19 日,昌平公司向崎南公司收取仓库租金 4 800 元,据以开出"增值税专用发票",收到现金 4 800 元,当即填写"进账单"到开户行办理进账手续,收到银行盖章后的"进账单"回单,将"增值税专用发票"的记账联及"进账单"回单送交本公司出纳员。(本公司开户行:中国工商行崎峰市支行,账号:823653676512。税率 5%)

(37)12 月 20 日,仓库清理残料如下:红砖 70 000 块,每块 0.20 元,计 14 000 元,其他材料 4 650 元,合计 18 650 元。材料全部入库作重建仓库用,据以编制"材料入库单",并将其记账联送财务科记账员。

(38)12 月 20 日,昌平公司向为民五金公司购买灭火器 6 个,单价 100 元,计 600 元。灭火器购回后当即由仓库领用。先以为民五金公司名义开具"增值税普通发票";再以仓库保管员陆明名义填写"物品领用单"(经理刘汉江在单上签字:同意领用,一次摊销)最后将"增值税普通发票"的发票联和"物品领用单"送财务科出纳员,并要求领款、领物。(税率 3%)

(39)12 月 20 日,向昌安公司转让技术,收取技术转让费 18 000 元,据以填写"增值税专用发票",持其发票联到昌安公司财务科收款,要求昌安公司出纳员签发"转账支票",并与其一同去银行办理转账手续,取得"进账单"收账通知联后,将收账通知联及"增值税专用发票"记账联送交本公司财务科出纳员。(税率 6%)

(40)12 月 21 日,向会计局购买《新会计准则》等书籍,付款 190 元,以会计局的名义填写"增值税普通发票",并持其发票联到账务科报账。(税率 3%)

(41)12 月 21 日,昌平公司的汽车送汽车修配厂修理,具体修配项目如下:汽车补胎 238 元,汽车轮胎 2 个,单价 500 元。以汽车修配厂名义开具"增值税专用发票",将"增值税专用发票"送交本公司出纳员。(税率 13%)

(42)12 月 23 日,昌平公司使用自来水厂的供水,水表记录是:本月号码为 53326,上月号码为 47606,实用水 5 720 吨,每吨单价 4 元。以自来水厂名义开具"增值税专用发票"持其发票到昌平财务科结算。(税率 9%)

(43)12 月 23 日,业务科用备用金开支下列各种费用:差旅费 1 500 元(16 张原始凭证);办公费 1 060 元(18 张原始凭证);修理费 1 100 元(2 张原始凭证);经核对全部报销,编制"管理费用支出汇总表",持单到财务科报账。

(44)12 月 24 日,昌平公司电表的起码是 665432,止码是 727032,实用电 61 600 度,每度单价 0.80 元,以电力局的名义填写"增值税专用发票"(电费增值税税率 17%),持发票联、抵扣联到昌平公司财务科结算。

(45)12 月 24 日,昌平公司参加本市商品展销会,应付新世界商厦的商品展位租用费 900 元,以新世界商厦的名义填写"增值税普通发票",持发票联到昌平公司财务科结算。(税率 3%)

(46)12 月 25 日,物价检查所对昌平公司商品销售情况进行检查,发现部分商品违反国家价格政策，罚款 1 650 元，以物价检查所名义填写“罚款没收专用收据”，持单到昌平公司财务科结算。

(47)12 月 26 日，看望住院病人姚立平，从副食品商品店购买 2 袋奶粉，每袋 150 元，苹果 5 千克，每千克 14 元，据以填写“增值税普通发票”，经理刘汉江签字：在福利费列支，持发票联到昌平公司财务科结算。(税率 3%)

(48)12 月 26 日，通达搬运公司为昌平公司装卸货物，应收取装卸费 1 500 元，以通达公司的名义开具“增值税专用发票”，持发票联、抵扣联到昌平公司财务科结算。(税率 9%)

(49)12 月 26 日，熊锋出差预支差旅费 1 500 元，据以填写“借款单”，持单向财务科出纳借款。

(50)12 月 27 日，昌平公司自行开发一项实用型专利开发成功，先根据下列资料填写“专利申报表”：申请单位：昌平公司；专利项目：实用新型专利；技术开发费：28 000 元；注册登记费：3 900 元；单位意见：同意申报；专利局审批：同意注册。再以专利局名义填写“增值税专用发票”收取昌平公司专利注册登记费 3 900 元，然后持“专利申报表”和“增值税专用发票”到昌平公司财务科结算。(税率 6%)

(51)12 月 27 日，昌平公司销售给德源公司 I-1 商品 8 000 千克，每千克售 12 元；销售给德茂公司 I-1 商品 8 000 千克，每千克售价 12 元；销售给达昌公司 I-3 商品 10 000 件，每件售价 22 元；增值税率均为 13%，据以分别三个公司填写“增值税专用发票”后持“增值税专用发票”二、三联到德源、德茂、达昌公司财务科结算，要求各公司出纳员根据购销合同填写“商业承兑汇票”，经付款人(各购货公司)承兑后取得“商业承兑汇票”第二联，将“增值税专用发票”的记账联和“商业承兑汇票”第二联送交昌平公司出纳员。

(52)12 月 27 日，顺达运输公司为昌平公司运输购入的材料，应收运费 7 180 元。以顺达运输公司的名义开具“增值税专用发票”，持发票联、抵扣联到昌平公司财务科结算。(税率 9%)

(53)12 月 27 日，外购材料全部验收入库。据表 8—15 所列资料填写“材料入库验收单”，将其记账联送财务科记账员。

表 8—15　　外购材料入库资料

供货单位	材料名称	数量(千克)	买价(元)	运杂费(元)	计划单价(元)
大兴公司	K-1 材料	5 000	70 000	500	13.94
昌安公司	J-1 材料	4 800	62 400	480	13.06
达亿公司	甲材料	15 000	60 000	1 500	4.01
	乙材料	20 000	60 000	2 000	3.05
	丙材料	12 000	60 000	1 200	4.96
	丁材料	15 000	90 000	1 500	5.98

(54)12 月 29 日，各部门报废低值易耗品(领用时均一次摊销)，本月收回残值如下：基本生产车间 530 元，动力车间 41 元，机修车间 52 元，行政管理部门 130 元。报废材料均已入库(计划价按照 753 元计算)。据以编制“报废低值易耗品汇总表”和“材料入库验收单”，并将其送财务科记账员。

(55)12 月 30 日，销售给达昌公司 I-2 商品 10 000 件，每件售价 23 元，I-3 商品 10 000 件，

每件售价 22 元，增值税税率 13%，据以填写“增值税专用发票”，将“增值税专用发票”送本公司出纳员。填写“产品出库单”送本公司记账员。

(56)12 月 31 日，基本生产车间生产 I-1 产品耗用 7 000 工时，生产 I-2 产品耗用 6 800 工时，生产 I-3 产品耗用 6 900 工时，生产 I-4 产品耗用 6 729 工时，据以编制“产品耗用工时汇总表”，并将表送财务科记账员。

(57)12 月 31 日，本月发出材料汇总资料如表 8—16 所示。

表 8—16 **本月发出材料汇总**

材料名称	数量(千克)	计划单价	计划总价
甲材料	20 000	4.01	80 200
乙材料	30 000	3.05	91 500
丙材料	26 000	4.96	128 960
丁材料	15 000	5.98	89 700
J-1 材料	10 000	13.06	130 600
K-1 材料	8 000	13.94	111 520
小　计			632 480
其他材料			38 000

据以编制“发料凭证汇总表”，并将表送财务科记账员。

(58)12 月 31 日，辅助生产车间本月提供劳务总量资料如表 8—17 所示。

表 8—17 **辅助生产车间本月提供劳务总量**

项　目	机修车间服务量(工时)	动务车间供电量(度)
I-1 产品耗用	—	7 000
I-2 产品耗用	—	7 000
I-3 产品耗用	—	8 000
I-4 产品耗用	—	8 000
基本生产车间耗用	2 700	1 000
行政管理部门耗用	100	2 000
车间扩建工程耗用	200	7 000
动力车间耗用	60	—
机修车间耗用	—	1 000
合　计	3 060	41 000

据以编制“辅助生产情况表”，并将表送财务科记账员。

(59)12 月 31 日，本月产品生产及入库情况如表 8—18 所示。

表 8—18 **本月产品生产及入库情况**

产品名称	月初在产品	本月投产	本月完工入库	月末在产品	在产品完工程度	投料方式
I-1 产品	3 300 千克	34 592 千克	36 000 千克	1 892 千克	50%	逐步投料
I-2 产品	1 687 件	17 213 件	16 000 件	2 900 件	50%	逐步投料
I-3 产品	2 100 件	16 836 件	18 000 件	936 件	50%	逐步投料
I-4 产品	1 950 件	14 846 件	16 000 件	796 件	50%	逐步投料

代基本生产车间编制“生产情况报告表”；代成品仓库编制“产品入库汇总表”；将填写好的两张表送财务科记账员。

9　昌安公司会计业务岗位实操

9.1　昌安公司出纳会计岗位实操

9.1.1　开设有关日记账

昌安公司2017年11月30日有关账户余额如下：

库存现金日记账　　　　1 000(借)

银行存款日记账　　　　300 000(借)

昌安公司及往来公司相关情况如表9－1所示。

表9－1　　昌安公司及往来公司相关情况

开户行：中国工商银行江泽市支行		开户行：中国工商银行崎峰市支行	
公司名称	账　号	公司名称	账　号
达昌公司	1156674356327	德茂公司	823653676511
达亿公司	1156674356328	昌平公司	823653676512
		昌安公司	823653676513
		大兴公司	823653676514
		大华公司	823653676515
		兴隆公司	823653676516
		兴盛公司	823653676517

9.1.2　办理业务

凡出纳业务，在业务办理完毕后，编制记账凭证，交财务科长复核后据以登记库存现金和

银行存款日记账，并将记账凭证连同所附原始凭证一并转交记账员记账。

(1)12 月 1 日，收到林成“旅差费报销单”(所附单据略)，经审核无误，报销费用 1 066 元，按原预支额 1 100 元开出“收据”，当即交回现金 34 元，并在差旅费报销单上填写“收现 34 元”。

(2)12 月 1 日，收到业务员送来的“进账单”回单及“增值税专用发票”的记账联进行账务处理。

(3)12 月 1 日，收到开户银行转来昌平公司和德茂公司“转账支票”的收账通知联据以填写“进账单”，到开户行办理入账。

(4)12 月 1 日，填写“信汇”凭证 1 张，支付应付达昌公司账款 100 000 元。签发“转账支票”2 张，分别支付应付大兴公司账款 110 000 元和应付大华公司账款 90 000 元；填好结算凭证后去开户银行办理相关手续，取回“信汇”凭证回单，审核无误后进行账务处理。

(5)12 月 2 日，填写“转账支票”及“进账单”，转出投资款 220 000 元，存入三峡证券营业部账户(三峡证券营业部开户行：中国工商银行崎峰市支行，账号： 123 456 786 789)准备用于购买股票。到银行办理转账手续，取回回单。

(6)12 月 2 日，填写“现金支票”一张，提取现金 15 000 元备用，到开户银行办理支款手续。

(7)12 月 2 日，收到业务科丰水仲的“领款单”，经审核无误，当即支付现金 2 800 元，作为业务科的备用金(在领款单上注明“现金付讫”)。

(8)12 月 3 日，收到“三峡证券营业部成交过户交割单”，购入股票划作交易性金融资产。

(9)12 月 5 日，收到开户行转来达亿公司“信汇”凭证收款通知联。

(10)12 月 5 日，收到中财保险股份有限公司机动车辆保险单(正本)和保费收据第一联，经审核无误，据以填写转账支票(中财保险股份有限公司开户行：中国工商银行崎峰市支行；账号：823653676538)，并到银行办理转账手续。

(11)12 月 6 日，填写“中华人民共和国税收通用税收缴款书”，将未交增值税、应交城市维护建设税、应交个人所得税、应交教育费附加上交国库，具体金额见明细分类账各该账户的月初余额。税收通用缴款书填写好后，到开户行办理手续，经税务机关、银行盖章后取得完税凭证联，并据以进行账务处理。

(12)12 月 6 日，收到律师事务所的“增值税专用发票”发票联、抵扣联，经审核无误，以现金付讫。

(13)12 月 8 日，收到崎峰市电视台的“增值税专用发票”发票联、抵扣联，经审核无误，据以填写转账支票(崎峰市电视台开户行：中国工商银行崎峰市支行；账号：823655676658)，付广告费，并到银行办理转账手续。

(14)12 月 8 日，昌安公司委托债券发行公司发行 5 年期债券，按面值的 10%溢价发行。现债券公司已发行债券面值 700 000 元，实收金额 770 000 元，款项今日全部交来，当即送存银行。据以填写“收据”及“进账单”，到银行办理手续后据“收据”记账联及“进账单”回单进行账务处理。

(15)12 月 9 日，收到债券公司的“增值税普通发票”发票联，经审核无误，据以填写转账支票(债券公司开户行：中国工商银行崎峰市支行；账号：825533667788)，付手续费，并到银行办理转账手续。

(16)12 月 10 日，收到本公司职工陆地“费用报销领款单”，经审核无误，以现金付讫。

(17)12 月 10 日，收到房地产管理所的“增值税专用发票”发票联、抵扣联，经审核无误，以现金付讫。

(18)12 月 10 日，收到崎峰市汽车运输公司的“增值税专用发票”发票联、抵扣联，经审核无误，据以填写“转账支票”(崎峰市汽车运输公司开户行：中国工商银行崎峰市支行；账号：823653675588)，付运费，并到银行办理转账手续。

(19)12 月 10 日，依据“应付职工薪酬——社会保险费”期初余额，填写“税收通用缴款书”到银行办理缴款手续。

(20)12 月 10 日，签发“现金支票”，到银行办理取款手续，提回现金 4 000 元备用。根据“现金支票”存根作账务处理。

(21)12 月 10 日，收到鲁琛等 3 人的“费用报销领款单”，经审核无误，以现金付讫。

(22)12 月 10 日，收到司法局的“增值税专用发票”，经审核无误，据以填写转账支票(司法局开户行：中国工商银行崎峰市支行；账号：825634221668)，付诉讼费，并到银行办理转账手续。

(23)12 月 11 日，收到林成的“借款单”，经审核无误，以现金付讫。

(24)12 月 11 日，收到工程队的“增值税专用发票”，经审核无误，如数签发“现金支票”，交赵强到银行取款。

(25)12 月 12 日，收到证券公司的“收据”，经审核无误，据以填写转账支票(证券公司开户行：中国工商银行崎峰市支行；账号：825634211698)，付债券及手续费，并到银行办理转账手续。

(26)12 月 13 日，收到“工资结算汇总表”，根据实发工资总额签发“现金支票”，从银行提取现金，当即发放完毕。

(27)12 月 13 日，收到业务员送来的增值税专用发票，据以填写“委托收款凭证”(应收达亿公司款)持委托收款凭证和增值税专用发票的发票联、抵扣联到银行办理托收手续，经银行盖章后，将退回的“委托收款凭证”回单与“增值税专用发票”记账联一并作账务处理。

(28)12 月 14 日，收到业务科“管理费用支出汇总表”(所附单据 32 张略)，经审核无误，以现金付讫。

(29)12 月 14 日，收到崎峰市工学院的“增值税普通发票”，经审核无误，开出“现金支票”付讫。

(30)12 月 15 日，收到职工食堂购买炊具的发票，经审核无误，以现金付讫。

(31)12 月 16 日，收到银行转来“委托收款凭证”的收款通知联。系达亿公司应收款。

(32)12 月 16 日，收到“市税务局印花税票发售统一发票”，经审核无误，以现金付讫。

(33)12 月 17 日，收到新达建筑公司“增值税专用发票”的发票联、抵扣联，经审核无误，据以填写“转账支票”(新达建筑公司开户行：中国工商银行崎峰市支行；账号：825625671350)，付工程款，并到银行办理转账手续。

(34)12 月 17 日，根据“综合奖金结算汇总表”(实际还应按人头的奖金发放表，此处略)，签发“现金支票”提回现金，当即发放完毕。

(35)12 月 18 日，收到立新设计院的“增值税专用发票”发票联、抵扣联，经审核无误，以现金付讫。

(36)12 月 18 日，收到大兴公司出售设备的“增值税专用发票”发票联、抵扣联，及本公司业务员送来的“固定资产验收单”，经审核无误据以填写“转账支票”付设备款，并到银行办理转账手续。

(37)12 月 19 日，收到业务员送来的昌平公司“转账支票”去银行办理进账，取回进账单及本公司的固定资产销售的“增值税专用发票”的会计记账联，经审核无误进行账务处理。

(38)12 月 19 日，收到林成的“旅差费报销单”(所附单据略)和交来的现金 400 元，开出“收据”收讫。收据金额按林成原借支数填写。

(39)12 月 19 日，收到业务科的“业务招待费汇总表”及所附 15 张单据(单据略)，经审核无误后，当即签发“现金支票”补足其备用金。

(40)12 月 19 日，收到周全的“费用报销领款单”，经审核无误，以现金付讫。

(41)12 月 19 日，收到业务员送来的仓库租金收入“进账单”回单及“增值税专用发票”记账联。

(42)12 月 20 日，收到业务员送来的“增值税普通发票”和“物品领用单”，经审核无误后签发“现金支票”，从银行提回现金 5 800 元，除支付灭火器款外，其余备用。

(43)12 月 20 日，收到昌平公司的“增值税专用发票”发票联、抵扣联，经审核无误后签发“转账支票”支付技术转让费。到银行办理转账手续。

(44)12 月 21 日，收到购买书籍的“增值税普通发票”发票联，经审核无误以现金付讫。

(45)12 月 21 日，收到业务员送来的大兴公司“转账支票”的收账通知联，及本公司收取技术转让收入的“增值税专用发票”记账联。

(46)12 月 21 日，收到汽车修配厂的“增值税专用发票”发票联、抵扣联，经审核无误后以现金付讫。

(47)12 月 23 日，收到增值税专用发票，审核无误后填写“转账支票”支付水费，到银行办理转账手续。(自来水厂开户行:中国工商银行崎峰市支行;账号：865235217658)

同时根据定额耗用量分配本月水费，定额耗用量如下:动力车间 600 吨，机修车间 580 吨，基本生产车间 2 600 吨，公司管理部门 1 520 吨，据以编制“水费分配表”。

根据“增值税专用发票”发票联、抵扣联、“转账支票”存根和“水费分配表”进行账务处理。

(48)12 月 23 日，收到业务科的“管理费用支出汇总表”及所附 31 张单据(单据略)，经审核无误后，当即签发“现金支票”补足其备用金。

(49)12 月 24 日，收到电力局的“增值税专用发票”发票联、抵扣联，审核无误后填写“转账支票”支付电费，到银行办理转账手续。(电力局开户行:中国工商银行崎峰市支行;账号：865235217666)

同时根据表 9—2 所列定额耗用量资料编制“外购动力费分配表”。

表 9—2　　定额耗用量资料

产品名称	定额耗用量	车间部门	定额耗用量
J-1 产品	10 500 度	动力车间	600 度
J-2 产品	11 000 度	机修车间	800 度
J-3 产品	11 000 度	基本生产车间	900 度
J-4 产品	10 000 度	管理部门	8 200 度

根据电力局的发票联、“转账支票”存根和“外购动力费分配表”进行账务处理。

(50)12 月 24 日，收到新世纪商厦的“增值税普通发票”发票联，经审核无误后以现金付讫。

(51)12 月 25 日，签发“现金支票”，到银行办理取款手续，提回现金 6 800 元备用。根据“现金支票”存根作账务处理。

(52)12 月 25 日，收到物价检查所“罚款没收专用收据”，以现金支付罚款。

(53)12 月 26 日，收到副食品公司“增值税普通发票”发票联，经审核无误后以现金付讫。

(54)12 月 26 日，收到通达搬运公司的“增值税专用发票”发票联、抵扣联，经审核无误后以现金付讫。

(55)12 月 26 日，收到林成的“借款单”经审核无误后以现金付讫。

(56)12 月 27 日，收到本公司业务员送来销售商品给德茂公司、昌平公司和达亿公司的“增值税专用发票”记账联和 3 张“商业承兑汇票”。

(57)12 月 27 日，收到业务员送来的“专利申报表”和专利局的“增值税专用发票”发票联，审核无误后填写“转账支票”支付专利注册登记费，到银行办理转账手续。(专利局开户行：中国工商银行崎峰市支行；账号：865235367685)

(58)12 月 27 日，收到达昌公司、大华公司、大兴公司业务员送来的增值税专用发票，经审核无误后分别填写为期 2 个月的“商业承兑汇票”3 份，其中第一联并各收款人盖章签名后收回，在第二联的付款人盖章处盖上财务专用章，在负责经办处均签上名，填好后将第二联分别交达昌公司、大华公司、大兴公司业务员。

同时收到顺达运输公司的“增值税专用发票”发票联、抵扣联，经审核无误后填写“转账支票”支付材料运费，到银行办理转账手续。(顺达运输公司开户行：中国工商银行崎峰市支行；账号：865235367898)

根据材料重量编制“材料采购费用分配表”。各种材料采购的重量：K-1 材料 4 800 千克，L-1 材料 10 000 千克，甲材料 20 000 千克，乙材料 20 000 千克，丙材料 10 000 千克，丁材料 10 000 千克。

根据“增值税专用发票”发票联、“商业汇票”留存联、“转账支票”存根联、“材料采购费用分配表”，作账务处理。

(59)12 月 30 日，收到业务员送来的“增值税专用发票”，合同规定销货款采用委托收款结算方式，经审核无误后，据以填写“委托收款凭证”，持“委托收款凭证”和“增值税专用发票”到银行办理托收手续，经银行盖章后，将退回的“委托收款凭证”回单与“增值税专用发票”记账联一并作账务处理。

(60)12 月 31 日，到开户行拿回贷款计息凭证，进行账务处理。(已预计应付利息 8 000 元)

(61)12 月 31 日，到开户行拿回存款计息凭证，进行账务处理。

(62)12 月 31 日，将账面价值为 100 000 元的“交易性金融资产——基金”全部出售，实得现金 10 5000 元。填写“内部转账单”和“进账单”，将现金送存银行(全为百元券)。

9.2　昌安公司记账会计岗位实操

9.2.1　开设有关账户

昌安公司 2017 年 11 月 30 日明细账期末资料如表 9－3 所示：

表 9-3　　明细账期末资料(截至 2017 年 11 月 30 日)　　单位:元

科　目	借或贷	金　额
其他货币资金——外埠存款	借	13 000.00
交易性金融资产——股票(成本)	借	120 000.00
交易性金融资产——债券(成本)	借	80 000.00
交易性金融资产——基金(成本)	借	100 000.00
应收票据——德茂公司	借	90 000.00
应收票据——昌平公司	借	100 000.00
应收票据——达亿公司	借	110 000.00
应收账款——德茂公司	借	110 000.00
应收账款——昌平公司	借	110 000.00
应收账款——达亿公司	借	90 000.00
坏账准备	贷	1 240.00
其他应收款——林成	借	1 100.00
其他应收款——代扣水电费	借	15 000.00
材料采购——原材料	借	38 600.00
原材料——原料及主要材料	借	431 000.00
原材料——其他材料	借	79 000.00
周转材料——包装物	借	20 000.00
周转材料——低值易耗品	借	55 000.00
材料成本差异——原材料	借	5 100.00
材料成本差异——包装物	贷	200.00
材料成本差异——低值易耗品	借	550.00
库存商品——J-1 产品	借	180 000.00
库存商品——J-2 产品	借	768 000.00
库存商品——J-3 产品	借	680 000.00
库存商品——J-4 产品	借	874 000.00
长期股权投资——股票投资(宏源公司)	借	180 000.00
持有到到期投资——成本	借	100 000.00
持有至到期投资——利息调整	借	10 000.00
持有至到期投资——应计利息	借	8 000.00
固定资产——生产用固定资产	借	1 350 000.00
固定资产——非生产用固定资产	借	600 000.00
固定资产——不需用固定资产	借	150 000.00

续表

科　目	借或贷	金　额
固定资产——出租固定资产	借	150 000.00
累计折旧	贷	650 000.00
工程物资——专用材料	借	300 000.00
工程物资——专用设备	借	350 000.00
在建工程——机床大修工程	借	60 000.00
在建工程——设备安装工程	借	380 000.00
固定资产清理——报废	借	5 000.00
无形资产——专利权	借	374 000.00
无形资产——专有技术	借	380 000.00
研发支出——资本化支出	借	26 000.00
长期待摊费用——固定资产大修费用	借	51 500.00
待处理财产损溢——待处理固定资产损溢	借	2 500.00
生产成本——基本生产成本(J-1 产品)	借	11 700.00
生产成本——基本生产成本(J-2 产品)	借	13 500.00
生产成本——基本生产成本(J-3 产品)	借	15 600.00
生产成本——基本生产成本(J-4 产品)	借	17 500.00
短期借款——生产周转借款	贷	1 500 000.00
应付票据——达昌公司	贷	100 000.00
应付票据——大兴公司	贷	90 000.00
应付票据——大华公司	贷	110 000.00
应付账款——达昌公司	贷	100 000.00
应付账款——大兴公司	贷	110 000.00
应付账款——大华公司	贷	90 000.00
应付职工薪酬——职工教育经费	贷	3 600.00
应付职工薪酬——职工福利	贷	800.00
应付职工薪酬——社会保险费	贷	8 600.00
应交税费——未交增值税	贷	50 000.00
应交税费——应交所得税	借	40 000.00
应交税费——应交城市维护建设税	贷	2 500.00
应交税费——应交个人所得税	贷	3 000.00
应交税费——应交教育费附加	贷	1 000.00
应付利息	贷	20 000.00

续表

科　目	借或贷	金　额
长期借款——基建借款	贷	1 280 000.00
长期应付款——应付设备款	贷	90 000.00
应付债券——面值	贷	300 000.00
应付债券——利息调整	贷	10 000.00
应付债券——应计利息	贷	18 000.00
实收资本——国家投资	贷	1 600 000.00
实收资本——众健公司	贷	100 000.00
实收资本——其他	贷	1 297 710.00
资本公积——资本溢价	贷	310 000.00
资本公积——其他	贷	100 000.00
盈余公积——法定盈余公积	贷	600 000.00
利润分配——未分配利润	贷	30 000.00
本年利润	贷	370 000.00

原材料明细账2017年11月30日期末资料如表9—4所示。

表9—4　　原材料明细账(截至2017年11月30日)　　单位:元

品名		单位	数量	计划单价	金额
原料及主要材料	甲材料	千克	10 000	3.91	39 100
	乙材料	千克	12 000	3.08	36 960
	丙材料	千克	11 000	4.94	54 340
	丁材料	千克	10 000	6.05	60 500
	K-1材料	千克	10 000	13.94	139 400
	L-1材料	千克	10 000	10.07	100 700
	小　计				431 000
其他材料					79 000
合　计					510 000

材料采购明细账2017年11月30日期末资料如表9—5所示。

表 9—5 **材料采购明细账(截至 2017 年 11 月 30 日)** 单位:元

供货单位	项目	借方			贷方			备注
		买价	运杂费	合计	计划成本	差异	合计	
达昌公司	甲材料	6 000	100	6 100				
	乙材料	6 000	100	6 100				
达亿公司	丙材料	5 000	100	5 100				
	丁材料	5 000	100	5 100				
大兴公司	K-1 材料	8 000	100	8 100				
大华公司	L-1 材料	8 000	100	8 100				
合 计		38 000	600	38 600				

库存商品明细账 2017 年 11 月 30 日期末资料如表 9—6 所示。

表 9—6 **库存商品明细账(截至 2017 年 11 月 30 日)** 单位:元

商品名称	单位	数量	单位成本	金额
J-1 商品	千克	20 000	9	180 000
J-2 商品	件	48 000	16	768 000
J-3 商品	件	40 000	17	680 000
J-4 商品	件	46 000	19	874 000
合 计				2502 000

生产成本明细账 2017 年 11 月 30 日期末在产品成本资料如表 9—7 所示。

表 9—7 **生产成本明细账(截至 2017 年 11 月 30 日)** 单位:元

产品名称	数量	成本项目			
		直接材料(元)	直接人工(元)	制造费用(元)	合计(元)
J-1 产品	2 600 千克	6 000	3 000	2 700	11 700
J-2 产品	1 700 件	7 000	3 500	3 000	13 500
J-3 产品	1 386 件	8 000	4 000	3 600	15 600
J-4 产品	1 842 件	9 000	4 500	4 000	17 500
合 计					58 300

9.2.2 开设明细账

按下列要求开设明细账：

(1)下列账户(表 9—8)使用三栏式账页(有期初余额的账户结转期初余额,没有期初余额的账户设户后待记发生额)：

表 9—8　明细账账户

序号	一级科目	明细科目	序号	一级科目	明细科目
1	其他货币资金	外埠存款	48	短期借款	生产周转借款
2	其他货币资金	存出投资款	49	应付票据	达昌公司
3	交易性金融资产	股票(成本)	50	应付票据	大兴公司
4	交易性金融资产	股票(公允价值变动)	51	应付票据	大华公司
5	交易性金融资产	债券(成本)	52	应付账款	达昌公司
6	交易性金融资产	基金(成本)	53	应付账款	大兴公司
7	应收票据	德茂公司	54	应付账款	大华公司
8	应收票据	昌平公司	55	应付职工薪酬	工资
9	应收票据	达亿公司	56	应付职工薪酬	职工福利
10	应收账款	德茂公司	57	应付职工薪酬	社会保险费
11	应收账款	昌平公司	58	应付职工薪酬	住房公积金
12	应收账款	达亿公司	59	应付职工薪酬	工会经费
13	预付账款	中财保险公司	60	应付职工薪酬	职工教育经费
14	坏账准备		61	应付职工薪酬	非货币性福利
15	其他应收款	林成	62	应交税费	未交增值税
16	其他应收款	业务科	63	应交税费	应交所得税
17	其他应收款	代扣水电费	64	应交税费	应交城市维护建设税
18	原材料	原料及主要材料	65	应交税费	应交个人所得税
19	原材料	其他材料	66	应交税费	应交教育费附加
20	周转材料	包装物	67	应交税费	应交房产税
21	周转材料	在库	68	应付利息	
22	材料成本差异	原材料	69	应付股利	
23	材料成本差异	包装物	70	其他应付款	社会保险费
24	材料成本差异	低值易耗品	71	其他应付款	住房公积金
25	长期股权投资	股票投资(宏源公司)	72	长期借款	基建借款
26	持有至到期投资	成本	73	长期应付款	应付设备款
27	持有至到期投资	利息调整	74	应付债券	面值
28	持有至到期投资	应计利息	75	应付债券	利息调整
29	固定资产	生产用固定资产	76	应付债券	应计利息
30	固定资产	非生产用固定资产	77	递延所得税负债	
31	固定资产	不需用固定资产	78	实收资本	国家投资
32	固定资产	出租固定资产	79	实收资本	众健公司

续表

序号	一级科目	明细科目	序号	一级科目	明细科目
33	累计折旧		80	实收资本	其他
34	工程物资	专用材料	81	资本公积	资本溢价
35	工程物资	专用设备	82	资本公积	其他
36	在建工程	机床大修工程	83	盈余公积	法定盈余公积
37	在建工程	设备安装工程	84	利润分配	提取法定盈余公积
38	在建工程	生产车间扩建工程	85	利润分配	应付现金股利
39	固定资产清理	报废	86	利润分配	未分配利润
40	固定资产清理	出售不需用固定资产	87	本年利润	
41	无形资产	专利权	88	主营业务收入	J-1 产品
42	无形资产	专有技术	89	主营业务收入	J-2 产品
43	研发支出	资本化支出	90	主营业务收入	J-3 产品
44	累计摊销		91	主营业务收入	J-4 产品
45	长期待摊费用	固定资产大修费用	92	其他业务收入	
46	待处理财产损溢	待处理固定资产损溢	93	投资收益	
47	递延所得税资产		94	公允价值变动损益	
			95	营业外收入	
			96	主营业务成本	J-1 产品
			97	主营业务成本	J-2 产品
			98	主营业务成本	J-3 产品
			99	主营业务成本	J-4 产品
			100	税金及附加	
			101	其他业务成本	
			102	资产减值损失	
			103	营业外支出	
			104	所得税费用	

(2)下列账户使用多栏式账页(有期初余额的账户结转期初余额,没有期初余额的账户设户后待记发生额):

应交税费——应交增值税

生产成本——基本生产成本(J-1 产品)

生产成本——基本生产成本(J-2 产品)

生产成本——基本生产成本(J-3 产品)

生产成本——基本生产成本(J-4 产品)

生产成本——辅助生产成本——机修车间

生产成本——辅助生产成本——动力车间

制造费用——基本生产车间

销售费用

财务费用

管理费用

(3)"材料采购——原材料"使用横线登记式账页(有期初余额的账户结转期初余额,没有期初余额的账户设户后待记发生额)。

(4)下列账户使用数量金额式账页(有期初余额的账户结转期初余额,没有期初余额的账户设户后待记发生额):

库存商品——J-1 产品

库存商品——J-2 产品

库存商品——J-3 产品

库存商品——J-4 产品

原材料——原料及主要材料——甲材料

原材料——原料及主要材料——乙材料

原材料——原料及主要材料——丙材料

原材料——原料及主要材料——丁材料

原材料——原料及主要材料——K-1 材料

原材料——原料及主要材料——L-1 材料

9.2.3 办理记账业务

办理如下记账业务:

(1)12 月 1 日,收到业务员送来"产品出库单"第二联。(留待月末汇总进行账务处理)

(2)12 月 4 日,收到业务员送来的材料入库验收单。(留待月末汇总进行收料的账务处理)

(3)2 月 9 日,收到固定资产折旧计算表,经审核无误进行账务处理。

(4)12 月 9 日,收到业务员交来本公司换出商品的增值税专用发票的记账联,换入材料的增值税发票的抵扣联与发票联及材料入库验收单的会计记账联,经审核无误进行非货币性交易的账务处理。

(5)12 月 12 日,收到冯洋、朱海的"物品领用单",经审核无误进行账务处理。

(6)12 月 18 日,收到固定资产报废单,经审核无误进行账务处理。

(7)12 月 19 日,收到业务员送来的"内部转账单",经审核无误进行账务处理。

(8)12 月 20 日,收到业务员送来的工程物资入库验收单。

(9)12 月 20 日,报废固定资产清理完毕,根据"固定资产清理——报废清理"账户余额编制"内部转账单",结转清理损益。

(10)12 月 27 日,收到业务员送来的材料入库验收单。(留待月末汇总进行收料的账务处理)

(11)12 月 28 日,本月应摊销专利权 40 000 元,应摊销专有技术 20 000 元,应摊销基本生产车间固定资产大修费 21 000 元,据以编制"无形资产、长期待摊费用分摊表",经审核无误进行账务处理。

(12)12 月 29 日,收到“报废低值易耗品汇总表”及“材料入库验收单”(会计记账联),经审核无误进行账务处理。

(13)12 月 29 日,据前面留存的“材料入库验收单”登记“材料采购”明细账(横线登记式明细账)的贷方发生额,并计算入库材料成本差异,据此编制“本月已付款的入库材料汇总表”。

(14)12 月 30 日本月生产产品领用包装物的计划成本汇总如下(根据领料单汇总的,因为领料单不便一一列出,故略去):

J-1 产品领用 2 500 元

J-2 产品领用 2 000 元

J-3 产品领用 2 700 元

J-4 产品领用 2 800 元

据“周转材料——包装物”与“材料成本差异——包装物”账户资料计算材料成本差异率、领用材料应分摊的差异额及领用材料实际成本,据计算结果编制“领用包装物汇总表”,经审核无误进行账务处理。

(15)12 月 30 日本月领用低值易耗品的计划成本汇总如下(根据领料单汇总的,因为领料单不便一一列出,故略去):

基本生产车间领用 12 000 元

动力车间领用 1 200 元

机修车间领用 1 600 元

公司管理部门领用 2 000 元

据“周转材料——低值易耗品”与“材料成本差异——低值易耗品”账户资料计算材料成本差异率、领用材料应分摊的差异额及领用材料实际成本,据计算结果编制“领用低值易耗品汇总表”,经审核无误进行账务处理。

(16)12 月 31 日,收到“车间产品耗用工时汇总表”,结合“工资结算汇总表”与“奖金发放表”先编制“基本生产车间生产工人工资分配表”,后编制“职工薪酬分配表”,经审核无误进行账务处理。

(17)12 月 31 日,收到业务员送来的“发料凭证汇总表”及其“发料单”(略),根据“发料单”上所载明的用途及下列材料耗用资料编制“发料凭证分配汇总表”。据“原材料——原料用主要材料”各数量金额式明细账及“材料成本差异——原材料”账户资料计算材料成本差异率、领用材料应分摊的差异额及领用材料实际成本。

材料耗用的计划成本汇总如表 9—9 所示。

表 9—9 **材料耗用的计划成本汇总资料** 单位:元

产品、车间、部门	主要材料	其他材料	备　注
J-1 产品	136 000		
J-2 产品	150 000		
J-3 产品	156 000		
J-4 产品	160 000		
基本生产车间一般耗用		3 000	列入物料消耗
动力车间	8 000	2 000	

续表

产品、车间、部门	主要材料	其他材料	备　注
机修车间	9 020	2 000	
公司管理部门		5 000	列入公司经费
销售部门		2 000	列入包装费
车间扩建工程	30 000	16 000	按13%转出进项税额

经审核无误进行账务处理。

(18)12月31日,原作待处理的盘亏设备净值2 500元,经批准转销。据以编制“内部转账单”,经审核无误进行账务处理。

(19)12月31日,收到“辅助生产情况表”,结合“生产成本——辅助生产成本——动力车间”和“生产成本——辅助生产成本——机修车间”账户资料,采取直接分配法分配辅助生产费用,编制“辅助生产费用分配表”(分配率精确至小数点后四位),经审核无误进行账务处理。

(20)12月31日,根据工时记录(见第15笔业务“车间耗用工时汇总表”和“制造费用——基本生产车间”账户资料编制“制造费用分配表”(分配率精确至小数点后四位),经审核无误进行账务处理。

(21)12月31日,收到“生产情况报告表”和“产品入库汇总表”,结合基本生产成本明细账资料,据以编制“产品成本计算表”(分别四种产品进行计算),单位成本保留到分。经审核无误进行账务处理。

(22)12月31日,根据“产品出库单”的本月商品销售数量及“库存商品”明细账的加权平均单位成本,编制“产品销售成本计算表”,结转产品销售成本。

(23)12月31日,“交易性金融资产——股票”的公允价值为220 000元,依据“交易性金融资产——股票——成本”及“交易性金融资产——股票——公允价值变动”明细账户资料计算本期公允价值变动金额,据以填制“内部转账单”,经审核无误进行账务处理。

(24)12月31日,按应收款项百分比法计提坏账准备,提取比例为3%,依据“应收账款”及“坏账准备”明细账资料分析计算本期应计提的坏账准备金,据以编制“内部转账单”,经审核无误进行账务处理。

(25)12月31日,依据“应交税费——应交增值税”明细账资料分析填写“增值税纳税申报表”,计算出未交增值税额,经审核无误进行账务处理。

(26)12月31日,依据“其他业务收入”和“固定资产”明细账及“增值税纳税申报表”资料,计算应交营业税、应交房产税、应交城市维护建设税、应交教育费附加,编制“地方税收综合纳税(费)申报表”,经审核无误进行账务处理。

(27)12月31日,依据“持有至到期投资”明细账期初资料计算本年利息收入,并进行利息调整(按票面利率10%,实际利率6%计算),据以填制“内部转账单”,经审核无误进行账务处理。(本月发生数,暂不计算利息)

(28)12月31日,依据“应付债券”明细账期初资料计算本年利息费用,并进行利息调整,按票面利率8%,实际利率6%计算(为安装工程而发行债券),据以填制“内部转账单”,经审核无误进行账务处理。(本月发生数,暂不计算利息)

(29)12月31日,结平“待处理财产损溢”及“应付职工薪酬——职工福利”账户。

(30)12 月 31 日,填制“内部转账单”将损益类账户的本月净发生额结转“本年利润”账户。

(31)12 月 31 日,编制“利润表”初稿,据以编制“暂时性差异计算表”“所得税纳税申报表”(所得税税率 25%),经审核无误进行账务处理。

(32)12 月 31 日,将“所得税费用”账户发生额,转入“本年利润”后结平“本年利润”账户。

(33)12 月 31 日,填制“利润分配计算表”进行利润分配。法定盈余公积按净利润的 10% 分配,应付现金股利按“未分配利润”明细账期初余额加上本年净利润,减去本年提取的法定盈余公积后的 30%分配。

(34)12 月 31 日,将“利润分配——提取盈余公积”“利润分配——应付现金股利”账户余额转入“利润分配——未分配利润”账户。

9.3 昌安公司财务科长岗位实操

9.3.1 开设总账

根据下列资料(表 9—10)开设总账账户,每个账户占一页。昌安公司 2017 年 11 月 30 日总账期末资料如下:

表 9—10 **总账账户余额(截至 2017 年 11 月 30 日)** 单位:元

科 目	借或贷	金 额	科 目	借或贷	金 额
库存现金	借	1 000.00	短期借款	贷	1 500 000.00
银行存款	借	300 000.00	应付票据	贷	300 000.00
其他货币资金	借	13 000.00	应付账款	贷	300 000.00
交易性金融资产	借	300 000.00	应付职工薪酬	贷	13 000.00
应收票据	借	300 000.00	应交税费	贷	16 500.00
应收账款	借	310 000.00	应付利息	贷	20 000.00
预付账款	平		应付股利	平	
坏账准备	贷	1 240.00	其他应付款	平	
其他应收款	借	16 100.00	长期借款	贷	1 280 000.00
材料采购	借	38 600.00	长期应付款	贷	90 000.00
原材料	借	510 000.00	应付债券	贷	328 000.00
周转材料	借	75 000.00	递延所得税负债	平	
材料成本差异	借	5 450.00	实收资本	贷	2 997 710.00
库存商品	借	2 502 000.00	资本公积	贷	410 000.00
长期股权投资	借	180 000.00	盈余公积	贷	600 000.00
持有至到期投资	借	118 000.00	利润分配	贷	30 000.00
固定资产	借	2 250 000.00	本年利润	贷	370 000.00

续表

科　目	借或贷	金　额	科　目	借或贷	金　额
累计折旧	贷	650 000.00	主营业务收入	平	
工程物资	借	650 000.00	其他业务收入	平	
在建工程	借	440 000.00	投资收益	平	
固定资产清理	借	5 000.00	公允价值变动损益	平	
无形资产	借	754 000.00	营业外收入	平	
研发支出	借	26 000.00	主营业务成本	平	
累计摊销	平		税金及附加	平	
长期待摊费用	借	51 500.00	其他业务成本	平	
待处理财产损溢	借	2 500.00	销售费用	平	
递延所得税资产	平		管理费用	平	
生产成本	借	58 300.00	财务费用	平	
制造费用	平		资产减值损失	平	
			营业外支出	平	
			所得税费用	平	

9.3.2 处理日常总账业务

日常总账业务如下：

(1)复核上旬会计凭证，根据审核无误的上旬记账凭证编制记账凭证汇总表，并据以登记总账，结出账户余额，与出纳员所经管的日记账核对，如有不符，查明原因，予以更正；与记账员所经管的明细账进行核对，如有不符，查明原因，予以更正。

(2)复核中旬会计凭证，根据审核无误的中旬记账凭证编制记账凭证汇总表，并据以登记总账，结出账户余额，与出纳员所经管的日记账核对，如有不符，查明原因，予以更正；与记账员所经管的明细账进行核对，如有不符，查明原因，予以更正。

(3)复核下旬会计凭证，根据审核无误的下旬记账凭证编制记账凭证汇总表，并据以登记总账，结出账户余额，与出纳员所经管的日记账核对，如有不符，查明原因，予以更正；与记账员所经管的明细账进行核对，如有不符，查明原因，予以更正。

(4)编制总账账户余额试算平衡表。

(5)办理年结。

9.3.3 编制会计报表

编制如下会计报表：

(1)编制资产负债表。

(2)编制利润表。

(3)编制现金流量表。

9.4　昌安公司业务员岗位实操

按要求填制和传递2017年12月份凭证：

(1)12月1日，林成出差返回公司报账，出差相关内容如下：林成出差联系业务推销产品，2017年11月25日从崎峰市乘轮船至南京市(当日到达)船票108元，在南京市期间住宿费160元，2017年11月27日从南京乘汽车至武汉(次日到达)车票60元，在武汉期间住宿费310元，29日从武汉乘火车回崎峰市(次日到达)火车票320元，出差补助每天18元，据以填写“旅差费报销单”(经理陈德民在单上签字：同意报销)，并持单以林成的名义向财务科出纳处报账(出差前已预支1 100元)。

(2)12月1日，销售给AB公司J-4商品8 000件，销售给AC公司J-4商品8 000件，销售给AD公司J-4商品8 000件，销售给AE公司J-4商品7 000件，J-4商品每件售价27元，增值税税率13%，价税款均已收讫。据以填写“增值税专用发票”，款项全部存入银行，填写“进账单”，送银行办理进账手续后取回“进账单”回单。将“进账单”回单连同“增值税专用发票”的记账联送财务科出纳员。填写“产品出库单”送本公司记账员。(开户行：中国工商银行崎峰市支行；账号：823653676513)

(3)12月2日，以业务科丰水仲的名义填写“领款单”，领款金额2 800元，领款单填写好后到财务科找出纳员领款，作为业务科的备用金。

(4)12月3日，以三峡证券营业部的名义填写“三峡证券营业部成交过户交割单”1张，内容如下：本交割单系昌安公司购买股票，成交编号为13581，股东账户为53657892，股东名称为昌安公司，申请编号为681，公司代码为M238，申报时间为105025(即10点50分25秒)，成交时间为105040，实收金额为133 327元，资金余额为86 673元；证券名称为635278，成交数量15 000股，成交价格8.83元，佣金400元，印花税462元，附加费15元。填好后送本公司出纳员。

(5)12月4日，表9—11所列材料全部入库，据以填写“材料入库验收单”。

表9—11　　　　**材料入库资料**

供货单位	材料名称	计量单位	数量	单位买价(元)	运杂费(元)	计划单价(元)
达昌公司	甲材料	千克	1 500	4	100	3.91
	乙材料	千克	2 000	3	100	3.08
达亿公司	丙材料	千克	1000	5	100	4.94
	丁材料	千克	1000	5	100	6.05
大兴公司	K-1材料	千克	640	12.5	100	13.94
大华公司	L-1材料	千克	800	10	100	10.07

将填写好的“材料入库验收单”记账联送本公司记账员。

(6)12月5日，以中财保险股份有限公司的名义填写“机动车辆保险单”和“保费收据”各一张，填写内容如下：被保险人为昌安公司；投保险种为车辆损失险、第三责任险、盗抢险、玻璃险、他人恶意险等；车辆型号为三棱(普)；发动机号3675665；牌号为A-355667；非营业用车；座位为5座；保险价值31万元，保险金额31万元；基本保费240元；车辆损失险费率0.8%；第三责任险最高赔偿限额为24万元；第三责任险保费为2 100元；盗抢险保费据表计算；玻璃险保费为50元；他人恶意险保费为100元；保险期限自2018年1月1日0时起至2018年12月31日24时止。地址：十字街58号；电话：8666688；邮政编码438000；总经理：刘峰。填好后将“机动车辆保险单”正本和“保费收据”发票联送昌安公司出纳员。

(7)12月6日，以崎峰市第一律师事务所王宏的名义填写“增值税专用发票”，收取昌安公司本月律师顾问费1 100元，持其发票联、抵扣联找昌安公司出纳员收款。(税率6%)

(8)12月8日，崎峰市电视台收取昌安公司广告费23 000元，代电视台填写“增值税专用发票”，持其发票联、抵扣联找昌安公司出纳员收款。(税率6%)

(9)12月9日，债券公司应向昌安公司收取债券印刷费及手续费7 000元。代填写“增值税普通发票”，并持其第二联到昌安财务科结算。(税率3%)

(10)12月9日，根据下述资料编制“固定资产折旧表”(采用平均年限法)，编制完成后将其送昌安公司记账员。

11月30日，固定资产资料如表9—12所示。

表9—12 固定资产资料

部　门	固定资产类型	固定资产原值(元)	预计净残值(元)	预计使用年限
基本车间	房屋	200 000	15 000	40
	机床加工设备	200 000	10 000	10
	专用电子设备	350 000	15 000	10
	其他专用设备	200 000	8 000	20
机修车间	房屋	100 000	5 000	40
	机床加工设备	50 000	2 500	10
	其他专用设备	10 000	500	20
动力车间	房屋	100 000	5 000	40
	内燃发电机组	100 000	5 000	20
	其他专用设备	40 000	2 000	20
管理部门	房屋	600 000	35 000	40
	不需用设备	150 000	10 000	10
出租	仓库	150 000	8 000	10

(11)12月9日，昌安公司与兴盛公司进行非货币交易，交易内容如下：

昌安公司向兴盛公司销售J-2商品1 616件，每件售价25元；向兴盛公司购进甲材料10 000千克，每千克进价4.04元。增值税税率均为13%，据以填写销售J-2商品的“增值税专用发票”和购进甲材料的“材料入库验收单”(材料已如数入库，甲材料的计划单位成本见记账员岗位的数量金额式明细账)，填写好后先持销售商品的增值税专用发票二、三联到兴盛公司业务处换取购进材料的增值税专用发票；后将销售商品的“增值税专用发票”记账联和购进材料的“增值税专用发票”及“材料入库验收单”一并送交昌安公司记账员。填写“产品出库单”送本公司记账员。

(12)12月10日，以公司职工陆地的名义填写“费用报销领款单”，到财务科领取独生子女费160元。

(13)12月10日，代房地产管理所开具“增值税专用发票”，应收取昌安公司办公用房租金

1 100 元。制单人:张选。持发票联、抵扣联到昌安公司财务科结算。(税率 9%)

(14)12 月 10 日,以崎峰市汽车队的名义开具“增值税专用发票”,应收取昌安公司销货运费 6 800 元。制单人:王平。持发票联到昌安公司财务科结算。(税率 9%)

(15)12 月 10 日,业务科鲁琛、宋锦、肖敬 3 人领取本年度烤火费,每人 90 元,经理涂清源签字:同意付款。代填写“费用报销领款单”,到财务科出纳处领款。

(16)12 月 10 日,代司法局开具“增值税专用发票”,应收取昌安公司公证费用 1 200 元。收款人:游咏。持发票联、抵扣联到昌安公司财务科结算。(税率 6%)

(17)12 月 11 日,生产技术科林成去省城开生产技术会,经领导陈晓勇同意借款 1 600 元。据以填写“借款单”,持单向财务科出纳员借款。

(18)12 月 11 日,支付建安公司的生产车间扩建工程款 8 200 元,经公司经理陈德民签字同意付款,由赵强统一领款,据以填写“增值税专用发票”,持发票联、抵扣联到财务科出纳处办理领款,取得出纳员签发的“现金支票”到银行取款。(税率 9%)

(19)12 月 12 日,业务员马洋、朱海各领计算器一个,单价 130 元,合计金额 260 元。经理陈德民审批:同意领用,一次摊销。据以填写“物品领用单”并将其送交财务科记账员。

(20)12 月 12 日,昌安公司向证券公司购买一年期债券 900 000 元,手续费 1 800 元,以证券公司名义开出“收据”,持收据第二联到昌安司财务科结算。

(21)12 月 13 日,根据表 9—13 所列资料编制“工资结算汇总表”(因工资结算原始资料比较复杂,实际工作中的工资发放表是根据岗位将每个人的工资计算出来加以汇总的。而下列资料直接以汇总的形式给出)。

表 9—13　　　　工资结算汇总资料

车间、部门、类型	职工人数	标准工资(元)	应扣工资(元)		津贴(元)	代扣款项			
			事假	病假		水电费(元)	住房公积金(元)	个人所得税(元)	个人承担社保(元)
基本生产车间生产工人	300	290 000	2 000	350	28 000	11 290	12 000	55	2 340
基本生产车间管理人员	12	12 500		100	1 200	500	450	20	105
援外工程人员	4	4 700			1 600				45
在建工程人员	25	24 000		30	2 600	1 000	1 100		260
机修车间人员	8	7 900			700	320	400		65
动力车间人员	5	5 100			480	200	230		40
公司管理人员	36	42 000	150	300	4 000	1 500	1 800	35	450
医务人员	3	2 900			280	120	150		20
六个月以上长病人员	2	1 800		500	10	70	120		15

工资结算汇总表编制好后送交财务科出纳员。

(22)12 月 13 日,销售给达亿公司 J-1 商品 10 000 千克,每千克售价 12.80 元,J-2 商品 10 000 件,每件售价 23.80 元,增值税税率 13%,据以填写“增值税专用发票”后将其送昌安财务科出纳员办理收款手续。填写“产品出库单”送本公司记账员。

(23)12 月 14 日,业务科各种费用支出汇总情况如下:差旅费 360 元(12 张原始凭证);办

公费 200 元(13 张原始凭证);其他费用 180 元(10 张原始凭证);经核对,编制"管理费用支出汇总表",持表到财务科报账。

(24)12 月 14 日,王国维等 5 名职工参加崎峰市工学院短期培训,支付学杂费 3 500 元,以工学院名义开出"增值税普通发票",持付款人联找昌安财务科出纳员办理领款,取得出纳员签发的"现金支票"到银行取款。(税率 3%)

(25)12 月 15 日,昌安公司职工食堂向为民日杂公司购盘子 50 个,每个 3.00 元,计 150 元。以为民日杂公司名义开具"增值税普通发票",持发票联向昌安公司财务科出纳员报账。(在发票备注上填写:列入职工福利。税率 3%)

(26)12 月 16 日,昌安公司向税务局购买 20 张 5 元券印花税票,20 张 2 元券印花税票,30 张 1 元券印花税票,以税务局名义开具"市税务局印花税票发售统一发票",持发票联向昌安公司财务科出纳员报账。

(27)12 月 17 日,昌安公司应付的车间扩建工程包工款 190 000 元,以新达建筑公司的名义填写"增值税专用发票",持发票联、抵扣联到昌安公司财务科办理结算。(税率 9%)

表 9—14　　本月综合奖金结算汇总资料

车间、部门	奖金(元)
基本生产车间生产工人	30 000
基本生产车间管理人员	1 200
机修车间人员	800
动力车间人员	500
公司管理人员	3 600
医务人员	300

(28)12 月 17 日,本月综合奖金结算汇总资料如表 9—14 所示。

据以编制"综合奖金结算汇总表",持表向财务科出纳员领取奖金。

(29)12 月 18 日,昌安公司应付立新设计院产品设计费 1 100 元,以立新设计院的名义填写"增值税专用发票",持发票联、抵扣联到昌安公司财务科办理结算。(税率 6%)

(30)12 月 18 日,向大兴公司购进丙设备一台,交易价 53 000 元,经验收交基本生产车间使用,据以填写"固定资产验收单",将其第二联送财务科出纳员。

(31)12 月 18 日,一栋仓库 275 平方米,预计使用 26 年,已使用 25 年,原值 80 000 元,已提折旧 70 000 元,因重建提前报废。其处理意见:使用部门的意见:因陈旧要求报废;技术鉴定小组意见:情况属实;固定资产管理部门意见:同意转入清理;主管部门审批意见:同意报废重建。据以填写"固定资产报废单"后将其会计记账联送财务科记账员。

(32)12 月 19 日,销售给昌平公司不需用丁设备一台,原始价值 55 000 元,已提折旧 17 000 元,协商作价 40 000 元。据以填写"增值税专用发票",持其发票联、抵扣联到昌平公司财务科收款,要求昌平公司出纳员签发"转账支票",并与其一同去银行办理转账手续,取得"进账单"及"增值税专用发票"记账联送交本公司财务科出纳员。同时依据固定资产原始价值与已提折旧填写"内部转账单",并将其送本公司财务科记账员。(税率 13%)

(33)12 月 19 日,林成 12 月 11 日去省城参加工业生产技术会,12 月 18 日返回,往返汽车票均为 35 元,住宿费用 700 元,会议费用 150 元,其他费用 160 元,每天补助 15 元。以林成的

名义填写“差旅费报销单”，经理陈德民在单上签字：同意报销。持单向财务科出纳员报账。(原借支1 600元)

(34)12月19日，业务科与业务往来单位洽谈业务，接待、就餐、补助及接车费共计金额2 080元，单据19张。据以填写“业务招待费汇总表”，经理陈德民在单上签字：同意报销。持单向财务科出纳员报账，取得出纳员签发的“现金支票”后到银行提取现金。

(35)12月19日，报废固定资产的清理人员周全等4人应领取清理费用380元，以周全的名义填写“费用报销领款单”，经理陈德民在单上签字：同意付款。持单向财务科出纳员领款。

(36)12月19日，昌安公司向崎南公司收取租金5 100元，据以开出“增值税专用发票”，收到现金5 100元，当即填写“进账单”到开户行办理进账手续，收到银行盖章后的“进账单”回单，将“增值税专用发票”的记账联及“进账单”回单送交本公司出纳员。(本公司开户行：中国工商行崎峰市支行，账号：823653676513。税率5%)

(37)12月20日，仓库清理残料如下：红砖60 000块，每块0.20元，计12 000元，其他材料4 000元，合计16 000元。材料全部入库作重建仓库用，据以编制“材料入库单”，并将其记账联送财务科记账员。

(38)12月20日，昌安公司向为民五金公司购买灭火器5个，单价100元，计500元。灭火器购回后当即由仓库领用。先以为民五金公司名义开具“增值税普通发票”；再以仓库保管员汤新元名义填写“物品领用单”(经理陈德民在单上签字：同意领用，一次摊销)。最后将“增值税普通发票”的发票联和“物品领用单”送财务科出纳员，并要求领款、领物。(税率3%)

(39)12月20日，向大兴公司转让技术，收取技术转让费17 000元，据以填写“增值税专用发票”，持其发票联、抵扣联到大兴公司财务科收款，要求大兴公司出纳员签发“转账支票”，并与其一同去银行办理转账手续，取得“进账单”及“崎峰市普通发票”记账联送交本公司财务科出纳员。(税率6%)

(40)12月21日，向会计局购买《新会计准则》等书籍，付款180元，以会计局的名义填写“增值税普通发票”，并持其发票联到账务科报账。(税率3%)

(41)12月21日，昌安公司的汽车送汽车修配厂修理，具体修配项目如下：汽车补胎285元，汽车轮胎2个，单价500元。以汽车修配厂名义开具“增值税专用发票”，将“增值税发票”送交本公司出纳员。(税率13%)

(42)12月23日，昌安公司使用自来水厂的供水，水表记录是：本月号码为12356，上月号码为6526，实用水5 830吨，每吨单价4元。以自来水厂名义开具“增值税专用发票”，持其发票联、抵扣联到昌安公司财务科结算。(税率9%)

(43)12月23日，业务科用备用金开支下列各种费用：差旅费950元(15张原始凭证)；办公费1 000元(12张原始凭证)；修理费1 300元(4张原始凭证)；经核对全部报销，编制“管理费用支出汇总表”，持单到财务科报账。

(44)12月24日，昌安公司电表的起码是256726，止码是315026，实用电58 300度，每度单价0.80元，以电力局的名义填写“增值税专用发票”(电费增值税税率13%)，持发票联到昌安公司财务科结算。

(45)12月24日，昌安公司参加本市商品展销会，应付新世界商厦的商品展位租用费1 100元，以新世界商厦的名义填写“增值税普通发票”(增值税率3%)，持发票联到昌安公司财务科结算。

(46)12月25日，物价检查所对昌安公司商品销售情况进行检查，发现部分商品违反国家价格政策，罚款 1 800 元，以物价检查所名义填写“罚款没收专用收据”，持单到昌安公司财务科结算。

(47)12 月 26 日，看望住院职工李学锋，从副食品商品店购买 2 袋奶粉，每袋 150 元，苹果 4 千克，每千克 14 元，据以填写“增值税普通发票”，经理陈德民签字：在福利费列支，持发票联到昌安公司财务科结算。(税率 3%)

(48)12 月 26 日，通达搬运公司为昌安公司装卸货物，应收取装卸费 1 200 元，以通达公司的名义开具“增值税专用发票”，持发票联、抵扣联到昌安公司财务科结算。(税率 9%)

(49)12 月 26 日，林成出差预支差旅费 1 600 元，据以填写“借款单”，持单向财务科出纳借款。

(50)12 月 27 日，昌安公司自行开发一项实用型专利开发成功，先根据下列资料填写“专利申报表”：申请单位：昌安公司；专利项目：实用新型专利；技术开发费：26 000 元；注册登记费：3 800 元；单位意见：同意申报；专利局审批：同意注册。再以专利局名义填写“增值税专用发票”收取昌安公司专利注册登记费 3 800 元，然后持“专利申报表”和“增值税专用发票”到昌安公司财务科结算。(税率 6%)

(51)12 月 27 日，昌安公司销售给德茂公司 J-1 商品 5 000 千克，每千克售 13 元；销售给昌平公司 J-1 商品 4 800 千克，每千克售价 13 元；销售给达亿公司 J-2 商品 10 000 件，每件售价 23 元；增值税税率均为 13%，据以分别三个公司填写“增值税专用发票”后持“增值税专用发票”到昌平、德茂、达亿公司财务科结算，要求各公司出纳员根据购销合同填写“商业承兑汇票”，经付款人(各购货公司)承兑后取得“商业承兑汇票”第二联，并在商业承兑汇票第一联的收款人盖章处盖上本公司财务专用章(由本公司出纳员盖章)，在负责、经办处均签名，将“增值税专用发票”记账联和“商业承兑汇票”第二联送交昌安公司出纳员。填写“产品出库单”送本公司记账员。

(52)12 月 27 日，顺达运输公司为昌安公司运输购入的材料，应收运费 7 480 元。以顺达运输公司的名义开具“增值税专用发票”，持发票联、抵扣联到昌安公司财务科结算。(税率 9%)

(53)12 月 27 日，外购材料全部验收入库。据表 9—15 所列资料填写“材料入库验收单”，将其记账联送财务科记账员。

表 9—15　　外购材料入库资料

供货单位	材料名称	数量(千克)	买价(元)	运杂费(元)	计划单价(元)
大兴公司	K-1 材料	4 800	67 200	480	13.94
大华公司	L-1 材料	10 000	100 000	1 000	10.07
达昌公司	甲材料	20 000	80 000	2 000	3.91
	乙材料	20 000	60 000	2 000	3.08
	丙材料	10 000	50 000	1 000	4.94
	丁材料	10 000	60 000	1 000	6.05

(54)12 月 29 日，各部门报废低值易耗品(领用时均一次摊销)，本月收回残值如下：基本生产车间 480 元，动力车间 57 元，机修车间 63 元，行政管理部门 120 元。报废材料均已入库(计划价按照 720 元计算)。据以编制“报废低值易耗品汇总表”和“材料入库验收单”，并将其送财务科记账员。

(55)12 月 30 日，销售给达亿公司 J-2 商品 10 000 件，每件售价 23 元，J-3 商品 10 000 件，每件售价 24 元，增值税率 13%，据以填写“增值税专用发票”，将“增值税专用发票”送本公司出纳员。填写“产品出库单”送本公司记账员。

(56)12 月 31 日，基本生产车间生产 J-1 产品耗用 7 500 工时，生产 J-2 产品耗用 7 000 工时，生产 J-3 产品耗用 8 100 工时，生产 J-4 产品耗用 8 256 工时，据以编制“产品耗用工时汇总表”，并将表送财务科记账员。

(57)12 月 31 日，本月发出材料汇总资料如表 9—16 所示。

表 9—16 本月发出材料汇总

材料名称	数量(千克)	计划单价	计划总价
甲材料	35 000	3.91	136 850
乙材料	30 000	3.08	92 400
丙材料	18 000	4.94	88 920
丁材料	15 000	6.05	90 750
K-1 材料	10 000	13.94	139 400
L-1 材料	10 000	10.07	100 700
小　计			649 020
其他材料			30 000

据以编制“发料凭证汇总表”，并将表送财务科记账员。

(58)12 月 31 日，辅助生产车间本月提供劳务总量资料如表 9—17 所示。

表 9—17 辅助生产车间本月提供劳务总量

项　目	机修车间服务量(工时)	动务车间供电量(度)
J-1 产品耗用	—	8 000
J-2 产品耗用	—	10 000
J-3 产品耗用	—	10 000
J-4 产品耗用	—	11 000
基本生产车间耗用	1 620	1 000
行政管理部门耗用	200	3 000
车间扩建工程耗用	180	7 000
动力车间耗用	100	—
机修车间耗用	—	1 000
合　计	2 100	51 000

据以编制“辅助生产情况表”，并将表送财务科记账员。

(59)12 月 31 日，本月产品生产及入库情况如表 9—18 所示。

表 9—18 **本月产品生产及入库情况**

产品名称	月初在产品	本月投产	本月完工入库	月末在产品	在产品完工程度	投料方式
J-1 产品	2 600 千克	28 732 千克	29 000 千克	2 332 千克	50%	逐步投料
J-2 产品	1 700 件	18 124 件	17 000 件	2 824 件	50%	逐步投料
J-3 产品	1 386 件	17 818 件	17 000 件	2 204 件	50%	逐步投料
J-4 产品	1 842 件	15 152 件	16 000 件	994 件	50%	逐步投料

代基本生产车间编制“生产情况报告表”;代成品仓库编制“产品入库汇总表”;将填写好的两张表送财务科记账员。

10 丰润公司会计业务岗位实操

10.1 丰润公司出纳会计岗位实操

10.1.1 开设有关日记账

丰润公司 2017 年 11 月 30 日有关账户余额如下：

库存现金日记账 1 200(借)

银行存款日记账 300 000(借)

丰润公司及往来公司相关情况如表 10－1 所示。

表 10－1 丰润公司及往来公司相关情况

开户行:中国工商银行江泽市支行		开户行:中国工商银行崎峰市支行	
公司名称	账　号	公司名称	账　号
丰润公司	1156674356321	兴隆公司	823653676516
丰利公司	1156674356322	兴盛公司	823653676517
众生公司	1156674356323	大兴公司	823653676514
达昌公司	1156674356327	大华公司	823653676515
达亿公司	1156674356328		

10.1.2 办理如下业务

凡出纳业务，在业务办理完毕后，编制记账凭证，交财务科长复核据以登记库存现金和银行存款日记账，并将记账凭证连同所附原始凭证一并转交记账员记账。

(1)12 月 1 日，收到李军“旅差费报销单”(所附单据略)，经审核无误，报销费用 2 086 元，按原预支额 2 000 元开出“收据”，超支 86 元当即补付现金，并在“旅差费报销单”上填写“付现

86 元”。

(2)12 月 1 日,收到业务员送来的“进账单”回单及“增值税专用发票”的记账联进行账务处理。

(3)12 月 1 日,填写“转账支票”两张,分别支付应付丰利公司账款 100 000 元和应付众生公司账款 110 000 元;填写“信汇”凭证一张,支付应付兴盛公司账款 90 000 元。填好结算凭证后去开户银行办理相关手续,取回“信汇”凭证回单,审核无误后进行账务处理。

(4)12 月 2 日,填写“转账支票”一张,转出投资款 200 000 元,存入亚洲证券营业部账户(亚洲证券营业部开户行:中国工商银行江泽市支行,账号:235673625588)准备用于购买股票。到银行办理转账手续。

(5)12 月 2 日,填写“现金支票”一张,提取现金 15 000 元备用,到开户银行办理支款手续。

(6)12 月 2 日,收到业务科张丰的“领款单”,经审核无误,当即支付现金 3 000 元,作为业务科的备用金(在领款单上注明“现金付讫”)。

(7)12 月 3 日,收到“亚洲证券营业部成交过户交割单”,购入股票划作交易性金融资产。

(8)12 月 5 日,收到开户行转来大兴公司、大华公司和兴隆公司“信汇”凭证收款通知。

(9)12 月 5 日,收到中财保险股份有限公司机动车辆保险单(正本)和保费收据第一联,经审核无误,据以填写转账支票(中财保险股份有限公司开户行:中国工商银行江泽市支行;账号:115675368955),并到银行办理转账手续。

(10)12 月 6 日,填写“中华人民共和国税收通用缴款书”,将未交增值税、应交城市维护建设税、应交个人所得税、应交教育费附加上交国库,具体金额见明细分类账各该账户的月初余额。税收通用缴款书填写好后,到开户行办理手续,经税务机关、银行盖章后取得完税凭证联,并据以进行账务处理。

(11)12 月 6 日,收到律师事务所的“增值税专用发票”发票联、抵扣联,经审核无误,以现金付讫。

(12)12 月 8 日,收到江泽市电视台的“增值税专用发票”发票联、抵扣联,经审核无误,据以填写转账支票(江泽市电视台开户行:中国工商银行江泽市支行;账号:115674356672),付广告费,并到银行办理转账手续。

(13)12 月 8 日,本(丰润)公司委托债券发行公司发行 5 年期债券,按面值的 10%溢价发行。现债券公司已发行债券面值 1 000 000 元,实收金额 1 100 000 元,款项今日全部交来,当即送存银行。据以填写“收据”及“进账单”,到银行办理手续后据“收据”记账联及“进账单”回单进行账务处理。

(14)12 月 9 日,收到债券公司的“增值税普通发票”发票联,经审核无误,据以填写转账支票(债券公司开户行:中国工商银行江泽市支行;账号:115676283355),付手续费,并到银行办理转账手续。

(15)12 月 10 日,收到金林“费用报销领款单”,经审核无误,以现金付讫。

(16)12 月 10 日,收到房地产管理所的“增值税专用发票”发票联、抵扣联,经审核无误,以现金付讫。

(17)12 月 10 日,收到江泽市汽车运输公司的“增值税专用发票”,经审核无误,据以填写转账支票(江泽市汽车运输公司开户行:中国工商银行江泽市支行;账号:115674356698),付运费,并到银行办理转账手续。

(18)12 月 10 日,依据“应付职工薪酬——社会保险费”期初余额,填写“税收通用缴款书”

到银行办理缴款手续。

(19)12 月 10 日，签发“现金支票”，到银行办理取款手续，提回现金 3 000 元备用。根据“现金支票”存根作账务处理。

(20)12 月 10 日，收到张兴人的“费用报销领款单”，经审核无误，以现金付讫。

(21)12 月 10 日，收到司法局的“增值税专用发票”经审核无误，据以填写转账支票(司法局开户行:中国工商银行江泽市支行;账号:115674356989)，付诉讼费，并到银行办理转账手续。

(22)12 月 11 日，收到李军的“借款单”，经审核无误，以现金付讫。

(23)12 月 11 日，收到工程队的“增值税专用发票”，经审核无误，如数签发“现金支票”，交李强到银行取款。

(24)12 月 12 日，收到证券公司的“收据”经审核无误，据以填写转账支票(证券公司开户行:中国工商银行江泽市支行;账号:115674356719)，付债券及手续费，并到银行办理转账手续。

(25)12 月 13 日，收到“工资结算汇总表”，根据实发工资总额签发“现金支票”，从银行提取现金，当即发放完毕。

(26)12 月 13 日，收到业务员送来的增值税专用发票，据以填写“委托收款凭证”持委托收款凭证和增值税专用发票的发票联、抵扣联到银行办理托收手续，经银行盖章后，将退回的“委托收款凭证”回单与“增值税专用发票”记账联一并作账务处理。

(27)12 月 14 日，收到业务科“管理费用支出汇总表”(所附单据 54 张略)，经审核无误，以现金付讫。

(28)12 月 14 日，收到江泽市工学院的“增值税普通发票”，经审核无误，开出“现金支票”付讫。

(29)12 月 15 日，收到职工食堂购买炊具发票，经审核无误，以现金付讫。

(30)12 月 16 日，收到银行转来委托收款凭证的收款通知 1 张，系兴隆公司应收款。

(31)12 月 16 日，收到“市税务局印花税票发售统一发票”，经审核无误，以现金付讫。

(32)12 月 17 日，收到长丰建筑公司“增值税专用发票”的发票联、抵扣联，经审核无误，据以填写转账支票(建筑公司开户行:中国工商银行江泽市支行;账号:115672785567)，付工程款，并到银行办理转账手续。

(33)12 月 17 日，根据“综合奖金结算汇总表”(实际还应按人头的奖金发放表，此处略)，签发“现金支票”提回现金，当即发放完毕。

(34)12 月 18 日，收到新卫设计院的“增值税专用发票”发票联、抵扣联，经审核无误，以现金付讫。

(35)12 月 18 日，收到业务员送来的达亿公司转账支票的收账通知联及本公司的固定资产销售的“增值税专用发票”的会计记账联，经审核无误进行账务处理。

(36)12 月 19 日，收到丰利公司出售设备的“增值税专用发票”发票联、抵扣联，及本公司业务员送来的“固定资产验收单”，经审核无误据以填写“转账支票”付设备款，并到银行办理转账手续。

(37)12 月 19 日，收到李军的“旅差费报销单”(所附单据略)和交来的现金 378 元，开出“收据”收讫。收据金额按李军原借支数填写。

(38)12 月 19 日，收到业务科的“业务招待费汇总表”及所附 23 张单据(单据略)，经审核无误后,当即签发"现金支票"补足其备用金。

(39)12 月 19 日,收到周强的"费用报销领款单",经审核无误,以现金付讫。

(40)12 月 19 日,收到业务员送来的仓库租金收入"进账单"回单及"增值税专用发票"记账联。

(41)12 月 20 日,收到业务员送来的"增值税普通发票"和"物品领用单",经审核无误后签发"现金支票",从银行提回现金 5 000 元,除支付灭火器款外,其余备用。

(42)12 月 20 日,收到业务员送来的丰利公司"转账支票"的收账通知联,及本公司收取技术转让收入的"增值税专用发票"记账联。

(43)12 月 21 日,收到购买书籍的"增值税普通发票"发票联,经审核无误以现金付讫。

(44)12 月 21 日,收到达亿公司的"增值税普通发票"发票联,经审核无误后签发"转账支票"支付技术转让费。到银行办理转账手续。

(45)12 月 21 日,收到汽车修配厂的"增值税专用发票"发票联、抵扣联,经审核无误后以现金付讫。

(46)12 月 23 日,收到自来水厂发票,审核无误后填写"转账支票"支付水费,到银行办理转账手续。(自来水厂开户行:中国工商银行江泽市支行;账号:115674351125)

同时根据定额耗用量分配本月水费,定额耗用量如下:动力车间 500 吨,机修车间 600 吨,基本生产车间 1 800 吨,公司管理部门 1 100 吨,据以编制"水费分配表"。

根据自来水厂发票、"转账支票"存根和"水费分配表"进行账务处理。

(47)12 月 23 日,收到业务科的"管理费用支出汇总表"及所附 48 张单据(单据略),经审核无误后,当即签发"现金支票"补足其备用金。

(48)12 月 24 日,收到电力局的"增值税专用发票"发票联,审核无误后填写"转账支票"支付电费,到银行办理转账手续。(电力局开户行:中国工商银行江泽市支行;账号:115674356211)

同时根据表 10—2 所列定额耗用量资料编制"外购动力费分配表"。

表 10—2 **定额耗用量资料**

产品名称	定额耗用量	车间部门	定额耗用量
A-1 产品	10 200 度	动力车间	800 度
A-2 产品	11 000 度	机修车间	900 度
A-3 产品	9 000 度	基本生产车间	700 度
A-4 产品	9 800 度	管理部门	7 600 度

根据电力局的发票联、"转账支票"存根和"外购动力费分配表"进行账务处理。

(49)12 月 24 日,收到大世界市场的"增值税普通发票"发票联,经审核无误后以现金付讫。

(50)12 月 25 日,签发"现金支票",到银行办理取款手续,提回现金 6 000 元备用。根据"现金支票"存根作账务处理。

(51)12 月 25 日,收到物价检查所"罚款没收专用收据",以现金支付罚款。

(52)12 月 26 日,收到"增值税普通发票"发票联,经审核无误后以现金付讫。

(53)12 月 26 日,收到迅达搬运公司的"增值税专用发票"发票联、抵扣联,经审核无误后以现金付讫。

(54)12 月 26 日,收到李军的“借款单”经审核无误后以现金付讫。

(55)12 月 27 日,收到本公司业务员送来销售商品给大兴公司、大华公司和兴隆公司的三张增值税专用发票记账联和三张商业承兑汇票。

(56)12 月 27 日,收到业务员送来的“专利申报表”和专利局的“增值税专用发票”发票联、抵扣联,审核无误后填写“转账支票”支付专利注册登记费,到银行办理转账手续。(专利局开户行:中国工商银行江泽市支行;账号:115675363286)

(57)12 月 27 日,收到丰利公司、众生公司、兴盛公司业务员送来的增值税专用发票,经审核无误后分别填写为期 2 个月的“商业承兑汇票”三份,其中第一联各收款人盖章签名后收回,在第二联的付款人盖章处盖上财务专用章,在负责经办处均签上名,填好后将第二联分别交丰利公司、众生公司、兴盛公司业务员。

同时收到四通运输公司的“增值税专用发票”发票联、抵扣联,经审核无误后填写“转账支票”支付材料运费,到银行办理转账手续。(四通运输公司开户行:中国工商银行江泽市支行;账号:115675363298)

根据材料重量编制“材料采购费用分配表”。各种材料采购的重量:B-1 材料 9 000 千克,C-1 材料 8 000 千克,甲材料 15 000 千克,乙材料 15 000 千克,丙材料 16 000 千克,丁材料 15 000 千克。

根据增值税专用发票的发票联、商业汇票的留存联,转账支票存根联、“材料采购费用分配表”,作账务处理。

(58)12 月 30 日,收到业务员送来的“增值税专用发票”,合同规定销货款采用委托收款结算方式,经审核无误后,据以填写“委托收款凭证”,持“委托收款凭证”和“增值税专用发票”到银行办理托收手续,经银行盖章后,将退回的“委托收款凭证”回单与“增值税专用发票”的记账联一并作账务处理。

(59)12 月 31 日,到开户行拿回贷款计息凭证,进行账务处理。(已预计应付利息 9 000 元)

(60)12 月 31 日,到开户行拿回存款计息凭证,进行账务处理。

(61)12 月 31 日,将账面价值为 100 000 元的“交易性金融资产——基金”全部出售,实得现金 105 000 元。填写“内部转账单”和“进账单”,将现金送存银行(全为百元券)。

10.2 丰润公司记账会计岗位实操

10.2.1 开设有关账户

丰润公司 2017 年 11 月 30 日明细账期末资料如表 10—3 所示:

表 10—3 明细账期末资料(截至 2017 年 11 月 30 日) 单位:元

科 目	借或贷	金 额
其他货币资金——外埠存款	借	10 000.00
交易性金融资产——股票(成本)	借	100 000.00

续表

科　目	借或贷	金　额
交易性金融资产——债券(成本)	借	100 000.00
交易性金融资产——基金(成本)	借	100 000.00
应收票据——大兴公司	借	200 000.00
应收票据——大华公司	借	150 000.00
应收票据——兴隆公司	借	160 000.00
应收账款——大兴公司	借	100 000.00
应收账款——大华公司	借	180 000.00
应收账款——兴隆公司	借	200 000.00
坏账准备	贷	14 400.00
其他应收款——李军	借	2 000.00
其他应收款——代扣水电费	借	20 000.00
材料采购——原材料	借	35 500.00
原材料——原料及主要材料	借	410 000.00
原材料——其他材料	借	90 000.00
周转材料——包装物	借	20 000.00
周转材料——低值易耗品	借	60 000.00
材料成本差异——原材料	借	5 000.00
材料成本差异——包装物	贷	200.00
材料成本差异——低值易耗品	借	600.00
库存商品——A-1 产品	借	100 000.00
库存商品——A-2 产品	借	160 000.00
库存商品——A-3 产品	借	2 200 000.00
库存商品——A-4 产品	借	250 000.00
长期股权投资——股票投资(德源公司)	借	100 000.00
持有至到期投资——成本	借	100 000.00
持有至到期投资——利息调整	借	10 000.00
持有至到期投资——应计利息	借	10 000.00
固定资产——生产用固定资产	借	1 250 000.00
固定资产——非生产用固定资产	借	600 000.00
固定资产——不需用固定资产	借	200 000.00
固定资产——出租固定资产	借	250 000.00
累计折旧	贷	500 000.00

续表

科　目	借或贷	金　额
工程物资——专用材料	借	300 000.00
工程物资——专用设备	借	500 000.00
在建工程——机床大修工程	借	40 000.00
在建工程——设备安装工程	借	500 000.00
固定资产清理——报废	借	5 000.00
无形资产——专利权	借	500 000.00
无形资产——专有技术	借	450 000.00
研发支出——资本化支出	借	30 000.00
长期待摊费用——固定资产大修费用	借	79 000.00
待处理财产损溢——待处理固定资产损溢	借	2 000.00
生产成本——基本生产成本(A-1 产品)	借	7 500.00
生产成本——基本生产成本(A-2 产品)	借	12 000.00
生产成本——基本生产成本(A-3 产品)	借	14 000.00
生产成本——基本生产成本(A-4 产品)	借	20 000.00
短期借款——生产周转借款	贷	1 600 000.00
应付票据——丰利公司	贷	200 000.00
应付票据——众生公司	贷	300 000.00
应付票据——兴盛公司	贷	250 000.00
应付账款——丰利公司	贷	100 000.00
应付账款——众生公司	贷	110 000.00
应付账款——兴盛公司	贷	90 000.00
应付职工薪酬——职工教育经费	贷	5 000.00
应付职工薪酬——职工福利	贷	1 400.00
应付职工薪酬——社会保险费	贷	9 600.00
应交税费——未交增值税	贷	30 000.00
应交税费——应交所得税	借	50 000.00
应交税费——应交城市维护建设税	贷	2 100.00
应交税费——应交个人所得税	贷	3 000.00
应交税费——应交教育费附加	贷	600.00
应付利息	贷	25 000.00
长期借款——基建借款	贷	1 300 000.00
长期应付款——应付设备款	贷	100 000.00

续表

科　目	借或贷	金　额
应付债券——面值	贷	200 000.00
应付债券——利息调整	贷	20 000.00
应付债券——应计利息	贷	10 000.00
实收资本——国家投资	贷	2 112 500.00
实收资本——兴盛公司	贷	200 000.00
实收资本——其他	贷	1 000 000.00
资本公积——资本溢价	贷	500 000.00
资本公积——其他	贷	100 000.00
盈余公积——法定盈余公积	贷	600 000.00
利润分配——未分配利润	贷	200 000.00
本年利润	贷	400 000.00

原材料明细账2017年11月30日期末资料如表10—4所示。

表10—4　　原材料明细账(截至2017年11月30日)　　单位:元

品　名		单位	数量	计划单价	金额
原料及主要材料	甲材料	千克	10 000	4.12	41 200
	乙材料	千克	10 000	3.14	31 400
	丙材料	千克	10 000	5.13	51 300
	丁材料	千克	10 000	6.09	60 900
	B-1材料	千克	10 000	7.5	75 000
	C-1材料	千克	10 000	15.02	150 200
	小　计				410 000
其他材料					90 000
合　计					500 000

材料采购明细账2017年11月30日期末资料如表10—5所示。

表10—5　　材料采购明细账(截至2017年11月30日)　　单位:元

供货单位	项目	借方			贷方			备注
		买价	运杂费	合计	计划成本	差异	合计	
兴隆公司	甲材料	5 600	150	5 750				
	乙材料	5 800	150	5 950				
兴盛公司	丙材料	5 900	150	6 050				
	丁材料	5 600	150	5 750				

续表

供货单位	项目	借方			贷方			备注
		买价	运杂费	合计	计划成本	差异	合计	
丰利公司	B-1 材料	5 800	150	5 950				
众生公司	C-1 材料	5 900	150	6 050				
合　计		34 600	900	35 500				

库存商品明细账 2017 年 11 月 30 日期末资料如表 10—6 所示。

表 10—6　库存商品明细账(截至 2017 年 11 月 30 日)　单位:元

商品名称	单位	数量	单位成本	金　额
A-1 商品	千克	14 286	7	100 000
A-2 商品	件	10 000	16	160 000
A-3 商品	件	110 000	20	2 200 000
A-4 商品	件	10 000	25	250 000
合　计				2 710 000

生产成本明细账 2017 年 11 月 30 日期末在产品成本资料如表 10—7 所示。

表 10—7　生产成本明细账(截至 2017 年 11 月 30 日)　单位:元

产品名称	数量	成本项目			
		直接材料	直接人工	制造费用	合　计
A-1 产品	2 000 千克	3 750	2 500	1 250	7 500
A-2 产品	1 200 件	6 000	4 000	2 000	12 000
A-3 产品	1 400 件	7 000	4 500	2 500	14 000
A-4 产品	1 600 件	10 000	6 500	3 500	20 000
合　计					53 500

10.2.2　开设明细账

按下列要求开设明细账:

(1)下列账户(表 10—8)使用三栏式账页(有期初余额的账户结转期初余额,没有期初余额的账户设户后待记发生额):

表 10—8　明细账账户

序号	一级科目	明细科目	序号	一级科目	明细科目
1	其他货币资金	外埠存款	48	短期借款	生产周转借款
2	其他货币资金	存出投资款	49	应付票据	丰利公司
3	交易性金融资产	股票(成本)	50	应付票据	众生公司

续表

序号	一级科目	明细科目	序号	一级科目	明细科目
4	交易性金融资产	股票(公允价值变动)	51	应付票据	兴盛公司
5	交易性金融资产	债券(成本)	52	应付账款	丰利公司
6	交易性金融资产	基金(成本)	53	应付账款	众生公司
7	应收票据	大兴公司	54	应付账款	兴盛公司
8	应收票据	大华公司	55	应付职工薪酬	工资
9	应收票据	兴隆公司	56	应付职工薪酬	职工福利
10	应收账款	大兴公司	57	应付职工薪酬	社会保险费
11	应收账款	大华公司	58	应付职工薪酬	住房公积金
12	应收账款	兴隆公司	59	应付职工薪酬	工会经费
13	预付账款	中财保险公司	60	应付职工薪酬	职工教育经费
14	坏账准备		61	应付职工薪酬	非货币性福利
15	其他应收款	李军	62	应交税费	未交增值税
16	其他应收款	业务科	63	应交税费	应交所得税
17	其他应收款	代扣水电费	64	应交税费	应交城市维护建设税
18	原材料	原料及主要材料	65	应交税费	应交个人所得税
19	原材料	其他材料	66	应交税费	应交房产税
20	周转材料	包装物	67	应交税费	应交教育费附加
21	周转材料	低值易耗品	68	应付利息	
22	材料成本差异	原材料	69	应付股利	
23	材料成本差异	包装物	70	其他应付款	社会保险费
24	材料成本差异	低值易耗品	71	其他应付款	住房公积金
25	长期股权投资	股票投资(德源公司)	72	长期借款	基建借款
26	持有至到期投资	成本	73	长期应付款	应付设备款
27	持有至到期投资	利息调整	74	应付债券	面值
28	持有至到期投资	应计利息	75	应付债券	利息调整
29	固定资产	生产用固定资产	76	应付债券	应计利息
30	固定资产	非生产用固定资产	77	递延所得税负债	
31	固定资产	不需用固定资产	78	实收资本	国家投资
32	固定资产	出租固定资产	79	实收资本	兴盛公司
33	累计折旧		80	实收资本	其他
34	工程物资	专用材料	81	资本公积	资本溢价
35	工程物资	专用设备	82	资本公积	其他

续表

序号	一级科目	明细科目	序号	一级科目	明细科目
36	在建工程	机床大修工程	83	盈余公积	法定盈余公积
37	在建工程	设备安装工程	84	利润分配	提取法定盈余公积
38	在建工程	生产车间扩建工程	85	利润分配	应付现金股利
39	固定资产清理	报废	86	利润分配	未分配利润
40	固定资产清理	出售不需用固定资产	87	本年利润	
41	无形资产	专利权	88	主营业务收入	A-1 产品
42	无形资产	专有技术	89	主营业务收入	A-2 产品
43	研发支出`	资本化支出	90	主营业务收入	A-3 产品
44	累计摊销		91	主营业务收入	A-4 产品
45	长期待摊费用	固定资产大修费用	92	其他业务收入	
46	待处理财产损溢	待处理固定资产损溢	93	投资收益	
47	递延所得税资产		94	公允价值变动损益	
			95	营业外收入	
			96	主营业务成本	A-1 产品
			97	主营业务成本	A-2 产品
			98	主营业务成本	A-3 产品
			99	主营业务成本	A-4 产品
			100	税金及附加	
			101	其他业务成本	
			102	资产减值损失	
			103	营业外支出	
			104	所得税费用	

(2)下列账户使用多栏式账页(有期初余额的账户结转期初余额,没有期初余额的账户设户后待记发生额):

应交税费——应交增值税

生产成本——基本生产成本(A-1 产品)

生产成本——基本生产成本(A-2 产品)

生产成本——基本生产成本(A-3 产品)

生产成本——基本生产成本(A-4 产品)

生产成本——辅助生产成本——机修车间

生产成本——辅助生产成本——动力车间

制造费用——基本生产车间

销售费用

财务费用

管理费用

(3)“材料采购——原材料”使用横线登记式账页(有期初余额的账户结转期初余额,没有期初余额的账户设户后待记发生额)。

(4)下列账户使用数量金额式账页(有期初余额的账户结转期初余额,没有期初余额的账户设户后待记发生额):

库存商品——A-1 产品

库存商品——A-2 产品

库存商品——A-3 产品

库存商品——A-4 产品

原材料——原料及主要材料——甲材料

原材料——原料及主要材料——乙材料

原材料——原料及主要材料——丙材料

原材料——原料及主要材料——丁材料

原材料——原料及主要材料——B-1 材料

原材料——原料及主要材料——C-1 材料

10.2.3 办理记账业务

(1)12 月 1 日,收到业务员送来“产品出库单”第二联。(留待月末汇总进行账务处理)

(2)12 月 4 日,收到业务员送来的材料入库验收单。(留待月末汇总进行收料的账务处理)

(3)2 月 9 日,收到固定资产折旧计算表,经审核无误进行账务处理。

(4)12 月 9 日,收到业务员交来本公司换出商品的增值税专用发票的记账联,换入材料的增值税发票的抵扣联与发票联及材料入库验收单的会计记账联,经审核无误进行非货币性交易的账务处理。

(5)12 月 12 日,收到毕长胜、赵三平的“物品领用单”,经审核无误进行账务处理。

(6)12 月 18 日,收到固定资产报废单,经审核无误进行账务处理。

(7)12 月 18 日,收到业务员送来的“内部转账单”,经审核无误进行账务处理。

(8)12 月 20 日,收到业务员送来的工程物资入库验收单。

(9)12 月 20 日,报废固定资产清理完毕,根据“固定资产清理——报废清理”账户余额编制“内部转账单”,结转清理损益。

(10)12 月 27 日,收到业务员送来的材料入库验收单。(留待月末汇总进行收料的账务处理)

(11)12 月 28 日,本月应摊销专利权 50 000 元,应摊销专有技术 40 000 元,应摊销基本生产车间固定资产大修费 16 000 元,据以编制“无形资产、长期待摊费用分摊表”,经审核无误进行账务处理。

(12)12 月 29 日,收到“报废低值易耗品汇总表”及“材料入库验收单”(会计记账联)经审核无误进行账务处理。

(13)12 月 29 日,据前面留存的“材料入库验收单”登记“材料采购”明细账(横线登记式明细账)的贷方发生额,并计算入库材料成本差异,据此编制“本月已付款的入库材料汇总表”。

(14)12 月 30 日本月生产产品领用包装物的计划成本汇总如下(根据领料单汇总的,因为领料单不便一一列出，故略去)：

A-1 产品领用 2 000 元

A-2 产品领用 2 600 元

A-3 产品领用 2 700 元

A-4 产品领用 2 700 元

据“周转材料——包装物”与“材料成本差异——包装物”账户资料计算材料成本差异率、领用材料应分摊的差异额及领用材料实际成本，据计算结果编制“领用包装物汇总表”，经审核无误进行账务处理。

(15)12 月 30 日本月领用低值易耗品的计划成本汇总如下(根据领料单汇总的，因为领料单不便一一列出，故略去)：

基本生产车间领用 10 000 元

动力车间领用 1 000 元

机修车间领用 2 000 元

公司管理部门领用 5 000 元

据“周转材料——低值易耗品”与“材料成本差异——低值易耗品”账户资料计算材料成本差异率、领用材料应分摊的差异额及领用材料实际成本，据计算结果编制：“领用低值易耗品汇总表”，经审核无误进行账务处理。

(16)12 月 31 日，收到“车间产品耗用工时汇总表”，结合“工资结算汇总表”与“奖金发放表”先编制“基本生产车间生产工人工资分配表”，后编制“职工薪酬分配表”，经审核无误进行账务处理。

(17)12 月 31 日，收到业务员送来的“发料凭证汇总表”及其“发料单”(略)，根据“发料单”上所载明的用途及下列材料耗用资料编制“发料凭证分配汇总表”。据“原材料——原料用主要材料”各数量金额式明细账及“材料成本差异——原材料”账户资料计算材料成本差异率、领用材料应分摊的差异额及领用材料实际成本。

材料耗用的计划成本汇总如表 10—9 所示。

表 10—9　　材料耗用的计划成本汇总资料　　单位：元

产品、车间、部门	主要材料	其他材料	备　注
A-1 产品	130 000		
A-2 产品	140 000		
A-3 产品	160 000		
A-4 产品	150 000		
基本生产车间一般耗用		3 000	列入物料消耗
动力车间	18 000	2 000	
机修车间	11 000	2 000	
公司管理部门		2 000	列入公司经费
销售部门		2 000	列入包装费
车间扩建工程	27 000	9 000	按 13%转出进项税额

经审核无误进行账务处理。

(18)12 月 31 日,原作待处理的盘亏设备净值 2 000 元,经批准转销。据以编制"部转账单",经审核无误进行账务处理。

(19)12 月 31 日,收到"辅助生产情况表",结合"生产成本——辅助生产成本——动力车间"和"生产成本——辅助生产成本——机修车间"账户资料,采取直接分配法分配辅助生产费用,编制"辅助生产费用分配表"(分配率精确至小数点后四位)。经审核无误进行账务处理。

(20)12 月 31 日,根据工时记录(见第 15 笔业务"车间耗用工时汇总表")和"制造费用——基本生产车间"账户资料编制"制造费用分配表"(分配率精确至小数点后四位)。经审核无误进行账务处理。

(21)12 月 31 日,收到"生产情况报告表"和"产品入库汇总表",结合基本生产成本明细账资料,据以编制"产品成本计算表"(分别四种产品进行计算),单位成本保留到分。经审核无误进行账务处理。

(22)12 月 31 日,根据本月商品销售数量及"库存商品"明细账的加权平均单位成本,编制"产品销售成本计算表",结转产品销售成本。

(23)12 月 31 日,"交易性金融资产——股票"的公允价值为 220 000 元,依据"交易性金融资产——股票——成本"及"交易性金融资产——股票——公允价值变动"明细账户资料计算本期公允价值变动金额,据以填制"内部转账单",经审核无误进行账务处理。

(24)12 月 31 日,按应收款项百分比法计提坏账准备,提取比例为 3%,依据"应收账款"及"坏账准备"明细账资料分析计算本期应计提的坏账准备金,据以编制"内部转账单",经审核无误进行账务处理。

(25)12 月 31 日,依据"应交税费——应交增值税"明细账资料分析填写"增值税纳税申报表",计算出未交增值税额,经审核无误进行账务处理。

(26)12 月 31 日,依据"其他业务收入"和"固定资产"明细账及"增值税纳税申报表"资料,计算应交营业税、应交房产税、应交城市维护建设税、应交教育费附加,编制"地方税收综合纳税(费)申报表",经审核无误进行账务处理。

(27)12 月 31 日,依据"持有至到期投资"明细账期初资料计算本年利息收入,并进行利息调整(按票面利率 10%,实际利率 6%计算),据以填制"内部转账单",经审核无误进行账务处理。(本月发生数,暂不计算利息)

(28)12 月 31 日,依据"应付债券"明细账期初资料计算本年利息费用,并进行利息调整,按票面利率 10%,实际利率 6%计算。(为安装工程而发行债券)据以填制"内部转账单",经审核无误进行账务处理。(本月发生数,暂不计算利息)

(29)12 月 31 日,结平"待处理财产损溢"及"应付职工薪酬——职工福利"账户。

(30)12 月 31 日,编制"内部转账单"将损益类账户的本月净发生额结转"本年利润"账户。

(31)12 月 31 日,编制"利润表"初稿,据以编制"暂时性差异计算表"、"所得税纳税申报表"(税率 25%)经审核无误进行账务处理。

(32)12 月 31 日,将"所得税费用"账户发生额,转入"本年利润"后结平本年利润账户。

(33)12 月 31 日,编制"利润分配计算表"进行利润分配。法定盈余公积按净利润的 10%分配,应付现金股利按"未分配利润"明细账期初余额加上本年净利润,减去本年提取的法定盈余公积后的 30%分配。

(34)12 月 31 日,将"利润分配——提取盈余公积"、"利润分配——应付现金股利"账户余额转入“利润分配——未分配利润”账户。

10.3 丰润公司财务科长岗位实操

10.3.1 开设总账

根据下列资料(表10—10)开设总账账户,每个账户占一页。丰润公司2017年11月30日总账期末资料如下:

表10—10 总账账户余额(截至2017年11月30日) 单位:元

科目	借或贷	金额	科目	借或贷	金额
库存现金	借	1 200.00	短期借款	贷	1 600 000.00
银行存款	借	300 000.00	应付票据	贷	750 000.00
其他货币资金	借	10 000.00	应付账款	贷	300 000.00
交易性金融资产	借	300 000.00	应付职工薪酬	贷	16 000.00
应收票据	借	510 000.00	其他应付款	平	
应收账款	借	480 000.00	应交税费	借	14 300.00
预付账款	平		应付利息	贷	25 000.00
坏账准备	贷	14 400.00	应付股利	平	
其他应收款	借	22 000.00	长期借款	贷	1 300 000.00
材料采购	借	35 500.00	长期应付款	贷	100 000.00
原材料	借	500 000.00	应付债券	贷	230 000.00
周转材料	借	80 000.00	递延所得税负债	平	
材料成本差异	借	5 400.00	实收资本	贷	3 312 500.00
库存商品	借	2 710 000.00	资本公积	贷	600 000.00
长期股权投资	借	100 000.00	盈余公积	贷	600 000.00
持有到到期投资	借	120 000.00	利润分配	贷	200 000.00
固定资产	借	2 300 000.00	本年利润	贷	400 000.00
累计折旧	贷	500 000.00	主营业务收入	平	
工程物资	借	800 000.00	其他业务收入	平	
在建工程	借	540 000.00	投资收益	平	
固定资产清理	借	5 000.00	公允价值变动损益	平	
无形资产	借	950 000.00	营业外收入	平	
研发支出	借	30 000.00	主营业务成本	平	
累计摊销	平		税金及附加	平	

续表

科　目	借或贷	金　额	科　目	借或贷	金　额
长期待摊费用	借	79 000.00	其他业务成本	平	
待处理财产损溢	借	2 000.00	销售费用	平	
递延所得税资产	平		管理费用	平	
生产成本	借	53 500.00	财务费用	平	
制造费用	平		资产减值损失	平	
			营业外支出	平	
			所得税费用	平	

10.3.2　处理日常总账业务

日常总账业务如下：

(1)复核上旬会计凭证，根据审核无误的上旬记账凭证编制记账凭证汇总表，并据以登记总账，结出账户余额，与出纳员所经管的日记账核对，如有不符，查明原因，予以更正；与记账员所经管的明细账进行核对，如有不符，查明原因，予以更正。

(2)复核中旬会计凭证，根据审核无误的中旬记账凭证编制记账凭证汇总表，并据以登记总账，结出账户余额，与出纳员所经管的日记账核对，如有不符，查明原因，予以更正；与记账员所经管的明细账进行核对，如有不符，查明原因，予以更正。

(3)复核下旬会计凭证，根据审核无误的下旬记账凭证编制记账凭证汇总表，并据以登记总账，结出账户余额，与出纳员所经管的日记账核对，如有不符，查明原因，予以更正；与记账员所经管的明细账进行核对，如有不符，查明原因，予以更正。

(4)编制总账账户余额试算平衡表。

(5)办理年结。

10.3.3　编制会计报表

编制如下会计报表：

(1)编制资产负债表。

(2)编制利润表。

(3)编制现金流量表。

10.4　丰润公司业务员岗位实操

按要求填制和传递 2017 年 12 月份凭证：

(1)12 月 1 日，李军出差返回公司报账，出差相关内容如下：李军出差联系业务推销产品 2017 年 11 月 20 日从江泽市乘火车至北京(当日到达)火车票 180 元，在北京期间住宿费 300 元，2017 年 11 月 23 日从北京乘火车至哈尔滨(次日到达)火车票 408 元，在哈尔滨期间住宿费 500 元，2017 年 11 月 29 日从哈尔滨乘火车回江泽市(次日到达)火车票 500 元，出差补助每天 18 元，据以填写“旅差费报销单”(厂长姜斌在单上签字：同意报销)，并持单以李军的名义向财务科出纳处报账(出差前已预支 2 000 元)。

(2)12 月 1 日，销售给甲公司 A-3 商品 5 000 件，销售给乙公司 A-3 商品 5 000 件，销售给丙公司 A-3 商品 10 000 件，销售给丁公司 A-3 商品 10 000 件，A-3 商品每件售价 29 元，增值税税率 13%，价税款均已收讫。据以填写“增值税专用发票”，款项全部存入银行，填写“进账单”，送银行办理进账手续后取回“进账单”回单。将“进账单”回单连同“增值税专用发票”的记账联送财务科出纳员。填写“产品出库单”送本公司记账员。(丰润公司开户行：中国工商银行江泽市支行；账号：1156674356321)

(3)12 月 2 日，以业务科张丰的名义填写“领款单”，领款金额 3 000 元，领款单填写好后到财务科找出纳员领款，作为业务科的备用金。

(4)12 月 3 日，以亚洲证券营业部的名义填写“亚洲证券营业部成交过户交割单”1 张，内容如下：本交割单系丰润公司购买股票，成交编号为 12688，股东账户为 33665688，股东名称为丰润公司，申请编号为 685，公司代码为 M118，申报时间为 095230(即 9 点 52 分 30 秒)，成交时间为 095300，实收金额为 82 625 元，资金余额为 117 375 元；证券名称为 500232，成交数量 10 000 股，成交价格 8.2 元，佣金 287 元，印花税 328 元，附加费 10 元。填好后送本公司出纳员。

(5)12 月 4 日，表 10—11 所列材料全部入库，据以填写“材料入库验收单”。

表 10—11 **材料入库资料**

供货单位	材料名称	计量单位	数量	单位买价(元)	运杂费(元)	计划单价(元)
兴隆公司	甲材料	千克	1 400	4	150	4.12
兴隆公司	乙材料	千克	2000	2.9	150	3.14
兴盛公司	丙材料	千克	1180	5	150	5.13
兴盛公司	丁材料	千克	1000	5.6	150	6.09
丰利公司	B-1 材料	千克	800	7.25	150	7.5
众生公司	C-1 材料	千克	400	14.75	150	15.02

将填写好的“材料入库验收单”记账联送本公司记账员。

(6)12 月 5 日，以中财保险股份有限公司的名义填写“机动车辆保险单”和“保费收据”各一张，填写内容如下：被保险人为丰润公司；投保险种为车辆损失险、第三责任险，盗抢险、玻璃险、他人恶意险等；车辆型号为皇冠(普)；发动机号为 358658；牌号为 A-35629；非营业用车；座位为 5 座；保险价值 36 万元，保险金额 36 万元；基本保费 260 元；车辆损失险费率 0.8%；第三责任险最高赔偿限额为 25 万元；第三责任险保费为 2 300 元；盗抢险保费据表计算；玻璃险保费为 50 元；他人恶意险保费为 100 元；保险期限自 2018 年 1 月 1 日零时起至 2018 年 12 月 31 日 24 时止。地址：十字街 58 号；电话：8666688；邮政编码 438000；总经理：洪源。填好后将“机动车辆保险单”正本和“保费收据”发票联送丰润公司出纳员。

(7)12 月 6 日，以江泽市第一律师事务所陈海的名义填写“增值税专用发票”，收取丰润公司本月律师顾问费用 1 000 元，持其发票联、抵扣联找丰润公司出纳员收款。(税率 6%)

(8)12 月 8 日，江泽市电视台收取丰润公司广告费 20 000 元代电视台填写“增值税专用发票”，持其发票联、抵扣联找丰润公司出纳员收款。(税率 6%)

(9)12 月 9 日,债券公司应向丰润公司收取债券印刷费及手续费 10 000 元。代填写“增值税普通发票”,并持其第二联到丰润财务科结算。(税率 3%)

(10)12 月 9 日,根据下述资料编制“固定资产折旧表”(采用平均年限法),编制完成后将其送交丰润公司记账员。

11 月 30 日,固定资产资料如表 10—12 所示。

表 10—12 固定资产资料

部　门	固定资产类型	固定资产原值(元)	预计净残值(元)	预计使用年限(年)
基本车间	房屋	250 000	15 000	40
	机床加工设备	200 000	10 000	10
	专用电子设备	300 000	20 000	10
	其他专用设备	100 000	10 000	20
机修车间	房屋	100 000	5 000	40
	机床加工设备	50 000	2 500	10
	其他专用设备	10 000	500	20
动力车间	房屋	100 000	5 000	40
	内燃发电机组	100 000	5 000	20
	其他专用设备	40 000	2 000	20
管理部门	房屋	600 000	30 000	40
	不需用设备	200 000	20 000	10
出租	仓库	250 000	10 000	10

(11)12 月 9 日,丰润公司与达昌公司进行非货币交易,交易内容如下:

丰润公司向达昌公司销售 A-3 商品 2 000 件,每件售价 27 元;向达昌公司购进甲材料 14 400 千克,每千克进价格 3.75 元。增值税税率均为 13%,据以填写销售 A-3 商品的“增值税专用发票”和购进甲材料的“材料入库验收单”(材料已如数入库,甲材料的计划单位成本 4.12 元)填写好后先持销售商品的增值税专用发票到达昌公司业务处换取购进材料的增值税专用发票;后将销售商品的“增值税专用发票”的记账联和购进材料的“增值税专用发票”及“材料入库验收单”一并送交丰润公司记账员。填写“产品出库单”送本公司记账员。

(12)12 月 10 日,以公司职工金林的名义填写“费用报销领款单”,到财务科领取独生子女费 160 元。

(13)12 月 10 日,代房地产管理所开具“增值税专用发票”,应收取丰润公司办公用房租金 1 000 元。制单人:李风。持发票联、抵扣联到丰润公司财务科结算。(税率 9%)

(14)12 月 10 日,以江泽市汽车队的名义开具“增值税专用发票”,应收取丰润公司销货运费 5 600 元。制单人:何春明。持发票联、抵扣联到丰润公司财务科结算。(税率 9%)

(15)12 月 10 日,业务科张兴、李源、童伟 3 人领取本年度烤火费,每人 80 元,经理赵胜签字:同意付款。代填写“费用报销领款单”,到财务科出纳处领款。

(16)12 月 10 日,代司法局开具“增值税专用发票”,应收取丰润公司公证费用 1 600 元。收款人:王波。持发票联、抵扣联到丰润公司财务科结算。(税率 6%)

(17)12 月 11 日,生产技术科李军去省城开生产技术会,经领导同意借款 1 500 元。据以填写“借款单”,持单向财务科出纳员借款。

(18)12 月 11 日,支付山河公司的生产车间扩建工程款 5 000 元,经公司经理签字同意付款，由李强统一领款，据以填写“增值税专用发票”，持发票联、抵扣联到财务科出纳处办理领款，取得出纳员签发的“现金支票”到银行取款。(税率9%)

(19)12月12日，业务员毕长胜、赵三平各领计算器一个，单价110元，合计金额220元。经理洪生审批：同意领用，一次摊销。据以填写“物品领用单”并将其送交财务科记账员。

(20)12月12日，丰润公司向证券公司购买一年期债券1 000 000元，手续费2 000元，以证券公司名义开出“收据”，持收据第二联到丰润公司财务科结算。

(21)12月13日，根据表10—13所列资料编制“工资结算汇总表”(因工资结算原始资料比较复杂，实际工作中的工资发放表是根据岗位将每个人的工资计算出来加以汇总的。而下列资料直接以汇总的形式给出)。

表10—13　　　　工资结算汇总资料

车间、部门、类型	职工人数	标准工资(元)	应扣工资(元)		津贴(元)	代扣款项			
			事假	病假		水电费(元)	住房公积金(元)	个人所得税(元)	个人承担社保(元)
基本生产车间生产工人	280	252 000	1 210	1 350	26 770	12 460	9 200	120	1 150
基本生产车间管理人员	11	13 210	310	470	550	1 310	780	45	152
援外工程人员	2	3 600			2 200		80	100	65
在建工程人员	20	23 000	750	200	3 050	2 310	805		160
机修车间人员	6	7 010	340	70	570	640	240		25
动力车间人员	5	6 020	270	80	570	540	200		20
公司管理人员	34	41 000	750	350	1 700	1 980	1 360	300	260
医务人员	4	4 510	120	80	200	430	120		36
六个月以上长病人员	3	3 430		1 000	15	330	69		24

工资结算汇总表编制好后送交财务科出纳员。

(22)12月13日，销售给兴隆公司A-2商品5 000件，每件售价23.80元，A-4商品5 000件，每件售价35.80元，增值税税率13%，据以填写“增值税专用发票”后将其送丰润财务科出纳员办理收款手续。填写“产品出库单”送本公司记账员。

(23)12月14日，业务科各种费用支出汇总情况如下：差旅费350元(26张原始凭证)；办公费189元(23张原始凭证)；其他费用41元(5张原始凭证)；经核对，编制“管理费用支出汇总表”，持表到财务科报账。

(24)12月14日，刘清等五名职工参加江泽市工学院短期培训，支付学杂费3 000元，以工学院名义开出“增值税普通发票”，持第2联(付款人联)找丰润财务科出纳员办理领款，取得出纳员签发的“现金支票”到银行取款。(税率3%)

(25)12月15日，丰润公司职工食堂向为民日杂公司购买铁锅一口，计68元；菜刀两把，单价10元，计20元；合计88元。以为民日杂公司名义开具“增值税普通发票”，持发票联向丰润公司财务科出纳员报账。(在发票备注上填写：列入职工福利。)(税率3%)

(26)12月16日，丰润公司向税务局购买20张5元券印花税票，20张2元券印花税票，20张1元券印花税票，以税务局名义开具“市税务局印花税票发售统一发票”，持发票联向丰润公司财务科出纳员报账。

(27)12月17日,丰润公司应付的车间扩建工程包工款200 000元,以长丰建筑公司的名义填写"增值税专用发票",持发票联、抵扣联到丰润公司财务科办理结算。(税率9%)

(28)12月17日,本月综合奖金结算汇总资料如表10—14所示。

表10—14　本月综合奖金结算汇总资料

车间、部门	奖金(元)
基本生产车间生产工人	33 600
基本生产车间管理人员	1 320
机修车间人员	720
动力车间人员	600
公司管理人员	4 080
医务人员	480

据以编制"综合奖金结算汇总表",持表向财务科出纳员领取奖金。

(29)12月18日,丰润公司应付新卫设计院产品设计费400元,以新卫设计院的名义填写"增值税专用发票",持发票联、抵扣联到丰润公司财务科办理结算。(税率6%)

(30)12月18日,销售给达亿公司甲设备一台,原始价值5万元,已提折旧15 000元,协商作价38 000元。据以填写"增值税专用发票",持其发票联、抵扣联到达亿公司财务科收款,要求达亿公司出纳员签发"转账支票",并与其一同去银行办理转账手续,取得"进账单"的收账通知联及"增值税专用发票"记账联送交丰润公司财务科出纳员。同时依据固定资产原始价值与已提折旧填写"内部转账单",并将其送本公司财务科记账员。(税率13%)

(31)12月18日,一栋仓库300平方米,预计使用30年,已使用28年,原值100 000元,已提折旧80 000元,因重建提前报废。其处理意见,使用部门的意见:因陈旧要求报废;技术鉴定小组意见:情况属实;固定资产管理部门意见:同意转入清理;主管部门审批意见:同意报废重建。据以填写"固定资产报废单"后将其会计记账联送财务科记账员。

(32)12月19日,向丰利公司购进乙设备一台,交易价43 000元,经验收交基本生产车间使用,据以填写"固定资产验收单",将其第二联送财务科出纳员。

(33)12月19日,李军12月11日去省城参加工业生产技术会,12月18日返回,往返汽车票均为36元,住宿费用700元,会议费用150元,其他费用80元,每天补助15元。以李军的名义填写"差旅费报销单",经理洪生在单上签字:同意报销。持单向财务科出纳员报账(原借支1 500元)。

(34)12月19日,业务科与业务往来单位洽谈业务,接待、就餐、补助及接送车费共计金额1 586元,单据23张。据以填写"业务招待费汇总表",经理洪生在单上签字:同意报销。持单向财务科出纳员报账,取得出纳员签发的"现金支票"后到银行提取现金。

(35)12月19日,报废固定资产的清理人员周强等人应领取清理费用300元,以周强的名义填写"费用报销领款单",经理洪生在单上签字:同意付款。持单向财务科出纳员领款。

(36)12月19日,丰润公司向江泽商场收取仓库租金4 000元,据以开出"增值税专用发票",收到现金4 000元,当即填写"进账单"到开户行办理进账手续,收到银行盖章后的"进账单"回单,将"增值税专用发票"的记账联及"进账单"回单送交本公司出纳员。(本公司开户行:

中国工商行江泽市支行,账号:115674356321)(税率9%)

(37)12月20日,仓库清理残料如下:红砖100 000块,每块0.20元,计20 000元,其他材料6 000元,合计26 000元。材料全部入库作重建仓库用,据以编制“材料入库单”,并将其记账联送财务科记账员。

(38)12月20日,丰润公司向为民五金公司购买灭火器五个,单价100元,计500元。灭火器购回后当即由仓库领用。先以为民五金公司名义开具“增值税普通发票”;再以仓库保管员余仲兴名义填写“物品领用单”(经理洪生在单上签字:同意领用,一次摊销)。最后将“增值税普通发票”的发票联和“物品领用单”送财务科出纳员,并要求领款、领物。(税率3%)

(39)12月20日,向丰利公司转让技术,收取技术转让费15 000元,据以填写“增值税专用发票”,持其发票联、抵扣联到丰利公司财务科收款,要求丰利公司出纳员签发“转账支票”,并与其一同去银行办理转账手续,取得银行盖章后的“进账单”的收账通知联后,将“进账单”收账通知联及“江泽市普通发票”记账联送交丰润公司财务科出纳员。(税率6%)

(40)12月21日,向会计局购买《新会计准则》等书籍,付款150元,以会计局的名义填写“增值税普通发票”,并持其发票联到账务科报账。(税率3%)

(41)12月21日,丰润公司的汽车送汽车修配厂修理,具体修配项目如下:汽车补胎225元,汽车轮胎充气20元,车轮拆装35元。以汽车修配厂名义开具“增值税专用发票”,将“增值税专用发票”的发票联、抵扣联送交本公司出纳员。(税率13%)

(42)12月23日,丰润公司使用自来水厂的供水,水表记录是:本月号码为368535,上月号码为363535,实用水5 000吨,每吨单价4元。以自来水厂名义开具“增值税专用发票”,持其发票到本公司财务科结算。(税率9%)

(43)12月23日,业务科用备用金开支下列各种费用:差旅费850元(16张原始凭证);办公费1 150元(30张原始凭证);修理费1 200元(2张原始凭证);经核对全部报销,编制“管理费用支出汇总表”,持表到财务科报账。

(44)12月24日,丰润公司电表的起码是636758,止码是691758,实用电55 000度,每度单价0.80元,以电力局的名义填写“增值税专用发票”,(税率13%)持发票联到丰润公司财务科结算。

(45)12月24日,丰润公司参加本市商品展销会,应付江泽大世界商场的商品展位租用费600元,以大世界市场的名义填写“增值税普通发票”,持发票联到丰润公司财务科结算。(税率3%)

(46)12月25日,物价检查所对丰润公司商品销售情况进行检查,发现部分商品违反国家价格政策,罚款1 600元,以物价检查所名义填写“罚款没收专用收据”,持单到丰润公司财务科结算。

(47)12月26日,看望住院病人李立平,从副食品商品店购买两袋奶粉,每袋120元,苹果3千克,每千克15元,据以填写“增值税普通发票”经理洪生签字:在福利费列支,持发票联到丰润公司财务科结算。(税率3%)

(48)12月26日,迅达搬运公司为丰润公司装卸货物,应收取装卸费1 500元,以迅达公司的名义开具“增值税专用发票”,持发票联、抵扣联到丰润公司财务科结算。(税率9%)

(49)12月26日,李军出差预支差旅费1 000元,据以填写“借款单”,持单向财务科出纳借款。

(50)12月27日,丰润公司自行开发一项实用型专利开发成功,先根据下列资料填写“专利申报表”，申请单位：丰润公司；专利项目：实用新型专利；技术开发费：30 000 元；注册登记费：3 000 元；单位意见：同意申报；专利局审批：同意注册。再以专利局名义填写“增值税专用发票”收取丰润公司专利注册登记费 3 000 元，然后持“专利申报表”和“增值税专用发票”到丰润公司财务科结算。（税率 6%）

(51)12 月 27 日，丰润公司销售给大兴公司 A-1 商品 6 000 千克，每千克售价 10 元；销售给大华公司 A-1 商品 6 000 千克，每千克售价 10 元；销售给兴隆公司 A-3 商品 10 000 件，每件售价 29 元；增值税税率均为 13%，据以分别三个公司填写“增值税专用发票”后持“增值税专用发票”到大兴、大华、兴隆公司财务科结算，要求各公司出纳员根据购销合同填写“商业承兑汇票”，经付款人（各购货公司）承兑后取得“商业承兑汇票”的第二联，将“增值税专用发票”的记账联和“商业承兑汇票”的第二联送交丰润公司出纳员。填写“产品出库单”送本公司记账员。

(52)12 月 27 日，四通运输公司为丰润公司运输购入的材料，应收运费 7 800 元。以四通运输公司的名义开具“增值税专用发票”，持发票联、抵扣联到丰润公司财务科结算。（税率 9%）

(53)12 月 27 日，外购材料全部验收入库。据表 10—15 所列资料填写“材料入库验收单”，将其记账联送财务科记账员。

表 10—15 外购材料入库资料

供货单位	材料名称	数量(千克)	买价(元)	运杂费(元)	计划单价(元)
丰利公司	B-1 材料	9 000	72 000	900	7.5
众生公司	C-1 材料	8 000	120 000	800	15.02
众建公司	甲材料	15 000	60 000	1 500	4.12
	乙材料	15 000	45 000	1 500	3.14
	丙材料	16 000	80 000	1 600	5.13
	丁材料	15 000	90 000	1 500	6.09

(54)12 月 29 日，各部门报废低值易耗品（领用时均一次摊销），本月收回残值如下：基本生产车间 500 元，动力车间 50 元，机修车间 60 元，行政管理部门 90 元。报废材料均已入库（计划价按照 700 元计算）。据以编制“报废低值易耗品汇总表”和“材料入库验收单”，并将其送财务科记账员。

(55)12 月 30 日，销售给兴隆公司 A-2 商品 3 000 件，每价售价 24 元，A-3 商品 20 000 件，每件售价 29 元，增值税税率 13%，据以填写“增值税专用发票”，将“增值税专用发票”2、3、4 联送本公司出纳员。填写“产品出库单”送本公司记账员。

(56)12 月 31 日，基本生产车间生产 A-1 产品耗用 6 800 工时，生产 A-2 产品耗用 6 900 工时，生产 A-3 产品耗用 6 960 工时，生产 A-4 产品耗用 6 961 工时，据以编制“产品耗用工时汇总表”，并将表送财务科记账员。

(57)12 月 31 日，本月发出材料汇总资料如表 10—16 所示。

表 10—16　　本月发出材料汇总

材料名称	数量(千克)	计划单价(元)	计划总价(元)
甲材料	30 000	4.12	123 600
乙材料	20 000	3.14	62 800
丙材料	20 000	5.13	102 600
丁材料	20 000	6.09	121 800
B-1 材料	10 000	7.5	75 000
C-1 材料	10 000	15.02	150 200
其他材料			20 000
合　计			656 000

据以编制"发料凭证汇总表",并将表送财务科记账员。

(58)12 月 31 日,辅助生产车间本月提供劳务总量资料如表 10—17 所示。

表 10—17　　辅助生产车间本月提供劳务总量

项　目	机修车间服务量(工时)	动务车间供电量(度)
A-1 产品耗用	—	8 000
A-2 产品耗用	—	10 000
A-3 产品耗用	—	9 000
A-4 产品耗用	—	11 000
基本生产车间耗用	1 660	500
行政管理部门耗用	100	1 000
车间扩建工程耗用	240	10 500
动力车间耗用	100	—
机修车间耗用	—	1 000
合　计	2 100	51 000

据以编制"辅助生产情况表",并将表送财务科记账员。

(59)12 月 31 日,本月产品生产及入库情况如表 10—18 所示。

表 10—18　　本月产品生产及入库情况

产品名称	月初在产品	本月投产	本月完工入库	月末在产品	在产品完工程度	投料方式
A-1 产品	2 000 千克	35 500 千克	34 500 千克	3 000 千克	50%	逐步投料
A-2 产品	1 200 件	16 600 件	16 000 件	1 800 件	50%	逐步投料
A-3 产品	1 400 件	14 200 件	13 800 件	1 800 件	50%	逐步投料
A-4 产品	1 600 件	10 500 件	11 000 件	1 100 件	50%	逐步投料

代基本生产车间编制"生产情况报告表";代成品仓库编制"产品入库汇总表";将填写好的两张表送财务科记账员。

11 丰利公司会计业务岗位实操

11.1 丰利公司出纳会计岗位实操

11.1.1 开设有关日记账

丰利公司 2017 年 11 月 30 日有关账户余额如下：

库存现金日记账　　1 050(借)

银行存款日记账　　301 000(借)

丰利公司及往来公司相关情况如表 11—1 所示。

表 11—1　　丰利公司及往来公司相关情况

开户行：中国工商银行江泽市支行		开户行：中国工商银行崎峰市支行	
公司名称	账　号	公司名称	账　号
丰利公司	1156674356322	兴隆公司	823653676516
丰润公司	1156674356321	兴盛公司	823653676517
众生公司	1156674356323	大兴公司	823653676514
众健公司	1156674356324	大华公司	823653676515
达昌公司	1156674356327		
达亿公司	1156674356328		

11.1.2 办理如下业务

凡出纳业务，在业务办理完毕后，编制记账凭证，交财务科长复核后据以登记库存现金和银行存款日记账，并将记账凭证连同所附原始凭证一并转交记账员记账。

(1)12 月 1 日，收到张兵“旅差费报销单”(所附单据略)，经审核无误，报销费用 1 138 元，按原预支额 1 500 元开出“收据”，当即收回多余现金。

(2)12 月 1 日，收到业务员送来的“进账单”回单及“增值税专用发票”的记账联进行账务处理。

(3)12 月 1 日，收到开户银行转来丰润公司“转账支票”的收账通知据以填写“进账单”，到开户行办理入账。

(4)12 月 1 日，填写“转账支票”两张，分别支付应付众生公司账款 100 000 元和应付众健公司账款 120 000 元；填写“信汇”凭证一张，支付应付兴盛公司账款 150 000 元。填好结算凭证后去开户银行办理相关手续，取回“信汇”凭证回单，经审核无误后进行账务处理。

(5)12 月 2 日，填写“转账支票”一张，转出投资款 180 000 元，存入亚洲证券营业部账户(亚洲证券营业部开户行：中国工商银行江泽市支行，账号：235673625588)准备用于购买股票。到银行办理转账手续。

(6)12 月 2 日，填写“现金支票”一张，提取现金 14 000 元备用，到开户银行办理支款手续。

(7)12 月 2 日，收到业务科李伟的“领款单”，经审核无误，当即支付现金 2 500 元，作为业务科的备用金(在领款单上注明“现金付讫”)。

(8)12 月 3 日，收到“亚洲证券营业部成交过户交割单”，购入股票划作交易性金融资产。

(9)12 月 5 日，收到开户行转来大华公司和兴隆公司“信汇”凭证收款通知。

(10)12 月 5 日，收到中财保险股份有限公司机动车辆保险单(正本)和保费收据第一联，经审核无误，据以填写转账支票(中财保险股份有限公司开户行：中国工商银行江泽市支行；账号：115675368955)，并到银行办理转账手续。

(11)12 月 6 日，填写“中华人民共和国税收通用缴款书”，将未交增值税、应交城市维护建设税、应交个人所得税、应交教育费附加上交国库，具体金额见明细分类账各该账户的月初余额。税收通用缴款书填写好后，到开户行办理手续，经税务机关、银行盖章后取得完税凭证联，并据以进行账务处理。

(12)12 月 6 日，收到律师事务所的“增值税专用发票”发票联、抵扣联，经审核无误，以现金付讫。

(13)12 月 8 日，收到江泽市电视台的“增值税专用发票”发票联、抵扣联，经审核无误，据以填写转账支票(江泽市电视台开户行：中国工商银行江泽市支行；账号：115674356672)，付广告费，并到银行办理转账手续。

(14)12 月 8 日，本(丰利)公司委托债券发行公司发行 5 年期债券，按面值的 10%溢价发行。现债券公司已发行债券面值 900 000 元，实收金额 990 000 元，款项今日全部交来，当即送存银行。据以填写“收据”及“进账单”，到银行办理手续后据“收据”记账联及“进账单”回单进行账务处理。

(15)12 月 9 日，收到债券公司的“增值税普通发票”发票联，经审核无误，据以填写转账支票(债券公司开户行：中国工商银行江泽市支行；账号：115676283355)，付手续费，并到银行办理转账手续。

(16)12 月 10 日，收到张悦“费用报销领款单”，经审核无误，以现金付讫。

(17)12 月 10 日，收到房地产管理所的“增值税专用发票”发票联、抵扣联，经审核无误，以现金付讫。

(18)12 月 10 日，收到江泽市汽车运输公司的“增值税专用发票”发票联、抵扣联，经审核无误，据以填写转账支票(江泽市汽车运输公司开户行：中国工商银行江泽市支行；账号：

115674356698),付运费,并到银行办理转账手续。

(19)12 月 10 日,依据“应付职工薪酬——社会保险费”期初余额,填写“税收通用缴款书”到银行办理缴款手续。

(20)12 月 10 日,签发“现金支票”,到银行办理取款手续,提回现金 4 000 元备用。根据“现金支票”存根作账务处理。

(21)12 月 10 日,收到张悦等三人的“费用报销领款单”,经审核无误,以现金付讫。

(22)12 月 10 日,收到司法局的“增值税普通发票”经审核无误,据以填写转账支票(司法局开户行:中国工商银行江泽市支行;账号:115674356989),付诉讼费,并到银行办理转账手续。

(23)12 月 11 日,收到张兵的“借款单”,经审核无误,以现金付讫。

(24)12 月 11 日,收到工程队的“增值税专用发票”,经审核无误,如数签发“现金支票”,交向同到银行取款。

(25)12 月 12 日,收到证券公司的“收据”经审核无误,据以填写转账支票(证券公司开户行:中国工商银行江泽市支行;账号:115674356719),付债券及手续费,并到银行办理转账手续。

(26)12 月 13 日,收到“工资结算汇总表”,根据实发工资总额签发“现金支票”,从银行提取现金,当即发放完毕。

(27)12 月 13 日,收到业务员送来的增值税专用发票,据以填写“委托收款凭证”(应收兴隆公司款),持委托收款凭证和增值税专用发票的发票联、抵扣联到银行办理托收手续,经银行盖章后,将退回的“委托收款凭证”回单与“增值税专用发票”记账联一并作账务处理。

(28)12 月 14 日,收到业务科“管理费用支出汇总表”(所附单据 57 张略),经审核无误,以现金付讫。

(29)12 月 14 日,收到江泽市工学院的“增值税普通发票”,经审核无误,开出“现金支票”付讫。

(30)12 月 15 日,收到职工食堂购买铁锅的发票,经审核无误,以现金付讫。

(31)12 月 16 日,收到银行转来委托收款凭证的收款通知 1 张。系兴隆公司应收款。

(32)12 月 16 日,收到“市税务局印花税票发售统一发票”,经审核无误,以现金付讫。

(33)12 月 16 日,收到养老保险“收据”,签发转账支票付讫。

(34)12 月 17 日,收到长丰建筑公司“增值税专用发票”的发票联、抵扣联,经审核无误,据以填写转账支票(建筑公司开户行:中国工商银行江泽市支行;账号:115672785567),付工程款,并到银行办理转账手续。

(35)12 月 17 日,根据“综合奖金结算汇总表”(实际还应按人头的奖金发放表,此处略),签发“现金支票”提回现金,当即发放完毕。

(36)12 月 18 日,收到新卫设计院的“增值税专用发票”发票联,经审核无误,以现金付讫。

(37)12 月 18 日,收到众生公司出售设备的“增值税专用发票”发票联、抵扣联,及本公司业务员送来的“固定资产验收单”,经审核无误据以填写“转账支票”付设备款,并到银行办理转账手续。

(38)12 月 19 日,收到业务员送来的丰润公司转账支票的收账通知联及本公司的固定资产销售的“增值税专用发票”的会计记账联,经审核无误进行账务处理。

(39)12 月 19 日,收到张兵的“旅差费报销单”(所附单据略)和交来的现金 464 元,开出

“收据”收讫。收据金额按张兵原借支数填写。

(40)12月19日,收到业务科的“业务招待费汇总表”及所附20张单据(单据略),经审核无误后,当即签发“现金支票”补足其备用金。

(41)12月19日,收到李民的“费用报销领款单”,经审核无误,以现金付讫。

(42)12月19日,收到业务员送来的仓库租金收入“进账单”回单及“增值税专用发票”记账联。

(43)12月20日,收到业务员送来的“增值税普通发票”和“物品领用单”,经审核无误后签发“现金支票”,从银行提回现金5 600元,除支付灭火器款外,其余备用。

(44)12月20日,收到丰润公司的“增值税专用发票”发票联、抵扣联,经审核无误后签发“转账支票”支付技术转让费。到银行办理转账手续。

(45)12月21日,收到购买书籍的“增值税普通发票”发票联,经审核无误以现金付讫。

(46)12月21日,收到业务员送来的众生公司“转账支票”的收账通知联,及本公司收取技术转让收入的“增值税专用发票”记账联。

(47)12月21日,收到汽车修配厂的“增值税普通发票”发票联,经审核无误后以现金付讫。

(48)12月23日,收到“增值税专用发票”,经审核无误后填写“转账支票”支付水费,到银行办理转账手续。(自来水厂开户行:中国工商银行江泽市支行;账号:115674351125)

同时根据定额耗用量分配本月水费,定额耗用量如下:动力车间500吨,机修车间600吨,基本生产车间2 500吨,公司管理部门1 400吨,据以编制“水费分配表”。

根据“增值税专用发票”发票联、抵扣联、“转账支票”存根和“水费分配表”进行账务处理。

(49)12月23日,收到业务科的“管理费用支出汇总表”及所附49张单据(单据略),经审核无误后,当即签发“现金支票”补足其备用金。

(50)12月24日,收到电力局的“增值税专用发票”发票联,经审核无误后填写“转账支票”支付电费,到银行办理转账手续。(电力局开户行:中国工商银行江泽市支行;账号:115674356211)

同时根据表11—2所列定额耗用量资料编制“外购动力费分配表”。

表11—2 **定额耗用量资料情况**

产品名称	定额耗用量	车间部门	定额耗用量
B-1产品	11 000度	动力车间	1 000度
B-2产品	12 000度	机修车间	1 100度
B-3产品	12 500度	基本生产车间	900度
B-4产品	13 500度	管理部门	8 000度

根据电力局的发票联、“转账支票”存根和“外购动力费分配表”进行账务处理。

(51)12月24日,收到大世界市场的“增值税普通发票”发票联,经审核无误后以现金付讫。

(52)12月25日,签发“现金支票”,到银行办理取款手续,提回现金6 500元备用。根据“现金支票”存根作账务处理。

(53)12月25日,收到物价检查所“罚款没收专用收据”,以现金支付罚款。

(54)12 月 26 日,收到副食品商品店“增值税普通发票”发票联,经审核无误后以现金付讫。

(55)12 月 26 日,收到迅达搬运公司的“增值税专用发票”发票联、抵扣联,经审核无误后以现金付讫。

(56)12 月 26 日,收到张兵的“借款单”经审核无误后以现金付讫。

(57)12 月 27 日,收到本公司业务员送来销售商品给丰润公司、大华公司和兴隆公司的“增值税专用发票”记账联和三张“商业承兑汇票”。

(58)12 月 27 日,收到业务员送来的“专利申报表”和专利局的“增值税专用发票”发票联、抵扣联,经审核无误后填写“转账支票”支付专利注册登记费,到银行办理转账手续。(专利局开户行:中国工商银行江泽市支行;账号:115675363286)

(59)12 月 27 日,收到众健公司、众生公司、兴盛公司业务员送来的增值税专用发票 2、3 联,经审核无误后分别填写为期 2 个月的“商业承兑汇票”三份,其中第一联并各收款人盖章签名后收回,在第二联的付款人盖章处盖上财务专用章,在负责经办处均签上名,填好后将第二联分别交众健公司、众生公司、兴盛公司业务员。

同时收到四通运输公司的“增值税专用发票”发票联、抵扣联,经审核无误后填写“转账支票”支付材料运费,到银行办理转账手续。(四通运输公司开户行:中国工商银行江泽市支行;账号:115675363298)

根据材料重量编制“材料采购费用分配表”。各种材料采购的重量:C-1 材料 8 000 千克,D-1 材料 7 000 千克,甲材料 20 000 千克,乙材料 20 000 千克,丙材料 10 000 千克,丁材料 10 000 千克。

根据增值税专用发票的发票联、商业汇票的留存联,转账支票存根联、“材料采购费用分配表”,作账务处理。

(60)12 月 30 日,收到业务员送来的“增值税专用发票”,合同规定销货款采用委托收款结算方式,经审核无误后,据以填写“委托收款凭证”,持“委托收款凭证”和“增值税专用发票”到银行办理托收手续,经银行盖章后,将退回的“委托收款凭证”回单与“增值税专用发票”的记账联一并作账务处理。

(61)12 月 31 日,到开户行拿回贷款计息凭证,进行账务处理。(已预计应付利息 10 000 元)

(62)12 月 31 日,到开户行拿回存款计息凭证,进行账务处理。

(63)12 月 31 日,将账面价值为 90 000 元的“交易性金融资产——基金”全部出售,实得现金 94 500 元。填写“内部转账单”和“进账单”,将现金送存银行(全为百元券)。

11.2 丰利公司记账会计岗位实操

11.2.1 开设有关账户

丰利公司 2017 年 11 月 30 日明细账期末资料如表 11—3 所示:

表 11—3 明细账期末资料(截至 2017 年 11 月 30 日) 单位:元

科 目	借或贷	金 额
其他货币资金——外埠存款	借	11 000.00
交易性金融资产——股票(成本)	借	110 000.00
交易性金融资产——债券(成本)	借	80 000.00
交易性金融资产——基金(成本)	借	90 000.00
应收票据——丰润公司	借	200 000.00
应收票据——大华公司	借	100 000.00
应收票据——兴隆公司	借	100 000.00
应收账款——丰润公司	借	100 000.00
应收账款——大华公司	借	120 000.00
应收账款——兴隆公司	借	90 000.00
坏账准备	贷	1 230.00
其他应收款——张兵	借	1 500.00
其他应收款——代扣水电费	借	16 000.00
材料采购——原材料	借	38 880.00
原材料——原料及主要材料	借	442 000.00
原材料——其他材料	借	80 000.00
周转材料——包装物	借	18 000.00
周转材料——低值易耗品	借	58 000.00
材料成本差异——原材料	借	4 420.00
材料成本差异——包装物	贷	180.00
材料成本差异——低值易耗品	借	580.00
库存商品——B-1 产品	借	140 000.00
库存商品——B-2 产品	借	750 000.00
库存商品——B-3 产品	借	540 000.00
库存商品——B-4 产品	借	1 100 000.00
长期股权投资——股票投资(德茂公司)	借	100 000.00
持有至到期投资——成本	借	90 000.00
持有至到期投资——利息调整	借	5 000.00
持有至到期投资——应计利息	借	600.00
固定资产——生产用固定资产	借	1 360 000.00
固定资产——非生产用固定资产	借	650 000.00
固定资产——不需用固定资产	借	150 000.00

续表

科　目	借或贷	金　额
固定资产——出租固定资产	借	200 000.00
累计折旧	贷	600 000.00
工程物资——专用材料	借	280 000.00
工程物资——专用设备	借	480 000.00
在建工程——机床大修工程	借	50 000.00
在建工程——设备安装工程	借	400 000.00
固定资产清理——报废	借	5 600.00
无形资产——专利权	借	372 000.00
无形资产——专有技术	借	380 000.00
研发支出——资本化支出	借	28 000.00
长期待摊费用——固定资产大修费用	借	58 500.00
待处理财产损溢——待处理固定资产损溢	借	2 000.00
生产成本——基本生产成本(B-1 产品)	借	10 000.00
生产成本——基本生产成本(B-2 产品)	借	12 000.00
生产成本——基本生产成本(B-3 产品)	借	14 000.00
生产成本——基本生产成本(B-4 产品)	借	16 000.00
短期借款——生产周转借款	贷	1 600 000.00
应付票据——众健公司	贷	120 000.00
应付票据——众生公司	贷	150 000.00
应付票据——兴盛公司	贷	100 000.00
应付账款——众健公司	贷	120 000.00
应付账款——众生公司	贷	100 000.00
应付账款——兴盛公司	贷	150 000.00
应付职工薪酬——职工教育经费	贷	4 000.00
应付职工薪酬——职工福利	贷	1 000.00
应付职工薪酬——社会保险费	贷	9 000.00
应交税费——未交增值税	贷	30 000.00
应交税费——应交所得税	借	48 000.00
应交税费——应交城市维护建设税	贷	2 000.00
应交税费——应交个人所得税	贷	2 600.00
应交税费——应交教育费附加	贷	700.00
应付利息	贷	25 000.00

续表

科　目	借或贷	金　额
长期借款——基建借款	贷	1 290 000.00
长期应付款——应付设备款	贷	90 000.00
应付债券——面值	贷	300 000.00
应付债券——利息调整	贷	20 000.00
应付债券——应计利息	贷	15 000.00
实收资本——国家投资	贷	1 600 000.00
实收资本——兴隆公司	贷	200 000.00
实收资本——其他	贷	1 213 420.00
资本公积——资本溢价	贷	300 000.00
资本公积——其他	贷	80 000.00
盈余公积——法定盈余公积	贷	580 000.00
利润分配——未分配利润	贷	100 000.00
本年利润	贷	400 000.00

原材料明细账 2017 年 11 月 30 日期末资料如表 11—4 所示。

表 11—4　　原材料明细账(截至 2017 年 11 月 30 日)　　单位:元

品　名		单位	数量	计划单价	金额
原料及主要材料	甲材料	千克	11 000	4.06	44 660
	乙材料	千克	11 000	2.96	32 560
	丙材料	千克	11 000	5.08	55 880
	丁材料	千克	10 000	5.94	59 400
	C-1 材料	千克	10 000	14.88	148 800
	D-1 材料	千克	10 000	10.07	100 700
	小　计				442 000
其他材料					80 000
合　计					522 000

材料采购明细账 2017 年 11 月 30 日期末资料如表 11—5 所示。

表 11—5　　材料采购明细账(截至 2017 年 11 月 30 日)　　单位:元

供货单位	项目	借方			贷方			备注
		买价	运杂费	合计	计划成本	差异	合计	
兴隆公司	甲材料	7 000	160	7 160				
	乙材料	6 000	150	6 150				
兴盛公司	丙材料	5 000	150	5 150				
	丁材料	10 000	200	10 200				
众生公司	C-1 材料	5 000	120	5 120				
众健公司	D-1 材料	5 000	100	5 100				
合　计		38 000	880	38 880				

库存商品明细账 2017 年 11 月 30 日期末资料如表 11—6 所示。

表 11—6　　库存商品明细账(截至 2017 年 11 月 30 日)　　单位:元

商品名称	单位	数量	单位成本	金额
B-1 商品	千克	25 000	5.6	140 000
B-2 商品	件	50 000	15	750 000
B-3 商品	件	30 000	18	540 000
B-4 商品	件	55 000	20	1 100 000
合　计				2 530 000

生产成本明细账 2017 年 11 月 30 日期末在产品成本资料如表 11—7 所示。

表 11—7　　生产成本明细账(截至 2017 年 11 月 30 日)　　单位:元

产品名称	数量	成本项目			
		直接材料	直接人工	制造费用	合计
B-1 产品	4 000 千克	5 000	3 000	2 000	10 000
B-2 产品	1 600 件	6 000	3 600	2 400	12 000
B-3 产品	1 600 件	7 000	4 200	2 800	14 000
B-4 产品	1 600 件	8 000	4 800	3 200	16 000
合　计					52 000

11.2.2　开设明细账

按下列要求开设明细账：

(1)下列账户(表 11—8)使用三栏式账页(有期初余额的账户结转期初余额,没有期初余额的账户设户后待记发生额):

表 11—8

明细账账户

序号	一级科目	明细科目	序号	一级科目	明细科目
1	其他货币资金	外埠存款	48	短期借款	生产周转借款
2	其他货币资金	存出投资款	49	应付票据	众健公司
3	交易性金融资产	股票(成本)	50	应付票据	众生公司
4	交易性金融资产	股票(公允价值变动)	51	应付票据	兴盛公司
5	交易性金融资产	债券(成本)	52	应付账款	众健公司
6	交易性金融资产	基金(成本)	53	应付账款	众生公司
7	应收票据	丰润公司	54	应付账款	兴盛公司
8	应收票据	大华公司	55	应付职工薪酬	工资
9	应收票据	兴隆公司	56	应付职工薪酬	职工福利
10	应收账款	丰润公司	57	应付职工薪酬	社会保险费
11	应收账款	大华公司	58	应付职工薪酬	住房公积金
12	预付账款	中财保险公司	59	应付职工薪酬	工会经费
13	应收账款	兴隆公司	60	应付职工薪酬	职工教育经费
14	坏账准备		61	应付职工薪酬	非货币性福利
15	其他应收款	张兵	62	应交税费	未交增值税
16	其他应收款	业务科	63	应交税费	应交所得税
17	其他应收款	代扣水电费	64	应交税费	应交城市维护建设税
18	原材料	原料及主要材料	65	应交税费	应交个人所得税
19	原材料	其他材料	66	应交税费	应交房产税
20	周转材料	包装物	67	应交税费	应交教育费附加
21	周转材料	低值易耗品	68	应付利息	
22	材料成本差异	原材料	69	应付股利	
23	材料成本差异	包装物	70	其他应付款	社会保险费
24	材料成本差异	低值易耗品	71	其他应付款	住房公积金
25	长期股权投资	股票投资(德茂公司)	72	长期借款	基建借款
26	持有至到期投资	成本	73	长期应付款	应付设备款
27	持有至到期投资	利息调整	74	应付债券	面值
28	持有至到期投资	应计利息	75	应付债券	利息调整
29	固定资产	生产用固定资产	76	应付债券	应计利息
30	固定资产	非生产用固定资产	77	递延所得税负债	
31	固定资产	不需用固定资产	78	实收资本	国家投资
32	固定资产	出租固定资产	79	实收资本	兴隆公司

续表

序号	一级科目	明细科目	序号	一级科目	明细科目
33	累计折旧		80	实收资本	其他
34	工程物资	专用材料	81	资本公积	资本溢价
35	工程物资	专用设备	82	资本公积	其他
36	在建工程	机床大修工程	83	盈余公积	法定盈余公积
37	在建工程	设备安装工程	84	利润分配	提取法定盈余公积
38	在建工程	生产车间扩建工程	85	利润分配	应付现金股利
39	固定资产清理	报废	86	利润分配	未分配利润
40	固定资产清理	出售不需用固定资产	87	本年利润	本年利润
41	无形资产	专利权	88	主营业务收入	B-1 产品
42	无形资产	专有技术	89	主营业务收入	B-2 产品
43	研发支出	资本化支出	90	主营业务收入	B-3 产品
44	累计摊销		91	主营业务收入	B-4 产品
45	长期待摊费用	固定资产大修费用	92	其他业务收入	
46	待处理财产损溢	待处理固定资产损溢	93	投资收益	
47	递延所得税资产		94	公允价值变动损益	
			95	营业外收入	
			96	主营业务成本	B-1 产品
			97	主营业务成本	B-2 产品
			98	主营业务成本	B-3 产品
			99	主营业务成本	B-4 产品
			100	税金及附加	
			101	其他业务成本	
			102	资产减值损失	
			103	营业外支出	
			104	所得税费用	

(2)下列账户使用多栏式账页(有期初余额的账户结转期初余额,没有期初余额的账户设户后待记发生额):

应交税费——应交增值税

生产成本——基本生产成本(B-1 产品)

生产成本——基本生产成本(B-2 产品)

生产成本——基本生产成本(B-3 产品)

生产成本——基本生产成本(B-4 产品)

生产成本——辅助生产成本——机修车间

生产成本——辅助生产成本——动力车间

制造费用——基本生产车间

销售费用

财务费用

管理费用

(3)“材料采购——原材料”使用横线登记式账页(有期初余额的账户结转期初余额,没有期初余额的账户设户后待记发生额)。

(4)下列账户使用数量金额式账页(有期初余额的账户结转期初余额,没有期初余额的账户设户后待记发生额):

库存商品——B-1 产品

库存商品——B-2 产品

库存商品——B-3 产品

库存商品——B-4 产品

原材料——原料及主要材料——甲材料

原材料——原料及主要材料——乙材料

原材料——原料及主要材料——丙材料

原材料——原料及主要材料——丁材料

原材料——原料及主要材料——C-1 材料

原材料——原料及主要材料——D-1 材料

11.2.3　办理记账业务

办理以下记账业务:

(1)12 月 12 日,收到业务员送来“产品出库单”第二联。(留待月末汇总进行账务处理)

(2)12 月 4 日,收到业务员送来的材料入库验收单。(留待月末汇总进行收料的账务处)

(3)12 月 9 日,收到固定资产折旧计算表,经审核无误进行账务处理。

(4)12 月 9 日,收到业务员交来本公司换出商品的增值税专用发票的记账联,换入材料的增值税发票的抵扣联与发票联及材料入库验收单的会计记账联,经审核无误进行非货币性交易的账务处理。

(5)12 月 12 日,收到候川、周橙的“物品领用单”,经审核无误进行账务处理。

(6)12 月 18 日,收到固定资产报废单,经审核无误进行账务处理。

(7)12 月 19 日,收到业务员送来的“内部转账单”,经审核无误进行账务处理。

(8)12 月 20 日,收到业务员送来的工程物资入库验收单。

(9)12 月 20 日,报废固定资产清理完毕,根据“固定资产清理——报废清理”账户余额编制“内部转账单”,结转清理损益。

(10)12 月 27 日,收到业务员送来的材料入库验收单。(留待月末汇总进行收料的账务处理)

(11)12 月 28 日,本月应摊销专利权 40 000 元,应摊销专有技术 30 000 元,应摊销基本生产车间固定资产大修费 18 000 元,据以编制“无形资产、长期待摊费用分摊表”,经审核无误进行账务处理。

(12)12 月 29 日,收到“报废低值易耗品汇总表”及“材料入库验收单”(会计记账联)经审

核无误进行账务处理。

(13)12 月 29 日,据前面留存的“材料入库验收单”登记“材料采购”明细账(横线登记式明细账)的贷方发生额,并计算入库材料成本差异,据此编制“本月已付款的入库材料汇总表”。

(14)12 月 30 日,本月生产产品领用包装物的计划成本汇总如下(根据领料单汇总的,因为领料单不便一一列出,故略去):

B-1 产品领用 2 000 元

B-2 产品领用 2 200 元

B-3 产品领用 2 500 元

B-4 产品领用 2 300 元

据“周转材料——包装物”与“材料成本差异——包装物”账户资料计算材料成本差异率、领用材料应分摊的差异额及领用材料实际成本,据计算结果编制“领用包装物汇总表”,经审核无误进行账务处理。

(15)12 月 30 日,本月领用低值易耗品的计划成本汇总如下(根据领料单汇总的,因为领料单不便一一列出,故略去):

基本生产车间领用 8 000 元

动力车间领用 1 200 元

机修车间领用 1 600 元

公司管理部门领用 2 000 元

据“周转材料——低值易耗品”与“材料成本差异——低值易耗品”账户资料计算材料成本差异率、领用材料应分摊的差异额及领用材料实际成本,据计算结果编制“领用低值易耗品汇总表”,经审核无误进行账务处理。

(16)12 月 31 日,收到“车间产品耗用工时汇总表”,结合“工资结算汇总表”与“奖金发放表”先编制“基本生产车间生产工人工资分配表”,后编制“职工薪酬分配表”,经审核无误进行账务处理。

(17)12 月 31 日,收到业务员送来的“发料凭证汇总表”及其“发料单”(略),根据“发料单”上所载明的用途及下列材料耗用资料编制“发料凭证分配汇总表”。据“原材料——原料用主要材料”各数量金额式明细账及“材料成本差异——原材料”账户资料计算材料成本差异率、领用材料应分摊的差异额及领用材料实际成本。

材料耗用的计划成本汇总如表 11—9 所示。

表 11—9　　材料耗用的计划成本汇总资料　　单位:元

产品、车间、部门	主要材料	其他材料	备　注
B-1 产品	125 000		
B-2 产品	135 000		
B-3 产品	165 000		
B-4 产品	150 000		
基本生产车间一般耗用		4 000	列入物料消耗
动力车间	12 000	3 000	
机修车间	6 000	7 000	

续表

产品、车间、部门	主要材料	其他材料	备　注
公司管理部门		3 000	列入公司经费
销售部门		3 000	列入包装费
车间扩建工程	26 460	10 000	按13%转出进项税额

经审核无误进行账务处理。

(18)12月31日，原作待处理的盘亏设备净值2 000元，经批准转销。据以编制“内部转账单”，经审核无误进行账务处理。

(19)12月31日，收到“辅助生产情况表”，结合“生产成本——辅助生产成本——动力车间”和“生产成本——辅助生产成本——机修车间”账户资料，采取直接分配法分配辅助生产费用，编制“辅助生产费用分配表”(分配率精确至小数点后四位)。经审核无误进行账务处理。

(20)12月31日，根据工时记录(见第15笔业务“车间耗用工时汇总表”)和“制造费用——基本生产车间”账户资料编制“制造费用分配表”(分配率精确至小数点后四位。)经审核无误进行账务处理。

(21)12月31日，收到“生产情况报告表”和“产品入库汇总表”，结合基本生产成本明细账资料，据以编制“产品成本计算表”(分别四种产品进行计算)，单位成本保留到分。经审核无误进行账务处理。

(22)12月31日，根据“产品出库单”本月商品销售数量及“库存商品”明细账的加权平均单位成本，编制“产品销售成本计算表”，结转产品销售成本。

(23)12月31日，“交易性金融资产——股票”的公允价值为220 000元，依据“交易性金融资产——股票——成本”及“交易性金融资产——股票——公允价值变动”明细账户资料计算本期公允价值变动金额，据以填制“内部转账单”，经审核无误进行账务处理。

(24)12月31日，按应收款项百分比法计提坏账准备，提取比例为3%，依据“应收账款”及“坏账准备”明细账资料分析计算本期应计提的坏账准备金，据以编制“内部转账单”，经审核无误进行账务处理。

(25)12月31日，依据“应交税费——应交增值税”明细账资料分析填写“增值税纳税申报表”，计算出未交增值税额，经审核无误进行账务处理。

(26)12月31日，依据“其他业务收入”和“固定资产”明细账及“增值税纳税申报表”资料，计算应交营业税、应交房产税、应交城市维护建设税、应交教育费附加，编制“地方税收综合纳税(费)申报表”，经审核无误进行账务处理。

(27)12月31日，依据“持有至到期投资”明细账期初资料计算本年利息收入，并进行利息调整(按票面利率6%，实际利率4%计算)，据以填制“内部转账单”，经审核无误进行账务处理。(本月发生数，暂不计算利息)

(28)12月31日，依据“应付债券”明细账期初资料计算本年利息费用，并进行利息调整，按票面利率5%，实际利率4%计算。(为安装工程而发行债券)据以填制“内部转账单”，经审核无误进行账务处理。(本月发生数，暂不计算利息)

(29)12月31日，结平“待处理财产损溢”及“应付职工薪酬——职工福利”账户。

(30)12月31日，编制“内部转账单”将损益类账户的本月净发生额结转“本年利润”账户。

(31)12月31日，编制“利润表”初稿，据以编制“暂时性差异计算表”“所得税纳税申报表”

(税率 25%)经审核无误进行账务处理。

(32)12 月 31 日,将“所得税费用”账户发生额,转入“本年利润”后结平“本年利润”账户。

(33)12 月 31 日,编制“利润分配计算表”进行利润分配。法定盈余公积按净利润的 10%分配,应付现金股利按“未分配利润”明细账期初余额加上本年净利润,减去本年提取的法定盈余公积后的 30%分配。

(34)12 月 31 日,将“利润分配——提取盈余公积”“利润分配——应付现金股利”账户余额转入“利润分配——未分配利润”账户。

11.3 丰利公司财务科长岗位实操

11.3.1 开设总账

根据下列资料开设总账账户,每个账户占一页。丰利公司 2017 年 11 月 30 日总账期末资料如表 11－10 所示:

表 11－10 总账账户余额(截至 2017 年 11 月 30 日) 单位:元

科　目	借或贷	金　额	科　目	借或贷	金　额
库存现金	借	1 050.00	短期借款	贷	1 600 000.00
银行存款	借	301 000.00	应付票据	贷	370 000.00
其他货币资金	借	11 000.00	应付账款	贷	370 000.00
交易性金融资产	借	280 000.00	应付职工薪酬	贷	14 000.00
应收票据	借	400 000.00	其他应付款	平	
应收账款	借	310 000.00	应交税费	借	12 700.00
预付账款	平		应付利息	贷	25 000.00
坏账准备	贷	1 230.00	应付股利	平	
其他应收款	借	17 500.00	长期借款	贷	1 290 000.00
材料采购	借	38 880.00	长期应付款	贷	90 000.00
原材料	借	522 000.00	应付债券	贷	335 000.00
周转材料	借	76 000.00	递延所得税负债	平	
材料成本差异	借	4 820.00	实收资本	贷	3 013 420.00
库存商品	借	2 530 000.00	资本公积	贷	380 000.00
长期股权投资	借	100 000.00	盈余公积	贷	580 000.00
持有至到期投资	借	95 600.00	利润分配	贷	100 000.00
固定资产	借	2 360 000.00	本年利润	贷	400 000.00
累计折旧	贷	600 000.00	主营业务收入	平	
工程物资	借	760 000.00	其他业务收入	平	

续表

科　目	借或贷	金　额	科　目	借或贷	金　额
在建工程	借	450 000.00	投资收益	平	
固定资产清理	借	5 600.00	公允价值变动损益	平	
无形资产	借	752 000.00	营业外收入	平	
研发支出	借	28 000.00	主营业务成本	平	
累计摊销	平		税金及附加	平	
长期待摊费用	借	58 500.00	其他业务成本	平	
待处理财产损溢	借	2 000.00	销售费用	平	
递延所得税资产	平		管理费用	平	
生产成本	借	52 000.00	财务费用	平	
制造费用	平		资产减值损失	平	
			营业外支出	平	
			所得税费用	平	

11.3.2 处理日常总账业务

日常总账业务如下：

(1)复核上旬会计凭证，根据审核无误的上旬记账凭证编制记账凭证汇总表，并据以登记总账，结出账户余额，与出纳员所经管的日记账核对，如有不符，查明原因，予以更正；与记账员所经管的明细账进行核对，如有不符，查明原因，予以更正。

(2)复核中旬会计凭证，根据审核无误的中旬记账凭证编制记账凭证汇总表，并据以登记总账，结出账户余额，与出纳员所经管的日记账核对，如有不符，查明原因，予以更正；与记账员所经管的明细账进行核对，如有不符，查明原因，予以更正。

(3)复核下旬会计凭证，根据审核无误的下旬记账凭证编制记账凭证汇总表，并据以登记总账，结出账户余额，与出纳员所经管的日记账核对，如有不符，查明原因，予以更正；与记账员所经管的明细账进行核对，如有不符，查明原因，予以更正。

(4)编制总账账户余额试算平衡表。

(5)办理年结。

11.3.3 编制会计报表

编制如下会计报表：

(1)编制资产负债表。

(2)编制利润表。

(3)编制现金流量表。

11.4 丰利公司业务员岗位实操

按要求填制和传递2017年12月份凭证：

(1)12月1日，张兵出差返回公司报账，出差相关内容如下：张兵出差联系业务推销产品，2017年11月25日从江泽市乘火车至郑州市（当日到达）火车票200元，在郑州期间住宿费150元，2017年11月27日从郑州乘火车至武汉（次日到达）火车票120元，在武汉期间住宿费300元，2017年11月29日从武汉乘火车回江泽市（次日到达）火车票260元，出差补助每天18元，据以填写“旅差费报销单”（厂长洪放在单上签字：同意报销），并持单以张兵的名义向财务科出纳处报账（出差前已预支1 500元）。

(2)12月1日，销售给MN公司B-4商品10 000件，销售给AC公司B-4商品6 000件，销售给DV公司B-4商品5 000件，销售给BC公司B-4商品8 000件，B-4商品每件售价29元，增值税税率13%，价税款均已收讫。据以填写“增值税专用发票”，款项全部存入银行，填写“进账单”，送银行办理进账手续后取回“进账单”回单。将“进账单”回单连同“增值税专用发票”的记账联送财务科出纳员，填写“产品出库单”送本公司记账员。（开户行：中国工商银行江泽市支行；账号：1156674356322）

(3)12月2日，以业务科李伟的名义填写“领款单”，领款金额2 500元，领款单填写好后到财务科找出纳员领款，作为业务科的备用金。

(4)12月3日，以亚洲证券营业部的名义填写“亚洲证券营业部成交过户交割单”1张，内容如下：本交割单系丰利公司购买股票，成交编号为12689，股东账户为33665689，股东名称为丰利公司，申请编号为686，公司代码为M119，申报时间为095230（即9点52分30秒），成交时间为095300，实收金额为90 631元，资金余额为89 369元；证券名称为500232，成交数量11 000股，成交价格8.18元，佣金290元，印花税350元，附加费11元。送本公司财务科出纳员。

(5)12月4日，表11—11所列材料全部入库，据以填写“材料入库验收单”。

表11—11 材料入库资料

供货单位	材料名称	计量单位	数量	单位买价(元)	运杂费(元)	计划单价(元)
兴隆公司	甲材料	千克	2 000	3.5	160	见本公司记账员数量金额式明细账。
	乙材料	千克	2 000	3	150	
兴盛公司	丙材料	千克	1 000	5	150	
	丁材料	千克	2 000	5	200	
众健公司	D-1材料	千克	500	10	100	
众生公司	C-1材料	千克	250	20	120	

将填写好的“材料入库验收单”记账联送本公司记账员。

(6)12月5日，以中财保险股份有限公司的名义填写“机动车辆保险单”和“保费收据”各一张，填写内容如下：被保险人为丰利公司；投保险种为车辆损失险、第三责任险，盗抢险、玻璃险、他人恶意险等；车辆型号为皇冠（普）；发动机号为358650；牌号为A-35620；非营业用车；座位为5座；保险价值40万元，保险金额40万元；基本保费280元；车辆损失险费率0.8%；第三责任险最高赔偿限额为28万元；第三责任险保费为2 500元；盗抢险保费据表计算；玻璃险保费为60元；他人恶意险保费为100元；保险期限自2018年1月1日零时起至2018年12月31日24时止。地址：十字街58号；电话：8666688；邮政编码438000；总经理：洪源。填好后将“机动车辆保险单”正本和“保费收据”发票联送丰利公司出纳员。

(7)12月6日，以江泽市第一律师事务所陈海的名义填写“增值税专用发票”，收取丰利公司本月律师顾问费用900元，持其发票联、抵扣联找丰利公司出纳员收款。(税率6%)

(8)12月8日，江泽市电视台收取丰利公司广告费22 000元代电视台填写“增值税专用发票”，持其发票联、抵扣联找丰利公司出纳员收款。(税率6%)

(9)12月9日，债券公司应向丰利公司收取债券印刷费及手续费9 000元。代填写“增值税普通发票”，并持其第二联到丰利财务科结算。(税率3%)

(10)12月9日，根据下述资料编制“固定资产折旧表”(采用平均年限法)，编制完成后将其送交丰利公司记账员。

11月30日，固定资产资料如表11－12所示。

表11－12　　固定资产资料

部　门	固定资产类型	固定资产原值(元)	预计净残值(元)	预计使用年限(年)
基本车间	房屋	200 000	15 000	40
	机床加工设备	260 000	13 000	10
	专用电子设备	300 000	20 000	10
	其他专用设备	200 000	10 000	20
机修车间	房屋	100 000	5 000	40
	机床加工设备	50 000	2 500	10
	其他专用设备	10 000	500	20
动力车间	房屋	100 000	5 000	40
	内燃发电机组	100 000	5 000	20
	其他专用设备	40 000	2 000	20
管理部门	房屋	650 000	32 000	40
	不需用设备	150 000	10 000	10
出租	仓库	200 000	10 000	10

(11)12月9日，丰利公司与达昌公司进行非货币交易，交易内容如下：

丰利公司向达昌公司销售B-3商品2 520件，每件售价25元；向达昌公司购进乙材料20 000千克，每千克进价格3.15元。增值税税率均为17%，据以填写销售B-3商品的“增值税专用发票”和购进乙材料的“材料入库验收单”(材料已如数入库，乙材料的计划单位成本见记账员岗位的数量金额式明细账)填写好后先持销售商品的增值税专用发票的2、3联到达昌公司业务处换取购进材料的增值税专用发票；后将销售商品的“增值税专用发票”的记账联和购进材料的“增值税专用发票”及“材料入库验收单”一并送交丰利公司记账员。填写“产品出库单”送本公司记账员

(12)12月10日，以公司职工张悦的名义填写“费用报销领款单”，到财务科领取独生子女费160元。

(13)12月10日，代房地产管理所开具“增值税专用发票”，应收取丰利公司办公用房租金

1 200 元。制单人:李风。持发票联到丰利公司财务科结算。(税率 9%)

(14)12 月 10 日,以江泽市汽车队的名义开具“增值税专用发票”,应收取丰利公司销货运费 6 000 元。制单人:何春明。持发票联、抵扣联到丰利公司财务科结算。(税率 9%)

(15)12 月 10 日,业务科张悦、王华、韦利三人领取本年度烤火费,每人 80 元,经理张凡签字:同意付款。代填写“费用报销领款单”,到财务科出纳处领款。

(16)12 月 10 日,代司法局开具“增值税专用发票”,应收取丰利公司公证费用 1 800 元。收款人:王波。持发票联、抵扣联到丰利公司财务科结算。(税率 6%)

(17)12 月 11 日,生产技术科张兵去省城开生产技术会,经领导张凡同意借款 1 600 元。据以填写“借款单”,持单向财务科出纳员借款。

(18)12 月 11 日,支付山河公司的生产车间扩建工程款 6 000 元,经公司经理张凡签字同意付款,由向东统一领款,据以填写“增值税专用发票”,持发票联、抵扣联到财务科出纳处办理领款,取得出纳员签发的“现金支票”到银行取款。(税率 9%)

(19)12 月 12 日,业务员候川、周橙各领计算器一个,单价 120 元,合计金额 240 元。经理张凡审批:同意领用,一次摊销。据以填写“物品领用单”并将其送交财务科记账员。

(20)12 月 12 日,丰利公司向证券公司购买一年期债券 1 000 000 元,手续费 2 000 元,以证券公司名义开出“收据”,持收据第二联到丰利公司财务科结算。

(21)12 月 13 日,根据表 11－13 所列资料编制“工资结算汇总表”(因工资结算原始资料比较复杂,实际工作中的工资发放表是根据岗位将每个人的工资计算出来加以汇总的。而下列资料直接以汇总的形式给出)。

表 11－13　　工资结算汇总资料

车间、部门、类型	职工人数	标准工资(元)	应扣工资(元)		津贴(元)	代扣款项			
			事假	病假		水电费(元)	住房公积金(元)	个人所得税(元)	个人承担社保(元)
基本生产车间生产工人	270	250 000	1 120	1 050	25 000	12 185	16 000	300	1 200
基本生产车间管理人员	10	12 100	280	410	500	450	580	20	180
援外工程人员	3	4 900			3 000	135	88	15	145
在建工程人员	22	24 000	700	180	3 100	990	900		101
机修车间人员	5	6 010	300	70	580	230	200		52
动力车间人员	4	4 700	200	60	490	180	160		26
公司管理人员	35	42 000	700	360	1 800	1 500	1 300	50	210
医务人员	5	5 600	120	90	250	240	160		60
六个月以上长病人员	2	2 500		1 000	10	90	62		25

工资结算汇总表编制好后送交财务科出纳员。

(22)12 月 13 日,销售给兴隆公司 B-1 商品 5 000 千克,每千克售价 7.80 元,B-2 商品 5 000 件,每件售价 21.80 元,增值税税率 13%,据以填写“增值税专用发票”后将其送丰利财务科出纳员办理收款手续。填写“产品出库单”送本公司记账员。

(23)12 月 14 日,业务科各种费用支出汇总情况如下:差旅费 480 元(30 张原始凭证);办

公费 200 元(22 张原始凭证);其他费用 58 元(3 张原始凭证);经核对,编制“管理费用支出汇总表”,持表到财务科报账。

(24)12 月 14 日,张敏等 6 名职工参加江泽市工学院短期培训,支付学杂费 3 600 元,以工学院名义开出“增值税普通发票”,找丰利财务科出纳员办理领款,取得出纳员签发的“现金支票”到银行取款。(税率 3%)

(25)12 月 15 日,丰利公司职工食堂向为民日杂公司购买铁锅 2 口,计 136 元 。以为民日杂公司名义开具“增值税普通发票”,持发票联向丰利公司财务科出纳员报账。(在发票备注上填写:列入职工福利。税率 3%)

(26)12 月 16 日,丰利公司向税务局购买 20 张 5 元券印花税票,20 张 2 元券印花税票,30 张 1 元券印花税票,以税务局名义开具“市税务局印花税票发售统一发票”,持发票联向丰利公司财务科出纳员报账。

(27)12 月 17 日,丰利公司应付的车间扩建工程包工款 180 000 元,以长丰建筑公司的名义填写“增值税专用发票”,持发票联、抵扣联到丰利公司财务科办理结算。(税率 9%)

(28)12 月 17 日,本月综合奖金结算汇总资料如表 11—14 所示。

表 11—14　　本月综合奖金结算汇总资料

车间、部门	奖金(元)
基本生产车间生产工人	27 000
基本生产车间管理人员	1 000
机修车间人员	500
动力车间人员	400
公司管理人员	3 500
医务人员	500

据以编制“综合奖金结算汇总表”,持表向财务科出纳员领取奖金。

(29)12 月 18 日,丰利公司应付新卫设计院产品设计费 1 000 元,以新卫设计院的名义填写“增值税专用发票”,持发票联、抵扣联到丰利公司财务科办理结算。(税率 6%)

(30)12 月 18 日,向众生公司购进甲设备一台,交易价 42 000 元,经验收交基本生产车间使用,据以填写“固定资产验收单”,将其第二联送财务科出纳员。

(31)12 月 18 日,一栋仓库 260 平方米,预计使用 28 年,已使用 26 年,原值 80 000 元,已提折旧 70 000 元,因重建提前报废。其处理意见:使用部门的意见:因陈旧要求报废;技术鉴定小组意见:情况属实;固定资产管理部门意见:同意转入清理;主管部门审批意见:同意报废重建。据以填写“固定资产报废单”后将其会计记账联送财务科记账员。

(32)12 月 19 日,销售给丰润公司不需用乙设备一台,原始价值 6 万元,已提折旧 20 000 元,协商作价 43 000 元。据以填写“增值税专用发票”,持其发票联、抵扣联到丰润公司财务科收款,要求丰润公司出纳员签发“转账支票”,并与其一同去银行办理转账手续,取得银行盖章后“转账支票”的收账通知联后,将“转账支票”的收账通知联及“增值税专用发票”记账联送交本公司财务科出纳员。同时依据固定资产原始价值与已提折旧填写“内部转账单”,并将其送本公司财务科记账员。(税率 13%)

(33)12 月 19 日,张兵 12 月 11 日去省城参加工业生产技术会,12 月 18 日返回,往返汽车票均为 38 元，住宿费用 700 元，会议费用 150 元，其他费用 90 元，每天补助 15 元。以张兵的名义填写“差旅费报销单”，经理张凡在单上签字：同意报销。持单向财务科出纳员报账(原借支 1 600 元)。

(34)12 月 19 日，业务科与业务往来单位洽谈业务，接待、就餐、补助及接送车费共计金额 2 184 元，单据 26 张。据以填写“业务招待费汇总表”，经理张凡在单上签字：同意报销。持单向财务科出纳员报账，取得出纳员签发的“现金支票”后到银行提取现金。

(35)12 月 19 日，报废固定资产的清理人员李民等 6 人应领取清理费用 530 元，以李民的名义填写“费用报销领款单”，经理张凡在单上签字：同意付款。持单向财务科出纳员领款。

(36)12 月 19 日，丰利公司向江泽商场收取仓库租金 4 200 元，据以开出“增值税专用发票”，收到现金 4 200 元，当即填写“进账单”到开户行办理进账手续，收到银行盖章后的“进账单”回单，将“增值税专用发票”的记账联及“进账单”回单送交本公司出纳员。(本公司开户行：中国工商行江泽市支行，账号：115674356322)(税率 9%)

(37)12 月 20 日，仓库清理残料如下：红砖 60 000 块，每块 0.20 元，计 12 000 元，其他材料 5 000 元，合计 17 000 元。材料全部入库作重建仓库用，据以编制“材料入库单”，并将其记账联送财务科记账员。

(38)12 月 20 日，丰利公司向为民五金公司购买灭火器 6 个，单价 100 元，计 600 元。灭火器购回后当即由仓库领用。先以为民五金公司名义开具“增值税普通发票”；再以仓库保管员张帅名义填写“物品领用单”(经理张凡在单上签字：同意领用，一次摊销)。最后将“为民五金公司发票”的发票联和“物品领用单”送财务科出纳员，并要求领款、领物。(税率 3%)

(39)12 月 20 日，向众生公司转让技术，收取技术转让费 18 000 元，据以填写“增值税专用发票”，持其发票联、抵扣联到众生公司财务科收款，要求众生公司出纳员签发“转账支票”，并与其一同去银行办理转账手续，取得“进账单”的收账通知联后，将其“进账单”及“江泽市普通发票”记账联送交本公司财务科出纳员。(税率 6%)

(40)12 月 21 日，向会计局购买《新会计准则》等书籍，付款 160 元，以会计局的名义填写“增值税普通发票”，并持其发票联到账务科报账。(税率 3%)

(41)12 月 21 日，丰利公司的汽车送汽车修配厂修理，具体修配项目如下：汽车补胎 300 元，汽车轮胎 2 个，500 元。以汽车修配厂名义开具“增值税专用发票”送交本公司出纳员。(税率 13%)

(42)12 月 23 日，丰利公司使用自来水厂的供水，水表记录是：本月号码为 378656，上月号码为 372656，实用水 6 000 吨，每吨单价 4 元。以自来水厂名义开具“增值税专用发票”持其发票到丰利财务科结算。(税率 9%)

(43)12 月 23 日，业务科用备用金开支下列各种费用：差旅费 870 元(19 张原始凭证)；办公费 950 元(25 张原始凭证)；修理费 1 180 元(4 张原始凭证)；经核对全部报销，编制“管理费用支出汇总表”，持表到财务科报账。

(44)12 月 24 日，丰利公司电表的起码是 580567，止码是 646576，实用电 66 000 度，每度单价 0.80 元，以电力局的名义填写“增值税专用发票”，(税率 13%)持发票联、抵扣联到丰利公司财务科结算。

(45)12 月 24 日，丰利公司参加本市商品展销会，应付江泽大世界商场的商品展位租用费 1 000 元，以大世界市场的名义填写“增值税普通发票”，持发票联到丰利公司财务科结算。(税率 3%)

(46)12 月 25 日，物价检查所对丰利公司商品销售情况进行检查，发现部分商品违反国家价格政策，罚款 1 500 元，以物价检查所名义填写“罚款没收专用收据”，持单到丰利公司财务科结算。

(47)12 月 26 日，看望住院病人张胜，从副食品商品店购买三袋奶粉，每袋 12 元，苹果 4 千克，每千克 3 元，据以填写“增值税普通发票”经理张凡签字：在福利费列支，持发票联到丰利公司财务科结算。(税率 3%)

(48)12 月 26 日，迅达搬运公司为丰利公司装卸货物，应收取装卸费 1 600 元，以迅达公司的名义开具“增值税专用发票”，持发票联、抵扣联到丰利公司财务科结算。(税率 9%)

(49)12 月 26 日，张兵出差预支差旅费 1 600 元，据以填写“借款单”，持单向财务科出纳借款。

(50)12 月 27 日，丰利公司自行开发一项实用型专利开发成功，先根据下列资料填写“专利申报表”，申请单位：丰利公司；专利项目：实用新型专利；技术开发费：28 000 元；注册登记费：3 100 元；单位意见：同意申报；专利局审批：同意注册。再以专利局名义填写“增值税专用发票”收取丰利公司专利注册登记费 3 100 元，然后持“专利申报表”和“增值税专用发票”到丰利公司财务科结算。(税率 6%)

(51)12 月 27 日，丰利公司销售给丰润公司 B-1 商品 9 000 千克，每千克售价 8 元；销售给大华公司 B-1 商品 9 000 千克，每千克售价 8 元；销售给兴隆公司 B-2 商品 10 000 件，每件售价 22 元；增值税税率均为 17%，据以分别三个公司填写“增值税专用发票”后持“增值税专用发票”到丰润、大华、兴隆公司财务科结算，要求各公司出纳员根据购销合同填写“商业承兑汇票”，经付款人(各购货公司)承兑后取得“商业承兑汇票”的第二联，将“增值税专用发票”的记账联和“商业承兑汇票”的第二联送交丰利公司出纳员。填写“产品出库单”送本公司记账员。

(52)12 月 27 日，四通运输公司为丰利公司运输购入的材料，应收运费 7 500 元。以四通运输公司的名义开具“增值税专用发票”，持发票联、抵扣联到丰利公司财务科结算。(税率 9%)

(53)12 月 27 日，外购材料全部验收入库。据表 11－15 所列资料填写“材料入库验收单”，将其记账联送财务科记账员。

表 11－15　　**外购材料入库资料**

供货单位	材料名称	数量(千克)	买价(元)	运杂费(元)	计划单价(元)
众健公司	D-1 材料	7 000	70 000	700	见本公司记账员数量金额式明细账资料。
众生公司	C-1 材料	8 000	120 000	800	
兴盛公司	甲材料	20 000	80 000	2 000	
	乙材料	20 000	60 000	2 000	
	丙材料	10 000	50 000	1 000	
	丁材料	10 000	60 000	1 000	

(54)12 月 29 日，各部门报废低值易耗品(领用时均一次摊销)，本月收回残值如下：基本生产车间 380 元，动力车间 60 元，机修车间 65 元，行政管理部门 75 元。报废材料均已入库(计划价按照 580 元计算)。据以编制“报废低值易耗品汇总表”和“材料入库验收单”，并将其送财务科记账员。

(55)12 月 30 日，销售给兴隆公司 B-2 商品 10 000 件，每价售价 22 元，B-3 商品 10 000 件，每件售价 26 元，增值税税率 13%，据以填写“增值税专用发票”，将“增值税专用发票”送本公司出纳员。填写“产品出库单”送本公司记账员。

(56)12 月 31 日，基本生产车间生产 B-1 产品耗用 6 600 工时，生产 B-2 产品耗用 7 000 工时，生产 B-3 产品耗用 7 100 工时，生产 B-4 产品耗用 6 580 工时，据以编制“产品耗用工时汇总表”，并将表送财务科记账员。

(57)12 月 31 日，本月发出材料汇总资料如表 11—16 所示。

表 11—16　　本月发出材料汇总

材料名称	数量(千克)	计划总价(元)	计划单价(元)
甲材料	25 000	101 500	4.06
乙材料	40 000	118 400	2.96
丙材料	12 000	60 960	5.08
丁材料	15 000	89 100	5.94
C-1 材料	10 000	148 800	14.88
D-1 材料	10 000	100 700	10.07
小计		620 000	
其他材料		30 000	

据以编制“发料凭证汇总表”，并将表送财务科记账员。

(58)12 月 31 日，辅助生产车间本月提供劳务总量资料如表 11—17 所示。

表 11—17　　辅助生产车间本月提供劳务总量

项　目	机修车间服务量(工时)	动务车间供电量(度)
B-1 产品耗用	——	10 000
B-2 产品耗用	——	9 000
B-3 产品耗用	——	10 000
B-4 产品耗用	——	9 000
基本生产车间耗用	1 748	400
行政管理部门耗用	100	1 000
车间扩建工程耗用	652	10 600
动力车间耗用	80	——
机修车间耗用	——	2 000
合　计	2 580	52 000

据以编制“辅助生产情况表”，并将表送财务科记账员。

(59)12 月 31 日，本月产品生产及入库情况如表 11—18 所示。

表 11—18　　　　本月产品生产及入库情况

产品名称	月初在产品	本月投产	本月完工入库	月末在产品	在产品完工程度	投料方式
B-1 产品	4 000 千克	41 400 千克	42 000 千克	3 400 千克	50%	逐步投料
B-2 产品	1 600 件	16 600 件	17 000 件	1 200 件	50%	逐步投料
B-3 产品	1 600 件	15 600 件	16 000 件	1 200 件	50%	逐步投料
B-4 产品	1 600 件	13 440 件	13 000 件	2 040 件	50%	逐步投料

代基本生产车间编制“生产情况报告表”；代成品仓库编制“产品入库汇总表”；将填写好的两张表送财务科记账员。

12　众生公司会计业务岗位实操

12.1　众生公司出纳会计岗位实操

12.1.1　开设有关日记账

众生公司 2017 年 11 月 30 日有关账户余额如下：

库存现金日记账　　980(借)

银行存款日记账　　298 000(借)

众生公司及往来公司相关情况如表 12—1 所示。

表 12—1　众生公司及往来公司相关情况

开户行：中国工商银行江泽市支行		开户行：中国工商银行崎峰市支行	
公司名称	账　号	公司名称	账　号
众生公司	1156674356323	兴隆公司	823653676516
丰润公司	1156674356321	兴盛公司	823653676517
丰利公司	1156674356322		
众健公司	1156674356324		
宏源公司	1156674356325		
达昌公司	1156674356327		
达亿公司	1156674356328		

12.1.2　办理如下业务

凡出纳业务，在业务办理完毕后，编制记账凭证，交财务科长复核后据以登记库存现金和

银行存款日记账，并将记账凭证连同所附原始凭证一并转交记账员记账。

(1)12 月 1 日，收到李红“旅差费报销单”(所附单据略)，经审核无误，报销费用 1 572 元，按原预支额 1 800 元开出“收据”，当即收回多余现金 228 元。

(2)12 月 1 日，收到业务员送来的“进账单”回单及“增值税专用发票”的记账联进行账务处理。

(3)12 月 1 日，收到开户银行转来丰润公司和丰利公司的“转账支票”收账通知联据以填写“进账单”，到开户行办理入账。

(4)12 月 1 日，填写“转账支票”两张，分别支付应付众健公司账款 90 000 元和应付宏源公司账款 100 000 元；填写“信汇”凭证一张，支付应付兴盛公司账款 110 000 元。填好结算凭证后去开户银行办理相关手续，取回“信汇”凭证回单，经审核无误后进行账务处理。

(5)12 月 2 日，填写“转账支票”一张，转出投资款 200 000 元，存入亚洲证券营业部账户(亚洲证券营业部开户行：中国工商银行江泽市支行，账号：235673625588)准备用于购买股票。到银行办理转账手续。

(6)12 月 2 日，填写“现金支票”一张，提取现金 15 000 元备用，到开户银行办理支款手续。

(7)12 月 2 日，收到业务科鲁冈的“领款单”，经审核无误，当即支付现金 3 000 元，作为业务科的备用金(在领款单上注明“现金付讫”)。

(8)12 月 3 日，收到“亚洲证券营业部成交过户交割单”，购入股票划作交易性金融资产。

(9)12 月 5 日，收到开户行转来兴隆公司“信汇”凭证收款通知联。

(10)12 月 5 日，收到中财保险股份有限公司机动车辆保险单(正本)和保费收据第一联，经审核无误，据以填写转账支票(中财保险股份有限公司开户行：中国工商银行江泽市支行；账号：115675368955)，并到银行办理转账手续。

(11)12 月 6 日，填写“中华人民共和国税收通用完税证”，将未交增值税、应交城市维护建设税、应交个人所得税、应交教育费附加上交国库，具体金额见明细分类账各该账户的月初余额。税收通用完税证填写好后，到开户行办理手续，经税务机关、银行盖章后取得完税凭证联，并据以进行账务处理。

(12)12 月 6 日，收到律师事务所的“增值税专用发票”发票联、抵扣联，经审核无误，以现金付讫。

(13)12 月 8 日，收到江泽市电视台的“增值税专用发票”发票联、抵扣联，经审核无误，据以填写转账支票(江泽市电视台开户行：中国工商银行江泽市支行；账号：115674356672)，付广告费，并到银行办理转账手续。

(14)12 月 8 日，本(众生)公司委托债券发行公司发行 5 年期债券，按面值的 10%溢价发行。现债券公司已发行债券面值 800 000 元，实收金额 880 000 元，款项今日全部交来，当即送存银行。据以填写“收据”及“进账单”，到银行办理手续后据“收据”记账联及“进账单”回单进行账务处理。

(15)12 月 9 日，收到债券公司的“增值税普通发票”发票联，经审核无误，据以填写转账支票(债券公司开户行：中国工商银行江泽市支行；账号：115676283355)，付手续费，并到银行办理转账手续。

(16)12 月 10 日，收到张平“费用报销领款单”，经审核无误，以现金付讫。

(17)12 月 10 日，收到房地产管理所的“增值税专用发票”发票联、抵扣联，经审核无误，以现金付讫。

(18)12 月 10 日，收到江泽市汽车运输公司的“增值税专用发票”发票联、抵扣联，经审核无误，据以填写转账支票（江泽市汽车运输公司开户行：中国工商银行江泽市支行；账号：115674356698），付运费，并到银行办理转账手续。

(19)12 月 10 日，依据“应付职工薪酬——社会保险费”期初余额，填写“税收通用缴款书”到银行办理缴款手续。

(20)12 月 10 日，签发“现金支票”，到银行办理取款手续，提回现金 3 500 元备用。根据“现金支票”存根作账务处理。

(21)12 月 10 日，收到王兰等三人的“费用报销领款单”，经审核无误，以现金付讫。

(22)12 月 10 日，收到司法局的“增值税专用发票”经审核无误，据以填写转账支票（司法局开户行：中国工商银行江泽市支行；账号：115674356989），付诉讼费，并到银行办理转账手续。

(23)12 月 11 日，收到李红的“借款单”，经审核无误，以现金付讫。

(24)12 月 11 日，收到工程队的“增值税专用发票”，经审核无误，如数签发“现金支票”，交冯列到银行取款。

(25)12 月 12 日，收到证券公司的“收据”经审核无误，据以填写转账支票（证券公司开户行：中国工商银行江泽市支行；账号：115674356719），付债券及手续费，并到银行办理转账手续。

(26)12 月 13 日，收到“工资结算汇总表”，根据实发工资总额签发“现金支票”，从银行提取现金，当即发放完毕。

(27)12 月 13 日，收到业务员送来的增值税专用发票，据以填写“委托收款凭证”（应收兴隆公司款）持委托收款凭证和增值税专用发票的发票联、抵扣联到银行办理托收手续，经银行盖章后，将退回的“委托收款凭证”回单与“增值税专用发票”记账联一并作账务处理。

(28)12 月 14 日，收到业务科“管理费用支出汇总表”（所附单据 50 张略），经审核无误，以现金付讫。

(29)12 月 14 日，收到江泽市工学院的“增值税普通发票”，经审核无误，开出“现金支票”付讫。

(30)12 月 15 日，收到职工食堂购买铁锅的发票，经审核无误，以现金付讫。

(31)12 月 16 日，收到银行转来“委托收款凭证”的收款通知联。系兴隆公司应收款。

(32)12 月 16 日，收到“市税务局印花税票发售统一发票”，经审核无误，以现金付讫。

(33)12 月 17 日，收到长丰建筑公司“增值税专用发票”的发票联、抵扣联，经审核无误，据以填写转账支票（建筑公司开户行：中国工商银行江泽市支行；账号：115672785567），付工程款，并到银行办理转账手续。

(33)12 月 17 日，根据“综合奖金结算汇总表”（实际还应按人头的奖金发放表，此处略），签发“现金支票”提回现金，当即发放完毕。

(34)12 月 18 日，收到新卫设计院的“增值税专用发票”发票联、抵扣联，经审核无误，以现金付讫。

(35)12 月 18 日，收到业务员送来的丰利公司转账支票的收账通知联及本公司的固定资产销售的“增值税专用发票”的会计记账联，经审核无误进行账务处理。

(36)12 月 19 日，收到众健公司出售设备的“增值税专用发票”发票联、抵扣联，及本公司业务员送来的“固定资产验收单”，经审核无误据以填写“转账支票”付设备款，并到银行办理转账手续。

(37)12 月 19 日，收到李红的“旅差费报销单”(所附单据略)和交来的现金 590 元，开出“收据”收讫。收据金额按原借支数填写。

(38)12 月 19 日，收到业务科的“业务招待费汇总表”及所附 20 张单据(单据略)，经审核无误后，当即签发“现金支票”补足其备用金。

(39)12 月 19 日，收到张虎的“费用报销领款单”，经审核无误，以现金付讫。

(40)12 月 19 日，收到业务员送来的仓库租金收入“进账单”回单及“增值税专用发票”记账联。

(41)12 月 20 日，收到业务员送来的“为增值税专用发票”和“物品领用单”，经审核无误后签发“现金支票”，从银行提回现金 6 000 元，除支付灭火器款外，其余备用。

(42)12 月 20 日，收到业务员送来的众健公司“转账支票”的收账通知联，及本公司收取技术转让收入的“增值税专用发票”记账联。

(43)12 月 21 日，收到购买书籍的“增值税普通发票”发票联，经审核无误以现金付讫。

(44)12 月 21 日，收到丰利公司的“增值税专用发票”发票联、抵扣联，经审核无误后签发“转账支票”支付技术转让费。到银行办理转账手续。

(45)12 月 21 日，收到汽车修配厂的“增值税专用发票”发票联、抵扣联，经审核无误后以现金付讫。

(46)12 月 23 日，收到自来水厂发票，经审核无误后填写“转账支票”支付水费，到银行办理转账手续。(自来水厂开户行:中国工商银行江泽市支行;账号:115674351125)

同时根据定额耗用量分配本月水费，定额耗用量如下:动力车间 400 吨，机修车间 550 吨，基本生产车间 2 000 吨，公司管理部门 1 300 吨，据以编制“水费分配表”。

根据自来水厂发票、“转账支票”存根和“水费分配表”进行账务处理。

(47)12 月 23 日，收到业务科的“管理费用支出汇总表”及所附 52 张单据(单据略)，经审核无误后，当即签发“现金支票”补足其备用金。

(48)12 月 24 日，收到电力局的“增值税专用发票”发票联、抵扣联，经审核无误后填写“转账支票”支付电费，到银行办理转账手续。(电力局开户行:中国工商银行江泽市支行;账号:115674356211)

同时根据表 12—2 所列定额耗用量资料编制“外购动力费分配表”。

表 12—2 **定额耗用量资料**

产品名称	定额耗用量	车间部门	定额耗用量
C-1 产品	11 000 度	动力车间	700 度
C-2 产品	12 000 度	机修车间	1 000 度
C-3 产品	10 000 度	基本生产车间	800 度
C-4 产品	11 000 度	管理部门	8 500 度

根据电力局的发票联、“转账支票”存根和“外购动力费分配表”进行账务处理。

(49)12 月 24 日，收到大世界市场的“增值税普通发票”发票联，经审核无误后以现金付讫。

(50)12 月 25 日，签发“现金支票”，到银行办理取款手续，提回现金 7 000 元备用。根据

“现金支票”存根作账务处理。

(51)12 月 25 日，收到物价检查所“罚款没收专用收据”，以现金支付罚款。

(52)12 月 26 日，收到“增值税普通发票”发票联，经审核后以现金付讫。

(53)12 月 26 日，收到迅达搬运公司的“增值税专用发票”发票联、抵扣联，经审核无误后以现金付讫。

(54)12 月 26 日，收到李红的“借款单”经审核无误后以现金付讫。

(55)12 月 27 日，收到本公司业务员送来销售商品给丰润公司、丰利公司和兴隆公司的“增值税专用发票”记账联和三张“商业承兑汇票”。

(56)12 月 27 日，收到业务员送来的“专利申报表”和专利局的“增值税专用发票”发票联、抵扣联，经审核无误后填写“转账支票”支付专利注册登记费，到银行办理转账手续。(专利局开户行：中国工商银行江泽市支行；账号：115675363286)

(57)12 月 27 日，收到众健公司、宏源公司、兴盛公司业务员送来的增值税专用发票，经审核无误后分别填写为期 2 个月的“商业承兑汇票”三份，填好后将第二联分别交众健公司、宏源公司、兴盛公司业务员。

同时收到四通运输公司的“增值税专用发票”发票联、抵扣联，经审核无误后填写“转账支票”支付材料运费，到银行办理转账手续。(四通运输公司开户行：中国工商银行江泽市支行；账号：115675363298)

根据材料重量编制“材料采购费用分配表”。各种材料采购的重量：D-1 材料 7 000 千克，E-1 材料 7 000 千克，甲材料 15 000 千克，乙材料 15 000 千克，丙材料 14 000 千克，丁材料 15 000 千克。

根据增值税专用发票的发票联、商业汇票的留存联，转账支票存根联、“材料采购费用分配表”，作账务处理。

(58)12 月 30 日，收到业务员送来的“增值税专用发票”，合同规定销货款采用委托收款结算方式，经审核无误后，据以填写“委托收款凭证”，持“委托收款凭证”和“增值税专用发票”到银行办理托收手续，经银行盖章后，将退回的“委托收款凭证”回单与“增值税专用发票”的记账联一并作账务处理。

(59)12 月 31 日，到开户行拿回贷款计息凭证，进行账务处理。(已预计应付利息 10 000 元)

(60)12 月 31 日，到开户行拿回存款计息凭证，进行账务处理。

(61)12 月 31 日，将账面价值为 100 000 元的“交易性金融资产——基金”全部出售，实得现金 105 100 元。填写“内部转账单”和“进账单”，将现金送存银行(全为百元券)。

12.2 众生公司记账会计岗位实操

12.2.1 开设有关账户

众生公司 2017 年 11 月 30 日明细账期末资料如表 12—3 所示：

表 12—3　　明细账期末资料(截至 2017 年 11 月 30 日)　　单位:元

科　目	借或贷	金　额
其他货币资金——外埠存款	借	10 900.00
交易性金融资产——股票(成本)	借	109 000.00
交易性金融资产——债券(成本)	借	80 000.00
交易性金融资产——基金(成本)	借	100 000.00
应收票据——丰润公司	借	300 000.00
应收票据——丰利公司	借	150 000.00
应收票据——兴隆公司	借	100 000.00
应收账款——丰润公司	借	110 000.00
应收账款——丰利公司	借	100 000.00
应收账款——兴隆公司	借	90 000.00
坏账准备	贷	1 900.00
其他应收款——李红	借	1 800.00
其他应收款——代扣水电费	借	18 000.00
材料采购——原材料	借	39 750.00
原材料——原料及主要材料	借	428 000.00
原材料——其他材料	借	78 000.00
周转材料——包装物	借	19 000.00
周转材料——低值易耗品	借	50 000.00
材料成本差异——原材料	借	4 280.00
材料成本差异——包装物	贷	190.00
材料成本差异——低值易耗品	借	500.00
库存商品——C-1 产品	借	180 000.00
库存商品——C-2 产品	借	640 000.00
库存商品——C-3 产品	借	480 000.00
库存商品——C-4 产品	借	1 080 000.00
长期股权投资——股票投资(昌平公司)	借	100 000.00
持有至到期投资——成本	借	100 000.00
持有至到期投资——利息调整	借	8 000.00
持有至到期投资——应计利息	借	2 000.00
固定资产——生产用固定资产	借	1 280 000.00
固定资产——非生产用固定资产	借	600 000.00
固定资产——不需用固定资产	借	180 000.00

续表

科　目	借或贷	金　额
固定资产——出租固定资产	借	200 000.00
累计折旧	贷	580 000.00
工程物资——专用材料	借	270 000.00
工程物资——专用设备	借	430 000.00
在建工程——机床大修工程	借	60 000.00
在建工程——设备安装工程	借	340 000.00
固定资产清理——报废	借	5 000.00
无形资产——专利权	借	334 000.00
无形资产——专有技术	借	340 000.00
研发支出——资本化支出	借	26 000.00
长期待摊费用——固定资产大修费用	借	53 800.00
待处理财产损溢——待处理固定资产损溢	借	1 800.00
生产成本——基本生产成本(C-1 产品)	借	10 000.00
生产成本——基本生产成本(C-2 产品)	借	14 000.00
生产成本——基本生产成本(C-3 产品)	借	16 000.00
生产成本——基本生产成本(C-4 产品)	借	18 000.00
短期借款——生产周转借款	贷	1 200 000.00
应付票据——众健公司	贷	100 000.00
应付票据——宏源公司	贷	110 000.00
应付票据——兴盛公司	贷	100 000.00
应付账款——众健公司	贷	90 000.00
应付账款——宏源公司	贷	100 000.00
应付账款——兴盛公司	贷	110 000.00
应付职工薪酬——职工教育经费	贷	2 840.00
应付职工薪酬——职工福利	贷	1 000.00
应付职工薪酬——社会保险费	贷	8 160.00
应交税费——未交增值税	贷	36 000.00
应交税费——应交所得税	借	40 000.00
应交税费——应交城市维护建设税	贷	3 000.00
应交税费——应交个人所得税	贷	2 500.00
应交税费——应交教育费附加	贷	700.00
应付利息	贷	25 000.00

续表

科　目	借或贷	金　额
长期借款——基建借款	贷	1 250 000.00
长期应付款——应付设备款	贷	100 000.00
应付债券——面值	贷	310 000.00
应付债券——利息调整	贷	10 000.00
应付债券——应计利息	贷	30 000.00
实收资本——国家投资	贷	1 800 000.00
实收资本——兴隆公司	贷	200 000.00
实收资本——其他	贷	1 185 520.00
资本公积——资本溢价	贷	250 000.00
资本公积——其他	贷	90 000.00
盈余公积——法定盈余公积	贷	700 000.00
利润分配——未分配利润	贷	90 000.00
本年利润	贷	410 000.00

原材料明细账 2017 年 11 月 30 日期末资料如表 12—4 所示。

表 12—4　　原材料明细账(截至 2017 年 11 月 30 日)　　单位:元

品　名		单位	数量	计划单价	金额
原料及主要材料	甲材料	千克	10 000	3.85	38 500
	乙材料	千克	10 000	3.06	30 600
	丙材料	千克	12 000	5.07	60 840
	丁材料	千克	11 000	5.86	64 460
	D-1 材料	千克	10 000	10.38	103 800
	E-1 材料	千克	11 000	11.8	129 800
	小　计				428 000
其他材料				78 000	
合　计				506 000	

材料采购明细账 2017 年 11 月 30 日期末资料如表 12—5 所示。

表 12—5　　**材料采购明细账(截至 2017 年 11 月 30 日)**　　单位:元

供货单位	项目	借方			贷方			备注
		买价	运杂费	合计	计划成本	差异	合计	
兴隆公司	甲材料	8 000	150	8 150				
	乙材料	5 000	100	5 100				
兴盛公司	丙材料	6 000	120	6 120				
	丁材料	9 000	180	9 180				
众健公司	D-1 材料	6 000	100	6 100				
宏源公司	E-1 材料	5 000	100	5 100				
合　计		39 000	750	39 750				

库存商品明细账 2017 年 11 月 30 日期末资料如表 12—6 所示。

表 12—6　　**库存商品明细账(截至 2017 年 11 月 30 日)**　　单位:元

商品名称	单位	数量	单位成本	金额
C-1 商品	千克	20 000	9	180 000
C-2 商品	件	40 000	16	640 000
C-3 商品	件	32 000	15	480 000
C-4 商品	件	60 000	18	1 080 000
合　计				2 380 000

生产成本明细账 2017 年 11 月 30 日期末在产品成本资料如表 12—7 所示。

表 12—7　　**生产成本明细账(截至 2017 年 11 月 30 日)**　　单位:元

产品名称	数量	成本项目			
		直接材料	直接人工	制造费用	合　计
C-1 产品	2 000 千克	5 000	3 000	2 000	10 000
C-2 产品	2 000 件	7 000	4 200	2 800	14 000
C-3 产品	2 100 件	8 000	4 800	3 200	16 000
C-4 产品	2 000 件	9 000	5 400	3 600	18 000
合　计					58 000

12.2.2　开设明细账

按下列要求开设明细账:

(1)下列账户(表 12—8)使用三栏式账页(有期初余额的账户结转期初余额,没有期初余额的账户设户后待记发生额):

表 12—8 **明细账账户**

序号	一级科目	明细科目	序号	一级科目	明细科目
1	其他货币资金	外埠存款	48	短期借款	生产周转借款
2	其他货币资金	存出投资款	49	应付票据	众健公司
3	交易性金融资产	股票(成本)	50	应付票据	宏源公司
4	交易性金融资产	股票(公允价值变动)	51	应付票据	兴盛公司
5	交易性金融资产	债券(成本)	52	应付账款	众健公司
6	交易性金融资产	基金(成本)	53	应付账款	宏源公司
7	应收票据	丰润公司	54	应付账款	兴盛公司
8	应收票据	丰利公司	55	应付职工薪酬	工资
9	应收票据	兴隆公司	56	应付职工薪酬	职工福利
10	应收账款	丰润公司	57	应付职工薪酬	社会保险费
11	应收账款	丰利公司	58	应付职工薪酬	住房公积金
12	应收账款	兴隆公司	59	应付职工薪酬	工会经费
13	预付账款	中财保险公司	60	应付职工薪酬	职工教育经费
14	坏账准备		61	应付职工薪酬	非货币性福利
15	其他应收款	李红	62	应交税费	未交增值税
16	其他应收款	业务科	63	应交税费	应交所得税
17	其他应收款	代扣水电费	64	应交税费	应交城市维护建设税
18	原材料	原料及主要材料	65	应交税费	应交个人所得税
19	原材料	其他材料	66	应交税费	应交教育费附加
20	周转材料	包装物	67	应交税费	应交房产税
21	周转材料	低值易耗品	68	应付利息	
22	材料成本差异	原材料	69	应付股利	
23	材料成本差异	包装物	70	其他应付款	社会保险费
24	材料成本差异	低值易耗品	71	其他应付款	住房公积金
25	长期股权投资	股票投资(昌平公司)	72	长期借款	基建借款
26	持有至到期投资	成本	73	长期应付款	应付设备款
27	持有至到期投资	利息调整	74	应付债券	面值
28	持有至到期投资	应计利息	75	应付债券	利息调整
29	固定资产	生产用固定资产	76	应付债券	应计利息
30	固定资产	非生产用固定资产	77	递延所得税负债	
31	固定资产	不需用固定资产	78	实收资本	国家投资
32	固定资产	出租固定资产	79	实收资本	兴隆公司

续表

序号	一级科目	明细科目	序号	一级科目	明细科目
33	累计折旧		80	实收资本	其他
34	工程物资	专用材料	81	资本公积	资本溢价
35	工程物资	专用设备	82	资本公积	其他
36	在建工程	机床大修工程	83	盈余公积	法定盈余公积
37	在建工程	设备安装工程	84	利润分配	提取法定盈余公积
38	在建工程	生产车间扩建工程	85	利润分配	应付现金股利
39	固定资产清理	报废	86	利润分配	未分配利润
40	固定资产清理	出售不需用固定资产	87	本年利润	
41	无形资产	专利权	88	主营业务收入	C-1 产品
42	无形资产	专有技术	89	主营业务收入	C-2 产品
43	研发支出	资本化支出	90	主营业务收入	C-3 产品
44	累计摊销		91	主营业务收入	C-4 产品
45	长期待摊费用	固定资产大修费用	92	其他业务收入	
46	待处理财产损溢	待处理固定资产损溢	93	投资收益	
47	递延所得税资产		94	公允价值变动损益	
			95	营业外收入	
			96	主营业务成本	C-1 产品
			97	主营业务成本	C-2 产品
			98	主营业务成本	C-3 产品
			99	主营业务成本	C-4 产品
			100	税金及附加	
			101	其他业务成本	
			102	资产减值损失	
			103	营业外支出	
			104	所得税费用	

(2)下列账户使用多栏式账页(有期初余额的账户结转期初余额,没有期初余额的账户设户后待记发生额):

应交税费——应交增值税

生产成本——基本生产成本(C-1 产品)

生产成本——基本生产成本(C-2 产品)

生产成本——基本生产成本(C-3 产品)

生产成本——基本生产成本(C-4 产品)

生产成本——辅助生产成本——机修车间

生产成本——辅助生产成本——动力车间

制造费用——基本生产车间

销售费用

财务费用

管理费用

(3)“材料采购——原材料”使用横线登记式账页(有期初余额的账户结转期初余额,没有期初余额的账户设户后待记发生额)。

(4)下列账户使用数量金额式账页(有期初余额的账户结转期初余额,没有期初余额的账户设户后待记发生额):

库存商品——C-1 产品

库存商品——C-2 产品

库存商品——C-3 产品

库存商品——C-4 产品

原材料——原料及主要材料——甲材料

原材料——原料及主要材料——乙材料

原材料——原料及主要材料——丙材料

原材料——原料及主要材料——丁材料

原材料——原料及主要材料——E-1 材料

原材料——原料及主要材料——D-1 材料

12.2.3 办理记账业务

办理如下记账业务:

(1)12 月 1 日,收到业务员送来“产品出库单”第二联。(留待月末汇总进行账务处理)

(2)12 月 4 日,收到业务员送来的材料入库验收单。(留待月末汇总进行收料的账务处理)

(3)12 月 9 日,收到固定资产折旧计算表,经审核无误进行账务处理。

(4)12 月 9 日,收到业务员交来本公司换出商品的增值税专用发票的记账联,换入材料的增值税发票的抵扣联与发票联及材料入库验收单的会计记账联,经审核无误进行非货币性交易的账务处理。

(5)12 月 12 日,收到毕贺圣、黄平的“物品领用单”,经审核无误进行账务处理。

(6)12 月 18 日,收到固定资产报废单,经审核无误进行账务处理。

(7)12 月 18 日,收到业务员送来的“内部转账单”,经审核无误进行账务处理。

(8)12 月 20 日,收到业务员送来的工程物资入库验收单。

(9)12 月 20 日,报废固定资产清理完毕,根据“固定资产清理——报废清理”账户余额编制“内部转账单”,结转清理损益。

(10)12 月 27 日,收到业务员送来的材料入库验收单。(留待月末汇总进行收料的账务处理)

(11)12 月 28 日,本月应摊销专利权 39 000 元,应摊销专有技术 34 000 元,应摊销基本生产车间固定资产大修费 19 000 元,据以编制“无形资产、长期待摊费用分摊表”,经审核无误进行账务处理。

(12)12 月 29 日,收到“报废低值易耗品汇总表”及“材料入库验收单”(会计记账联)经审

核无误进行账务处理。

(13)12 月 29 日,据前面留存的“材料入库验收单”登记“材料采购”明细账(横线登记式明细账)的贷方发生额,并计算入库材料成本差异,据此编制“本月已付款的入库材料汇总表”。

(14)12 月 30 日,本月生产产品领用包装物的计划成本汇总如下(根据领料单汇总的,因为领料单不便一一列出,故略去):

C-1 产品领用 2 100 元

C-2 产品领用 2 300 元

C-3 产品领用 2 800 元

C-4 产品领用 2 800 元

据“周转材料——包装物”与“材料成本差异——包装物”账户资料计算材料成本差异率、领用材料应分摊的差异额及领用材料实际成本,据计算结果编制“领用包装物汇总表”,经审核无误进行账务处理。

(15)12 月 30 日,本月领用低值易耗品的计划成本汇总如下(根据领料单汇总的,因为领料单不便一一列出,故略去):

基本生产车间领用 10 000 元

动力车间领用 800 元

机修车间领用 1 200 元

公司管理部门领用 1 600 元

据“周转材料——低值易耗品”与“材料成本差异——低值易耗品”账户资料计算材料成本差异率、领用材料应分摊的差异额及领用材料实际成本,据计算结果编制“领用低值易耗品汇总表”,经审核无误进行账务处理。

(16)12 月 31 日,收到“车间产品耗用工时汇总表”,结合“工资结算汇总表”与“奖金发放表”先编制“基本生产车间生产工人工资分配表”,后编制“职工薪酬分配表”,经审核无误进行账务处理。

(17)12 月 31 日,收到业务员送来的“发料凭证汇总表”及其“发料单”(略),根据“发料单”上所载明的用途及下列材料耗用资料编制“发料凭证分配汇总表”。据“原材料——原料用主要材料”各数量金额式明细账及“材料成本差异——原材料”账户资料计算材料成本差异率、领用材料应分摊的差异额及领用材料实际成本。

材料耗用的计划成本汇总如表 12—9 所示。

表 12—9　　材料耗用的计划成本汇总资料　　单位:元

产品、车间、部门	主要材料	其他材料	备　注
C-1 产品	120 000		
C-2 产品	150 000		
C-3 产品	130 000		
C-4 产品	150 000		
基本生产车间一般耗用		5 000	列入物料消耗
动力车间	8 000	5 000	
机修车间	10 640	3 000	

续表

产品、车间、部门	主要材料	其他材料	备　注
公司管理部门		5 000	列入公司经费
销售部门		3 000	列入包装费
车间扩建工程	32 000	19 000	按13%转出进项税额

经审核无误进行账务处理。

(18)12 月 31 日，原作待处理的盘亏设备净值 1 800 元，经批准转销。据以编制“内部转账单”，经审核无误进行账务处理。

(19)12 月 31 日，收到“辅助生产情况表”，结合“生产成本——辅助生产成本——动力车间”和“生产成本——辅助生产成本——机修车间”账户资料，采取直接分配法分配辅助生产费用，编制“辅助生产费用分配表”(分配率精确至小数点后四位。)经审核无误进行账务处理。

(20)12 月 31 日，根据工时记录(见第 15 笔业务“车间耗用工时汇总表”)和“制造费用——基本生产车间”账户资料编制“制造费用分配表”(分配率精确至小数点后四位。)经审核无误进行账务处理。

(21)12 月 31 日，收到“生产情况报告表”和“产品入库汇总表”，结合基本生产成本明细账资料，据以编制“产品成本计算表”(分别四种产品进行计算)，单位成本保留到分。经审核无误进行账务处理。

(22)12 月 31 日，根据“产品出库单”本月商品销售数量及“库存商品”明细账的加权平均单位成本，编制“产品销售成本计算表”，结转产品销售成本。

(23)12 月 31 日，“交易性金融资产——股票”的公允价值为 220 000 元，依据“交易性金融资产——股票——成本”及“交易性金融资产——股票——公允价值变动”明细账户资料计算本期公允价值变动金额，据以填制“内部转账单”，经审核无误进行账务处理。

(24)12 月 31 日，按应收款项百分比法计提坏账准备，提取比例为 3%，依据“应收账款”及“坏账准备”明细账资料分析计算本期应计提的坏账准备金，据以编制“内部转账单”，经审核无误进行账务处理。

(25)12 月 31 日，依据“应交税费——应交增值税”明细账资料分析填写“增值税纳税申报表”，计算出未交增值税额，经审核无误进行账务处理。

(26)12 月 31 日，依据“其他业务收入”和“固定资产”明细账及“增值税纳税申报表”资料，计算应交营业税、应交房产税、应交城市维护建设税、应交教育费附加，编制“地方税收综合纳税(费)申报表”，经审核无误进行账务处理。

(27)12 月 31 日，依据“持有至到期投资”明细账期初资料计算本年利息收入，并进行利息调整(按票面利率 9%，实际利率 8%计算)，据以填制“内部转账单”，经审核无误进行账务处理。(本月发生数，暂不计算利息)

(28)12 月 31 日，依据“应付债券”明细账期初资料计算本年利息费用，并进行利息调整，按票面利率 10%，实际利率 8%计算，(为安装工程而发行债券)据以填制“内部转账单”，经审核无误进行账务处理。(本月发生数，暂不计算利息)

(29)12 月 31 日，结平“待处理财产损溢”及“应付职工薪酬——职工福利”账户。

(30)12 月 31 日，编制“内部转账单”将损益类账户的本月净发生额结转“本年利润”账户。

(31)12 月 31 日，编制“利润表”初稿，据以编制“暂时性差异计算表”、“所得税纳税申报表”(所得税税率:25%)经审核无误进行账务处理。

(32)12 月 31 日,将“所得税费用”账户发生额,转入“本年利润”后结平“本年利润”账户。

(33)12 月 31 日,编制“利润分配计算表”进行利润分配。法定盈余公积按净利润的 10%分配,应付现金股利按“未分配利润”明细账期初余额加上本年净利润,减去本年提取的法定盈余公积后的 30%分配。

(34)12 月 31 日,将“利润分配——提取盈余公积”“利润分配——应付现金股利”账户余额转入“利润分配——未分配利润”账户。

12.3 众生公司财务科长岗位实操

12.3.1 开设总账

根据下列资料(表 12—10)开设总账账户,每个账户占一页。众生公司 2017 年 11 月 30 日总账期末资料如下:

表 12—10　　总账账户余额(截至 2017 年 11 月 30 日)　　单位:元

科　目	借或贷	金　额	科　目	借或贷	金　额
库存现金	借	980.00	短期借款	贷	1 200 000.00
银行存款	借	298 000.00	应付票据	贷	310 000.00
其他货币资金	借	10 900.00	应付账款	贷	300 000.00
交易性金融资产	借	289 000.00	应付职工薪酬	贷	12 000.00
应收票据	借	550 000.00	应交税费	贷	2 200.00
应收账款	借	300 000.00	应付利息	贷	25 000.00
预付账款	平		应付股利	平	
坏账准备	贷	1 900.00	其他应付款	平	
其他应收款	借	19 800.00	长期借款	贷	1 250 000.00
材料采购	借	39 750.00	长期应付款	贷	100 000.00
原材料	借	506 000.00	应付债券	贷	350 000.00
周转材料	借	69 000.00	递延所得税负债	平	
材料成本差异	借	4 590.00	实收资本	贷	3 185 520.00
库存商品	借	2 380 000.00	资本公积	贷	340 000.00
长期股权投资	借	100 000.00	盈余公积	贷	700 000.00
持有至到期投资	借	110 000.00	利润分配	贷	90 000.00
固定资产	借	2 260 000.00	本年利润	贷	410 000.00
累计折旧	贷	580 000.00	主营业务收入	平	
工程物资	借	700 000.00	其他业务收入	平	

续表

科　目	借或贷	金　额	科　目	借或贷	金　额
在建工程	借	400 000.00	投资收益	平	
固定资产清理	借	5 000.00	公允价值变动损益	平	
无形资产	借	674 000.00	营业外收入	平	
研发支出	借	26 000.00	主营业务成本	平	
累计摊销	平		税金及附加	平	
长期待摊费用	借	53 800.00	其他业务成本	平	
待处理财产损溢	借	1 800.00	销售费用	平	
递延所得税资产	平		管理费用	平	
生产成本	借	58 000.00	财务费用	平	
制造费用	平		资产减值损失	平	
			营业外支出	平	
			所得税费用	平	

12.3.2　处理日常总账业务

日常总账业务如下：

(1)复核上旬会计凭证，根据审核无误的上旬记账凭证编制记账凭证汇总表，并据以登记总账，结出账户余额，与出纳员所经管的日记账核对，如有不符，查明原因，予以更正；与记账员所经管的明细账进行核对，如有不符，查明原因，予以更正。

(2)复核中旬会计凭证，根据审核无误的中旬记账凭证编制记账凭证汇总表，并据以登记总账，结出账户余额，与出纳员所经管的日记账核对，如有不符，查明原因，予以更正；与记账员所经管的明细账进行核对，如有不符，查明原因，予以更正。

(3)复核下旬会计凭证，根据审核无误的下旬记账凭证编制记账凭证汇总表，并据以登记总账，结出账户余额，与出纳员所经管的日记账核对，如有不符，查明原因，予以更正；与记账员所经管的明细账进行核对，如有不符，查明原因，予以更正。

(4)编制总账账户余额试算平衡表。

(5)办理年结。

12.3.3　编制会计报表

编制如下会计报表：

(1)编制资产负债表。

(2)编制利润表。

(3)编制现金流量表。

12.4 众生公司业务员岗位实操

按要求填制和传递2017年12月份凭证：

(1)12月1日，李红出差返回公司报账，出差相关内容如下：李红出差联系业务推销产品，2017年11月23日从江泽市乘火车至北京市(当日到达)火车票180元，在北京期间住宿费200元，2017年11月25日从北京乘火车至大连(次日到达)火车票398元，在大连期间住宿费350元，2017年11月29日从大连乘客轮回江泽市(次日到达)船票300元，出差补助每天18元，据以填写“旅差费报销单”(厂长张胜德在单上签字：同意报销)，并持单以李红的名义向财务科出纳处报账(出差前已预支1 800元)。

(2)12月1日，销售给MA公司C-4商品10 000件，销售给MB公司C-4商品8 000件，销售给MC公司C-4商品7 000件，销售给MD公司C-4商品6 000件，C-4商品每件售价26元，增值税税率13%，价税款均已收讫。据以填写“增值税专用发票”，款项全部存入银行，填写“进账单”，送银行办理进账手续后取回“进账单”回单。将“进账单”回单连同“增值税专用发票”的记账联送财务科出纳员，填写“产品出库单”送本公司记账员。(开户行：中国工商银行江泽市支行；账号：115674356323)

(3)12月2日，以业务科鲁冈的名义填写“领款单”，领款金额3 000元，领款单填写好后到财务科找出纳员领款，作为业务科的备用金。

(4)12月3日，以亚洲证券营业部的名义填写“亚洲证券营业部成交过户交割单”1张，内容如下：本交割单系众生公司购买股票，成交编号为12690，股东账户为33665690，股东名称为众生公司，申请编号为687，公司代码为M120，申报时间为095240(即9点52分40秒)，成交时间为095310，实收金额为123 475元，资金余额为76 525元；证券名称为500232，成交数量15 000股，成交价格8.17元，佣金430元，印花税480元，附加费15元。填好后送众生公司出纳员。

(5)12月4日，表12—11所列材料全部入库，据以填写“材料入库验收单”：

表12—11　　材料入库资料

供货单位	材料名称	计量单位	数量	单位买价(元)	运杂费(元)	计划单价(元)
兴隆公司	甲材料	千克	2 000	4	150	3.85
	乙材料	千克	2 000	2.5	100	3.06
兴盛公司	丙材料	千克	1 200	5	120	5.07
	丁材料	千克	1 500	6	180	5.86
众健公司	D-1材料	千克	600	10	100	10.38
宏源公司	E-1材料	千克	500	10	100	11.8

将填写好的“材料入库验收单”记账联送本公司记账员。

(6)12月5日，以中财保险股份有限公司的名义填写“机动车辆保险单”和“保费收据”各一张，填写内容如下：被保险人为众生公司；投保险种为车辆损失险、第三责任险，盗抢险、玻璃险、他人恶意险等；车辆型号为红旗(豪)；发动机号358769；牌号为A-42563；非营业用车；座位为5座；保险价值38万元，保险金额38万元；基本保费270元；车辆损失险费率0.8%；第三责任险最高赔偿限额为26万元；第三责任险保费为2 500元；盗抢险保费据表计算；玻璃险保费为50元；他人恶意险保费为100元；保险期限自2018年1月1日零时起至2018年12月31日24时止。地址：十字街58号；电话：8666688；邮政编码438000；总经理：洪源。填好后将“机动车辆保险单”正本和“保费收据”发票联送众生公司记账员。

(7)12月6日，以江泽市第一律师事务所陈海的名义填写“增值税专用发票”，收取众生公司本月律师顾问费用1 100元，持其发票联、抵扣联找众生公司出纳员收款。(税率6%)

(8)12月8日，江泽市电视台收取众生公司广告费21 000元代电视台填写“增值税专用发票”，持其发票联、抵扣联找众生公司出纳员收款。(税率6%)

(9)12月9日，债券公司应向众生公司收取债券印刷费及手续费8 000元。代填写“增值税普通发票”，并持其第二联到众生财务科结算。(税率3%)

(10)12月9日，根据下述资料编制“固定资产折旧表”(采用平均年限法)，编制完成后将其送交众生公司记账员。

11月30日，固定资产资料如表12—12所示。

表12—12 **固定资产资料**

部　门	固定资产类型	固定资产原值(元)	预计净残值(元)	预计使用年限(年)
基本车间	房屋	200 000	15 000	40
	机床加工设备	200 000	10 000	10
	专用电子设备	300 000	20 000	10
	其他专用设备	200 000	10 000	20
机修车间	房屋	100 000	5 000	40
	机床加工设备	50 000	2 500	10
	其他专用设备	10 000	500	20
动力车间	房屋	100 000	5 000	40
	内燃发电机组	100 000	5 000	20
	其他专用设备	20 000	2 000	20
管理部门	房屋	600 000	30 000	40
	不需用设备	180 000	20 000	10
出租	仓库	200 000	10 000	10

(11)12月9日，众生公司与达昌公司进行非货币交易，交易内容如下：

众生公司向达昌公司销售C-3商品4 900件，每件售价20元；向达昌公司购进丙材料20 000千克，每千克进价格4.90元。增值税税率均为17%，据以填写销售C-3商品的“增值税专用发票”和购进丙材料的“材料入库验收单”(材料已如数入库，丙材料的计划单位成本见记账员岗位的数量金额式明细账)填写好后先持销售商品的增值税专用发票的2、3联到达昌公司业务处换取购进材料的增值税专用发票的2、3联；后将销售商品的“增值税专用发票”的记账联和购进材料的“增值税专用发票”的2、3联及“材料入库验收单”一并送交众生公司记账员。填写“产品出库单”送本公司记账员。

(12)12月10日，以公司职工张平的名义填写“费用报销领款单”，到财务科领取独生子女费170元。

(13)12月10日，代房地产管理所开具“增值税专用发票”，应收取众生公司办公用房租金

1 100 元。制单人:李风。持发票联、抵扣联到众生公司财务科结算。(税率 9%)

(14)12 月 10 日,以江泽市汽车队的名义开具"增值税专用发票",应收取众生公司销货运费 5 800 元。制单人:何春明。持发票联、抵扣联到众生公司财务科结算。(税率 9%)

(15)12 月 10 日,业务科王兰、徐政、邱新 3 人领取本年度烤火费,每人 80 元,经理陈凯签字:同意付款。代填写"费用报销领款单",到财务科出纳处领款。

(16)12 月 10 日,代司法局开具"增值税专用发票",应收取众生公司公证费用 1 000 元。收款人:王波。持发票联到众生公司财务科结算。(税率 6%)

(17)12 月 11 日,生产技术科李红去省城开生产技术会,经领导陈凯同意借款 2 000 元。据以填写"借款单",持单向财务科出纳员借款。

(18)12 月 11 日,支付山河公司的生产车间扩建工程款 6 800 元,经公司经理陈凯签字同意付款,由冯列统一领款,据以填写"增值税专用发票",持发票联、抵扣联到财务科出纳处办理领款,取得出纳员签发的"现金支票"到银行取款。(税率 9%)

(19)12 月 12 日,业务员贺圣、黄平各领计算器一个,单价 115 元,合计金额 230 元。经理陈凯审批:同意领用,一次摊销。据以填写"物品领用单"并将其送交财务科记账员。

(20)12 月 12 日,众生公司向证券公司购买一年期债券 900 000 元,手续费 1 800 元,以证券公司名义开出"收据",持收据第二联到众生公司财务科结算。

(21)12 月 13 日,根据表 12－13 所列资料编制"工资结算汇总表"。(因工资结算原始资料比较复杂,实际工作中的工资发放表是根据岗位将每个人的工资计算出来加以汇总的。而下列资料直接以汇总的形式给出。)

表 12－13　　工资结算汇总资料

车间、部门、类型	职工人数(人)	标准工资(元)	应扣工资(元)		津贴(元)	代扣款项			
			事假	病假		水电费(元)	住房公积金(元)	个人所得税(元)	个人承担社保(元)
基本生产车间生产工人	290	261 000	1 300	1 500	28 000	14 680	10 600	300	1 080
基本生产车间管理人员	12	13 300	300	150	600	700	600	20	180
援外工程人员	4	6 000			4 000		90		320
在建工程人员	25	28 000	700	200	1 600	130	1 050		265
机修车间人员	6	7 020	300	100	300	250	300		106
动力车间人员	4	6 000	100		200	200	210		65
公司管理人员	35	45 000	350	150	1 600	1 700	1 500	80	720
医务人员	5	5 600		100	260	240	200		80
六个月以上长病人员	2	2 800		800	10	100	42		45

工资结算汇总表编制好后送交财务科出纳员。

(22)12 月 13 日,销售给兴隆公司 C-1 商品 2 000 千克,每千克售价 14.80 元,C-2 商品 3 000 件,每件售价 22.60 元,增值税税率 13%,据以填写"增值税专用发票"后将其送众生财务科出纳员办理收款手续。填写"产品出库单"送本公司记账员。

(23)12 月 14 日,业务科各种费用支出汇总情况如下:差旅费 280 元(31 张原始凭证);办

公费 170 元(13 张原始凭证);其他费用 50 元(6 张原始凭证);经核对,编制“管理费用支出汇总表”,持表到财务科报账。

(24)12 月 14 日,赵华等 4 名职工参加江泽市工学院短期培训,支付学杂费 2 400 元,以工学院名义开出“增值税普通发票”,持第 2 联(付款人联)找众生财务科出纳员办理领款,取得出纳员签发的“现金支票”到银行取款。(税率 3%)

(25)12 月 15 日,众生公司职工食堂向为民日杂公司购买铁锅 1 口,计 70 元,铁铲 2 把计 30 元,合计 100 元。以为民日杂公司名义开具“增值税普通发票”,持发票联向众生公司财务科出纳员报账。(在发票备注上填写:列入职工福利。)(税率 3%)

(26)12 月 16 日,众生公司向税务局购买 20 张 5 元券印花税票,30 张 2 元券印花税票,20 张 1 元券印花税票,以税务局名义开具“市税务局印花税票发售统一发票”,持发票联向众生公司财务科出纳员报账。

(27)12 月 17 日,众生公司应付的车间扩建工程包工款 210 000 元,以长丰建筑公司的名义填写“增值税专用发票”,持发票联、抵扣联到众生公司财务科办理结算。(税率 9%)

(28)12 月 17 日,本月综合奖金结算汇总资料如表 12—14 所示。

表 12—14　　本月综合奖金结算汇总资料

车间、部门	奖金(元)
基本生产车间生产工人	29 000
基本生产车间管理人员	1 200
机修车间人员	600
动力车间人员	400
公司管理人员	3 500
医务人员	500

据以编制“综合奖金结算汇总表”,持表向财务科出纳员领取奖金。

(29)12 月 18 日,众生公司应付新卫设计院产品设计费 500 元,以新卫设计院的名义填写“增值税专用发票”,持发票联、抵扣联到众生公司财务科办理结算。(税率 6%)

(30)12 月 18 日,销售给丰利公司不需用甲设备一台,原始价值 6 万元,已提折旧 20 000 元,协商作价 42 000 元。据以填写“增值税专用发票”,持其发票联、抵扣联到丰利公司财务科收款,要求丰利公司出纳员签发“转账支票”,并与其一同去银行办理转账手续,取得银行盖章后“进账单”的收账通知联后,将“进账单”的收账通知联及“增值税专用发票”记账联送交本公司财务科出纳员。同时依据固定资产原始价值与已提折旧填写“内部转账单”,并将其送本公司财务科记账员。(税率 13%)

(31)12 月 18 日,一栋仓库 280 平方米,预计使用 30 年,已使用 28 年,原值 95 000 元,已提折旧 80 000 元,因重建提前报废。其处理意见:使用部门的意见:因陈旧要求报废;技术鉴定小组意见:情况属实;固定资产管理部门意见:同意转入清理;主管部门审批意见:同意报废重建。据以填写“固定资产报废单”后将其会计记账联送财务科记账员。

(32)12 月 19 日,向众健公司购进丙设备一台,交易价 37 000 元,经验收交基本生产使用,据以填写“固定资产验收单”,将其第二联送财务科出纳员。

(33)12 月 19 日,李红 12 月 11 日去省城参加工业生产技术会,12 月 18 日返回,往返汽车票均为 40 元，住宿费用 700 元，会议费用 150 元，其他费用 360 元，每天补助 15 元。以李红的名义填写“差旅费报销单”，经理陈凯在单上签字：同意报销。持单向财务科出纳员报账。(原借支 2 000 元)

(34)12 月 19 日，业务科与业务往来单位洽谈业务，接待、就餐、补助及接送车费共计金额 2 086 元，单据 20 张。据以填写“业务招待费汇总表”，经理陈凯在单上签字：同意报销。持单向财务科出纳员报账，取得出纳员签发的“现金支票”后到银行提取现金。

(35)12 月 19 日，报废固定资产的清理人员张虎等 5 人应领取清理费用 500 元，以张虎的名义填写“费用报销领款单”，经理陈凯在单上签字：同意付款。持单向财务科出纳员领款。

(36)12 月 19 日，众生公司向江泽商场收取仓库租金 4 600 元，据以开出“增值税专用发票”，收到现金 4 600 元，当即填写“进账单”到开户行办理进账手续，收到银行盖章后的“进账单”回单，将“增值税专用发票”的记账联及“进账单”回单送交本公司出纳员。(本公司开户行：中国工商行江泽市支行，账号：115674356323)(税率 9%)

(37)12 月 20 日，仓库清理残料如下：红砖 80 000 块，每块 0.20 元，计 16 000 元，其他材料 5 200 元，合计 21 200 元。材料全部入库作重建仓库用，据以编制“材料入库单”，并将其记账联送财务科记账员。

(38)12 月 20 日，众生公司向为民五金公司购买灭火器 5 个，单价 100 元，计 500 元。灭火器购回后当即由仓库领用。先以为民五金公司名义开具“增值税普通发票”；再以仓库保管员李兴名义填写“物品领用单”，经理陈凯在单上签字：同意领用，一次摊销。最后将“为增值税普通发票”的发票联和“物品领用单”送财务科出纳员，并要求领款、领物。(税率 3%)

(39)12 月 20 日，向众健公司转让技术，收取技术转让费 16 000 元，据以填写“增值税专用发票”，持其发票联、抵扣联到众健公司财务科收款，要求众健公司出纳员签发“转账支票”，并与其一同去银行办理转账手续，取得银行盖章后的“转账支票”的收账通知联后，将“转账支票”的收账通知联及“增值税专用发票”记账联送交本公司财务科出纳员。(税率 6%)

(40)12 月 21 日，向会计局购买《新会计准则》等书籍，付款 156 元，以会计局的名义填写“增值税普通发票”，并持其发票联到账务科报账。(税率 3%)

(41)12 月 21 日，众生公司的汽车送汽车修配厂修理，具体修配项目如下：汽车补胎 280 元，汽车轮胎 2 个，单价 500 元。以汽车修配厂名义开具“增值税普专用发票”，送交本公司出纳员。(税率 13%)

(42)12 月 23 日，众生公司使用自来水厂的供水，水表记录是：本月号码为 357356，上月号码为 352256，实用水 5 100 吨，每吨单价 4 元。以自来水厂名义开具“增值税专用发票”持其发票联、抵扣联到众生财务科结算。(税率 9%)

(43)12 月 23 日，业务科用备用金开支下列各种费用：差旅费 1 300 元(21 张原始凭证)；办公费 1 200 元(23 张原始凭证)；修理费 1 100 元(4 张原始凭证)；经核对全部报销，编制“管理费用支出汇总表”，持表到财务科报账。

(44)12 月 24 日，众生公司电表的起码是 325631，止码是 386131，实用电 60 500 度，每度单价 0.80 元，以电力局的名义填写“增值税专用发票”(税率 13%)，持发票联到众生公司财务科结算。

(45)12 月 24 日，众生公司参加本市商品展销会，应付江泽大世界商场的商品展位租用费 900 元，以大世界市场的名义填写“增值税普通发票”，持发票联到众生公司财务科结算。(税率 3%)

(46)12 月 25 日，物价检查所对众生公司商品销售情况进行检查，发现部分商品违反国家价格政策，罚款 1 700 元，以物价检查所名义填写“罚款没收专用收据”，持单到众生公司财务科结算。

(47)12 月 26 日，看望住院病人赵全胜，从副食品商品店购买 3 袋奶粉，每袋 150 元，苹果 3 千克，每千克 18 元，据以填写“增值税销售发票”经理陈凯签字：在福利费列支，持发票联到众生公司财务科结算。

(48)12 月 26 日，迅达搬运公司为众生公司装卸货物，应收取装卸费 1 700 元，以迅达公司的名义开具“增值税专用发票”，持发票联、抵扣联到众生公司财务科结算。(税率 9%)

(49)12 月 26 日，李红出差预支差旅费 1 500 元，据以填写“借款单”，持单向财务科出纳借款。

(50)12 月 27 日，众生公司自行开发一项实用型专利开发成功，先根据下列资料填写“专利申报表”，申请单位：众生公司；专利项目：实用新型专利；技术开发费：26 000 元；注册登记费：3 500 元；单位意见：同意申报；专利局审批：同意注册。再以专利局名义填写“增值税专用发票”收取众生公司专利注册登记费 3 500 元，然后持“专利申报表”和“增值税专用发票”到众生公司财务科结算。(税率 6%)

(51)12 月 27 日，众生公司销售给丰润公司 C-1 商品 8 000 千克，每千克售 15 元；销售给丰利公司 C-1 商品 8 000 千克，每千克售价 15 元；销售给兴隆公司 C-2 商品 10 000 件，每件售价 23 元；增值税税率均为 17%，据以分别三个公司填写“增值税专用发票”后持“增值税专用发票”到丰润、丰利、兴隆公司财务科结算，要求各公司出纳员根据购销合同填写“商业承兑汇票”，经付款人(各购货公司)承兑后取得“商业承兑汇票”的第二联，将“增值税专用发票”的记账联和“商业承兑汇票”的第二联送交众生公司出纳员。填写“产品出库单”送本公司记账员。

(52)12 月 27 日，四通运输公司为众生公司运输购入的材料，应收运费 7 300 元。以四通运输公司的名义开具“增值税专用发票”，持发票联、抵扣联到众生公司财务科结算。(税率 9%)

(53)12 月 27 日，外购材料全部验收入库。据表 12—15 所列资料填写“材料入库验收单”，将其记账联送财务科记账员。

表 12—15 **外购材料入库资料**

供货单位	材料名称	数量(千克)	买价(元)	运杂费(元)	计划单价(元)
众健公司	D-1 材料	7 000	70 000	700	10.38
宏源公司	E-1 材料	7 000	84 000	700	11.8
兴盛公司	甲材料	15 000	60 000	1 500	3.85
	乙材料	15 000	45 000	1 500	3.06
	丙材料	14 000	70 000	1 400	5.07
	丁材料	15 000	90 000	1 500	5.86

(54)12 月 29 日，各部门报废低值易耗品(领用时均一次摊销)，本月收回残值如下：基本生产车间 430 元，动力车间 46 元，机修车间 52 元，行政管理部门 72 元。报废材料均已入库(计划价按照 600 元计算)。据以编制“报废低值易耗品汇总表”和“材料入库验收单”，并将其送财务科记账员。

(55)12 月 30 日，销售给兴隆公司 C-2 商品 10 000 件，每价售价 23 元，C-3 商品 10 000 件，每件售价 22 元，C-4 商品 4 000 件，每价售价 26 元，增值税税率 13%，据以填写"增值税专用发票"，将"增值税专用发票"送本公司出纳员。填写"产品出库单"送本公司记账员。

(56)12 月 31 日，基本生产车间生产 C-1 产品耗用 7 000 工时，生产 C-2 产品耗用 7 150 工时，生产 C-3 产品耗用 7 200 工时，生产 C-4 产品耗用 7 270 工时，据以编制"产品耗用工时汇总表"，并将表送财务科记账员。

(57)12 月 31 日，本月发出材料汇总资料如表 12—16 所示。

表 12—16 本月发出材料汇总

材料名称	数量(千克)	计划单价(元)	计划总价(元)
甲材料	20 000	3.85	77 000
乙材料	20 000	3.06	61 200
丙材料	40 000	5.07	202 800
丁材料	10 000	5.86	58 600
D-1 材料	8 000	10.38	83 040
E-1 材料	10 000	11.8	118 000
合　计			600 640
其他材料			40 000

据以编制"发料凭证汇总表"，并将表送财务科记账员。

(58)12 月 31 日，辅助生产车间本月提供劳务总量资料如表 12—17 所示。

表 12—17 辅助生产车间本月提供劳务总量

项　目	机修车间服务量(工时)	动务车间供电量(度)
C-1 产品耗用	——	8 000
C-2 产品耗用	——	9 000
C-3 产品耗用	——	10 000
C-4 产品耗用	——	9 000
基本生产车间耗用	3 100	1 000
行政管理部门耗用	100	2 000
车间扩建工程耗用	800	11 000
动力车间耗用	80	——
机修车间耗用	——	800
合　计	4 080	50 800

据以编制"辅助生产情况表"，并将表送财务科记账员。

(59)12 月 31 日，本月产品生产及入库情况如表 12—18 所示。

表 12—18 **本月产品生产及入库情况**

产品名称	月初在产品	本月投产	本月完工入库	月末在产品	在产品完工程度	投料方式
C-1 产品	2 000 千克	26 300 千克	26 000 千克	2 860 千克	50%	逐步投料
C-2 产品	2 000 件	16 760 件	16 500 件	2 300 件	50%	逐步投料
C-3 产品	2 100 件	17 200 件	16 200 件	3 400 件	50%	逐步投料
C-4 产品	2 000 件	15 200 件	15 000 件	2 200 件	50%	逐步投料

代基本生产车间编制“生产情况报告表”；代成品仓库编制“产品入库汇总表”；将填写好的两张表送财务科记账员。

13 众健公司会计业务岗位实操

13.1 众健公司出纳会计岗位实操

13.1.1 开设有关日记账

众健公司 2017 年 11 月 30 日有关账户余额如下：

库存现金日记账　　1 000(借)

银行存款日记账　　306 000(借)

众健公司及往来公司相关情况如表 13—1 所示。

表 13—1　　众健公司及往来公司相关情况

开户行：中国工商银行江泽市支行		开户行：中国工商银行崎峰市支行	
公司名称	账　号	公司名称	账　号
众健公司	1156674356324	兴隆公司	823653676516
众生公司	1156674356323	兴盛公司	823653676517
宏源公司	1156674356325		
宏盛公司	1156674356326		
达昌公司	1156674356327		
达亿公司	1156674356328		

13.1.2 办理如下业务

凡出纳业务，在业务办理完毕后，编制记账凭证，交财务科长复核后据以登记库存现金和银行存款日记账，并将记账凭证连同所附原始凭证一并转交记账员记账。

(1)12 月 1 日，收到陈锋“旅差费报销单”(所附单据略)，经审核无误，报销费用 1 696 元，按原预支额 1 400 元开出“收据”，当即补付现金 296 元。

(2)12 月 1 日，收到业务员送来的“进账单”回单及“增值税专用发票”的记账联进行账务处理。

(3)12 月 1 日，收到开户银行转来众生公司和丰利公司的“转账支票”收账通知联据以填写“进账单”，到开户行办理入账。

(4)12 月 1 日，填写“转账支票”两张，分别支付应付宏盛公司账款 100 000 元和应付宏源公司账款 120 000 元；填写“信汇”凭证一张，支付应付兴隆公司账款 90 000 元。填好结算凭证后去开户银行办理相关手续，取回“信汇”凭证回单，经审核无误后进行账务处理。

(5)12 月 2 日，填写“转账支票”一张，转出投资款 220 000 元，存入亚洲证券营业部账户(亚洲证券营业部开户行：中国工商银行江泽市支行，账号：235673625588)准备用于购买股票。到银行办理转账手续。

(6)12 月 2 日，填写“现金支票”一张，提取现金 16 000 元备用，到开户银行办理支款手续。

(7)12 月 2 日，收到业务科刘正涛的“领款单”，经审核无误，当即支付现金 3 200 元，作为业务科的备用金(在领款单上注明“现金付讫”)。

(8)12 月 3 日，收到“亚洲证券营业部成交过户交割单”，购入股票划作交易性金融资产。

(9)12 月 5 日，收到开户行转来兴盛公司“信汇”凭证收款通知联。

(10)12 月 5 日，收到中财保险股份有限公司机动车辆保险单(正本)和保费收据第一联，经审核无误，据以填写转账支票(中财保险股份有限公司开户行：中国工商银行江泽市支行；账号：115675368955)，并到银行办理转账手续。

(11)12 月 6 日，填写“中华人民共和国税收通用缴款书”，将未交增值税、应交城市维护建设税、应交个人所得税、应交教育费附加上交国库，具体金额见明细分类账各该账户的月初余额。税收通用缴款书填写好后，到开户行办理手续，经税务机关、银行盖章后取得完税凭证联，并据以进行账务处理。

(12)12 月 6 日，收到律师事务所的“增值税专用发票”发票联、抵扣联，经审核无误，以现金付讫。

(13)12 月 8 日，收到江泽市电视台的“增值税专用发票”发票联、抵扣联，经审核无误，据以填写转账支票(江泽市电视台开户行：中国工商银行江泽市支行；账号：115674356672)，付广告费，并到银行办理转账手续。

(14)12 月 8 日，本(众健)公司委托债券发行公司发行 5 年期债券，按面值的 10%溢价发行。现债券公司已发行债券面值 1 000 000 元，实收金额 1 100 000 元，款项今日全部交来，当即送存银行。据以填写“收据”及“进账单”，到银行办理手续后据“收据”记账联及“进账单”回单进行账务处理。

(15)12 月 9 日，收到债券公司的“增值税普通发票”发票联，经审核无误，据以填写转账支票(债券公司开户行：中国工商银行江泽市支行；账号：115676283355)，付手续费，并到银行办理转账手续。

(16)12 月 10 日，收到李兰“费用报销领款单”，经审核无误，以现金付讫。

(17)12 月 10 日，收到房地产管理所的“增值税专用发票”发票联、抵扣联，经审核无误，以现金付讫。

(18)12 月 10 日，收到江泽市汽车运输公司的“增值税专用发票”发票联、抵扣联，经审核无误，据以填写转账支票(江泽市汽车运输公司开户行：中国工商银行江泽市支行；账号：

115674356698),付运费,并到银行办理转账手续。

(19)12 月 10 日,依据“应付职工薪酬——社会保险费”期初余额,填写“税收通用缴款书”到银行办理缴款手续。

(20)12 月 10 日,签发“现金支票”,到银行办理取款手续,提回现金 3 600 元备用。根据“现金支票”存根作账务处理。

(21)12 月 10 日,收到李伟等四人的“费用报销领款单”,经审核无误,以现金付讫。

(22)12 月 10 日,收到司法局的“增值税专用发票”经审核无误,据以填写转账支票(司法局开户行:中国工商银行江泽市支行;账号:115674356989),付诉讼费,并到银行办理转账手续。

(23)12 月 11 日,收到陈锋的“借款单”,经审核无误,以现金付讫。

(24)12 月 11 日,收到工程队的“增值税专用发票”,经审核无误,如数签发“现金支票”,交余致到银行取款。

(25)12 月 12 日,收到证券公司的“收据”经审核无误,据以填写转账支票(证券公司开户行:中国工商银行江泽市支行;账号:115674356719),付债券及手续费,并到银行办理转账手续。

(26)12 月 13 日,收到“工资结算汇总表”,根据实发工资总额签发“现金支票”,从银行提取现金,当即发放完毕。

(27)12 月 13 日,收到业务员送来的增值税专用发票,据以填写“委托收款凭证”(应收兴盛公司款)持委托收款凭证和增值税专用发票的发票联、抵扣联到银行办理托收手续,经银行盖章后,将退回的“委托收款凭证”回单与“增值税专用发票”记账联一并作账务处理。

(28)12 月 14 日,收到业务科“管理费用支出汇总表”(所附单据 47 张略),经审核无误,以现金付讫。

(29)12 月 14 日,收到江泽市工学院的“增值税普通发票”,经审核无误,开出“现金支票”付讫。

(30)12 月 15 日,收到职工食堂购买炊具的发票,经审核无误,以现金付讫。

(31)12 月 16 日,收到银行转来“委托收款凭证”的收款通知联。系兴盛公司应收款。

(32)12 月 16 日,收到“市税务局印花税票发售统一发票”,经审核无误,以现金付讫。

(33)12 月 17 日,收到长丰建筑公司“增值税专用发票”的发票联、抵扣联,经审核无误,据以填写转账支票(建筑公司开户行:中国工商银行江泽市支行;账号:115672785567),付工程款,并到银行办理转账手续。

(34)12 月 17 日,根据“综合奖金结算汇总表”(实际还应按人头的奖金发放表,此处略),签发“现金支票”提回现金,当即发放完毕。

(35)12 月 18 日,收到新卫设计院的“增值税专用发票”发票联,经审核无误,以现金付讫。

(36)12 月 19 日,收到业务员送来的众生公司“转账支票”(当即据以填写“进账单”,送存银行)本公司的固定资产销售的“增值税专用发票”的会计记账联,经审核无误进行账务处理。

(37)12 月 19 日,收到宏源公司出售设备的“增值税专用发票”发票联、抵扣联,及本公司业务员送来的“固定资产验收单”,经审核无误据以填写“转账支票”付设备款,并到银行办理转账手续。

(38)12 月 19 日,收到陈锋的“旅差费报销单”(所附单据略)和交来的现金 364 元,开出“收据”收讫。收据金额按陈锋原借支数填写。

(39)12 月 19 日，收到业务科的“业务招待费汇总表”及所附 26 张单据(单据略)，经审核无误后，当即签发“现金支票”补足其备用金。

(40)12 月 19 日，收到刘正的“费用报销领款单”，经审核无误，以现金付讫。

(41)12 月 19 日，收到业务员送来的仓库租金收入“进账单”回单及“增值税专用发票”记账联。

(42)12 月 20 日，收到业务员送来的“增值税普通发票”和“物品领用单”经审核无误后签发“现金支票”，从银行提回现金 5 800 元，除支付灭火器款外，其余备用。

(43)12 月 20 日，收到众生公司的“增值税专用发票”发票联、抵扣联，经审核无误后签发“转账支票”支付技术转让费。到银行办理转账手续。

(44)12 月 21 日，收到购买书籍的“增值税普通发票”发票联，经审核无误以现金付讫。

(45)12 月 21 日，收到业务员送来的宏源公司“转账支票”的收账通知联，及本公司收取技术转让收入的“增值税专用发票”记账联。

(46)12 月 21 日，收到汽车修配厂的“增值税专用发票”发票联、抵扣联，经审核无误后以现金付讫。

(47)12 月 23 日，收到增值税专用发票，经审核无误后填写“转账支票”支付水费，到银行办理转账手续。(自来水厂开户行：中国工商银行江泽市支行；账号：115674351125)

同时根据定额耗用量分配本月水费，定额耗用量如下：动力车间 510 吨，机修车间 550 吨，基本生产车间 2 500 吨，公司管理部门 1 640 吨，据以编制“水费分配表”。

根据“增值税专用发票”发票联、抵扣联、“转账支票”存根和“水费分配表”进行账务处理。

(48)12 月 23 日，收到业务科的“管理费用支出汇总表”及所附 38 张单据(单据略)，经审核无误后，当即签发“现金支票”补足其备用金。

(49)12 月 24 日，收到电力局的“增值税专用发票”发票联，审核无误后填写“转账支票”支付电费，到银行办理转账手续。(电力局开户行：中国工商银行江泽市支行；账号：115674356211)

同时根据表 13—2 所列定额耗用量资料编制“外购动力费分配表”。

表 13—2　　定额耗用量资料

产品名称	定额耗用量	车间部门	定额耗用量
D-1 产品	10 500 度	动力车间	800 度
D-2 产品	11 000 度	机修车间	1 000 度
D-3 产品	10 000 度	基本生产车间	800 度
D-4 产品	11 500 度	管理部门	7 400 度

根据电力局的发票联、“转账支票”存根和“外购动力费分配表”进行账务处理。

(50)12 月 24 日，收到大世界市场的“增值税普通发票”发票联，经审核无误后以现金付讫。

(51)12 月 25 日，签发“现金支票”，到银行办理取款手续，提回现金 5 600 元备用。根据“现金支票”存根作账务处理。

(52)12 月 25 日，收到物价检查所“罚款没收专用收据”，以现金支付罚款。

(53)12 月 26 日，收到“增值税普通发票”发票联，经审核后以现金付讫。

(54)12 月 26 日,收到迅达搬运公司的“增值税专用发票”发票联、抵扣联,经审核无误后以现金付讫。

(55)12 月 26 日,收到陈锋的“借款单”经审核无误后以现金付讫。

(56)12 月 27 日,收到本公司业务员送来销售商品给丰利公司、众生公司和兴盛公司的“增值税专用发票”记账联和三张“商业承兑汇票”。

(57)12 月 27 日,收到业务员送来的“专利申报表”和专利局的“增值税专用发票”发票联、抵扣联,经审核无误后填写“转账支票”支付专利注册登记费,到银行办理转账手续。(专利局开户行:中国工商银行江泽市支行;账号:115675363286)

(58)12 月 27 日,收到宏源公司、宏盛公司、兴隆公司业务员送来的增值税专用发票 2、3 联,经审核无误后分别填写为期 2 个月的“商业承兑汇票”三份,其中第一联并各收款人盖章签名后收回,在第二联的付款人盖章处盖上财务专用章,在负责经办处均签上名,填好后将第二联分别交宏源公司、宏盛公司、兴隆公司业务员。

同时收到四通运输公司的“增值税专用发票”发票联、抵扣联,经审核无误后填写“转账支票”支付材料运费,到银行办理转账手续。(四通运输公司开户行:中国工商银行江泽市支行;账号:115675363298)

根据材料重量编制“材料采购费用分配表”。各种材料采购的重量:E-1 材料 7 000 千克,F-1 材料 7 000 千克,甲材料 20 000 千克,乙材料 20 000 千克,丙材料 11 000 千克,丁材料 10 000 千克。

根据增值税专用发票的发票联、商业汇票的留存联,转账支票存根联、“材料采购费用分配表”,作账务处理。

(59)12 月 30 日,收到业务员送来的“增值税专用发票”,合同规定销货款采用委托收款结算方式,经审核无误后,据以填写“委托收款凭证”,持“委托收款凭证”和“增值税专用发票”到银行办理托收手续,经银行盖章后,将退回的“委托收款凭证”回单与“增值税专用发票”的记账联一并作账务处理。

(60)12 月 31 日,到开户行拿回贷款计息凭证,进行账务处理。(已预计应付利息 12 000 元)

(61)12 月 31 日,到开户行拿回存款计息凭证,进行账务处理。

(62)12 月 31 日,将账面价值为 80 000 元的“交易性金融资产——基金”全部出售,实得现金 84 000 元。填写“内部转账单”和“进账单”,将现金送存银行(全为百元券)。

13.2 众健公司记账会计岗位实操

13.2.1 开设有关账户

众健公司 2017 年 11 月 30 日明细账期末资料如表 13—3 所示:

表 13—3　明细账期末资料(截至 2017 年 11 月 30 日)　单位:元

科　目	借或贷	金　额
其他货币资金——外埠存款	借	10 000.00

续表

科　目	借或贷	金　额
交易性金融资产——股票(成本)	借	100 000.00
交易性金融资产——债券(成本)	借	90 000.00
交易性金融资产——基金(成本)	借	80 000.00
应收票据——丰利公司	借	120 000.00
应收票据——众生公司	借	100 000.00
应收票据——兴盛公司	借	110 000.00
应收账款——丰利公司	借	120 000.00
应收账款——众生公司	借	90 000.00
应收账款——兴盛公司	借	120 000.00
坏账准备	贷	1 320.00
其他应收款——陈峰	借	1 400.00
其他应收款——代扣水电费	借	15 000.00
材料采购——原材料	借	42 880.00
原材料——原料及主要材料	借	443 000.00
原材料——其他材料	借	143 000.00
周转材料——包装物	借	15 000.00
周转材料——低值易耗品	借	55 000.00
材料成本差异——原材料	借	5 860.00
材料成本差异——包装物	贷	150.00
材料成本差异——低值易耗品	借	550.00
库存商品——D-1 产品	借	140 000.00
库存商品——D-2 产品	借	640 000.00
库存商品——D-3 产品	借	680 000.00
库存商品——D-4 产品	借	950 000.00
长期股权投资——股票投资(昌安公司)	借	100 000.00
持有至到期投资——成本	借	100 000.00
持有至到期投资——利息调整	借	6 000.00
持有至到期投资——应计利息	借	8 000.00
固定资产——生产用固定资产	借	1 300 000.00
固定资产——非生产用固定资产	借	600 000.00
固定资产——不需用固定资产	借	150 000.00
固定资产——出租固定资产	借	200 000.00

续表

科　目	借或贷	金　额
累计折旧	贷	550 000.00
工程物资——专用材料	借	270 000.00
工程物资——专用设备	借	430 000.00
在建工程——机床大修工程	借	50 000.00
在建工程——设备安装工程	借	350 000.00
固定资产清理——报废	借	5 000.00
无形资产——专利权	借	355 000.00
无形资产——专有技术	借	320 000.00
研发支出——资本化支出	借	25 000.00
长期待摊费用——固定资产大修费用	借	52 000.00
待处理财产损溢——待处理固定资产损溢	借	3 000.00
生产成本——基本生产成本(D-1 产品)	借	12 000.00
生产成本——基本生产成本(D-2 产品)	借	10 000.00
生产成本——基本生产成本(D-3 产品)	借	16 000.00
生产成本——基本生产成本(D-4 产品)	借	20 000.00
短期借款——生产周转借款	贷	1 500 000.00
应付票据——宏源公司	贷	100 000.00
应付票据——宏盛公司	贷	110 000.00
应付票据——兴隆公司	贷	100 000.00
应付账款——宏源公司	贷	120 000.00
应付账款——宏盛公司	贷	100 000.00
应付账款——兴隆公司	贷	90 000.00
应付职工薪酬——职工教育经费	贷	5 000.00
应付职工薪酬——职工福利	贷	1 600.00
应付职工薪酬——社会保险费	贷	8 400.00
应交税费——未交增值税	贷	30 000.00
应交税费——应交所得税	借	40 000.00
应交税费——应交城市维护建设税	贷	3 000.00
应交税费——应交个人所得税	贷	2 500.00
应交税费——应交教育费附加	贷	800.00
应付利息	贷	27 000.00
长期借款——基建借款	贷	1 300 000.00

续表

科　目	借或贷	金　额
长期应付款——应付设备款	贷	80 000.00
应付债券——面值	贷	300 000.00
应付债券——利息调整	贷	15 000.00
应付债券——应计利息	贷	20 000.00
实收资本——国家投资	贷	1 500 000.00
实收资本——大兴公司	贷	150 000.00
实收资本——其他	贷	1 185 920.00
资本公积——资本溢价	贷	320 000.00
资本公积——其他	贷	80 000.00
盈余公积——法定盈余公积	贷	550 000.00
利润分配——未分配利润	贷	50 000.00
本年利润	贷	500 000.00

原材料明细账 2017 年 11 月 30 日期末资料如表 13—4 所示。

表 13—4　　原材料明细账(截至 2017 年 11 月 30 日)　　单位:元

品　名		单位	数量	计划单价	金额
原料及主要材料	甲材料	千克	10 000	4.08	40 800
	乙材料	千克	11 000	2.9	31 900
	丙材料	千克	12 000	5.6	67 200
	丁材料	千克	10 000	6.6	66 000
	E-1 材料	千克	10 000	11.5	115 000
	F-1 材料	千克	10 000	12.21	122 100
	小　计				443 000
其他材料					143 000
合　计					586 000

材料采购明细账 2017 年 11 月 30 日期末资料如表 13—5 所示。

表 13—5　　材料采购明细账(截至 2017 年 11 月 30 日)　　单位:元

供货单位	项目	借方			贷方			备注
		买价	运杂费	合计	计划成本	差异	合计	
兴隆公司	甲材料	8 000	170	8 170				
	乙材料	7 000	160	7 160				

续表

供货单位	项目	借方			贷方			备注
		买价	运杂费	合计	计划成本	差异	合计	
兴盛公司	丙材料	5 000	150	5 150				
	丁材料	10 000	200	10 200				
宏源公司	E-1 材料	6 000	100	6 100				
宏盛公司	F-1 材料	6 000	100	6 100				
合　计		42 000	880	42 880				

库存商品明细账 2017 年 11 月 30 日期末资料如表 13—6 所示。

表 13—6　　库存商品明细账(截至 2017 年 11 月 30 日)　　单位:元

商品名称	单位	数量	单位成本	金额
D-1 商品	千克	20 000	7	140 000
D-2 商品	件	40 000	16	640 000
D-3 商品	件	40 000	17	680 000
D-4 商品	件	50 000	19	950 000
合　计				2 410 000

生产成本明细账 2017 年 11 月 30 日期末在产品成本资料如表 13—7 所示。

表 13—7　　生产成本明细账(截至 2017 年 11 月 30 日)　　单位:元

产品名称	数量	成本项目			
		直接材料	直接人工	制造费用	合　计
D-1 产品	3 400 千克	6 000	3 600	2 400	12 000
D-2 产品	1 500 件	5 000	3 000	2 000	10 000
D-3 产品	2 000 件	8 000	4 800	3 200	16 000
D-4 产品	1 700 件	10 000	6 000	4 000	20 000
合　计					58 000

13. 2. 2　开设明细账

按下列要求开设明细账：

(1)下列账户(表 13—8)使用三栏式账页(有期初余额的账户结转期初余额,没有期初余额的账户设户后待记发生额):

表 13—8　　明细分类账户

序号	一级科目	明细科目	序号	一级科目	明细科目
1	其他货币资金	外埠存款	48	短期借款	生产周转借款
2	其他货币资金	存出投资款	49	应付票据	宏盛公司
3	交易性金融资产	股票(成本)	50	应付票据	宏源公司
4	交易性金融资产	股票(公允价值变动)	51	应付票据	兴隆公司
5	交易性金融资产	债券(成本)	52	应付账款	宏盛公司
6	交易性金融资产	基金(成本)	53	应付账款	宏源公司
7	应收票据	丰利公司	54	应付账款	兴隆公司
8	应收票据	众生公司	55	应付职工薪酬	工资
9	应收票据	兴盛公司	56	应付职工薪酬	职工福利
10	应收账款	丰利公司	57	应付职工薪酬	社会保险费
11	应收账款	众生公司	58	应付职工薪酬	住房公积金
12	应收账款	兴盛公司	59	应付职工薪酬	工会经费
13	预付账款	中财保险公司	60	应付职工薪酬	职工教育经费
14	坏账准备		61	应付职工薪酬	非货币性福利
15	其他应收款	陈峰	62	应交税费	未交增值税
16	其他应收款	业务科	63	应交税费	应交所得税
17	其他应收款	代扣水电费	64	应交税费	应交城市维护建设税
18	原材料	原料及主要材料	65	应交税费	应交个人所得税
19	原材料	其他材料	66	应交税费	应交教育费附加
20	周转材料	包装物	67	应交税费	应交房产税
21	周转材料	低值易耗品	68	应付利息	
22	材料成本差异	原材料	69	应付股利	
23	材料成本差异	包装物	70	其他应付款	社会保险费
24	材料成本差异	低值易耗品	71	其他应付款	住房公积金
25	长期股权投资	股票投资(昌安公司)	72	长期借款	基建借款
26	持有至到期投资	成本	73	长期应付款	应付设备款
27	持有至到期投资	利息调整	74	应付债券	面值
28	持有至到期投资	应计利息	75	应付债券	利息调整
29	固定资产	生产用固定资产	76	应付债券	应计利息
30	固定资产	非生产用固定资产	77	递延所得税负债	递延所得税负债
31	固定资产	不需用固定资产	78	实收资本	国家投资
32	固定资产	出租固定资产	79	实收资本	大兴公司

续表

序号	一级科目	明细科目	序号	一级科目	明细科目
33	累计折旧		80	实收资本	其他
34	工程物资	专用材料	81	资本公积	资本溢价
35	工程物资	专用设备	82	资本公积	其他
36	在建工程	机床大修工程	83	盈余公积	法定盈余公积
37	在建工程	设备安装工程	84	利润分配	提取法定盈余公积
38	在建工程	生产车间扩建工程	85	利润分配	应付现金股利
39	固定资产清理	报废	86	利润分配	未分配利润
40	固定资产清理	出售不需用固定资产	87	本年利润	
41	无形资产	专利权	88	主营业务收入	D-1 产品
42	无形资产	专有技术	89	主营业务收入	D-2 产品
43	研发支出	资本化支出	90	主营业务收入	D-3 产品
44	累计摊销		91	主营业务收入	D-4 产品
45	长期待摊费用	固定资产大修费用	92	其他业务收入	
46	待处理财产损溢	待处理固定资产损溢	93	投资收益	
47	递延所得税资产		94	公允价值变动损益	
			95	营业外收入	
			96	主营业务成本	D-1 产品
			97	主营业务成本	D-2 产品
			98	主营业务成本	D-3 产品
			99	主营业务成本	D-4 产品
			100	税金及附加	
			101	其他业务成本	
			102	资产减值损失	
			103	营业外支出	
			104	所得税费用	

(2)下列账户使用多栏式账页(有期初余额的账户结转期初余额,没有期初余额的账户设户后待记发生额):

应交税费——应交增值税

生产成本——基本生产成本(D-1 产品)

生产成本——基本生产成本(D-2 产品)

生产成本——基本生产成本(D-3 产品)

生产成本——基本生产成本(D-4 产品)

生产成本——辅助生产成本——机修车间

生产成本——辅助生产成本——动力车间

制造费用——基本生产车间

销售费用

财务费用

管理费用

(3)“材料采购——原材料”使用横线登记式账页(有期初余额的账户结转期初余额,没有期初余额的账户设户后待记发生额)。

(4)下列账户使用数量金额式账页(有期初余额的账户结转期初余额,没有期初余额的账户设户后待记发生额):

库存商品——D-1 产品

库存商品——D-2 产品

库存商品——D-3 产品

库存商品——D-4 产品

原材料——原料及主要材料——甲材料

原材料——原料及主要材料——乙材料

原材料——原料及主要材料——丙材料

原材料——原料及主要材料——丁材料

原材料——原料及主要材料——E-1 材料

原材料——原料及主要材料——F-1 材料

13.2.3 办理记账业务

办理如下记账业务:

(1)12 月 1 日,收到业务员送来“产品出库单”第二联。(留待月末汇总进行账务处理)

(2)12 月 4 日,收到业务员送来的材料入库验收单。(留待月末汇总进行收料的账务处理)

(3)12 月 9 日,收到固定资产折旧计算表,经审核无误进行账务处理。

(4)12 月 9 日,收到业务员交来本公司换出商品的增值税专用发票的记账联,换入材料的增值税发票的抵扣联与发票联及材料入库验收单的会计记账联,经审核无误进行非货币性交易的账务处理。

(5)12 月 12 日,收到姚祥、白云的“物品领用单”,经审核无误进行账务处理。

(6)12 月 18 日,收到固定资产报废单,经审核无误进行账务处理。

(7)12 月 19 日,收到业务员送来的“内部转账单”,经审核无误进行账务处理。

(8)12 月 20 日,收到业务员送来的工程物资入库验收单。

(9)12 月 20 日,报废固定资产清理完毕,根据“固定资产清理——报废清理”账户余额编制“内部转账单”,结转清理损益。

(10)12 月 27 日,收到业务员送来的材料入库验收单。(留待月末汇总进行收料的账务处理)

(11)12 月 28 日,本月应摊销专利权 40 000 元,应摊销专有技术 32 000 元,应摊销基本生产车间固定资产大修费 18 500 元,据以编制“无形资产、长期待摊费用分摊表”,经审核无误进行账务处理。

(12)12 月 29 日,收到“报废低值易耗品汇总表”及“材料入库验收单”(会计记账联)经审核无误进行账务处理。

(13)12 月 29 日,据前面留存的“材料入库验收单”登记“材料采购”明细账(横线登记式明细账)的贷方发生额,并计算入库材料成本差异,据此编制“本月已付款的入库材料汇总表”。

(14)12 月 30 日,本月生产产品领用包装物的计划成本汇总如下(根据领料单汇总的,因为领料单不便一一列出,故略去):

D-1 产品领用 2 100 元

D-2 产品领用 2 300 元

D-3 产品领用 2 800 元

D-4 产品领用 2 800 元

据“周转材料——包装物”与“材料成本差异——包装物”账户资料计算材料成本差异率、领用材料应分摊的差异额及领用材料实际成本,据计算结果编制:“领用包装物汇总表”,经审核无误进行账务处理。

(15)12 月 30 日,本月领用低值易耗品的计划成本汇总如下(根据领料单汇总的,因为领料单不便一一列出,故略去):

基本生产车间领用 12 000 元

动力车间领用 1 200 元

机修车间领用 1 600 元

公司管理部门领用 2 000 元

据“周转材料——低值易耗品”与“材料成本差异——低值易耗品”账户资料计算材料成本差异率、领用材料应分摊的差异额及领用材料实际成本,据计算结果编制:“领用低值易耗品汇总表”,经审核无误进行账务处理。

(16)12 月 31 日,收到“车间产品耗用工时汇总表”,结合“工资结算汇总表”与“奖金发放表”先编制“基本生产车间生产工人工资分配表”,后编制“职工薪酬分配表”,经审核无误进行账务处理。

(17)12 月 31 日,收到业务员送来的“发料凭证汇总表”及其“发料单”(略),根据“发料单”上所载明的用途及下列材料耗用资料编制“发料凭证分配汇总表”。据“原材料——原料用主要材料”各数量金额式明细账及“材料成本差异——原材料”账户资料计算材料成本差异率、领用材料应分摊的差异额及领用材料实际成本。

材料耗用的计划成本汇总如表 13—9 所示。

表 13—9 材料耗用的计划成本汇总资料 单位:元

产品、车间、部门	主要材料	其他材料	备　注
D-1 产品	130 000		
D-2 产品	135 000		
D-3 产品	150 000		
D-4 产品	156 000		
基本生产车间一般耗用		3 000	列入物料消耗
动力车间	12 000	3 000	

续表

产品、车间、部门	主要材料	其他材料	备 注
机修车间	21 600	2 000	
公司管理部门		2 000	列入公司经费
销售部门		3 000	列入包装费
车间扩建工程	31 000	13 000	按13%转出进项税额

经审核无误进行账务处理。

(18)12月31日，原作待处理的盘亏设备净值3 000元，经批准转销。据以编制“内部转账单”，经审核无误进行账务处理。

(19)12月31日，收到“辅助生产情况表”，结合“生产成本——辅助生产成本——动力车间”和“生产成本——辅助生产成本——机修车间”账户资料，采取直接分配法分配辅助生产费用，编制“辅助生产费用分配表”(分配率精确至小数点后四位)，经审核无误进行账务处理。

(20)12月31日，根据工时记录(见第15笔业务“车间耗用工时汇总表”)和“制造费用——基本生产车间”账户资料编制“制造费用分配表”(分配率精确至小数点后四位)，经审核无误进行账务处理。

(21)12月31日，收到“生产情况报告表”和“产品入库汇总表”，结合基本生产成本明细账资料，据以编制“产品成本计算表”(分别四种产品进行计算)，单位成本保留到分，经审核无误进行账务处理。

(22)12月31日，根据“产品出库单”本月商品销售数量及“库存商品”明细账的加权平均单位成本，编制“产品销售成本计算表”，结转产品销售成本。

(23)12月31日，“交易性金融资产——股票”的公允价值为210 000元，依据“交易性金融资产——股票——成本”及“交易性金融资产——股票——公允价值变动”明细账户资料计算本期公允价值变动金额，据以填制“内部转账单”，经审核无误进行账务处理。

(24)12月31日，按应收款项百分比法计提坏账准备，提取比例为3%，依据“应收账款”及“坏账准备”明细账资料分析计算本期应计提的坏账准备金，据以编制“内部转账单”，经审核无误进行账务处理。

(25)12月31日，依据“应交税费——应交增值税”明细账资料分析填写“增值税纳税申报表”，计算出未交增值税额，经审核无误进行账务处理。

(26)12月31日，依据“其他业务收入”和“固定资产”明细账及“增值税纳税申报表”资料，计算应交营业税、应交房产税、应交城市维护建设税、应交教育费附加，编制“地方税收综合纳税(费)申报表”，经审核无误进行账务处理。

(27)12月31日，依据“持有至到期投资”明细账期初资料计算本年利息收入，并进行利息调整(按票面利率9%，实际利率8%计算)，据以填制“内部转账单”，经审核无误进行账务处理。(本月发生数，暂不计算利息)

(28)12月31日，依据“应付债券”明细账期初资料计算本年利息费用，并进行利息调整，按票面利率10%，实际利率8%计算，(为安装工程而发行债券)据以填制“内部转账单”，经审核无误进行账务处理。(本月发生数，暂不计算利息)

(29)12月31日，结平“待处理财产损溢”及“应付职工薪酬——职工福利”账户。

(30)12 月 31 日，编制“内部转账单”将损益类账户的本月净发生额结转“本年利润”账户。

(31)12 月 31 日，编制“利润表”初稿，据以编制“暂时性差异计算表”“所得税纳税申报表”(所得税税率：25%)经审核无误进行账务处理。

(32)12 月 31 日，将“所得税费用”账户发生额，转入“本年利润”后结平“本年利润”账户。

(33)12 月 31 日，编制“利润分配计算表”进行利润分配。法定盈余公积按净利润的 10%分配，应付现金股利按“未分配利润”明细账期初余额加上本年净利润，减去本年提取的法定盈余公积后的 30%分配。

(34)12 月 31 日，将“利润分配——提取盈余公积”“利润分配——应付现金股利”账户余额转入“利润分配——未分配利润”账户。

13.3 众健公司财务科长岗位实操

13.3.1 开设总账

根据下列资料(表 13－10)开设总账账户，每个账户占一页。众健公司 2017 年 11 月 30 日总账期末资料如下：

表 13－10 总账账户余额(截至 2017 年 11 月 30 日) 单位：元

科　目	借或贷	金　额	科　目	借或贷	金　额
库存现金	借	1 000.00	短期借款	贷	1 500 000.00
银行存款	借	306 000.00	应付票据	贷	310 000.00
其他货币资金	借	10 000.00	应付账款	贷	310 000.00
交易性金融资产	借	270 000.00	应付职工薪酬	贷	15 000.00
应收票据	借	330 000.00	其他应付款	平	
应收账款	借	330 000.00	应交税费	借	3 700.00
预付账款	平		应付利息	贷	27 000.00
坏账准备	贷	1 320.00	应付股利	平	
其他应收款	借	16 400.00	长期借款	贷	1300 000.00
材料采购	借	42 880.00	长期应付款	贷	80 000.00
原材料	借	586 000.00	应付债券	贷	335 000.00
周转材料	借	70 000.00	递延所得税负债	平	
材料成本差异	借	6 260.00	实收资本	贷	2835 920.00
库存商品	借	2 410 000.00	资本公积	贷	400 000.00
长期股权投资	借	100 000.00	盈余公积	贷	550 000.00
持有至到期投资	借	114 000.00	利润分配	贷	50 000.00
固定资产	借	2 250 000.00	本年利润	贷	500 000.00

续表

科 目	借或贷	金 额	科 目	借或贷	金 额
累计折旧	贷	550 000.00	主营业务收入	平	
工程物资	借	700 000.00	其他业务收入	平	
在建工程	借	400 000.00	投资收益	平	
固定资产清理	借	5 000.00	公允价值变动损益	平	
无形资产	借	675 000.00	营业外收入	平	
研发支出	借	25 000.00	主营业务成本	平	
累计摊销	平		税金及附加	平	
长期待摊费用	借	52 000.00	其他业务成本	平	
待处理财产损溢	借	3 000.00	销售费用	平	
递延所得税资产	平		管理费用	平	
生产成本	借	58 000.00	财务费用	平	
制造费用	平		资产减值损失	平	
			营业外支出	平	
			所得税费用	平	

13.3.2 处理日常总账业务

日常总账业务如下：

(1)复核上旬会计凭证，根据审核无误的上旬记账凭证编制记账凭证汇总表，并据以登记总账，结出账户余额，与出纳员所经管的日记账核对，如有不符，查明原因，予以更正；与记账员所经管的明细账进行核对，如有不符，查明原因，予以更正。

(2)复核中旬会计凭证，根据审核无误的中旬记账凭证编制记账凭证汇总表，并据以登记总账，结出账户余额，与出纳员所经管的日记账核对，如有不符，查明原因，予以更正；与记账员所经管的明细账进行核对，如有不符，查明原因，予以更正。

(3)复核下旬会计凭证，根据审核无误的下旬记账凭证编制记账凭证汇总表，并据以登记总账，结出账户余额，与出纳员所经管的日记账核对，如有不符，查明原因，予以更正；与记账员所经管的明细账进行核对，如有不符，查明原因，予以更正。

(4)编制总账账户余额试算平衡表。

(5)办理年结。

13.3.3 编制会计报表

编制如下会计报表：

(1)编制资产负债表。

(2)编制利润表。

(3)编制现金流量表。

13.4 众健公司业务员岗位实操

按要求填制和传递2017年12月份凭证：

(1)12月1日，陈锋出差返回公司报账，出差相关内容如下：陈锋出差联系业务推销产品，2017年11月23日从江泽市乘火车至哈尔滨市(当日到达)火车票560元，在哈尔滨期间住宿费450元，2017年11月29日从哈尔滨乘火车回江泽市(当日到达)火车票560元，出差补助每天18元，据以填写“旅差费报销单”(厂长金星在单上签字：同意报销)，并持单以陈锋的名义向财务科出纳处报账(出差前已预支1 400元)。

(2)12月1日，销售给ME公司D-4商品9 000件，销售给MG公司D-4商品8 000件，销售给MH公司D-4商品8 000件，销售给MF公司D-4商品6 000件，D-4商品每件售价27元，增值税税率13%，价税款均已收讫。据以填写“增值税专用发票”，款项全部存入银行，填写“进账单”，送银行办理进账手续后取回“进账单”回单。将“进账单”回单连同“增值税专用发票”的记账联送财务科出纳员。填写“产品出库单”送本公司记账员。(开户行：中国工商银行江泽市支行；账号：1156674356324)

(3)12月2日，以业务科刘正涛的名义填写“领款单”，领款金额3 200元，领款单填写好后到财务科找出纳员领款，作为业务科的备用金。

(4)12月3日，以亚洲证券营业部名义填“亚洲证券营业部成交过户交割单”1张，内容如下：本交割单系众健公司购买股票，成交编号为12691，股东账户为33665691，股东名称为众健公司，申请编号为688，公司代码为M121，申报时间为095245(即9点52分45秒)，成交时间为095315，实收金额为131 696元，资金余额为88 304元；证券名称为500232，成交数量16 000股，成交价格8.17元，佣金450元，印花税510元，附加费16元，填后送众健公司出纳员。

(5)12月4日，表13—11所列材料全部入库，据以填写“材料入库验收单”。

表13—11 材料入库资料

供货单位	材料名称	计量单位	数量	单位买价(元)	运杂费(元)	计划单价(元)
兴隆公司	甲材料	千克	2 000	4	170	4.08
	乙材料	千克	2 000	3.5	160	2.9
兴盛公司	丙材料	千克	1 000	5	150	5.6
	丁材料	千克	2 000	5	200	6.6
宏盛公司	F-1材料	千克	500	12	100	12.21
宏源公司	E-1材料	千克	600	10	100	11.5

将填写好的“材料入库验收单”记账联送本公司记账员。

(6)12月5日，以中财保险股份有限公司的名义填写“机动车辆保险单”和“保费收据”各一张，填写内容如下：被保险人为众健公司；投保险种为车辆损失险、第三责任险，盗抢险、玻璃险、他人恶意险等；车辆型号为红旗(豪)；发动机号558867；牌号为A-45663；非营业用车；座位为5座；保险价值39万元，保险金额39万元；基本保费280元；车辆损失险费率0.8%；第三责任险最高赔偿限额为 26 万元;第三责任险保费为 2 350 元;盗抢险保费据表计算;玻璃险保费为 50 元;他人恶意险保费为 100 元;保险期限自 2018 年 1 月 1 日零时起至 2018 年 12 月 31 日 24 时止。地址:十字街 58 号;电话:8666688;邮政编码 438000;总经理:洪源。填好后将“机动车辆保险单”正本和“保费收据”发票联送众健公司出纳员。

(7)12 月 6 日,以江泽市第一律师事务所陈海的名义填写“增值税专用发票”,收取众健公司本月律师顾问费用 1 200 元,持其发票联、抵扣联找众健公司出纳员收款。(税率 6%)

(8)12 月 8 日,江泽市电视台收取众健公司广告费 23 000 元代电视台填写“增值税专用发票”,持其发票联、抵扣联找众健公司出纳员收款。(税率 6%)

(9)12 月 9 日,债券公司应向众健公司收取债券印刷费及手续费 10 000 元。代填写“增值税普通发票”, 并持其第二联到众健财务科结算。(税率 3%)

(10)12 月 9 日,根据下述资料编制“固定资产折旧表”(采用平均年限法),编制完成后将其送交众健公司记账员。

11 月 30 日,固定资产资料如表 13—12 所示。

表 13—12　　固定资产资料

部　门	固定资产类型	固定资产原值(元)	预计净残值(元)	预计使用年限(年)
基本车间	房屋	200 000	15 000	40
	机床加工设备	200 000	10 000	10
	专用电子设备	300 000	20 000	10
	其他专用设备	200 000	10 000	20
机修车间	房屋	100 000	5 000	40
	机床加工设备	50 000	2 500	10
	其他专用设备	10 000	500	20
动力车间	房屋	100 000	5 000	40
	内燃发电机组	100 000	5 000	20
	其他专用设备	40 000	2 000	20
管理部门	房屋	600 000	30 000	40
	不需用设备	150 000	10 000	10
出租	仓库	200 000	10 000	10

(11)12 月 9 日,众健公司与达亿公司进行非货币交易,交易内容如下:

众健公司向达亿公司销售 D-2 商品 2 500 件,每件售价 20 元;向达亿公司购进丁材料 10 000 千克,每千克进价格 5 元。增值税税率均为 17%,据以填写销售 D-2 商品的“增值税专用发票”和购进丁材料的“材料入库验收单”(材料已如数入库,丁材料的计划单位成本见记账员岗位的数量金额式明细账)填写好后先持销售商品的增值税专用发票的 2、3 联到达亿公司业务处换取购进材料的增值税专用发票;后将销售商品的“增值税专用发票”的记账联和购进材料的“增值税专用发票”及“材料入库验收单”一并送交众健公司记账员。填写“产品出库单”送本公司记账员。

(12)12 月 10 日,以公司职工李兰的名义填写“费用报销领款单”,到财务科领取独生子女费 180 元。

(13)12 月 10 日,代房地产管理所开具“增值税专用发票”,应收取众健公司办公用房租金 1 100 元。制单人:李风。持发票联、抵扣联到众健公司财务科结算。(税率 9%)

(14)12 月 10 日,以江泽市汽车队的名义开具“增值税专用发票”,应收取众健公司销货运费 6 100 元。制单人:何春明。持发票联、抵扣联到众健公司财务科结算。(税率 9%)

(15)12 月 10 日,业务科李伟、赵宝胜、孙国平、钱途 4 人领取本年度烤火费,每人 80 元,经理贺胜签字:同意付款。代填写“费用报销领款单”,到财务科出纳处领款。

(16)12 月 10 日,代司法局开具“增值税专用发票”,应收取众健公司公证费用 1 100 元。收款人:王波。持发票联、抵扣联到众健公司财务科结算。(税率 6%)

(17)12 月 11 日,生产技术科陈锋去省城开生产技术会,经领导贺胜同意借款 1 500 元。据以填写“借款单”,持单向财务科出纳员借款。

(18)12 月 11 日,支付山河公司的生产车间扩建工程款 5 800 元,经公司经理贺胜签字同意付款,由段兴统一领款,据以填写“增值税专用发票”,持发票联、抵扣联到财务科出纳处办理领款,取得出纳员签发的“现金支票”到银行取款。(税率 9%)

(19)12 月 12 日,业务员姚祥、白云各领计算器一个,单价 125 元,合计金额 250 元。经理贺胜审批:同意领用,一次摊销。据以填写“物品领用单”并将其送交财务科记账员。

(20)12 月 12 日,众健公司向证券公司购买一年期债券 1 100 000 元,手续费 2 200 元,以证券公司名义开出“收据”,持收据第二联到众健公司财务科结算。

(21)12 月 13 日,根据表 13—13 所列资料编制“工资结算汇总表”。(因工资结算原始资料比较复杂,实际工作中的工资发放表是根据岗位将每个人的工资计算出来加以汇总的。而下列资料直接以汇总的形式给出。)

表 13—13　　工资结算汇总资料

车间、部门、类型	职工人数(人)	标准工资(元)	应扣工资(元)		津贴(元)	代扣款项			
			事假	病假		水电费(元)	住房公积金(元)	个人所得税(元)	个人承担社保(元)
基本生产车间生产工人	270	261 000	1 300	1 100	27 000	10 400	9 600	80	1 240
基本生产车间管理人员	10	11 000	300	50	1 100	500	460	20	85
援外工程人员	4	4 600			3 000		150		265
在建工程人员	24	23 000		150	2 500	960	700		450
机修车间人员	6	5 800	300		500	240	160		85
动力车间人员	4	4 100	150		300	260	120		65
公司管理人员	35	36 000		300	3 100	2 400	1 200	50	450
医务人员	4	3 800			310	160	160		85
六个月以上长病人员	2	2 100		500	10	80	60		40

工资结算汇总表编制好后送交财务科出纳员。

(22)12 月 13 日,销售给兴盛公司 D-1 商品 5 000 千克,每千克售价 9.80 元,D-2 商品 5 000 件,每件售价 23.80 元,增值税率 13%,据以填写“增值税专用发票”后将其第 2、3、4 联送众健财务科出纳员办理收款手续。填写“产品出库单”送本公司记账员。

(23)12 月 14 日,业务科各种费用支出汇总情况如下:差旅费 310 元(30 张原始凭证);办公费 280 元(15 张原始凭证);其他费用 110 元(9 张原始凭证);经核对,编制“管理费用支出汇总表”，持表到财务科报账。

(24)12 月 14 日，张清等 7 名职工参加江泽市工学院短期培训，支付学杂费 4 200 元，以工学院名义开出“增值税普通发票”，找众健财务科出纳员办理领款，取得出纳员签发的“现金支票”到银行取款。(税率 3%)

(25)12 月 15 日，众健公司职工食堂向为民日杂公司购买铁锅 1 口，计 85 元；刀 2 把，每把单价 15 元，计 30 元；盘子 10 个，每个单价 3 元，计 30 元合计 145 元。以为民日杂公司名义开具“增值税普通发票”，持发票联向众健公司财务科出纳员报账。(在发票备注上填写：列入职工福利。税率 3%)

(26)12 月 16 日，众健公司向税务局购买 20 张 5 元券印花税票，25 张 2 元券印花税票，30 张 1 元券印花税票，以税务局名义开具“市税务局印花税票发售统一发票”，持发票联向众健公司财务科出纳员报账。

(27)12 月 17 日，众健公司应付的车间扩建工程包工款 220 000 元，以长丰建筑公司的名义填写“增值税专用发票”，持发票联、抵扣联到众健公司财务科办理结算。(税率 9%)

表 13－14　　本月综合奖金结算汇总资料

车间、部门	奖金(元)
基本生产车间生产工人	27 000
基本生产车间管理人员	1 000
机修车间人员	600
动力车间人员	400
公司管理人员	3 500
医务人员	400

(28)12 月 17 日，本月综合奖金结算汇总资料如表 13－14 所示。

据以编制“综合奖金结算汇总表”，持表向财务科出纳员领取奖金。

(29)12 月 18 日，众健公司应付新卫设计院产品设计费 700 元，以新卫设计院的名义填写“增值税专用发票”，持发票联、抵扣联到众健公司财务科办理结算。(税率 6%)

(30)12 月 18 日，向宏源公司购进乙设备一台，交易价 40 000 元，经验收交基本生产车间使用，据以填写“固定资产验收单”，将其第二联送财务科出纳员。

(31)12 月 18 日，一栋仓库 320 平方米，预计使用 28 年，已使用 26 年，原值 110 000 元，已提折旧 90 000 元，因重建提前报废。其处理意见：使用部门的意见：因陈旧要求报废；技术鉴定小组意见：情况属实；固定资产管理部门意见：同意转入清理；主管部门审批意见：同意报废重建。据以填写“固定资产报废单”后将其会计记账联送财务科记账员。

(32)12 月 19 日，销售给众生公司不需用丙设备一台，原始价值 5 万元，已提折旧 15 000 元，协商作价 37 000 元。据以填写“增值税专用发票”，持其发票联、抵扣联到众生公司财务科收款，要求众生公司出纳员签发“转账支票”，并与其一同去银行办理转账手续，取得银行盖章后“进账单”的收账通知联后，将“进账单”的收账通知联及“增值税专用发票”记账联送交本公司财务科出纳员。同时依据固定资产原始价值与已提折旧填写“内部转账单”，并将其送本公司财务科记账员。(税率 13%)

(33)12 月 19 日,陈锋 12 月 11 日去省城参加工业生产技术会,12 月 18 日返回,往返汽车票均为 38 元,住宿费用 700 元,会议费用 150 元,其他费用 90 元,每天补助 15 元。以陈锋的名义填写"差旅费报销单",经理贺胜在单上签字:同意报销。持单向财务科出纳员报账(原借支 1 500 元)。

(34)12 月 19 日,业务科与业务往来单位洽谈业务,接待、就餐、补助及接车费共计金额 1 680 元,单据 28 张。据以填写"业务招待费汇总表",经理贺胜在单上签字:同意报销。持单向财务科出纳员报账,取得出纳员签发的"现金支票"后到银行提取现金。

(35)12 月 19 日,报废固定资产的清理人员刘正等 4 人应领取清理费用 320 元,以刘正的名义填写"费用报销领款单",经理贺胜在单上签字:同意付款。持单向财务科出纳员领款。

(36)12 月 19 日,众健公司向江泽商场收取仓库租金 4 800 元,据以开出"增值税专用发票",收到现金 4 800 元,当即填写"进账单"到开户行办理进账手续,收到银行盖章后的"进账单"回单,将"增值税专用发票"的记账联及"进账单"回单送交本公司出纳员。(本公司开户行:中国工商行江泽市支行,账号:115674356324)

(37)12 月 20 日,仓库清理残料如下:红砖 100 000 块,每块 0.20 元,计 20 000 元,其他材料 6 000 元,合计 26 000 元。材料全部入库作重建仓库用,据以编制"材料入库单",并将其记账联送财务科记账员。

(38)12 月 20 日,众健公司向为民五金公司购买灭火器 6 个,单价 100 元,计 600 元。灭火器购回后当即由仓库领用。先以为民五金公司名义开具"增值税普通发票";再以仓库保管员张军名义填写"物品领用单"(经理贺胜在单上签字:同意领用,一次摊销)。最后将"增值税普通发票"的发票联和"物品领用单"送财务科出纳员,并要求领款、领物。(税率 3%)

(39)12 月 20 日,向宏源公司转让技术,收取技术转让费 16 000 元,据以填写"增值税专用发票",持其发票联、抵扣联到宏源公司财务科收款,要求宏源公司出纳员签发"转账支票",并与其一同去银行办理转账手续,取得银行盖章后的"转账支票"的收账通知联后,将"转账支票"的收账通知联及"增值税专用发票"记账联送交本公司财务科出纳员。(税率 6%)

(40)12 月 21 日,向会计局购买《新会计准则》等书籍,付款 170 元,以会计局的名义填写"增值税普通发票",并持其发票联到账务科报账。(税率 3%)

(41)12 月 21 日,众健公司的汽车送汽车修配厂修理,具体修配项目如下:汽车补胎 260 元,汽车轮胎 2 个,单价 500 元。以汽车修配厂名义开具"增值税专用发票",送交本公司出纳员。(税率 13%)

(42)12 月 23 日,众健公司使用自来水厂的供水,水表记录是:本月号码为 3698566,上月号码为 3692846,实用水 5 720 吨,每吨单价 4 元。以自来水厂名义开具"增值税专用发票"持其发票联、抵扣联到众健财务科结算。(税率 9%)

(43)12 月 23 日,业务科用备用金开支下列各种费用:差旅费 1 300 元(11 张原始凭证);办公费 1 100 元(21 张原始凭证);修理费 800 元(2 张原始凭证);经核对全部报销,编制"管理费用支出汇总表",持表到财务科报账。

(44)12 月 24 日,众健公司电表的起码是 257636,止码是 315936,实用电 58 300 度,每度单价 0.80 元,以电力局的名义填写"增值税专用发票"(税率 13%),持发票联到众健公司财务科结算。

(45)12 月 24 日,众健公司参加本市商品展销会,应付江泽大世界商场的商品展位租用费 1 000 元,以大世界市场的名义填写"增值税普通发票",持发票联到众健公司财务科结算。

(税率 3%)

(46)12 月 25 日,物价检查所对众健公司商品销售情况进行检查,发现部分商品违反国家价格政策,罚款 1 800 元,以物价检查所名义填写“罚款没收专用收据”,持单到众健公司财务科结算。

(47)12 月 26 日,看望住院病人钱木,从副食品商品店购买 2 袋奶粉,每袋 16 元,苹果 4 千克,每千克 3 元,据以填写“增值税普通发票”经理贺胜签字:在福利费列支,持发票联到众健公司财务科结算。(税率 3%)

(48)12 月 26 日,迅达搬运公司为众健公司装卸货物,应收取装卸费 1 000 元,以迅达公司的名义开具“增值税专用发票”,持发票联、抵扣联到众健公司财务科结算。(税率 9%)

(49)12 月 26 日,陈锋出差预支差旅费 1 000 元,据以填写“借款单”,持单向财务科出纳借款。

(50)12 月 27 日,众健公司自行开发一项实用型专利开发成功,先根据下列资料填写“专利申报表”,申请单位:众健公司;专利项目:实用新型专利;技术开发费:25 000 元;注册登记费:3 800 元;单位意见:同意申报;专利局审批:同意注册。再以专利局名义填写“增值税专用发票”收取众健公司专利注册登记费 3 800 元,然后持“专利申报表”和“增值税专用发票”到众健公司财务科结算。(税率 6%)

(51)12 月 27 日,众健公司销售给丰利公司 D-1 商品 7 000 千克,每千克售 10 元;销售给众生公司 D-1 商品 7 000 千克,每千克售价 10 元;销售给兴盛公司 D-2 商品 10 000 件,每件售价 23 元;增值税税率均为 17%,据以分别三个公司填写“增值税专用发票”后持“增值税专用发票”到众生、丰利、兴盛公司财务科结算,要求各公司出纳员根据购销合同填写“商业承兑汇票”,经付款人(各购货公司)承兑后取得“商业承兑汇票”的第二联,并在商业承兑汇票第一联的收款人盖章处盖上本公司财务专用章(由本公司出纳员盖章),在负责、经办处均签名,将“增值税专用发票”的记账联和“商业承兑汇票”的第二联送交众健公司出纳员。填写“产品出库单”送本公司记账员。

(52)12 月 27 日,四通运输公司为众健公司运输购入的材料,应收运费 7 500 元。以四通运输公司的名义开具“增值税专用发票”,持发票联、抵扣联到众健公司财务科结算。(税率 9%)

(53)12 月 27 日,外购材料全部验收入库。据表 13－15 所列资料填写“材料入库验收单”,将其记账联送财务科记账员。

表 13－15 外购材料入库资料

供货单位	材料名称	数量(千克)	买价(元)	运杂费(元)	计划单价(元)
宏盛公司	F-1 材料	7 000	91 000	700	12.21
宏源公司	E-1 材料	7 000	84 000	700	11.5
兴隆公司	甲材料	20 000	80 000	2 000	4.08
	乙材料	20 000	60 000	2 000	2.9
	丙材料	11 000	55 000	1 100	5.6
	丁材料	10 000	60 000	1 000	6.6

(54)12 月 29 日,各部门报废低值易耗品(领用时均一次摊销),本月收回残值如下:基本

生产车间520元，动力车间70元，机修车间80元，行政管理部门130元。报废材料均已入库（计划价按照800元计算）。据以编制“报废低值易耗品汇总表”和“材料入库验收单”，并将其送财务科记账员。

(55)12月30日，销售给兴盛公司D-2商品10 000件，每价售价23元，D-3商品10 000件，每件售价24元，增值税税率13%，据以填写“增值税专用发票”，将“增值税专用发票”2、3、4联送本公司出纳员。填写“产品出库单”送本公司记账员。

(56)12月31日，基本生产车间生产D-1产品耗用7 100工时，生产D-2产品耗用7 080工时，生产D-3产品耗用7 200工时，生产D-4产品耗用7 180工时，据以编制“产品耗用工时汇总表”，并将表送财务科记账员。

(57)12月31日，本月发出材料汇总资料如表13－16所示。

表13－16　　本月发出材料汇总

材料名称	数量(千克)	计划单价(元)	计划总价(元)
甲材料	25 000	4.08	102 000
乙材料	30 000	2.9	87 000
丙材料	20 000	5.6	112 000
丁材料	20 000	6.6	132 000
E-1材料	7 000	11.5	80 500
F-1材料	10 000	12.21	122 100
小　计			635 600
其他材料			26 000

据以编制“发料凭证汇总表”，并将表送财务科记账员。

(58)12月31日，辅助生产车间本月提供劳务总量资料如表13－17所示。

表13－17　　辅助生产车间本月提供劳务总量

项　目	机修车间服务量(工时)	动务车间供电量(度)
D-1产品耗用	——	8 000
D-2产品耗用	——	9 000
D-3产品耗用	——	8 000
D-4产品耗用	——	10 000
基本生产车间耗用	4 100	1 000
行政管理部门耗用	200	4 000
车间扩建工程耗用	700	9 000
动力车间耗用	100	——
机修车间耗用	——	2 000
合　计	5 100	51 000

据以编制“辅助生产情况表”，并将表送财务科记账员。

(59)12 月 31 日，本月产品生产及入库情况如表 13－18 所示。

表 13－18 **本月产品生产及入库情况**

产品名称	月初在产品	本月投产	本月完工入库	月末在产品	在产品完工程度	投料方式
D-1 产品	3 400 千克	35 600 千克	35 000 千克	4 000 千克	50%	逐步投料
D-2 产品	1 500 件	15 300 件	16 000 件	800 件	50%	逐步投料
D-3 产品	2 000 件	15 600 件	16 000 件	1 600 件	50%	逐步投料
D-4 产品	1 700 件	14 900 件	15 000 件	1 600 件	50%	逐步投料

代基本生产车间编制“生产情况报告表”；代成品仓库编制“产品入库汇总表”；将填写好的两张表送财务科记账员。

14　宏源公司会计业务岗位实操

14.1　宏源公司出纳会计岗位实操

14.1.1　开设有关日记账

宏源公司2017年11月30日有关账户余额如下：

库存现金日记账　　1 000(借)

银行存款日记账　　310 000(借)

宏源公司及往来公司相关情况如表14—1所示。

表14—1　　**宏源公司及往来公司相关情况**

开户行:中国工商银行江泽市支行		开户行:中国工商银行崎峰市支行	
公司名称	账　号	公司名称	账　号
众健公司	1156674356324	兴隆公司	823653676516
众生公司	1156674356323	兴盛公司	823653676517
宏源公司	1156674356325		
宏盛公司	1156674356326		
达昌公司	1156674356327		
达亿公司	1156674356328		

14.1.2　办理如下业务

凡出纳业务，在业务办理完毕后，编制记账凭证，交财务科长复核后据以登记库存现金和银行存款日记账，并将记账凭证连同所附原始凭证一并转交记账员记账。

(1)12月1日，收到陈鹏“旅差费报销单”(所附单据略)，经审核无误，报销费用1 384元，按原预支额 1 300 元开出“收据”，当即支付现金 84 元，并在差旅费报销单上填写“付现 84 元”。

(2)12 月 1 日，收到业务员送来的“进账单”回单及“增值税专用发票”的记账联进行账务处理。

(3)12 月 1 日，收到开户银行转来众生公司和众健公司的“转账支票”收账通知联据以填写“进账单”，到开户行办理入账。

(4)12 月 1 日，填写“转账支票”1 张，支付应付宏盛公司账款 100 000 元；填写“信汇”凭证 2 张，分别支付应付德源公司账款 110 000 元和应付兴隆公司账款 120 000 元。填好结算凭证后去开户银行办理相关手续，取回“信汇”凭证回单，经审核无误后进行账务处理。

(5)12 月 2 日，填写“转账支票”一张，转出投资款 190 000 元，存入亚洲证券营业部账户(亚洲证券营业部开户行：中国工商银行江泽市支行，账号：235673625588)准备用于购买股票。到银行办理转账手续，取回回单。

(6)12 月 2 日，填写“现金支票”一张，提取现金 15 000 元备用，到开户银行办理支款手续。

(7)12 月 2 日，收到业务科陆源的“领款单”，经审核无误，当即支付现金 2 800 元，作为业务科的备用金(在领款单上注明“现金付讫”)。

(8)12 月 3 日，收到“亚洲证券营业部成交过户交割单”，购入股票划作交易性金融资产。

(9)12 月 5 日，收到开户行转来兴盛公司“信汇”凭证收款通知联。

(10)12 月 5 日，收到中财保险股份有限公司机动车辆保险单(正本)和保费收据第一联，经审核无误，据以填写转账支票(中财保险股份有限公司开户行：中国工商银行江泽市支行；账号：115675368955)，并到银行办理转账手续。

(11)12 月 6 日，填写“中华人民共和国税收通用缴款书”，将未交增值税、应交城市维护建设税、应交个人所得税、应交教育费附加上交国库，具体金额见明细分类账各该账户的月初余额。税收通用缴款书填写好后，到开户行办理手续，经税务机关、银行盖章后取得完税凭证联，并据以进行账务处理。

(12)12 月 6 日，收到律师事务所的“增值税专用发票”发票联、抵扣联，经审核无误，以现金付讫。

(13)12 月 8 日，收到江泽市电视台的“增值税专用发票”发票联，经审核无误，据以填写转账支票(江泽市电视台开户行：中国工商银行江泽市支行；账号：115674356672)，付广告费，并到银行办理转账手续。

(14)12 月 8 日，宏源公司委托债券发行公司发行 5 年期债券，按面值的 10%溢价发行。现债券公司已发行债券面值 950 000 元，实收金额 1 045 000 元，款项今日全部交来，当即送存银行。据以填写“收据”及“进账单”，到银行办理手续后据“收据”记账联及“进账单”回单进行账务处理。

(15)12 月 9 日，收到债券公司的“增值税普通发票”发票联，经审核无误，据以填写转账支票(债券公司开户行：中国工商银行江泽市支行；账号：115676283355)，付手续费，并到银行办理转账手续。

(16)12 月 10 日，收到本公司职工许源“费用报销领款单”，经审核无误，以现金付讫。

(17)12 月 10 日，收到房地产管理所的“增值税专用发票”发票联、抵扣联，经审核无误，以现金付讫。

(18)12 月 10 日，收到江泽市汽车运输公司的“增值税专用发票”发票联，经审核无误，据以填写转账支票（江泽市汽车运输公司开户行：中国工商银行江泽市支行；账号：115674356698），付运费，并到银行办理转账手续。

（19）12月10日，依据"应付职工薪酬——社会保险费"期初余额，填写"税收通用缴款书"到银行办理缴款手续。

（20）12月10日，签发"现金支票"，到银行办理取款手续，提回现金4 100元备用。根据"现金支票"存根作账务处理。

（21）12月10日，收到孙立等3人的"费用报销领款单"，经审核无误，以现金付讫。

（22）12月10日，收到司法局的"增值税专用发票"经审核无误，据以填写转账支票（司法局开户行：中国工商银行江泽市支行；账号：115674356989），付诉讼费，并到银行办理转账手续。

（23）12月11日，收到陈鹏的"借款单"，经审核无误，以现金付讫。

（24）12月11日，收到工程队的"增值税专用发票"，经审核无误，如数签发"现金支票"，交张扬到银行取款。

（25）12月12日，收到证券公司的"收据"经审核无误，据以填写转账支票（证券公司开户行：中国工商银行江泽市支行；账号：115674356719），付债券及手续费，并到银行办理转账手续。

（26）12月13日，收到"工资结算汇总表"，根据实发工资总额签发"现金支票"，从银行提取现金，当即发放完毕。

（27）12月13日，收到业务员送来的增值税专用发票，据以填写"委托收款凭证"（应收兴盛公司款）持委托收款凭证和增值税专用发票的发票联、抵扣联到银行办理托收手续，经银行盖章后，将退回的"委托收款凭证"回单与"增值税专用发票"记账联一并作账务处理。

（28）12月14日，收到业务科"管理费用支出汇总表"（所附单据47张略），经审核无误，以现金付讫。

（29）12月14日，收到江泽市工学院的"增值税普通发票"，经审核无误，开出"现金支票"付讫。

（30）12月15日，收到职工食堂购买炊具的发票，经审核无误，以现金付讫。

（31）12月16日，收到银行转来"委托收款凭证"的收款通知联。系兴盛公司应收款。

（32）12月16日，收到"市税务局印花税票发售统一发票"，经审核无误，以现金付讫。

（33）12月17日，收到长丰建筑公司"增值税专用发票"的发票联、抵扣联，经审核无误，据以填写转账支票（建筑公司开户行：中国工商银行江泽市支行；账号：115672785567），付工程款，并到银行办理转账手续。

（34）12月17日，根据"综合奖金结算汇总表"（实际还应按人头的奖金发放表，此处略），签发"现金支票"提回现金，当即发放完毕。

（35）12月18日，收到新卫设计院的"增值税专用发票"发票联，经审核无误，以现金付讫。

（36）12月18日，收到业务员送来的众健公司转账支票，当即据以填写"进账单"，送存银行，收到本公司的固定资产销售的"增值税专用发票"的会计记账联，经审核无误进行账务处理。

（37）12月19日，收到宏盛公司出售设备的"增值税专用发票"，及本公司业务员送来的"固定资产验收单"，经审核无误据以填写"转账支票"付设备款，并到银行办理转账手续。

（38）12月19日，收到陈鹏的"旅差费报销单"（所附单据略）和交来的现金620元，开出

“收据”收讫。收据金额按陈鹏原借支数填写。

(39)12月19日,收到业务科的“业务招待费汇总表”及所附21张单据(单据略),经审核无误后,当即签发“现金支票”补足其备用金。

(40)12月19日,收到韩金的“费用报销领款单”,经审核无误,以现金付讫。

(41)12月19日,收到业务员送来的仓库租金收入“进账单”回单及“增值税专用发票”记账联。

(42)12月20日,收到业务员送来的“增值税普通发票”和“物品领用单”,经审核无误后签发“现金支票”,从银行提回现金5 000元,除支付灭火器款外,其余备用。

(43)12月20日,收到业务员送来的达昌公司“转账支票”的收账通知联,及本公司收取技术转让收入的“增值税专用发票”记账联。

(44)12月21日,收到购买书籍的“增值税普通发票”发票联,经审核无误以现金付讫。

(45)12月21日,收到众健公司的“增值税专用发票”发票联,经审核无误后签发“转账支票”支付技术转让费。到银行办理转账手续。

(46)12月21日,收到汽车修配厂的“增值税专用发票”发票联、抵扣联,经审核无误后以现金付讫。

(47)12月23日,收到自来水厂发票,经审核无误后填写“转账支票”支付水费,到银行办理转账手续。(自来水厂开户行:中国工商银行江泽市支行;账号:115674351125)

同时根据定额耗用量分配本月水费,定额耗用量如下:动力车间500吨,机修车间560吨,基本生产车间2 100吨,公司管理部门1 740吨,据以编制“水费分配表”。

根据自来水厂发票联、“转账支票”存根和“水费分配表”进行账务处理。

(48)12月23日,收到业务科的“管理费用支出汇总表”及所附31张单据(单据略),经审核无误后,当即签发“现金支票”补足其备用金。

(49)12月24日,收到电力局的“增值税专用发票”发票联、抵扣联,经审核无误后填写“转账支票”支付电费,到银行办理转账手续。(电力局开户行:中国工商银行江泽市支行;账号:115674356211)

同时根据表14—2所列定额耗用量资料编制“外购动力费分配表”。

表14—2 **定额耗用量资料**

产品名称	定额耗用量	车间部门	定额耗用量
E-1产品	11 200度	动力车间	800度
E-2产品	12 100度	机修车间	1 200度
E-3产品	10 000度	基本生产车间	1 000度
E-4产品	12 000度	管理部门	7 700度

根据电力局的发票联、“转账支票”存根和“外购动力费分配表”进行账务处理。

(50)12月24日,收到大世界市场的“增值税普通发票”发票联,经审核无误后以现金付讫。

(51)12月25日,签发“现金支票”,到银行办理取款手续,提回现金5 800元备用。根据“现金支票”存根作账务处理。

(52)12月25日,收到物价检查所“罚款没收专用收据”,以现金支付罚款。

(53)12 月 26 日，收到“增值税普通发票”发票联，经审核后以现金付讫。

(54)12 月 26 日，收到迅达搬运公司的“增值税专用发票”发票联、抵扣联，经审核无误后以现金付讫。

(55)12 月 26 日，收到陈鹏的“借款单”经审核无误后以现金付讫。

(56)12 月 27 日，收到本公司业务员送来销售商品给众健公司、众生公司和兴盛公司的“增值税专用发票”记账联和三张“商业承兑汇票”。

(57)12 月 27 日，收到业务员送来的“专利申报表”和专利局的“增值税专用发票”发票联、抵扣联，经审核无误后填写“转账支票”支付专利注册登记费，到银行办理转账手续。(专利局开户行：中国工商银行江泽市支行；账号：115675363286)

(58)12 月 27 日，收到德源公司、宏盛公司、兴隆公司业务员送来的增值税专用发票，经审核无误后分别填写为期 2 个月的“商业承兑汇票”三份，填好后将第二联分别交德源公司、宏盛公司、兴隆公司业务员。

同时收到四通运输公司的“增值税专用发票”发票联、抵扣联，经审核无误后填写“转账支票”支付材料运费，到银行办理转账手续。(四通运输公司开户行：中国工商银行江泽市支行；账号：115675363298)

根据材料重量编制“材料采购费用分配表”。各种材料采购的重量：F-1 材料 7 000 千克，G-1 材料 5 000 千克，甲材料 20 000 千克，乙材料 20 000 千克，丙材料 10 000 千克，丁材料 10 000 千克。

根据增值税专用发票的发票联、商业汇票的留存联，转账支票存根联、“材料采购费用分配表”，作账务处理。

(59)12 月 30 日，收到业务员送来的“增值税专用发票”，合同规定销货款采用委托收款结算方式，经审核无误后，据以填写“委托收款凭证”，持“委托收款凭证”和“增值税专用发票”到银行办理托收手续，经银行盖章后，将退回的“委托收款凭证”回单与“增值税专用发票”的记账联一并作账务处理。

(60)12 月 31 日，到开户行拿回贷款计息凭证，进行账务处理。(已预计应付利息 12 000 元)

(61)12 月 31 日，到开户行拿回存款计息凭证，进行账务处理。

(62)12 月 31 日，将账面价值为 80 000 元的“交易性金融资产——基金”全部出售，实得现金 84 000 元。填写“内部转账单”和“进账单”，将现金送存银行(全为百元券)。

14.2 宏源公司记账会计岗位实操

14.2.1 开设有关账户

宏源公司 2017 年 11 月 30 日明细账期末资料如表 14—3 所示：

表 14—3 明细账期末资料(截至 2017 年 11 月 30 日) 单位：元

科 目	借或贷	金 额
其他货币资金——外埠存款	借	10 000.00

续表

科 目	借或贷	金 额
交易性金融资产——股票(成本)	借	100 000.00
交易性金融资产——债券(成本)	借	90 000.00
交易性金融资产——基金(成本)	借	80 000.00
应收票据——众生公司	借	110 000.00
应收票据——众健公司	借	100 000.00
应收票据——兴盛公司	借	120 000.00
应收账款——众生公司	借	100 000.00
应收账款——众健公司	借	120 000.00
应收账款——兴盛公司	借	110 000.00
坏账准备	贷	1 320.00
其他应收款——陈鹏	借	1 300.00
其他应收款——代扣水电费	借	15 000.00
材料采购——原材料	借	37 840.00
原材料——原料及主要材料	借	410 000.00
原材料——其他材料	借	70 000.00
周转材料——包装物	借	16 000.00
周转材料——低值易耗品	借	50 000.00
材料成本差异——原材料	借	4 800.00
材料成本差异——包装物	贷	160.00
材料成本差异——低值易耗品	借	500.00
库存商品——E-1 产品	借	160 000.00
库存商品——E-2 产品	借	600 000.00
库存商品——E-3 产品	借	640 000.00
库存商品——E-4 产品	借	1 000 000.00
长期股权投资——股票投资(大兴公司)	借	100 000.00
持有至到期投资——成本	借	100 000.00
持有至到期投资——利息调整	借	6 000.00
持有至到期投资——应计利息	借	5 000.00
固定资产——生产用固定资产	借	1 200 000.00
固定资产——非生产用固定资产	借	600 000.00
固定资产——不需用固定资产	借	200 000.00
固定资产——出租固定资产	借	200 000.00

续表

科　目	借或贷	金　额
累计折旧	贷	800 000.00
工程物资——专用材料	借	200 000.00
工程物资——专用设备	借	400 000.00
在建工程——机床大修工程	借	60 000.00
在建工程——设备安装工程	借	300 000.00
固定资产清理——报废	借	6 000.00
无形资产——专利权	借	273 000.00
无形资产——专有技术	借	350 000.00
研发支出——资本化支出	借	27 000.00
长期待摊费用——固定资产大修费用	借	49 000.00
待处理财产损溢——待处理固定资产损溢	借	3 000.00
生产成本——基本生产成本(E-1 产品)	借	7 000.00
生产成本——基本生产成本(E-2 产品)	借	13 000.00
生产成本——基本生产成本(E-3 产品)	借	13 500.00
生产成本——基本生产成本(E-4 产品)	借	14 500.00
短期借款——生产周转借款	贷	1 500 000.00
应付票据——宏盛公司	贷	120 000.00
应付票据——德源公司	贷	110 000.00
应付票据——兴隆公司	贷	100 000.00
应付账款——宏盛公司	贷	100 000.00
应付账款——德源公司	贷	110 000.00
应付账款——兴隆公司	贷	120 000.00
应付职工薪酬——职工教育经费	贷	3 400.00
应付职工薪酬——职工福利	贷	1 100.00
应付职工薪酬——社会保险费	贷	8 500.00
应交税费——未交增值税	贷	40 000.00
应交税费——应交所得税	借	45 000.00
应交税费——应交城市维护建设税	贷	2 000.00
应交税费——应交个人所得税	贷	2 500.00
应交税费——应交教育费附加	贷	800.00
应付利息	贷	25 000.00
长期借款——基建借款	贷	1 280 000.00

续表

科目	借或贷	金额
长期应付款——应付设备款	贷	100 000.00
应付债券——面值	贷	360 000.00
应付债券——利息调整	贷	30 000.00
应付债券——应计利息	贷	20 000.00
实收资本——国家投资	贷	1 500 000.00
实收资本——昌安公司	贷	180 000.00
实收资本——其他	贷	473 660.00
资本公积——资本溢价	贷	280 000.00
资本公积——其他	贷	90 000.00
盈余公积——法定盈余公积	贷	670 000.00
利润分配——未分配利润	贷	40 000.00
本年利润	贷	360 000.00

原材料明细账2017年11月30日期末资料如表14—4所示。

表14—4　原材料明细账(截至2017年11月30日)　单位:元

品名		单位	数量	计划单价	金额
原料及主要材料	甲材料	千克	10 000	4.2	42 000
	乙材料	千克	10 000	2.8	28 000
	丙材料	千克	10 000	4.8	48 000
	丁材料	千克	10 000	6.2	62 000
	F-1材料	千克	10 000	13.2	132 000
	G-1材料	千克	10 000	9.8	98 000
	小计				410 000
其他材料					70 000
合计					480 000

材料采购明细账2017年11月30日期末资料如表14—5所示。

表14—5　材料采购明细账(截至2017年11月30日)　单位:元

供货单位	项目	借方			贷方			备注
		买价	运杂费	合计	计划成本	差异	合计	
兴隆公司	甲材料	8 000	160	8 160				
	乙材料	6 000	150	6 150				

续表

供货单位	项目	借方			贷方			备注
		买价	运杂费	合计	计划成本	差异	合计	
兴盛公司	丙材料	5 000	150	5 150				
	丁材料	8 000	160	8 160				
宏盛公司	F-1 材料	5 000	120	5 120				
德源公司	G-1 材料	5 000	100	5 100				
合　计		37 000	840	37 840				

库存商品明细账 2017 年 11 月 30 日期末资料如表 14—6 所示。

表 14—6　　库存商品明细账(截至 2017 年 11 月 30 日)　　单位:元

商品名称	单位	数量	单位成本	金额
E-1 商品	千克	20 000	8	160 000
E-2 商品	件	40 000	15	600 000
E-3 商品	件	40 000	16	640 000
E-4 商品	件	50 000	20	1 000 000
合　计				2 400 000

生产成本明细账 2017 年 11 月 30 日期末在产品成本资料如表 14—7 所示。

表 14—7　　生产成本明细账(截至 2017 年 11 月 30 日)　　单位:元

产品名称	数量	成本项目			
		直接材料	直接人工	制造费用	合　计
E-1 产品	1 750 千克	4 000	2 000	1 000	7 000
E-2 产品	1 500 件	7 000	4 000	2 000	13 000
E-3 产品	1 700 件	7 500	4 000	2 000	13 500
E-4 产品	1 460 件	8 000	4 000	2 500	14 500
合　计					48 000

14.2.2　开设明细账

按下列要求开设明细账：

(1)下列账户(表 14—8)使用三栏式账页(有期初余额的账户结转期初余额,没有期初余额的账户设户后待记发生额)：

表 14－8 明细账账户

序号	一级科目	明细科目	序号	一级科目	明细科目
1	其他货币资金	外埠存款	48	短期借款	生产周转借款
2	其他货币资金	存出投资款	49	应付票据	宏盛公司
3	交易性金融资产	股票(成本)	50	应付票据	德源公司
4	交易性金融资产	股票(公允价值变动)	51	应付票据	兴隆公司
5	交易性金融资产	债券(成本)	52	应付账款	宏盛公司
6	交易性金融资产	基金(成本)	53	应付账款	德源公司
7	应收票据	众健公司	54	应付账款	兴隆公司
8	应收票据	众生公司	55	应付职工薪酬	工资
9	应收票据	兴盛公司	56	应付职工薪酬	职工福利
10	应收账款	众生公司	57	应付职工薪酬	社会保险费
11	应收账款	众健公司	58	应付职工薪酬	住房公积金
12	应收账款	兴盛公司	59	应付职工薪酬	工会经费
13	预付账款	中财保险公司	60	应付职工薪酬	职工教育经费
14	坏账准备		61	应付职工薪酬	非货币性福利
15	其他应收款	陈鹏	62	应交税费	未交增值税
16	其他应收款	业务科	63	应交税费	应交所得税
17	其他应收款	代扣水电费	64	应交税费	应交城市维护建设税
18	原材料	原料及主要材料	65	应交税费	应交个人所得税
19	原材料	其他材料	66	应交税费	应交教育费附加
20	周转材料	包装物	67	应交税费	应交房产税
21	周转材料	低值易耗品	68	应付利息	
22	材料成本差异	原材料	69	应付股利	
23	材料成本差异	包装物	70	其他应付款	社会保险费
24	材料成本差异	低值易耗品	71	其他应付款	住房公积金
25	长期股权投资	股票投资(大兴公司)	72	长期借款	基建借款
26	持有至到期投资	成本	73	长期应付款	应付设备款
27	持有至到期投资	利息调整	74	应付债券	面值
28	持有至到期投资	应计利息	75	应付债券	利息调整
29	固定资产	生产用固定资产	76	应付债券	应计利息
30	固定资产	非生产用固定资产	77	递延所得税负债	
31	固定资产	不需用固定资产	78	实收资本	国家投资
32	固定资产	出租固定资产	79	实收资本	昌安公司

续表

序号	一级科目	明细科目	序号	一级科目	明细科目
33	累计折旧		80	实收资本	其他
34	工程物资	专用材料	81	资本公积	资本溢价
35	工程物资	专用设备	82	资本公积	其他
36	在建工程	机床大修工程	83	盈余公积	法定盈余公积
37	在建工程	设备安装工程	84	利润分配	提取法定盈余公积
38	在建工程	生产车间扩建工程	85	利润分配	应付现金股利
39	固定资产清理	报废	86	利润分配	未分配利润
40	固定资产清理	出售不需用固定资产	87	本年利润	
41	无形资产	专利权	88	主营业务收入	E-1 产品
42	无形资产	专有技术	89	主营业务收入	E-2 产品
43	研发支出	资本化支出	90	主营业务收入	E-3 产品
44	累计摊销		91	主营业务收入	E-4 产品
45	长期待摊费用	固定资产大修费用	92	其他业务收入	
46	待处理财产损溢	待处理固定资产损溢	93	投资收益	
47	递延所得税资产		94	公允价值变动损益	
			95	营业外收入	
			96	主营业务成本	E-1 产品
			97	主营业务成本	E-2 产品
			98	主营业务成本	E-3 产品
			99	主营业务成本	E-4 产品
			100	税金及附加	
			101	其他业务成本	
			102	资产减值损失	
			103	营业外支出	
			104	所得税费用	

(2)下列账户使用多栏式账页(有期初余额的账户结转期初余额,没有期初余额的账户设户后待记发生额):

应交税费——应交增值税

生产成本——基本生产成本(E-1 产品)

生产成本——基本生产成本(E-2 产品)

生产成本——基本生产成本(E-3 产品)

生产成本——基本生产成本(E-4 产品)

生产成本——辅助生产成本——机修车间

生产成本——辅助生产成本——动力车间

制造费用——基本生产车间

销售费用

财务费用

管理费用

(3)“材料采购——原材料”使用横线登记式账页(有期初余额的账户结转期初余额,没有期初余额的账户设户后待记发生额)。

(4)下列账户使用数量金额式账页(有期初余额的账户结转期初余额,没有期初余额的账户设户后待记发生额):

库存商品——E-1 产品

库存商品——E-2 产品

库存商品——E-3 产品

库存商品——E-4 产品

原材料——原料及主要材料——甲材料

原材料——原料及主要材料——乙材料

原材料——原料及主要材料——丙材料

原材料——原料及主要材料——丁材料

原材料——原料及主要材料——G-1 材料

原材料——原料及主要材料——F-1 材料

14.2.3 办理记账业务

办理如下记账业务:

(1)12 月 1 日,收到业务员送来“产品出库单”第二联。(留待月末汇总进行账务处理)

(2)12 月 4 日,收到业务员送来的材料入库验收单。(留待月末汇总进行收料的账务处理)

(3)12 月 9 日,收到固定资产折旧计算表,经审核无误进行账务处理。

(4)12 月 9 日,收到业务员交来本公司换出商品的增值税专用发票的记账联,换入材料的增值税发票的抵扣联与发票联及材料入库验收单的会计记账联,经审核无误进行非货币性交易的账务处理。

(5)12 月 12 日,收到雷声、乐飞的“物品领用单”,经审核无误进行账务处理。

(6)12 月 18 日,收到固定资产报废单,经审核无误进行账务处理。

(7)12 月 18 日,收到业务员送来的“内部转账单”,经审核无误进行账务处理。

(8)12 月 20 日,收到业务员送来的工程物资入库验收单。

(9)12 月 20 日,报废固定资产清理完毕,根据“固定资产清理——报废清理”账户余额编制“内部转账单”,结转清理损益。

(10)12 月 27 日,收到业务员送来的材料入库验收单。(留待月末汇总进行收料的账务处理)

(11)12 月 28 日,本月应摊销专利权 40 000 元,应摊销专有技术 35 000 元,应摊销基本生产车间固定资产大修费 20 000 元,据以编制“无形资产、长期待摊费用分摊表”,经审核无误进行账务处理。

(12)12 月 29 日，收到“报废低值易耗品汇总表”及“材料入库验收单”(会计记账联)经审核无误进行账务处理。

(13)12 月 29 日，据前面留存的“材料入库验收单”登记“材料采购”明细账(横线登记式明细账)的贷方发生额，并计算入库材料成本差异，据此编制“本月已付款的入库材料汇总表”

(14)12 月 30 日，本月生产产品领用包装物的计划成本汇总如下(根据领料单汇总的，因为领料单不便一一列出，故略去)：

E-1 产品领用 2 100 元

E-2 产品领用 2 300 元

E-3 产品领用 2 500 元

E-4 产品领用 2 000 元

据“周转材料——包装物”与“材料成本差异——包装物”账户资料计算材料成本差异率、领用材料应分摊的差异额及领用材料实际成本，据计算结果编制：“领用包装物汇总表”，经审核无误进行账务处理。

(15)12 月 30 日，本月领用低值易耗品的计划成本汇总如下(根据领料单汇总的，因为领料单不便一一列出，故略去)：

基本生产车间领用 8 000 元

动力车间领用 800 元

机修车间领用 1 200 元

公司管理部门领用 1 600 元

据“周转材料——低值易耗品”与“材料成本差异——低值易耗品”账户资料计算材料成本差异率、领用材料应分摊的差异额及领用材料实际成本，据计算结果编制：“领用低值易耗品汇总表”，经审核无误进行账务处理。

(16)12 月 31 日，收到“车间产品耗用工时汇总表”，结合“工资结算汇总表”与“奖金发放表”先编制“基本生产车间生产工人工资分配表”，后编制“职工薪酬分配表”，经审核无误进行账务处理。

(17)12 月 31 日，收到业务员送来的“发料凭证汇总表”及其“发料单”(略)，根据“发料单”上所载明的用途及下列材料耗用资料编制“发料凭证分配汇总表”。据“原材料——原料用主要材料”各数量金额式明细账及“材料成本差异——原材料”账户资料计算材料成本差异率、领用材料应分摊的差异额及领用材料实际成本。

材料耗用的计划成本汇总如表 14—9 所示。

表 14—9　材料耗用的计划成本汇总资料(截至 2017 年 11 月 30 日)　单位：元

产品、车间、部门	主要材料	其他材料	备　注
E-1 产品	140 000		
E-2 产品	150 000		
E-3 产品	146 000		
E-4 产品	152 000		
基本生产车间一般耗用		4 000	列入物料消耗
动力车间	9 000	3 000	

续表

产品、车间、部门	主要材料	其他材料	备　注
机修车间	7 000	2 000	
公司管理部门		3 000	列入公司经费
销售部门		3 000	列入包装费
车间扩建工程	25 000	15 000	按13%转出进项税额

经审核无误进行账务处理。

(18)12月31日，原作待处理的盘亏设备净值3 000元，经批准转销。据以编制“内部转账单”，经审核无误进行账务处理。

(19)12月31日，收到“辅助生产情况表”，结合“生产成本——辅助生产成本——动力车间”和“生产成本——辅助生产成本——机修车间”账户资料，采取直接分配法分配辅助生产费用，编制“辅助生产费用分配表”(分配率精确至小数点后四位)，经审核无误进行账务处理。

(20)12月31日，根据工时记录(见第15笔业务“车间耗用工时汇总表”)和“制造费用——基本生产车间”账户资料编制“制造费用分配表”(分配率精确至小数点后四位。)经审核无误进行账务处理。

(21)12月31日，收到“生产情况报告表”和“产品入库汇总表”，结合基本生产成本明细账资料，据以编制“产品成本计算表”(分别四种产品进行计算)，单位成本保留到分。经审核无误进行账务处理。

(22)12月31日，根据“产品出库单”本月商品销售数量及“库存商品”明细账的加权平均单位成本，编制“产品销售成本计算表”，结转产品销售成本。

(23)12月31日，“交易性金融资产——股票”的公允价值为210 000元，依据“交易性金融资产——股票——成本”及“交易性金融资产——股票——公允价值变动”明细账户资料计算本期公允价值变动金额，据以填制“内部转账单”，经审核无误进行账务处理。

(24)12月31日，按应收款项百分比法计提坏账准备，提取比例为3%，依据“应收账款”及“坏账准备”明细账资料分析计算本期应计提的坏账准备金，据以编制“内部转账单”，经审核无误进行账务处理。

(25)12月31日，依据“应交税费——应交增值税”明细账资料分析填写“增值税纳税申报表”，计算出未交增值税额，经审核无误进行账务处理。

(26)12月31日，依据“其他业务收入”和“固定资产”明细账及“增值税纳税申报表”资料，计算应交营业税、应交房产税、应交城市维护建设税、应交教育费附加，编制“地方税收综合纳税(费)申报表”，经审核无误进行账务处理。

(27)12月31日，依据“持有至到期投资”明细账期初资料计算本年利息收入，并进行利息调整(按票面利率6%，实际利率5%计算)，据以填制“内部转账单”，经审核无误进行账务处理。(本月发生数，暂不计算利息)

(28)12月31日，依据“应付债券”明细账期初资料计算本年利息费用，并进行利息调整，按票面利率8%，实际利率5%计算，(为安装工程而发行债券)据以填制“内部转账单”，经审核无误进行账务处理。(本月发生数，暂不计算利息)

(29)12月31日，结平“待处理财产损溢”及“应付职工薪酬——职工福利”账户。

(30)12 月 31 日,编制“内部转账单”将损益类账户的本月净发生额结转“本年利润”账户。

(31)12 月 31 日,编制“利润表”初稿,据以编制“暂时性差异计算表”“所得税纳税申报表”(所得税税率:25%)经审核无误进行账务处理。

(32)12 月 31 日,将“所得税费用”账户发生额,转入“本年利润”后结平“本年利润”账户。

(33)12 月 31 日,编制“利润分配计算表”进行利润分配。法定盈余公积按净利润的 10% 分配,应付现金股利按“未分配利润”明细账期初余额加上本年净利润,减去本年提取的法定盈余公积后的 30%分配。

(34)12 月 31 日,将“利润分配——提取盈余公积”“利润分配——应付现金股利”账户余额转入“利润分配——未分配利润”账户。

14.3 宏源公司财务科长岗位实操

14.3.1 开设总账

根据下列资料开设总账账户,每个账户占一页。宏源公司 2017 年 11 月 30 总账期末资料如表 14－10 所示:

表 14－10　　总账账户余额(截至 2017 年 11 月 30 日)　　单位:元

科　目	借或贷	金　额	科　目	借或贷	金　额
库存现金	借	1 000.00	短期借款	贷	1 500 000.00
银行存款	借	310 000.00	应付票据	贷	330 000.00
其他货币资金	借	10 000.00	应付账款	贷	330 000.00
交易性金融资产	借	270 000.00	应付职工薪酬	贷	13 000.00
应收票据	借	330 000.00	应交税费	贷	300.00
应收账款	借	330 000.00	应付利息	贷	25 000.00
预付账款	平		应付股利	平	
坏账准备	借	1 320.00	其他应付款	平	
其他应收款	借	16 300.00	长期借款	贷	1 280 000.00
材料采购	借	37 840.00	长期应付款	贷	100 000.00
原材料	借	480 000.00	应付债券	贷	410 000.00
周转材料	借	66 000.00	递延所得税负债	平	
材料成本差异	借	5 140.00	实收资本	贷	2 153 660.00
库存商品	借	2 400 000.00	资本公积	贷	370 000.00
长期股权投资	借	100 000.00	盈余公积	贷	670 000.00
持有至到期投资	借	111 000.00	利润分配	贷	40 000.00
固定资产	借	2 200 000.00	本年利润	贷	360 000.00
累计折旧	借	800 000.00	主营业务收入	平	

续表

科 目	借或贷	金 额	科 目	借或贷	金 额
工程物资	借	600 000.00	其他业务收入	平	
在建工程	借	360 000.00	投资收益	平	
固定资产清理	借	6 000.00	公允价值变动损益	平	
无形资产	借	623 000.00	营业外收入	平	
研发支出	借	27 000.00	主营业务成本	平	
累计摊销	平		税金及附加	平	
长期待摊费用	借	49 000.00	其他业务成本	平	
待处理财产损溢	借	3 000.00	销售费用	平	
递延所得税资产	平		管理费用	平	
生产成本	借	48 000.00	财务费用	平	
制造费用	平		资产减值损失	平	
			营业外支出	平	
			所得税费用	平	

14.3.2 处理日常总账业务

日常总账业务如下：

(1)复核上旬会计凭证，根据审核无误的上旬记账凭证编制记账凭证汇总表，并据以登记总账，结出账户余额，与出纳员所经管的日记账核对，如有不符，查明原因，予以更正；与记账员所经管的明细账进行核对，如有不符，查明原因，予以更正。

(2)复核中旬会计凭证，根据审核无误的中旬记账凭证编制记账凭证汇总表，并据以登记总账，结出账户余额，与出纳员所经管的日记账核对，如有不符，查明原因，予以更正；与记账员所经管的明细账进行核对，如有不符，查明原因，予以更正。

(3)复核下旬会计凭证，根据审核无误的下旬记账凭证编制记账凭证汇总表，并据以登记总账，结出账户余额，与出纳员所经管的日记账核对，如有不符，查明原因，予以更正；与记账员所经管的明细账进行核对，如有不符，查明原因，予以更正。

(4)编制总账账户余额试算平衡表。

(5)办理年结。

14.3.3 编制会计报表

编制如下会计报表：

(1)编制资产负债表。

(2)编制利润表。

(3)编制现金流量表。

14.4 宏源公司业务员岗位实操

按要求填制和传递 2017 年 12 月份凭证：

(1)12 月 1 日，陈鹏出差返回公司报账，出差相关内容如下：陈鹏出差联系业务推销产品，2017 年 11 月 25 日从江泽市乘火车至大连市（当日到达）火车票 408 元，在大连期间住宿费 460 元，2017 年 11 月 29 日从大连乘火车回江泽市（次日到达）火车票 408 元，出差补助每天 18 元，据以填写“旅差费报销单”（经理丰收在单上签字：同意报销），并持单以陈鹏的名义向财务科出纳处报账（出差前已预支 1 300 元）。

(2)12 月 1 日，销售给 AB 公司 E-4 商品 10 000 件，销售给 AC 公司 E-4 商品 8 000 件，销售给 AD 公司 E-4 商品 6 000 件，销售给 AE 公司 E-4 商品 6 000 件，E-4 商品每件售价 29 元，增值税税率 13%，价税款均已收讫。据以填写“增值税专用发票”，款项全部存入银行，填写“进账单”，送银行办理进账手续后取回“进账单”回单。将“进账单”回单连同“增值税专用发票”的记账联送财务科出纳员。填写“产品出库单”送本公司记账员。（开户行：中国工商银行江泽市支行；账号：115674356325）

(3)12 月 2 日，以业务科陆源的名义填写“领款单”，领款金额 2 800 元，领款单填写好后到财务科找出纳员领款，作为业务科的备用金。

(4)12 月 3 日，以亚洲证券营业部的名义填写“亚洲证券营业部成交过户交割单”1 张，内容如下：本交割单系宏源公司购买股票，成交编号为 12692，股东账户为 33665692，股东名称为宏源公司，申请编号为 689，公司代码为 M122，申报时间为 095245（即 9 点 52 分 45 秒），成交时间为 095315，实收金额为 98 772 元，资金余额为 91 228 元；证券名称为 500232，成交数量 12 000 股，成交价格 8.17 元，佣金 340 元，印花税 380 元，附加费 12 元。填好后送宏源公司出纳员。

(5)12 月 4 日，表 14—11 所列材料全部入库，据以填写“材料入库验收单”。

表 14—11 　　　　**材料入库资料**

供货单位	材料名称	计量单位	数量	单位买价(元)	运杂费(元)	计划单价(元)
兴隆公司	甲材料	千克	2 000	4	160	4.2
	乙材料	千克	2 000	3	150	2.8
兴盛公司	丙材料	千克	1 000	5	150	4.8
	丁材料	千克	1 600	5	160	6.2
宏盛公司	F-1 材料	千克	400	12.5	120	13.2
德源公司	G-1 材料	千克	500	10	100	9.8

将填写好的“材料入库验收单”记账联送本公司记账员。

(6)12 月 5 日，以中财保险股份有限公司的名义填写“机动车辆保险单”和“保费收据”各一张，填写内容如下：被保险人为宏源公司；投保险种为车辆损失险、第三责任险，盗抢险、玻璃险、他人恶意险等；车辆型号为三棱（普）；发动机号 367586；牌号为 A-35688；非营业用车；座位为 5 座；保险价值 30 万元，保险金额 30 万元；基本保费 250 元；车辆损失险费率 0.8%；第三责任险最高赔偿限额为 20 万元；第三责任险保费为 1 800 元；盗抢险保费据表计算；玻璃险保费为50元；他人恶意险保费为100元；保险期限自2018年1月1日零时起至2018年12月31日24时止。地址：十字街58号；电话：8666688；邮政编码438000；总经理：洪源。填好后将“机动车辆保险单”正本和“保费收据”发票联送宏源公司出纳员。

(7)12月6日，以江泽市第一律师事务所陈海的名义填写“增值税专用发票”，收取宏源公司本月律师顾问费用1 000元，持其发票联、抵扣联找宏源公司出纳员收款。(税率6%)

(8)12月8日，江泽市电视台收取宏源公司广告费18 000元代电视台填写“增值税专用发票”，持其发票联、抵扣联找宏源公司出纳员收款。(税率6%)

(9)12月9日，债券公司应向宏源公司收取债券印刷费及手续费9 500元。代填写“增值税普通发票”，并持其第二联到宏源财务科结算。(税率3%)

(10)12月9日，根据下述资料编制“固定资产折旧表”(采用平均年限法)，编制完成后将其送宏源盛公司记账员。

11月30日，固定资产资料如表14—12所示。

表14—12　　**固定资产资料**

部　门	固定资产类型	固定资产原值(元)	预计净残值(元)	预计使用年限(年)
基本车间	房屋	200 000	15 000	40
	机床加工设备	200 000	10 000	10
	专用电子设备	300 000	20 000	10
	其他专用设备	100 000	5 000	20
机修车间	房屋	100 000	5 000	40
	机床加工设备	50 000	2 500	10
	其他专用设备	10 000	500	20
动力车间	房屋	100 000	5 000	40
	内燃发电机组	100 000	5 000	20
	其他专用设备	40 000	2 000	20
管理部门	房屋	600 000	30 000	40
	不需用设备	200 000	20 000	10
出租	仓库	200 000	8 000	10

(11)12月9日，宏源公司与达亿公司进行非货币交易，交易内容如下：

宏源公司向达亿公司销售E-2商品2 005件，每件售价20元；向达亿公司购进甲材料10 000千克，每千克进价格4.01元。增值税税率均为17%，据以填写销售E-2商品的“增值税专用发票”和购进甲材料的“材料入库验收单”(材料已如数入库，甲材料的计划单位成本见记账员岗位的数量金额式明细账)填写好后先持销售商品的增值税专用发票的2、3联到达亿公司业务处换取购进材料的增值税专用发票；后将销售商品的“增值税专用发票”的记账联和购进材料的“增值税专用发票”及“材料入库验收单”一并送交宏源公司记账员。填写“产品出库单”送本公司记账员。

(12)12月10日，以公司职工许源的名义填写“费用报销领款单”，到财务科领取独生子女费150元。

(13)12月10日，代房地产管理所开具“增值税专用发票”，应收取宏源公司办公用房租金980元。制单人：李风。持发票联、抵扣联到宏源公司财务科结算。(税率9%)

(14)12月10日，以江泽市汽车队的名义开具“增值税专用发票”，应收取宏源公司销货运

费 6 200 元。制单人:何春明。持发票联到宏源公司财务科结算。(税率 9%)

(15)12 月 10 日,业务科孙立、陆平、秦伟 3 人领取本年度烤火费,每人 90 元,经理孙勇签字:同意付款。代填写“费用报销领款单”,到财务科出纳处领款。

(16)12 月 10 日,代司法局开具“增值税专用发票”,应收取宏源公司公证费用 1 000 元。收款人:王波。持发票联、抵扣联到宏源公司财务科结算。(税率 6%)

(17)12 月 11 日,生产技术科陈鹏去省城开生产技术会,经领导孙勇同意借款 1 800 元。据以填写“借款单”,持单向财务科出纳员借款。

(18)12 月 11 日,支付山河公司的生产车间扩建工程款 7 000 元,经公司经理丰收签字同意付款,由张杨统一领款,据以填写“增值税专用发票”,持发票联、抵扣联到财务科出纳处办理领款,取得出纳员签发的“现金支票”到银行取款。(税率 9%)

(19)12 月 12 日,业务员雷声、乐飞各领计算器一个,单价 130 元,合计金额 260 元。经理丰收审批:同意领用,一次摊销。据以填写“物品领用单”并将其送交财务科记账员。

(20)12 月 12 日,宏源公司向证券公司购买一年期债券 1 000 000 元,手续费 2 000 元,以证券公司名义开出“收据”,持收据第二联到宏源公司财务科结算。

(21)12 月 13 日,根据表 14—13 所列资料编制“工资结算汇总表”(因工资结算原始资料比较复杂,实际工作中的工资发放表是根据岗位将每个人的工资计算出来加以汇总的。而下列资料直接以汇总的形式给出)。

表 14—13 **工资结算汇总资料**

车间、部门、类型	职工人数(人)	标准工资(元)	应扣工资(元)		津贴(元)	代扣款项			
			事假	病假		水电费(元)	住房公积金(元)	个人所得税(元)	个人承担社保(元)
基本生产车间生产	281	252 000	1 210	1 350	26 770	11 260	8 500	30	1 160
基本生产车间管理	11	13 210	310	470	550	700	480	20	150
援外工程	2	3 600			2 200				125
在建工程	21	23 000	750	200	3 050	1 000	805		165
机修车间	6	7 010	340	70	570	350	240		75
动力车间	5	6 020	270	80	570	300	200		60
公司管理	35	41 000	750	350	1 700	1 200	1 360	30	850
医务	4	4 510	120	80	200	130	180		115
六个月以上长病	3	3 400		1 000	15	60	120		80

工资结算汇总表编制好后送交财务科出纳员。

(22)12 月 13 日,销售给兴盛公司 E-1 商品 5 000 千克,每千克售价 11.80 元,E-3 商品 5 000 件,每件售价 22.80 元,增值税税率 13%,据以填写“增值税专用发票”后将其送宏源财务科出纳员办理收款手续。填写“产品出库单”送本公司记账员。

(23)12 月 14 日,业务科各种费用支出汇总情况如下:差旅费 410 元(32 张原始凭证);办公费 230 元(12 张原始凭证);其他费用 120 元(4 张原始凭证);经核对,编制“管理费用支出汇总表”,持表到财务科报账。

(24)12 月 14 日，陆明等 5 名职工参加江泽市工学院短期培训，支付学杂费 3 000 元，以工学院名义开出“增值税普通发票”，持第 2 联(付款人联)找宏源财务科出纳员办理领款，取得出纳员签发的“现金支票”到银行取款。(税率 3%)

(25)12 月 15 日，宏源公司职工食堂向为民日杂公司购买碗 30 个，单价 3 元，计 90 元；盘子 30 个，每个 2.50 元，计 75 元，合计 165 元。以为民日杂公司名义开具“增值税普通发票”，持发票联向宏源公司财务科出纳员报账。(在发票备注上填写：列入职工福利。税率 3%)

(26)12 月 16 日，宏源公司向税务局购买 20 张 5 元券印花税票，30 张 2 元券印花税票，30 张 1 元券印花税票，以税务局名义开具“市税务局印花税票发售统一发票”，持发票联向宏源公司财务科出纳员报账。

(27)12 月 17 日，宏源公司应付的车间扩建工程包工款 200 000 元，以长丰建筑公司的名义填写“增值税专用发票”，持发票联、抵扣联到宏源公司财务科办理结算。(税率 9%)

(28)12 月 17 日，本月综合奖金结算汇总资料如表 14—14 所示。

表 14—14　　本月综合奖金结算汇总资料

车间、部门	奖金(元)
基本生产车间生产工人	27 100
基本生产车间管理人员	1 100
机修车间人员	600
动力车间人员	500
公司管理人员	3 500
医务人员	400

据以编制“综合奖金结算汇总表”，持表向财务科出纳员领取奖金。

(29)12 月 18 日，宏源公司应付新卫设计院产品设计费 1 000 元，以新卫设计院的名义填写“增值税专用发票”，持发票联、抵扣联到宏源公司财务科办理结算。(税率 6%)

(30)12 月 18 日，销售给众健公司不需用乙设备一台，原始价值 55 000 元，已提折旧 16 000 元，协商作价 40 000 元。据以填写“增值税专用发票”，持其发票联、抵扣联到众健公司财务科收款，要求众健公司出纳员签发“转账支票”，并与其一同去银行办理转账手续，取得银行盖章后“进账单”的收账通知联后，将“进账单”的收账通知联及“增值税专用发票”记账联送交本公司财务科出纳员。同时依据固定资产原始价值与已提折旧填写“内部转账单”，并将其送本公司财务科记账员。(税率 13%)

(31)12 月 18 日，一栋仓库 290 平方米，预计使用 30 年，已使用 28 年，原值 98 000 元，已提折旧 80 000 元，因重建提前报废。其处理意见：使用部门的意见：因陈旧要求报废；技术鉴定小组意见：情况属实；固定资产管理部门意见：同意转入清理；主管部门审批意见：同意报废重建。据以填写“固定资产报废单”后将其会计记账联送财务科记账员。

(32)12 月 19 日，向宏盛公司购进丁设备一台，交易价 42 000 元，经验收交基本生产车间使用，据以填写“固定资产验收单”，将其第二联送财务科出纳员。

(33)12 月 19 日，陈鹏 12 月 11 日去省城参加工业生产技术会，12 月 18 日返回，往返汽车票均为 45 元，住宿费用 700 元，会议费用 150 元，其他费用 120 元，每天补助 15 元。以陈鹏的名义填写“差旅费报销单”，经理丰收在单上签字：同意报销。持单向财务科出纳员报账(原借支 1 800 元)。

(34)12 月 19 日,业务科与业务往来单位洽谈业务,接待、就餐、补助及接车费共计金额 2 250 元,单据 28 张。据以填写"业务招待费汇总表",经理丰收在单上签字:同意报销。持单向财务科出纳员报账,取得出纳员签发的"现金支票"后到银行提取现金。

(35)12 月 19 日,报废固定资产的清理人员韩金等 5 人应领取清理费用 500 元,以韩金的名义填写"费用报销领款单",经理丰收在单上签字:同意付款。持单向财务科出纳员领款。

(36)12 月 19 日,宏源公司向江泽商场收取仓库租金 5 000 元,据以开出"增值税专用发票",收到现金 5 000 元,当即填写"进账单"到开户行办理进账手续,收到银行盖章后的"进账单"回单,将"增值税专用发票"的记账联及"进账单"回单送交本公司出纳员。(本公司开户行:中国工商行江泽市支行,账号:115674356325)(税率 9%)

(37)12 月 20 日,仓库清理残料如下:红砖 100 000 块,每块 0.20 元,计 20 000 元,其他材料 5 100 元,合计 25 100 元。材料全部入库作重建仓库用,据以编制"材料入库单",并将其记账联送财务科记账员。

(38)12 月 20 日,宏源公司向为民五金公司购买灭火器 5 个,单价 100 元,计 500 元。灭火器购回后当即由仓库领用。先以为民五金公司名义开具"增值税普通发票";再以仓库保管员王丰名义填写"物品领用单"(经理丰收在单上签字:同意领用,一次摊销)。最后将"增值税普通发票"的发票联和"物品领用单"送财务科出纳员,并要求领款、领物。(税率 3%)

(39)12 月 20 日,向达昌公司转让技术,收取技术转让费 18 000 元,据以填写"增值税专用发票",持其发票联、抵扣联到达昌公司财务科收款,要求达昌公司出纳员签发"转账支票",并与其一同去银行办理转账手续,取得银行盖章后的"转账支票"的收账通知联后,将"转账支票"的收账通知联及"增值税专用发票"记账联送交本公司财务科出纳员。(税率 6%)

(40)12 月 21 日,向会计局购买《新会计准则》等书籍,付款 188 元,以会计局的名义填写"增值税普通发票",并持其发票联到账务科报账。(税率 3%)

(41)12 月 21 日,宏源公司的汽车送汽车修配厂修理,具体修配项目如下:汽车补胎 320 元,汽车轮胎 2 个,单价 500 元。以汽车修配厂名义开具"增值税专用发票",送交本公司出纳员。(税率 13%)

(42)12 月 23 日,宏源公司使用自来水厂的供水,水表记录是:本月号码为 568756,上月号码为 563366,实用水 5 390 吨,每吨单价 4 元。以自来水厂名义开具"增值税专用发票"持其发票联到宏源财务科结算。(税率 9%)

(43)12 月 23 日,业务科用备用金开支下列各种费用:差旅费 1 250 元(12 张原始凭证);办公费 1 050 元(22 张原始凭证);修理费 900 元(3 张原始凭证);经核对全部报销,编制"管理费用支出汇总表",持单到财务科报账。

(44)12 月 24 日,宏源公司电表的起码是 563327,止码是 624927,实用电 61 600 度,每度单价 0.80 元,以电力局的名义填写"增值税专用发票"(税率 13%),持发票联、抵扣联到宏源公司财务科结算。

(45)12 月 24 日,宏源公司参加本市商品展销会,应付江泽大世界商场的商品展位租用费 600 元,以大世界市场的名义填写"增值税普通发票",持发票联到宏源公司财务科结算。(税率 3%)

(46)12 月 25 日,物价检查所对宏源公司商品销售情况进行检查,发现部分商品违反国家价格政策,罚款 1 500 元,以物价检查所名义填写"罚款没收专用收据",持单到宏源公司财务科结算。

(47)12月26日，看望住院病人刘兰菊，从副食品商品店购买2袋奶粉，每袋150元，苹果3千克，每千克15元，据以填写“增值税普通发票”经理丰收签字：在福利费列支，持发票联到宏源公司财务科结算。(税率3%)

(48)12月26日，迅达搬运公司为宏源公司装卸货物，应收取装卸费1 200元，以迅达公司的名义开具“增值税专用发票”，持发票联、抵扣联到宏源公司财务科结算。(税率9%)

(49)12月26日，陈鹏出差预支差旅费900元，据以填写“借款单”，持单向财务科出纳借款。

(50)12月27日，宏源公司自行开发一项实用型专利开发成功，先根据下列资料填写“专利申报表”，申请单位：宏源公司；专利项目：实用新型专利；技术开发费：27 000元；注册登记费：3 200元；单位意见：同意申报；专利局审批：同意注册。再以专利局名义填写“增值税专用发票”收取宏源公司专利注册登记费3 200元，然后持“专利申报表”和“增值税专用发票”到宏源公司财务科结算。(税率6%)

(51)12月27日，宏源公司销售给众生公司E-1商品7 000千克，每千克售12元；销售给众健公司E-1商品7 000千克，每千克售价12元；销售给兴盛公司E-2商品10 000件，每件售价23元；增值税税率均为17%，据以分别三个公司填写“增值税专用发票”后持“增值税专用发票”到众生、众健、兴盛公司财务科结算，要求各公司出纳员根据购销合同填写“商业承兑汇票”，经付款人(各购货公司)承兑后取得“商业承兑汇票”的第二联，并在商业承兑汇票第一联的收款人盖章处盖上本公司财务专用章(由本公司出纳员盖章)，在负责、经办处均签名，将“增值税专用发票”的记账联和“商业承兑汇票”的第二联送交宏源公司出纳员。填写“产品出库单”送本公司记账员。

(52)12月27日，四通运输公司为宏源公司运输购入的材料，应收运费为7 200元。以四通运输公司的名义开具“增值税专用发票”，持发票联、抵扣联到宏源公司财务科结算。(税率9%)

(53)12月27日，外购材料全部验收入库。据表14－15所列资料填写“材料入库验收单”，将其记账联送财务科记账员。

表14－15　外购材料入库资料

供货单位	材料名称	数量(千克)	买价(元)	运杂费(元)	计划单价(元)
宏盛公司	F-1材料	7 000	91 000	700	13.2
德源公司	G-1材料	5 000	50 000	500	9.8
兴隆公司	甲材料	20 000	80 000	2 000	4.2
	乙材料	20 000	60 000	2 000	2.8
	丙材料	10 000	50 000	1 000	4.8
	丁材料	10 000	60 000	1 000	6.2

(54)12月29日，各部门报废低值易耗品(领用时均一次摊销)，本月收回残值如下：基本生产车间460元，动力车间47元，机修车间63元，行政管理部门80元。报废材料均已入库(计划价按照650元计算)。据以编制“报废低值易耗品汇总表”和“材料入库验收单”，并将其送财务科记账员。

(55)12 月 30 日,销售给兴盛公司 E-2 商品 10 000 件,每价售价 22 元,E-3 商品 10 000 件,每件售价 23 元,增值税税率 13%,据以填写“增值税专用发票”,送本公司出纳员。填写“产品出库单”送本公司记账员。

(56)12 月 31 日,基本生产车间生产 E-1 产品耗用 6 800 工时,生产 E-2 产品耗用 7 000 工时,生产 E-3 产品耗用 6 900 工时,生产 E-4 产品耗用 6 920 工时,据以编制“产品耗用工时汇总表”,并将表送财务科记账员。

(57)12 月 31 日,本月发出材料汇总资料如表 14—16 所示。

表 14—16　　本月发出材料汇总

材料名称	数量(千克)	计划单价(元)	计划总价(元)
甲材料	30 000	4.2	126 000
乙材料	30 000	2.8	84 000
丙材料	20 000	4.8	96 000
丁材料	15 000	6.2	93 000
F-1 材料	10 000	13.2	132 000
G-1 材料	10 000	9.8	98 000
小　计			629 000
其他材料			30 000

据以编制“发料凭证汇总表”,并将表送财务科记账员。

(58)12 月 31 日,辅助生产车间本月提供劳务总量资料如表 14—17 所示。

表 14—17　　辅助生产车间本月提供劳务总量

项　目	机修车间服务量(工时)	动务车间供电量(度)
E-1 产品耗用	—	9 000
E-4 产品耗用		10 000
E-2 产品耗用	—	10 000
E-3 产品耗用	—	8 000
基本生产车间耗用	1 670	1 000
车间扩建工程耗用	230	10 000
行政管理部门	100	2 000
动力车间耗用	50	—
机修车间耗用	—	800
合　计	2 050	50 800

据以编制“辅助生产情况表”,并将表送财务科记账员。

(59)12 月 31 日,本月产品生产及入库情况如表 14—18 所示。

表 14—18 **本月产品生产及入库情况**

产品名称	月初在产品	本月投产	本月完工入库	月末在产品	在产品完工程度	投料方式
E-1 产品	1 750 千克	31 400 千克	30 000 千克	3 150 千克	50%	逐步投料
E-2 产品	1 500 件	18 484 件	18 000 件	1 984 件	50%	逐步投料
E-3 产品	1 700 件	17 070 件	16 000 件	2 770 件	50%	逐步投料
E-4 产品	1 460 件	13 240 件	14 000 件	700 件	50%	逐步投料

代基本生产车间编制“生产情况报告表”；代成品仓库编制“产品入库汇总表”；将填写好的两张表送财务科记账员。

15　宏盛公司会计业务岗位实操

15.1　宏盛公司出纳会计岗位实操

15.1.1　开设有关日记账

宏盛公司 2017 年 11 月 30 日有关账户余额如下：

库存现金日记账　　1 000(借)

银行存款日记账　　299 000(借)

宏盛公司及往来公司相关情况如表 15—1 所示。

表 15—1　　宏盛公司及往来公司相关情况

开户行:中国工商银行江泽市支行		开户行:中国工商银行崎峰市支行	
公司名称	账　号	公司名称	账　号
众生公司	1156674356323	德源公司	823653676510
众健公司	1156674356324	德茂公司	823653676511
宏源公司	1156674356325	兴隆公司	823653676516
宏盛公司	1156674356326	兴盛公司	823653676517
达昌公司	1156674356327		
达亿公司	1156674356328		

15.1.2　办理如下业务

凡出纳业务，在业务办理完毕后，编制记账凭证，交财务科长复核后据以登记库存现金和银行存款日记账，并将记账凭证连同所附原始凭证一并转交记账员记账。

(1)12 月 1 日，收到张丰“旅差费报销单”(所附单据略)，经审核无误，报销费用 1 392 元，按原预支额 1 600 元开出“收据”，当即交回现金 208 元，并在差旅费报销单上填写“收现 208 元”。

(2)12 月 1 日，收到业务员送来的“进账单”回单及“增值税专用发票”的记账联进行账务处理。

(3)12 月 1 日，收到开户银行转来众健公司和宏源公司的“转账支票”收账通知联据以填写“进账单”，到开户行办理入账。

(4)12 月 1 日，填写“信汇”凭证 3 张，分别支付应付德源公司账款 100 000 元、应付德茂公司账款 110 000 元和应付兴隆公司账款 120 000 元。填好结算凭证后去开户银行办理相关手续，取回“信汇”凭证回单，经审核无误后进行账务处理。

(5)12 月 2 日，填写“转账支票”一张，转出投资款 210 000 元，存入亚洲证券营业部账户(亚洲证券营业部开户行：中国工商银行江泽市支行，账号：235673625588)准备用于购买股票。到银行办理转账手续，取回回单。

(6)12 月 2 日，填写“现金支票”一张，提取现金 14 000 元备用，到开户银行办理支款手续。

(7)12 月 2 日，收到业务科陈刚民的“领款单”，经审核无误，当即支付现金 2 500 元，作为业务科的备用金(在领款单上注明“现金付讫”)。

(8)12 月 3 日，收到“亚洲证券营业部成交过户交割单”，购入股票划作交易性金融资产。

(9)12 月 5 日，收到开户行转来兴盛公司“信汇”凭证收款通知联。

(10)12 月 5 日，收到中财保险股份有限公司机动车辆保险单(正本)和保费收据第一联，经审核无误，据以填写转账支票(中财保险股份有限公司开户行：中国工商银行江泽市支行；账号：115675368955)，并到银行办理转账手续。

(11)12 月 6 日，填写“中华人民共和国税收通用完税证”，将未交增值税、应交城市维护建设税、应交个人所得税、应交教育费附加上交国库，具体金额见明细分类账各该账户的月初余额。税收通用完税证填写好后，到开户行办理手续，经税务机关、银行盖章后取得完税凭证联，并据以进行账务处理。

(12)12 月 6 日，收到律师事务所的“增值税专用发票”发票联、抵扣联，经审核无误，以现金付讫。

(13)12 月 8 日，收到江泽市电视台的“增值税专用发票”发票联、抵扣联，经审核无误，据以填写转账支票(江泽市电视台开户行：中国工商银行江泽市支行；账号：115674356672)，付广告费，并到银行办理转账手续。

(14)12 月 8 日，宏盛公司委托债券发行公司发行 5 年期债券，按面值的 10%溢价发行。现债券公司已发行债券面值 1 000 000 元，实收金额 1 100 000 元，款项今日全部交来，当即送存银行。据以填写“收据”及“进账单”，到银行办理手续后据“收据”记账联及“进账单”回单进行账务处理。

(15)12 月 9 日，收到债券公司的“增值税普通发票”发票联，经审核无误，据以填写转账支票(债券公司开户行：中国工商银行江泽市支行；账号：115676283355)，付手续费，并到银行办理转账手续。

(16)12 月 10 日，收到本公司职工洪新“费用报销领款单”，经审核无误，以现金付讫。

(17)12 月 10 日，收到房地产管理所的“增值税专用发票”发票联、抵扣联，经审核无误，以现金付讫。

(18)12 月 10 日，收到江泽市汽车运输公司的“增值税专用发票”发票联、抵扣联，经审核无误，据以填写转账支票(江泽市汽车运输公司开户行：中国工商银行江泽市支行；账号：115674356698)，付运费，并到银行办理转账手续。

(19)12月10日，依据"应付职工薪酬——社会保险费"期初余额，填写"税收通用缴款书"到银行办理缴款手续。

(20)12月10日，签发"现金支票"，到银行办理取款手续，提回现金3 000元备用。根据"现金支票"存根作账务处理。

(21)12月10日，收到郝一平等3人的"费用报销领款单"，经审核无误，以现金付讫。

(22)12月10日，收到司法局的"增值税专用发票"经审核无误，据以填写转账支票(司法局开户行：中国工商银行江泽市支行；账号：115674356989)，付诉讼费，并到银行办理转账手续。

(23)12月11日，收到张丰的"借款单"，经审核无误，以现金付讫。

(24)12月11日，收到工程队的"增值税专用发票"，经审核无误，如数签发"现金支票"，交张档到银行取款。

(25)12月12日，收到证券公司的"收据"经审核无误，据以填写转账支票(证券公司开户行：中国工商银行江泽市支行；账号：115674356719)，付债券及手续费，并到银行办理转账手续。

(26)12月13日，收到"工资结算汇总表"，根据实发工资总额签发"现金支票"，从银行提取现金，当即发放完毕。

(27)12月13日，收到业务员送来的"增值税专用发票"，据以填写"委托收款凭证"(应收兴盛公司款)持委托收款凭证和"增值税专用发票"的发票联、抵扣联到银行办理托收手续，经银行盖章后，将退回的"委托收款凭证"回单与"增值税专用发票"记账联一并作账务处理。

(28)12月14日，收到业务科"管理费用支出汇总表"(所附单据47张略)，经审核无误，以现金付讫。

(29)12月14日，收到江泽市工学院的"增值税普通发票"，经审核无误，开出"现金支票"付讫。

(30)12月15日，收到职工食堂购买炊具的发票，经审核无误，以现金付讫。

(31)12月16日，收到银行转来"委托收款凭证"的收款通知联。系兴盛公司应收款。

(32)12月16日，收到"市税务局印花税票发售统一发票"，经审核无误，以现金付讫。

(33)12月17日，收到长丰建筑公司"增值税专用发票"的发票联、抵扣联，经审核无误，据以填写转账支票(建筑公司开户行：中国工商银行江泽市支行；账号：115672785567)，付工程款，并到银行办理转账手续。

(34)12月17日，根据"综合奖金结算汇总表"(实际还应按人头的奖金发放表，此处略)，签发"现金支票"提回现金，当即发放完毕。

(35)12月18日，收到新卫设计院的"增值税专用发票"发票联、抵扣联，经审核无误，以现金付讫。

(36)12月18日，收到达昌公司出售设备的"增值税专用发票"，及本公司业务员送来的"固定资产验收单"，经审核无误据以填写"转账支票"付设备款，并到银行办理转账手续。

(37)12月19日，收到业务员送来的宏源公司转账支票的收账通知联(当即据以填写"进账单"，送存银行)及本公司的固定资产销售的"增值税专用发票"的会计记账联，经审核无误进行账务处理。

(38)12月19日,收到张丰的“旅差费报销单”(所附单据略)和交来的现金400元,开出“收据”收讫。收据金额按张丰原借支数填写。

(39)12月19日,收到业务科的“业务招待费汇总表”及所附21张单据(单据略),经审核无误后,当即签发“现金支票”补足其备用金。

(40)12月19日,收到余刚的“费用报销领款单”,经审核无误,以现金付讫。

(41)12月19日,收到业务员送来的仓库租金收入“进账单”回单及“增值税专用发票”记账联。

(42)12月20日,收到业务员送来的“增值税普通发票”和“物品领用单”。经审核无误后签发“现金支票”,从银行提回现金6 000元,除支付灭火器款外,其余备用。

(43)12月20日,收到业务员送来的达亿公司“转账支票”的收账通知联,及本公司收取技术转让收入的“增值税专用发票”记账联。

(44)12月21日,收到购买书籍的“增值税普通发票”发票联,经审核无误以现金付讫。

(45)12月21日,收到达昌公司的“增值税专用发票”发票联、抵扣联,经审核无误后签发“转账支票”支付技术转让费,到银行办理转账手续。

(46)12月21日,收到汽车修配厂的“增值税专用发票”发票联、抵扣联,经审核无误后以现金付讫。

(47)12月23日,收到自来水厂发票,经审核无误后填写“转账支票”支付水费,到银行办理转账手续。(自来水厂开户行:中国工商银行江泽市支行;账号:115674351125)

同时根据定额耗用量分配本月水费,定额耗用量如下:动力车间510吨,机修车间560吨,基本生产车间2 400吨,公司管理部门1 330吨,据以编制“水费分配表”。

根据自来水厂发票、“转账支票”存根和“水费分配表”进行账务处理。

(48)12月23日,收到业务科的“管理费用支出汇总表”及所附29张单据(单据略),经审核无误后,当即签发“现金支票”补足其备用金。

(49)12月24日,收到电力局的“增值税专用发票”发票联、抵扣联,经审核无误后填写“转账支票”支付电费,到银行办理转账手续。(电力局开户行:中国工商银行江泽市支行;账号:115674356211)

同时根据表15—2所列定额耗用量资料编制“外购动力费分配表”。

表15—2 **定额耗用量资料**

产品名称	定额耗用量	车间部门	定额耗用量
F-1产品	10 800度	动力车间	900度
F-2产品	11 200度	机修车间	1 000度
F-3产品	11 000度	基本生产车间	900度
F-4产品	11 500度	管理部门	8 200度

根据电力局的发票联、“转账支票”存根和“外购动力费分配表”进行账务处理。

(50)12月24日,收到大世界市场的“增值税普通发票”发票联,经审核无误后以现金付讫。

(51)12月25日,签发“现金支票”,到银行办理取款手续,提回现金6 200元备用。根据“现金支票”存根作账务处理。

(52)12 月 25 日，收到物价检查所"罚款没收专用收据"，以现金支付罚款。

(53)12 月 26 日，收到"增值税普通发票"发票联，经审核后以现金付讫。

(54)12 月 26 日，收到迅达搬运公司的"增值税专用发票"发票联、抵扣联，经审核无误后以现金付讫。

(55)12 月 26 日，收到张丰的"借款单"经审核无误后以现金付讫。

(56)12 月 27 日，收到本公司业务员送来销售商品给众健公司、宏源公司和兴盛公司的"增值税专用发票"记账联和三张"商业承兑汇票"。

(57)12 月 27 日，收到业务员送来的"专利申报表"和专利局的"增值税专用发票"发票联、抵扣联，经审核无误后填写"转账支票"支付专利注册登记费，到银行办理转账手续。(专利局开户行：中国工商银行江泽市支行；账号：115675363286)

(58)12 月 27 日，收到德源公司、德茂公司、兴隆公司业务员送来的"增值税专用发票"，经审核无误后分别填写为期 2 个月的"商业承兑汇票"三份，填好后将第二联分别交德源公司、德茂公司、兴隆公司业务员。

同时收到四通运输公司的"增值税专用发票"发票联、抵扣联，经审核无误后填写"转账支票"支付材料运费，到银行办理转账手续。(四通运输公司开户行：中国工商银行江泽市支行；账号：115675363298)

根据材料重量编制"材料采购费用分配表"。各种材料采购的重量：G-1 材料 4 800 千克，H-1 材料 5 000 千克，甲材料 15 000 千克，乙材料 20 000 千克，丙材料 12 000 千克，丁材料 15 000 千克。

根据增值税专用发票的发票联、商业汇票的留存联，转账支票存根联、"材料采购费用分配表"，作账务处理。

(59)12 月 30 日，收到业务员送来的"增值税专用发票"，合同规定销货款采用委托收款结算方式，经审核无误后，据以填写"委托收款凭证"，持"委托收款凭证"和"增值税专用发票"发票联、抵扣联到银行办理托收手续，经银行盖章后，将退回的"委托收款凭证"回单与"增值税专用发票"的记账联一并作账务处理。

(60)12 月 31 日，到开户行拿回贷款计息凭证，进行账务处理。(已预计应付利息 12 000 元)

(61)12 月 31 日，到开户行拿回存款计息凭证，进行账务处理。

(62)12 月 31 日，将账面价值为 90 000 元的"交易性金融资产——基金"全部出售，实得现金 94 500 元。填写"内部转账单"和"进账单"，将现金送存银行(全为百元券)。

15.2 宏盛公司记账会计岗位实操

15.2.1 开设有关账户

宏盛公司 2017 年 11 月 30 日明细账期末资料如表 15－3 所示：

表 15—3 **明细账期末资料(截至 2017 年 11 月 30 日)** 单位:元

科 目	借或贷	金 额
其他货币资金——外埠存款	借	11 000.00
交易性金融资产——股票(成本)	借	100 000.00
交易性金融资产——债券(成本)	借	90 000.00
交易性金融资产——基金(成本)	借	90 000.00
应收票据——众健公司	借	110 000.00
应收票据——宏源公司	借	120 000.00
应收票据——兴盛公司	借	100 000.00
应收账款——众健公司	借	100 000.00
应收账款——宏源公司	借	100 000.00
应收账款——兴盛公司	借	110 000.00
坏账准备	贷	1 240.00
其他应收款——张丰	借	1 600.00
其他应收款——代扣水电费	借	15 000.00
材料采购——原材料	借	45 080.00
原材料——原料及主要材料	借	416 000.00
原材料——其他材料	借	104 000.00
周转材料——包装物	借	20 000.00
周转材料——低值易耗品	借	50 000.00
材料成本差异——原材料	借	4 508.00
材料成本差异——包装物	贷	200.00
材料成本差异——低值易耗品	借	500.00
库存商品——F-1 产品	借	180 000.00
库存商品——F-2 产品	借	550 000.00
库存商品——F-3 产品	借	480 000.00
库存商品——F-4 产品	借	1 200 000.00
长期股权投资——股票投资(大华公司)	借	100 000.00
持有至到期投资——成本	借	80 000.00
持有至到期投资——利息调整	借	6 000.00
持有至到期投资——应计利息	借	4 000.00
固定资产——生产用固定资产	借	1 300 000.00
固定资产——非生产用固定资产	借	600 000.00
固定资产——不需用固定资产	借	100 000.00

续表

科　目	借或贷	金　额
固定资产——出租固定资产	借	200 000.00
累计折旧	贷	500 000.00
工程物资——专用材料	借	200 000.00
工程物资——专用设备	借	300 000.00
在建工程——机床大修工程	借	40 000.00
在建工程——设备安装工程	借	360 000.00
固定资产清理——报废	借	6 000.00
无形资产——专利权	借	321 000.00
无形资产——专有技术	借	350 000.00
研发支出——资本化支出	借	29 000.00
长期待摊费用——固定资产大修费用	借	46 000.00
待处理财产损溢——待处理固定资产损溢	借	5 000.00
生产成本——基本生产成本(F-1 产品)	借	9 800.00
生产成本——基本生产成本(F-2 产品)	借	11 600.00
生产成本——基本生产成本(F-3 产品)	借	13 700.00
生产成本——基本生产成本(F-4 产品)	借	15 800.00
短期借款——生产周转借款	贷	1 500 000.00
应付票据——德源公司	贷	110 000.00
应付票据——德茂公司	贷	120 000.00
应付票据——兴隆公司	贷	100 000.00
应付账款——德源公司	贷	100 000.00
应付账款——德茂公司	贷	110 000.00
应付账款——兴隆公司	贷	120 000.00
应付职工薪酬——职工教育经费	贷	4 000.00
应付职工薪酬——职工福利	贷	2 600.00
应付职工薪酬——社会保险费	贷	8 400.00
应交税费——未交增值税	贷	40 000.00
应交税费——应交所得税	借	40 000.00
应交税费——应交城市维护建设税	贷	3 000.00
应交税费——应交个人所得税	贷	2 500.00
应交税费——应交教育费附加	贷	1 000.00
应付利息	贷	24 000.00

续表

科　目	借或贷	金　额
长期借款——基建借款	贷	1 200 000.00
长期应付款——应付设备款	贷	100 000.00
应付债券——面值	贷	280 000.00
应付债券——利息调整	贷	20 000.00
应付债券——应计利息	贷	20 000.00
实收资本——国家投资	贷	1 438 648.00
实收资本——昌平公司	贷	150 000.00
实收资本——其他	贷	1 000 000.00
资本公积——资本溢价	贷	300 000.00
资本公积——其他	贷	100 000.00
盈余公积——法定盈余公积	贷	600 000.00
利润分配——未分配利润	贷	80 000.00
本年利润	贷	400 000.00

原材料明细账 2017 年 11 月 30 日期末资料如表 15—4 所示。

表 15—4　　原材料明细账(截至 2017 年 11 月 30 日)　　单位:元

品　名		单位	数量	计划单价	金额
原料及主要材料	甲材料	千克	11 000	3.8	41 800
	乙材料	千克	10 000	3.2	32 000
	丙材料	千克	10 000	5.2	52 000
	丁材料	千克	12 000	5.8	69 600
	G-1 材料	千克	11 000	10.2	112 200
	H-1 材料	千克	10 000	10.84	108 400
	小计				416 000
其他材料					104 000
合　计					520 000

材料采购明细账 2017 年 11 月 30 日期末资料如表 15—5 所示。

表 15—5　　材料采购明细账(截至 2017 年 11 月 30 日)　　单位:元

供货单位	项目	借方			贷方			备注
		买价	运杂费	合计	计划成本	差异	合计	
兴隆公司	甲材料	8 000	200	8 200				
	乙材料	7 000	180	7 180				

续表

供货单位	项目	借方			贷方			备注
		买价	运杂费	合计	计划成本	差异	合计	
兴盛公司	丙材料	9 000	200	9 200				
	丁材料	8 000	200	8 200				
德源公司	G-1 材料	6 000	150	6 150				
德茂公司	H-1 材料	6 000	150	6 150				
合　计		44 000	1 080	45 080				

库存商品明细账 2017 年 11 月 30 日期末资料如表 15—6 所示。

表 15—6　　库存商品明细账(截至 2017 年 11 月 30 日)　　单位:元

商品名称	单位	数量	单位成本	金额
F-1 商品	千克	20 000	9	180 000
F-2 商品	件	50 000	11	550 000
F-3 商品	件	40 000	12	480 000
F-4 商品	件	60 000	20	1 200 000
合　计				2 410 000

生产成本明细账 2017 年 11 月 30 日期末在产品成本资料如表 15—7 所示。

表 15—7　　生产成本明细账(截至 2017 年 11 月 30 日)　　单位:元

产品名称	数量	成本项目			
		直接材料	直接人工	制造费用	合　计
F-1 产品	2 200 千克	5 000	3 000	1 800	9 800
F-2 产品	2 100 件	6 000	3 600	2 000	11 600
F-3 产品	2 300 件	7 000	4 200	2 500	13 700
F-4 产品	1 580 件	8 000	4 800	3 000	15 800
合　计					50 900

15.2.2　开设明细账

按下列要求开设明细账:

下列账户(表 15—8)使用三栏式账页(有期初余额的账户结转期初余额,没有期初余额的账户设户后待记发生额):

表 15—8 明细账账户

序号	一级科目	明细科目	序号	一级科目	明细科目
1	其他货币资金	外埠存款	48	短期借款	生产周转借款
2	其他货币资金	存出投资款	49	应付票据	德茂公司
3	交易性金融资产	股票(成本)	50	应付票据	德源公司
4	交易性金融资产	股票(公允价值变动)	51	应付票据	兴隆公司
5	交易性金融资产	债券(成本)	52	应付账款	德茂公司
6	交易性金融资产	基金(成本)	53	应付账款	德源公司
7	应收票据	众健公司	54	应付账款	兴隆公司
8	应收票据	宏源公司	55	应付职工薪酬	工资
9	应收票据	兴盛公司	56	应付职工薪酬	职工福利
10	应收账款	众健公司	57	应付职工薪酬	社会保险费
11	应收账款	宏源公司	58	应付职工薪酬	住房公积金
12	应收账款	兴盛公司	59	应付职工薪酬	工会经费
13	预付账款	中财保险公司	60	应付职工薪酬	职工教育经费
14	坏账准备		61	应付职工薪酬	非货币性福利
15	其他应收款	张丰	62	应交税费	未交增值税
16	其他应收款	业务科	63	应交税费	应交所得税
17	其他应收款	代扣水电费	64	应交税费	应交城市维护建设税
18	原材料	原料及主要材料	65	应交税费	应交个人所得税
19	原材料	其他材料	66	应交税费	应交教育费附加
20	周转材料	包装物	67	应交税费	应交房产税
21	周转材料	低值易耗品	68	应付利息	
22	材料成本差异	原材料	69	应付股利	
23	材料成本差异	包装物	70	其他应付款	社会保险费
24	材料成本差异	低值易耗品	71	其他应付款	住房公积金
25	长期股权投资	股票投资(大华公司)	72	长期借款	基建借款
26	持有至到期投资	成本	73	长期应付款	应付设备款
27	持有至到期投资	利息调整	74	应付债券	面值
28	持有至到期投资	应计利息	75	应付债券	利息调整
29	固定资产	生产用固定资产	76	应付债券	应计利息
30	固定资产	非生产用固定资产	77	递延所得税负债	递延所得税负债
31	固定资产	不需用固定资产	78	实收资本	国家投资
32	固定资产	出租固定资产	79	实收资本	昌平公司

续表

序号	一级科目	明细科目	序号	一级科目	明细科目
33	累计折旧		80	实收资本	其他
34	工程物资	专用材料	81	资本公积	资本溢价
35	工程物资	专用设备	82	资本公积	其他
36	在建工程	机床大修工程	83	盈余公积	法定盈余公积
37	在建工程	设备安装工程	84	利润分配	提取法定盈余公积
38	在建工程	生产车间扩建工程	85	利润分配	应付现金股利
39	固定资产清理	报废	86	利润分配	未分配利润
40	固定资产清理	出售不需用固定资产	87	本年利润	
41	无形资产	专利权	88	主营业务收入	F-1 产品
42	无形资产	专有技术	89	主营业务收入	F-2 产品
43	研发支出	资本化支出	90	主营业务收入	F-3 产品
44	累计摊销		91	主营业务收入	F-4 产品
45	长期待摊费用	固定资产大修费用	92	其他业务收入	
46	待处理财产损溢	待处理固定资产损溢	93	投资收益	
47	递延所得税资产		94	公允价值变动损益	
			95	营业外收入	
			96	主营业务成本	F-1 产品
			97	主营业务成本	F-2 产品
			98	主营业务成本	F-3 产品
			99	主营业务成本	F-4 产品
			100	税金及附加	
			101	其他业务成本	
			102	资产减值损失	
			103	营业外支出	
			104	所得税费用	

(2)下列账户使用多栏式账页(有期初余额的账户结转期初余额,没有期初余额的账户设户后待记发生额):

应交税费——应交增值税

生产成本——基本生产成本(F-1 产品)

生产成本——基本生产成本(F-2 产品)

生产成本——基本生产成本(F-3 产品)

生产成本——基本生产成本(F-4 产品)

生产成本——辅助生产成本——机修车间

生产成本——辅助生产成本——动力车间

制造费用——基本生产车间

销售费用

财务费用

管理费用

(3)“材料采购——原材料”使用横线登记式账页(有期初余额的账户结转期初余额,没有期初余额的账户设户后待记发生额)。

(4)下列账户使用数量金额式账页(有期初余额的账户结转期初余额,没有期初余额的账户设户后待记发生额):

库存商品——F-1 产品

库存商品——F-2 产品

库存商品——F-3 产品

库存商品——F-4 产品

原材料——原料及主要材料——甲材料

原材料——原料及主要材料——乙材料

原材料——原料及主要材料——丙材料

原材料——原料及主要材料——丁材料

原材料——原料及主要材料——G-1 材料

原材料——原料及主要材料——H-1 材料

15.2.3 办理记账业务

办理如下记账业务:

(1)12 月 1 日,收到业务员送来“产品出库单”第二联。(留待月末汇总进行账务处理)

(2)12 月 4 日,收到业务员送来的材料入库验收单。(留待月末汇总进行收料的账务处理)

(3)12 月 9 日,收到固定资产折旧计算表,经审核无误进行账务处理。

(4)12 月 9 日,收到业务员交来本公司换出商品的增值税专用发票的记账联,换入材料的增值税发票的抵扣联与发票联及材料入库验收单的会计记账联,经审核无误进行非货币性交易的账务处理。

(5)12 月 12 日,收到徐又祥、向又贵的“物品领用单”,经审核无误进行账务处理。

(6)12 月 18 日,收到固定资产报废单,经审核无误进行账务处理。

(7)12 月 19 日,收到业务员送来的“内部转账单”,经审核无误进行账务处理。

(8)12 月 20 日,收到业务员送来的工程物资入库验收单。

(9)12 月 20 日,报废固定资产清理完毕,根据“固定资产清理——报废清理”账户余额编制“内部转账单”,结转清理损益。

(10)12 月 27 日,收到业务员送来的材料入库验收单。(留待月末汇总进行收料的账务处理)

(11)12 月 28 日,本月应摊销专利权 35 000 元,应摊销专有技术 35 000 元,应摊销基本生产车间固定资产大修费 19 000 元,据以编制“无形资产、长期待摊费用分摊表”,经审核无误进行账务处理。

(12)12 月 29 日,收到“报废低值易耗品汇总表”及“材料入库验收单”(会计记账联)经审

核无误进行账务处理。

(13)12 月 29 日,据前面留存的“材料入库验收单”登记“材料采购”明细账(横线登记式明细账)的贷方发生额,并计算入库材料成本差异,据此编制“本月已付款的入库材料汇总表”。

(14)12 月 30 日,本月生产产品领用包装物的计划成本汇总如下(根据领料单汇总的,因为领料单不便一一列出,故略去):

F-1 产品领用 2 500 元

F-2 产品领用 2 400 元

F-3 产品领用 2 600 元

F-4 产品领用 2 500 元

据“周转材料——包装物”与“材料成本差异——包装物”账户资料计算材料成本差异率、领用材料应分摊的差异额及领用材料实际成本,据计算结果编制:“领用包装物汇总表”,经审核无误进行账务处理。

(15)12 月 30 日,本月领用低值易耗品的计划成本汇总如下(根据领料单汇总的,因为领料单不便一一列出,故略去):

基本生产车间领用 8 000 元

动力车间领用 1 200 元

机修车间领用 1 600 元

公司管理部门领用 2 000 元

据“周转材料——低值易耗品”与“材料成本差异——低值易耗品”账户资料计算材料成本差异率、领用材料应分摊的差异额及领用材料实际成本,据计算结果编制:“领用低值易耗品汇总表”,经审核无误进行账务处理。

(16)12 月 31 日,收到“车间产品耗用工时汇总表”,结合“工资结算汇总表”与“奖金发放表”先编制“基本生产车间生产工人工资分配表”,后编制“职工薪酬分配表”,经审核无误进行账务处理。

(17)12 月 31 日,收到业务员送来的“发料凭证汇总表”及其“发料单”(略),根据“发料单”上所载明的用途及下列材料耗用资料编制“发料凭证分配汇总表”。据“原材料——原料用主要材料”各数量金额式明细账及“材料成本差异——原材料”账户资料计算材料成本差异率、领用材料应分摊的差异额及领用材料实际成本。

材料耗用的计划成本汇总如表 15—9 所示。

表 15—9　　材料耗用的计划成本汇总资料　　单位:元

产品、车间、部门	主要材料	其他材料	备　注
F-1 产品	135 000		
F-2 产品	150 000		
F-3 产品	160 000		
F-4 产品	140 000		
基本生产车间一般耗用		3 000	列入物料消耗
动力车间	10 000	2 000	
机修车间	12 400	3 000	

续表

产品、车间、部门	主要材料	其他材料	备　注
公司管理部门		4 000	列入公司经费
销售部门		5 000	列入包装费
车间扩建工程	27 000	23 000	按13%转出进项税额

经审核无误进行账务处理。

(18)12月31日，原作待处理的盘亏设备净值5 000元，经批准转销。据以编制“内部转账单”，经审核无误进行账务处理。

(19)12月31日，收到“辅助生产情况表”，结合“生产成本——辅助生产成本——动力车间”和“生产成本——辅助生产成本——机修车间”账户资料，采取直接分配法分配辅助生产费用，编制“辅助生产费用分配表”(分配率精确至小数点后四位)，经审核无误进行账务处理。

(20)12月31日，根据工时记录(见第15笔业务“车间耗用工时汇总表”)和“制造费用——基本生产车间”账户资料编制“制造费用分配表”(分配率精确至小数点后四位)，经审核无误进行账务处理。

(21)12月31日，收到“生产情况报告表”和“产品入库汇总表”，结合基本生产成本明细账资料，据以编制“产品成本计算表”(分别四种产品进行计算)，单位成本保留到分。经审核无误进行账务处理。

(22)12月31日，根据“产品出库单”本月商品销售数量及“库存商品”明细账的加权平均单位成本，编制“产品销售成本计算表”，结转产品销售成本。

(23)12月31日，“交易性金融资产——股票”的公允价值为220 000元，依据“交易性金融资产——股票——成本”及“交易性金融资产——股票——公允价值变动”明细账户资料计算本期公允价值变动金额，据以填制“内部转账单”，经审核无误进行账务处理。

(24)12月31日，按应收款项百分比法计提坏账准备，提取比例为3%，依据“应收账款”及“坏账准备”明细账资料分析计算本期应计提的坏账准备金，据以编制“内部转账单”，经审核无误进行账务处理。

(25)12月31日，依据“应交税费——应交增值税”明细账资料分析填写“增值税纳税申报表”，计算出未交增值税额，经审核无误进行账务处理。

(26)12月31日，依据“其他业务收入”和“固定资产”明细账及“增值税纳税申报表”资料，计算应交营业税、应交房产税、应交城市维护建设税、应交教育费附加，编制“地方税收综合纳税(费)申报表”，经审核无误进行账务处理。

(27)12月31日，依据“持有至到期投资”明细账期初资料计算本年利息收入，并进行利息调整(按票面利率5%，实际利率4%计算)，据以填制“内部转账单”，经审核无误进行账务处理。(本月发生数，暂不计算利息)

(28)12月31日，依据“应付债券”明细账期初资料计算本年利息费用，并进行利息调整，按票面利率6%，实际利率4%计算，(为安装工程而发行债券)，据以填制“内部转账单”，经审核无误进行账务处理。(本月发生数，暂不计算利息)

(29)12月31日，结平“待处理财产损溢”及“应付职工薪酬——职工福利”账户。

(30)12月31日，编制“内部转账单”将损益类账户的本月净发生额结转“本年利润”账户。

(31)12月31日，编制“利润表”初稿，据以编制“暂时性差异计算表”“所得税纳税申报表”

(税率25%)经审核无误进行账务处理。

(32)12月31日,将"所得税费用"账户发生额,转入"本年利润"后结平"本年利润"账户。

(33)12月31日,编制"利润分配计算表"进行利润分配。法定盈余公积按净利润的10%分配,应付现金股利按"未分配利润"明细账期初余额加上本年净利润,减去本年提取的法定盈余公积后的30%分配。

(34)12月31日,将"利润分配——提取盈余公积""利润分配——应付现金股利"账户余额转入"利润分配——未分配利润"账户。

15.3 宏盛公司财务科长岗位实操

15.3.1 开设总账

根据下列资料开设总账账户,每个账户占一页。宏盛公司2017年11月30日总账期末资料如表15—10所示:

表15—10　　总账账户余额(截至2017年11月30日)　　单位:元

科目	借或贷	金额	科目	借或贷	金额
库存现金	借	1 000.00	短期借款	贷	1 500 000.00
银行存款	借	299 000.00	应付票据	贷	330 000.00
其他货币资金	借	11 000.00	应付账款	贷	330 000.00
交易性金融资产	借	280 000.00	应付职工薪酬	贷	15 000.00
应收票据	借	330 000.00	应交税费	贷	6 500.00
应收账款	借	310 000.00	应付利息	贷	24 000.00
预付账款	平		应付股利	平	
坏账准备	贷	1 240.00	其他应付款	平	
其他应收款	借	16 600.00	长期借款	贷	1 200 000.00
材料采购	借	45 080.00	长期应付款	贷	100 000.00
原材料	借	520 000.00	应付债券	贷	320 000.00
周转材料	借	70 000.00	递延所得税负债	平	
材料成本差异	借	4 808.00	实收资本	贷	2 588 648.00
库存商品	借	2 410 000.00	资本公积	贷	400 000.00
长期股权投资	借	100 000.00	盈余公积	贷	600 000.00
持有至到期投资	借	90 000.00	利润分配	贷	80 000.00
固定资产	借	2 200 000.00	本年利润	贷	400 000.00
累计折旧	贷	500 000.00	主营业务收入	平	
工程物资	借	500 000.00	其他业务收入	平	

续表

科　目	借或贷	金　额	科　目	借或贷	金　额
在建工程	借	400 000.00	投资收益	平	
固定资产清理	借	6 000.00	公允价值变动损益	平	
无形资产	借	671 000.00	营业外收入	平	
研发支出	借	29 000.00	主营业务成本	平	
累计摊销	平		税金及附加	平	
长期待摊费用	借	46 000.00	其他业务成本	平	
待处理财产损溢	借	5 000.00	销售费用	平	
递延所得税资产	平		管理费用	平	
生产成本	借	50 900.00	财务费用	平	
制造费用	平		资产减值损失	平	
			营业外支出	平	
			所得税费用	平	

15.3.2　处理日常总账业务

日常总账业务如下：

(1)复核上旬会计凭证，根据审核无误的上旬记账凭证编制记账凭证汇总表，并据以登记总账，结出账户余额，与出纳员所经管的日记账核对，如有不符，查明原因，予以更正；与记账员所经管的明细账进行核对，如有不符，查明原因，予以更正。

(2)复核中旬会计凭证，根据审核无误的中旬记账凭证编制记账凭证汇总表，并据以登记总账，结出账户余额，与出纳员所经管的日记账核对，如有不符，查明原因，予以更正；与记账员所经管的明细账进行核对，如有不符，查明原因，予以更正。

(3)复核下旬会计凭证，根据审核无误的下旬记账凭证编制记账凭证汇总表，并据以登记总账，结出账户余额，与出纳员所经管的日记账核对，如有不符，查明原因，予以更正；与记账员所经管的明细账进行核对，如有不符，查明原因，予以更正。

(4)编制总账账户余额试算平衡表。

(5)办理年结。

15.3.3　编制会计报表

编制如下会计报表：

(1)编制资产负债表。

(2)编制利润表。

(3)编制现金流量表。

15.4 宏盛公司业务员岗位实操

按要求填制和传递 2017 年 12 月份凭证：

(1)12 月 1 日，张丰出差返回公司报账，出差相关内容如下：张丰出差联系业务推销产品，2017 年 11 月 23 日从江泽市大轮至南京市(当日到达)船票 108 元，在南京市期间住宿费 150 元，2017 年 11 月 25 日从南京乘火车至上海(次日到达)火车票 280 元，在上海期间住宿费 360 元，29 日从上海乘火车回江泽市(次日到达)火车票 350 元，出差补助每天 18 元，据以填写“旅差费报销单”(厂长刘启军在单上签字：同意报销)，并持单以张丰的名义向财务科出纳处报账(出差前已预支 1 600 元)。

(2)12 月 1 日，销售给 EA 公司 F-4 商品 9 000 件，销售给 EB 公司 F-4 商品 8 000 件，销售给 EC 公司 F-4 商品 6 000 件，销售给 ED 公司 F-4 商品 5 000 件，F-4 商品每件售价 29 元，增值税税率 13%，价税款均已收讫。据以填写“增值税专用发票”，款项全部存入银行，填写“进账单”，送银行办理进账手续后取回“进账单”回单。将“进账单”回单连同“增值税专用发票”的记账联送财务科出纳员。填写“产品出库单”送本公司记账员。(开户行：中国工商银行江泽市支行；账号：1156674356326)

(3)12 月 2 日，以业务科陈刚民的名义填写“领款单”，领款金额 2 500 元，领款单填写好后到财务科找出纳员领款，作为业务科的备用金。

(4)12 月 3 日，以亚洲证券营业部的名义填写“亚洲证券营业部成交过户交割单”1 张，内容如下：本交割单系宏盛公司购买股票，成交编号为 12693，股东账户为 33665693，股东名称为宏盛公司，申请编号为 690，公司代码为 M123，申报时间为 095250(即 9 点 52 分 50 秒)，成交时间为 095320，实收金额为 123 475 元，资金余额为 86 525 元；证券名称为 500232，成交数量 15 000 股，成交价格 8.17 元，佣金 430 元，印花税 480 元，附加费 15 元。填好后送宏盛公司出纳员。

(5)12 月 4 日，表 15—8 所列材料全部入库，据以填写“材料入库验收单”。

表 15—8 材料入库资料

供货单位	材料名称	计量单位	数量	单位买价(元)	运杂费(元)	计划单价(元)
兴隆公司	甲材料	千克	2 000	4	200	3.8
	乙材料	千克	2 000	3.5	180	3.2
兴盛公司	丙材料	千克	2 000	4.5	200	5.2
	丁材料	千克	1 600	5	200	5.8
德源公司	G-1 材料	千克	600	10	150	10.2
德茂公司	H-1 材料	千克	600	10	150	10.84

将填写好的“材料入库验收单”记账联送本公司记账员。

(6)12 月 5 日，以中财保险股份有限公司的名义填写“机动车辆保险单”和“保费收据”各一张，填写内容如下：被保险人为宏盛公司；投保险种为车辆损失险、第三责任险，盗抢险、玻璃险、他人恶意险等；车辆型号为三棱(普)；发动机号 367585；牌号为 A-35683；非营业用车；座位为5座；保险价值32万元，保险金额32万元；基本保费250元；车辆损失险费率0.8%；第三责任险最高赔偿限额为22万元；第三责任险保费为2 000元；盗抢险保费据表计算；玻璃险保费为50元；他人恶意险保费为100元；保险期限自2018年1月1日零时起至2018年12月31日24时止。地址：十字街58号；电话：8666688；邮政编码438000；总经理：洪源。填好后将“机动车辆保险单”正本和“保费收据”发票联送宏盛公司记账员。

(7)12月6日，以江泽市第一律师事务所陈海的名义填写“增值税专用发票”，收取宏盛公司本月律师顾问费用900元，持其发票联、抵扣联找宏盛公司出纳员收款。(税率6%)

(8)12月8日，江泽市电视台收取宏盛公司广告费20 000元代电视台填写“增值税专用发票”，持其发票联、抵扣联找宏盛公司出纳员收款。(税率6%)

(9)12月9日，债券公司应向宏盛公司收取债券印刷费及手续费10 000元。代填写“增值税普通发票”，并持其第二联到宏盛财务科结算。(税率3%)

(10)12月9日，根据下述资料编制“固定资产折旧表”(采用平均年限法)，编制完成后将其送宏盛盛公司记账员。

11月30日，固定资产资料如表15—12所示。

表15—12　　固定资产资料

部　门	固定资产类型	固定资产原值(元)	预计净残值(元)	预计使用年限(年)
基本车间	房屋	200 000	15 000	40
	机床加工设备	200 000	10 000	10
	专用电子设备	300 000	20 000	10
	其他专用设备	100 000	5 000	20
机修车间	房屋	100 000	5 000	40
	机床加工设备	50 000	2 500	10
	其他专用设备	10 000	500	20
动力车间	房屋	100 000	5 000	40
	内燃发电机组	100 000	5 000	20
	其他专用设备	40 000	2 000	20
管理部门	房屋	600 000	30 000	40
	不需用设备	100 000	2 000	10
出租	仓库	200 000	8 000	10

(11)12月9日，宏盛公司与达亿公司进行非货币交易，交易内容如下：

宏盛公司向达亿公司销售F-2商品2 020件，每件售价15元；向达亿公司购进乙材料10 000千克，每千克进价格3.03元。增值税税率均为17%，据以填写销售F-2商品的“增值税专用发票”和购进乙材料的“材料入库验收单”(材料已如数入库，乙材料的计划单位成本见记账员岗位的数量金额式明细账)填写好后先持销售商品的增值税专用发票的2、3联到达亿公司业务处换取购进材料的增值税专用发票；后将销售商品的“增值税专用发票”的记账联和购进材料的“增值税专用发票”及“材料入库验收单”一并送交宏盛公司记账员。填写“产品出库单”送本公司记账员。

(12)12月10日，以公司职工洪新的名义填写“费用报销领款单”，到财务科领取独生子女费180元。

(13)12月10日，代房地产管理所开具“增值税专用发票”，应收取宏盛公司办公用房租金

900 元。制单人:李风。持发票联、抵扣联到宏盛公司财务科结算。(税率 9%)

(14)12 月 10 日,以江泽市汽车队的名义开具“增值税专用发票”,应收取宏盛公司销货运费 6 300 元。制单人:何春明。持发票联到宏盛公司财务科结算。(税率 9%)

(15)12 月 10 日,业务科郝一平、张胜、李又新 3 人领取本年度烤火费,每人 90 元,经理范杰签字:同意付款。代填写“费用报销领款单”,到财务科出纳处领款。

(16)12 月 10 日,代司法局开具“增值税专用发票”,应收取宏盛公司公证费用 1 200 元。收款人:王波。持发票联、抵扣联到宏盛公司财务科结算。(税率 6%)

(17)12 月 11 日,生产技术科张丰去省城开生产技术会,经领导范杰同意借款 1 500 元。据以填写“借款单”,持单向财务科出纳员借款。

(18)12 月 11 日,支付山河公司的生产车间扩建工程款 5 600 元,经公司经理刘启军签字同意付款,由张档统一领款,据以填写“增值税专用发票”,持发票联、抵扣联到财务科出纳处办理领款,取得出纳员签发的“现金支票”到银行取款。(税率 9%)

(19)12 月 12 日,业务员徐又祥、向又贵各领计算器一个,单价 140 元,合计金额 280 元。经理刘启军审批:同意领用,一次摊销。据以填写“物品领用单”并将其送交财务科记账员。

(20)12 月 12 日,宏盛公司向证券公司购买一年期债券 950 000 元,手续费 1 900 元,以证券公司名义开出“收据”,持收据第二联到宏盛公司财务科结算。

(21)12 月 13 日,根据表 15—13 所列资料编制“工资结算汇总表”(因工资结算原始资料比较复杂,实际工作中的工资发放表是根据岗位将每个人的工资计算出来加以汇总的。而下列资料直接以汇总的形式给出)。

表 15—13　　　　工资结算汇总资料

车间、部门、类型	职工人数(人)	标准工资(元)	应扣工资(元)		津贴(元)	代扣款项			
			事假	病假		水电费(元)	住房公积金(元)	个人所得税(元)	个人承担社保(元)
基本生产车间生产工人	283	251 000	1 200	360	26 000	11 490	9 000	50	1 320
基本生产车间管理人员	10	10 500		470	1 000	600	400	20	115
援外工程人员	3	3 200			1 600				85
在建工程人员	20	19 000		200	1 900	1 000	900		450
机修车间人员	6	5 800		70	580	250	300		80
动力车间人员	5	4 700		80	460	200	300		85
公司管理人员	32	29 000		350	2 800	1 280	1 200	30	650
医务人员	3	2 800		80	260	120	200		65
六个月以上长病人员	2	1 980		440	10	60	160		45

工资结算汇总表编制好后送交财务科出纳员。

(22)12 月 13 日,销售给兴盛公司 F-1 商品 5 000 千克,每千克售价 12.80 元,F-3 商品 5 000 件,每件售价 16.80 元,增值税税率 13%,据以填写“增值税专用发票”后将其第 2、3、4 联送宏盛财务科出纳员办理收款手续。填写“产品出库单”送本公司记账员。

(23)12 月 14 日,业务科各种费用支出汇总情况如下:差旅费 290 元(32 张原始凭证);办

公费 110 元(11 张原始凭证);其他费用 58 元(3 张原始凭证);经核对,编制“管理费用支出汇总表”,持表到财务科报账。

(24)12 月 14 日,向阳等 6 名职工参加江泽市工学院短期培训,支付学杂费 3 600 元,以工学院名义开出“增值税普通发票”找宏盛财务科出纳员办理领款,取得出纳员签发的“现金支票”到银行取款。(税率 3%)

(25)12 月 15 日,宏盛公司职工食堂向为民日杂公司购买碗 20 个,单价 3 元,计 60 元;盘子 50 个,每个 2.00 元,计 100 元,合计 160 元。以为民日杂公司名义开具“增值税普通发票”,持发票联向宏盛公司财务科出纳员报账。(在发票备注上填写:列入职工福利。税率 3%)

(26)12 月 16 日,宏盛公司向税务局购买 20 张 5 元券印花税票,25 张 2 元券印花税票,25 张 1 元券印花税票,以税务局名义开具“市税务局印花税票发售统一发票”,持发票联向宏盛公司财务科出纳员报账。

(27)12 月 17 日,宏盛公司应付的车间扩建工程包工款 190 000 元,以长丰建筑公司的名义填写“增值税专用发票”,持发票联、抵扣联到宏盛公司财务科办理结算。(税率 9%)

(28)12 月 17 日,本月综合奖金结算汇总资料如表 15－14 所示。

表 15－14　　本月综合奖金结算汇总资料

车间、部门	奖金(元)
基本生产车间生产工人	29 200
基本生产车间管理人员	1 000
机修车间人员	600
动力车间人员	500
公司管理人员	3 200
医务人员	300

据以编制“综合奖金结算汇总表”,持表向财务科出纳员领取奖金。

(29)12 月 18 日,宏盛公司应付新卫设计院产品设计费 450 元,以新卫设计院的名义填写“增值税专用发票”,持发票联、抵扣联到宏盛公司财务科办理结算。(税率 6%)

(30)12 月 18 日,向达昌公司购进丙设备一台,交易价 45 000 元,经验收交基本生产车间使用,据以填写“固定资产验收单”,将其第二联送财务科出纳员。

(31)12 月 18 日,一栋仓库 260 平方米,预计使用 29 年,已使用 27 年,原值 96 000 元,已提折旧 78 000 元,因重建提前报废。其处理意见:使用部门的意见:因陈旧要求报废;技术鉴定小组意见:情况属实;固定资产管理部门意见:同意转入清理;主管部门审批意见:同意报废重建。据以填写“固定资产报废单”后将其会计记账联送财务科记账员。

(32)12 月 19 日,销售给宏源公司不需用丁设备一台,原始价值 56 000 元,已提折旧 16 000 元,协商作价 42 000 元。据以填写“增值税专用发票”,持其发票联、抵扣联到宏源公司财务科收款,要求宏源公司出纳员签发“转账支票”,并与其一同去银行办理转账手续,取得银行盖章后“进账单”的收账通知联后,将“进账单”的收账通知联及“增值税专用发票”记账联送交本公司财务科出纳员。(税率 13%)

(33)12 月 19 日,张丰 12 月 11 日去省城参加工业生产技术会,12 月 18 日返回,往返汽车票均为 35 元,住宿费用 700 元,会议费用 150 元,其他费用 60 元,每天补助 15 元。以张丰的名义填写“差旅费报销单”,经理刘启军在单上签字:同意报销。持单向财务科出纳员报账(原借支 1 500 元)。

(34)12 月 19 日,业务科与业务往来单位洽谈业务,接待、就餐、补助及接车费共计金额 2 078 元,单据 23 张。据以填写“业务招待费汇总表”,经理刘启军在单上签字:同意报销。持单向财务科出纳员报账,取得出纳员签发的“现金支票”后到银行提取现金。

(35)12 月 19 日,报废固定资产的清理人员余刚等 4 人应领取清理费用 360 元,以余刚的名义填写“费用报销领款单”,经理刘启军在单上签字:同意付款。持单向财务科出纳员领款。

(36)12 月 19 日,宏盛公司向江泽商场收取仓库租金 4 900 元,据以开出“增值税专用发票”,收到现金 4 900 元,当即填写“进账单”到开户行办理进账手续,收到银行盖章后的“进账单”回单,将“增值税专用发票”的记账联及“进账单”回单送交本公司出纳员。(本公司开户行:中国工商行江泽市支行,账号:115674356326)(税率 9%)

(37)12 月 20 日,仓库清理残料如下:红砖 100 000 块,每块 0.20 元,计 20 000 元,其他材料 5 000 元,合计 25 000 元。材料全部入库作重建仓库用,据以编制“材料入库单”,并将其记账联送财务科记账员。

(38)12 月 20 日,宏盛公司向为民五金公司购买灭火器 6 个,单价 100 元,计 600 元。灭火器购回后当即由仓库领用。先以为民五金公司名义开具“增值税普通发票”;再以仓库保管员朱红名义填写“物品领用单”(经理刘启军在单上签字:同意领用,一次摊销)。最后将“增值税普通发票”的发票联和“物品领用单”送财务科出纳员,并要求领款、领物。(税率 3%)

(39)12 月 20 日,向达亿公司转让技术,收取技术转让费 17 000 元,据以填写“增值税专用发票”,持其发票联、抵扣联到达亿公司财务科收款,要求达亿公司出纳员签发“转账支票”,并与其一同去银行办理转账手续,取得银行盖章后的“进账单”的收账通知联后,将“进账单”的收账通知联及“增值税专用发票”记账联送交本公司财务科出纳员。(税率 6%)

(40)12 月 21 日,向会计局购买《新会计准则》等书籍,付款 178 元,以会计局的名义填写“增值税普通发票”,并持其发票联到账务科报账。(税率 3%)

(41)12 月 21 日,宏盛公司的汽车送汽车修配厂修理,具体修配项目如下:汽车补胎 260 元,汽车轮胎 2 个,单价 500 元。以汽车修配厂名义开具“增值税专用发票”送交本公司出纳员。(税率 13%)

(42)12 月 23 日,宏盛公司使用自来水厂的供水,水表记录是:本月号码为 357680,上月号码为 352400,实用水 5 280 吨,每吨单价 4 元。以自来水厂名义开具“增值税专用发票”持其发票联到宏盛财务科结算。(税率 9%)

(43)12 月 23 日,业务科用备用金开支下列各种费用:差旅费 1 100 元(13 张原始凭证);办公费 1 060 元(15 张原始凭证);修理费 1 200 元(4 张原始凭证);经核对全部报销,编制“管理费用支出汇总表”,持单到财务科报账。

(44)12 月 24 日,宏盛公司电表的起码是 357867,止码是 418917,实用电 61 050 度,每度单价 0.80 元,以电力局的名义填写“增值税专用发票”(税率 13%),持发票联、抵扣联到宏盛公司财务科结算。

(45)12 月 24 日,宏盛公司参加本市商品展销会,应付江泽大世界商场的商品展位租用费 1 000 元,以大世界市场的名义填写“增值税普通发票”,持发票联到宏盛公司财务科结算。(税率 3%)

(46)12 月 25 日,物价检查所对宏盛公司商品销售情况进行检查,发现部分商品违反国家价格政策，罚款 1 650 元，以物价检查所名义填写“罚款没收专用收据”，持单到宏盛公司财务科结算。

(47)12 月 26 日，看望住院病人王兴发，从副食品商品店购买 2 袋奶粉，每袋 180 元，苹果 4 千克，每千克 30 元，据以填写“增值税普通发票”经理刘启军签字：在福利费列支，持发票联到宏盛公司财务科结算。(税率 3%)

(48)12 月 26 日，迅达搬运公司为宏盛公司装卸货物，应收取装卸费 1 200 元，以迅达公司的名义开具“增值税专用发票”，持发票联、抵扣联到宏盛公司财务科结算。(税率 9%)

(49)12 月 26 日，张丰出差预支差旅费 1 300 元，据以填写“借款单”，持单向财务科出纳借款。

(50)12 月 27 日，宏盛公司自行开发一项实用型专利开发成功，先根据下列资料填写“专利申报表”：申请单位：宏盛公司；专利项目：实用新型专利；技术开发费：29 000 元；注册登记费：3 000 元；单位意见：同意申报；专利局审批：同意注册。再以专利局名义填写“增值税专用发票”收取宏盛公司专利注册登记费 3 000 元，然后持“专利申报表”和“增值税专用发票”到宏盛公司财务科结算。(税率 6%)

(51)12 月 27 日，宏盛公司销售给众健公司 F-1 商品 7 000 千克，每千克售 13 元；销售给宏源公司 F-1 商品 7 000 千克，每千克售价 13 元；销售给兴盛公司 F-2 商品 10 000 件，每件售价 16 元；增值税税率均为 17%，据以分别三个公司填写“增值税专用发票”后持“增值税专用发票”到众健、宏源、兴盛公司财务科结算，要求各公司出纳员根据购销合同填写“商业承兑汇票”，经付款人(各购货公司)承兑后取得“商业承兑汇票”的第二联，并在商业承兑汇票第一联的收款人盖章处盖上本公司财务专用章(由本公司出纳员盖章)，在负责、经办处均签名，将“增值税专用发票”的记账联和“商业承兑汇票”的第二联送交宏盛公司出纳员。填写“产品出库单”送本公司记账员。

(52)12 月 27 日，四通运输公司为宏盛公司运输购入的材料，应收运费 7 180 元。以四通运输公司的名义开具“增值税专用发票”，持发票联、抵扣联到宏盛公司财务科结算。(税率 9%)

(53)12 月 27 日，外购材料全部验收入库。据表 15—15 所列资料填写“材料入库验收单”，将其记账联送财务科记账员。

表 15—15 外购材料入库资料

供货单位	材料名称	数量(千克)	买价(元)	运杂费(元)	计划单价(元)
众健公司	G-1 材料	4 800	48 000	480	10.2
德茂公司	H-1 材料	5 000	55 000	500	10.84
兴隆公司	甲材料	15 000	60 000	1 500	3.8
	乙材料	20 000	60 000	2 000	3.2
	丙材料	12 000	60 000	1 200	5.2
	丁材料	15 000	90 000	1 500	5.8

(54)12 月 29 日，各部门报废低值易耗品(领用时均一次摊销)，本月收回残值如下：基本生产车间 390 元，动力车间 38 元，机修车间 62 元，行政管理部门 110 元。报废材料均已入库(计划价按照 600 元计算)。据以编制“报废低值易耗品汇总表”和“材料入库验收单”，并将其

送财务科记账员。

(55)12 月 30 日，销售给兴盛公司 F-3 商品 10 000 件，每价售价 17 元，F-4 商品 10 000 件，每件售价 29 元，增值税税率 13%，据以填写“增值税专用发票”，将“增值税专用发票”发票联、抵扣联送本公司出纳员。填写“产品出库单”送本公司记账员。

(56)12 月 31 日，基本生产车间生产 F-1 产品耗用 6 860 工时，生产 F-2 产品耗用 6 700 工时，生产 F-3 产品耗用 7 000 工时，生产 F-4 产品耗用 6 980 工时，据以编制“产品耗用工时汇总表”，并将表送财务科记账员。

(57)12 月 31 日，本月发出材料汇总资料如表 15—16 所示。

表 15—16　　本月发出材料汇总

材料名称	数量(千克)	计划单价(元)	计划总价(元)
甲材料	20 000	3.8	76 000
乙材料	40 000	3.2	128 000
丙材料	20 000	5.2	104 000
丁材料	20 000	5.8	116 000
G-1 材料	10 000	10.2	102 000
H-1 材料	10 000	10.84	108 400
小　计			634 400
其他材料			40 000

据以编制“发料凭证汇总表”，并将表送财务科记账员。

(58)12 月 31 日，辅助生产车间本月提供劳务总量资料如表 15—17 所示。

表 15—17　　辅助生产车间本月提供劳务总量

项　目	机修车间服务量(工时)	动务车间供电量(度)
F-1 产品耗用	—	8 000
F-2 产品耗用	—	9 000
F-3 产品耗用	—	9 000
F-4 产品耗用	—	10 000
基本生产车间耗用	3 200	1 000
行政管理部门耗用	200	3 000
车间扩建工程耗用	600	10 000
动力车间耗用	100	—
机修车间耗用	—	800
合　计	4 100	50 800

据以编制“辅助生产情况表”，并将表送财务科记账员。

(59)12 月 31 日，本月产品生产及入库情况如表 15—18 所示。

表 15—18 本月产品生产及入库情况

产品名称	月初在产品	本月投产	本月完工入库	月末在产品	在产品完工程度	投料方式
F-1 产品	2 200 千克	27 000 千克	28 000 千克	1 200 千克	50%	逐步投料
F-2 产品	2 100 件	23 900 件	24 000 件	2 000 件	50%	逐步投料
F-3 产品	2 300 件	22 944 件	23 000 件	2 244 件	50%	逐步投料
F-4 产品	1 580 件	12 780 件	13 060 件	1 300 件	50%	逐步投料

代基本生产车间编制“生产情况报告表”；代成品仓库编制“产品入库汇总表”；将填写好的两张表送财务科记账员。

16 达昌公司会计业务岗位实操

16.1 达昌公司出纳会计岗位实操

16.1.1 开设有关日记账

达昌公司 2017 年 11 月 30 日有关账户余额如下：

库存现金日记账　　1 000(借)

银行存款日记账　　301 000(借)

达昌公司及往来公司相关情况如表 16—1 所示。

表 16—1　　达昌公司及往来公司相关情况

开户行：中国工商银行江泽市支行		开户行：中国工商银行崎峰市支行	
公司名称	账　号	公司名称	账　号
丰润公司	1156674356321	德源公司	823653676510
丰利公司	1156674356322	德茂公司	823653676511
众生公司	1156674356323	昌平公司	823653676512
众健公司	1156674356324	昌安公司	823653676513
宏源公司	1156674356325	大兴公司	823653676514
宏盛公司	1156674356326	大华公司	823653676515
达昌公司	1156674356327		

16.1.2 办理如下业务

凡出纳业务，在业务办理完毕后，编制记账凭证，交财务科长审核后据以登记库存现金和

银行存款日记账,并将记账凭证连同所附原始凭证一并转交记账员记账。

(1)12月1日,收到李立平和张贤的"借款单"各一张,经审核无误,签发5 000元的"现金支票"交给两人到开户行取款,留下"借款单"和"现金支票"存根进行账务处理。

(2)12月1日,收到业务员送来的"进账单"回单及"增值税专用发票"的记账联进行账务处理。

(3)12月1日,填写"信汇"凭证三张,分别支付应付德源公司账款120 000元和应付德茂公司账款110 000元;支付应付昌平公司账款100 000元。填好结算凭证后去开户银行办理相关手续,取回"信汇"凭证回单,经审核无误后进行账务处理。

(4)12月2日,填写"转账支票"和"进账单",转出投资款230 000元,存入亚洲证券营业部账户(亚洲证券营业部开户行:中国工商银行江泽市支行,账号:235673625588)准备用于购买股票。到银行办理转账手续,取回回单。

(5)12月2日,填写"现金支票"一张,提取现金16 000元备用,到开户银行办理支款手续。

(6)12月2日,收到采购办事处张兴华的"领款单",经审核无误,当即支付现金3 000元,作为采购办事处的备用金(在领款单上注明"现金付讫")。

(7)12月3日,收到"亚洲证券营业部成交过户交割单",购入股票划作交易性金融资产。

(8)12月5日,收到开户行转来昌安公司、大兴公司和大华公司"信汇"凭证收款通知。

(9)12月5日,收到中财保险股份有限公司机动车辆保险单(正本)和保费收据第一联,经审核无误,据以填写转账支票(中财保险股份有限公司开户行:中国工商银行江泽市支行;账号:115675368955),并到银行办理转账手续。

(10)12月6日,填写"中华人民共和国税收通用缴款书",将未交增值税、应交城市维护建设税、应交个人所得税、应交教育费附加上交国库,具体金额见明细分类账各该账户的月初余额。税收通用缴款书填写好后,到开户行办理手续,经税务机关、银行盖章后取得完税凭证联,并据以进行账务处理。

(11)12月6日,收到律师事务所的"增值税专用发票"发票联、抵扣联,经审核无误,以现金付讫。

(12)12月8日,收到江泽市电视台的"增值税专用发票"发票联、抵扣联,经审核无误,据以填写转账支票(江泽市电视台开户行:中国工商银行江泽市支行;账号:115674356672),付广告费,并到银行办理转账手续。

(13)12月8日,本(达昌)公司委托债券发行公司发行5年期债券,按面值的10%溢价发行。现债券公司已发行债券面值1 500 000元,实收金额1 650 000元,款项今日全部交来,当即送存银行。据以填写"收据"及"进账单",到银行办理手续后据"收据"记账联及"进账单"回单进行账务处理。

(14)12月9日,收到债券公司的"增值税普通发票"发票联,经审核无误,据以填写转账支票(债券公司开户行:中国工商银行江泽市支行;账号:115676283355),付手续费,并到银行办理转账手续。

(15)12月10日,收到杨柳的"费用报销领款单",经审核无误,以现金付讫。

(16)12月10日,收到房地产管理所的"增值税专用发票"发票联、抵扣联,经审核无误,以现金付讫。

(17)12月10日,收到江泽市汽车运输公司的"增值税专用发票"发票联、抵扣联,经审核无误,据以填写转账支票(江泽市汽车运输公司开户行:中国工商银行江泽市支行;账号:

115674356698)，付运费，并到银行办理转账手续。

(18)12 月 10 日，依据“应付职工薪酬——社会保险费”期初余额，填写“税收通用缴款书”到银行办理缴款手续。

(19)12 月 10 日，签发“现金支票”，到银行办理取款手续，提回现金 4 000 元备用。根据“现金支票”存根作账务处理。

(20)12 月 10 日，收到余敏等四人的“费用报销领款单”，经审核无误，以现金付讫。

(21)12 月 10 日，收到司法局的“增值税专用发票”经审核无误，据以填写转账支票(司法局开户行：中国工商银行江泽市支行；账号：115674356989)，付诉讼费，并到银行办理转账手续。

(22)12 月 10 日，收到各零售部销售商品的送存款的“进账单”回单。

(23)12 月 11 号，收到商品采购供应站的“增值税普通发票”，经审核无误，以现金付讫。

(24)12 月 11 日，收到大楼承建单位秦愿的“增值税专用发票”，经审核无误，签发“现金支票”，交其到银行取款。

(25)12 月 12 日，收到证券公司的“收据”经审核无误，据以填写转账支票(证券公司开户行：中国工商银行江泽市支行；账号：115674356719)，付债券及手续费，并到银行办理转账手续。

(26)12 月 13 日，收到“工资表”，根据实发工资总额签发“现金支票”，从银行提取现金，当即发放完毕。

(27)12 月 13 日，收到李立平和张贤的“旅差费报销单”(所附单据略)，经审核无误，分别开出“收据”，收到李立平交来结余现金 920 元，另以现金补付张贤 120 元 。

(28)12 月 14 日，收到业务科“管理费用支出汇总表”(所附单据 34 张略)，经审核无误，以现金付讫。

(29)12 月 14 日，收到江泽市商学院的“增值税普通发票”，经审核无误，开出“现金支票”付讫。

(30)12 月 15 日，收到银行转来“委托收款凭证”的付款通知 3 张出及“增值税专用发票”的发票联和抵扣联。系付德源公司、德茂公司、昌平公司货款。

(31)12 月 15 日，收到职工食堂购买炊具发票，经审核无误，以现金付讫。

(32)12 月 16 日，收到“市税务局印花税票发售统一发票”，经审核无误，以现金付讫。

(33)12 月 17 日，根据“综合奖金结算汇总表”(实际还应按人头的奖金发放表，此处略)，签发“现金支票”提回现金，当即发放完毕。

(34)12 月 18 日，收到业务员送来的宏盛公司“转账支票”的收账通知联当即填“进账单”去银行办理进账手续。收到本公司的固定资产销售的“增值税专用发票”的会计记账联，经审核无误进行账务处理。

(35)12 月 19 日，收到达亿公司出售设备的“增值税专用发票”发票联、抵扣联，及本公司业务员送来的“固定资产验收单”，经审核无误据以填写“转账支票”付设备款，并到银行办理转账手续。

(36)12 月 19 日，收到采购办事处的“业务招待费汇总表”及所附 21 张单据(单据略)，经审核无误后，当即签发“现金支票”补足其备用金。

(37)12 月 19 日，收到杨元的“费用报销领款单”，经审核无误，以现金付讫。

(38)12 月 19 日，收到业务员送来的仓库租金收入“进账单”回单及“增值税专用发票”记账联。

(39)12 月 20 日,收到业务员送来的“增值税普通发票”和“物品领用单”经审核无误后以现金付讫。

(40)12 月 20 日,收到宏源公司的“增值税专用发票”发票联、抵扣联,经审核无误后签发“转账支票”支付技术转让费。到银行办理转账手续。

(41)12 月 21 日,收到购买书籍的“增值税普通发票”发票联,经审核无误以现金付讫。

(42)12 月 21 日,收到业务员送来的宏盛公司“转账支票”的收账通知联,及本公司收取技术转让收入的“增值税专用发票”记账联。

(43)12 月 21 日,收到汽车修配厂的“增值税专用发票”发票联、抵扣联,经审核无误后以现金付讫。

(44)12 月 23 日,收到自来水厂发票,经审核无误后填写“转账支票”支付水费,到银行办理转账手续。(自来水厂开户行:中国工商银行江泽市支行;账号:115674351125)

(45)12 月 23 日,收到采购办事处的“管理费用支出汇总表”及所附 35 张单据(单据略),经审核无误后,开出“收据”冲销其备用金,将收据第二联交报账人。

(46)12 月 24 日,收到电力局的“增值税专用发票”发票联、抵扣联,经审核无误后填写“转账支票”支付电费,到银行办理转账手续。(电力局开户行:中国工商银行江泽市支行;账号:115674356211)

同时根据耗用量分配本月电费,耗用量资料如下:大楼建设工程 16 000 度,其他应收款(代扣职工水电费)9 000 度,公司管理部门 11 000 度,据以编制“外购动力费分配表”。

根据电力局的发票联、“转账支票”存根和“外购动力费分配表”进行账务处理。

(47)12 月 24 日,收到大世界市场的“增值税普通发票”发票联,经审核无误后以现金付讫。

(48)12 月 25 日,签发“现金支票”,到银行办理取款手续,提回现金 6 500 元备用。根据“现金支票”存根作账务处理。

(49)12 月 25 日,收到物价检查所“罚款没收专用收据”,以现金支付罚款。

(50)12 月 26 日,收到“增值税普通发票”发票联,经审核无误后以现金付讫。

(51)12 月 26 日,收到迅达搬运公司的“江泽市交通运输业发票”发票联,经审核无误后以现金付讫。

(52)12 月 26 日,收到李立平的“借款单”经审核无误后以现金付讫。

(53)12 月 27 日,收到业务员送来的“专利申报表”和专利局的“增值税专用发票”发票联、抵扣联,经审核无误后填写“转账支票”支付专利注册登记费,到银行办理转账手续。(专利局开户行:中国工商银行江泽市支行;账号:115675363286)

(54)12 月 27 日,收到本公司业务员送来销售商品给大兴公司、大华公司和昌安公司的六张增值税专用发票记账联和三张商业承兑汇票。

(55)12 月 27 日,收到德源公司、德茂公司、昌平公司业务员送来的“增值税专用发票”,经审核无误后分别填写为期 2 个月的“商业承兑汇票”三份,填好后将第二联分别交德源公司、德茂公司、昌平公司业务员。

同时收到四通运输公司的“增值税专用发票”发票联、抵扣联,经审核无误后填写“转账支票”支付运费,到银行办理转账手续。(四通运输公司开户行:中国工商银行江泽市支行;账号:115675363298)

根据“增值税专用发票”的发票联、“商业汇票”的留存联，“转账支票”存根联作账务处理。

(56)12 月 29 日，收到各零售部送存银行销货款的“进账单”回单。

(57)12 月 30 日，收到工会的“收据”第二联，经审核无误后签发“现金支票”付讫，根据“现金支票”存根作账务处理。

(58)12 月 30 日，收到职工食堂的“收据”第二联，经审核无误后签发“现金支票”付讫，根据“现金支票”存根作账务处理。

(59)12 月 30 日，收到业务员送来的“增值税专用发票”，合同规定销货款采用委托收款结算方式，经审核无误后，据以填写“委托收款凭证”，持“委托收款凭证”和“增值税专用发票”发票联、抵扣联，到银行办理托收手续，经银行盖章后，将退回的“委托收款凭证”回单与“增值税专用发票”的记账联一并作账务处理。

(60)12 月 31 日，到开户行拿回贷款计息凭证，进行账务处理。(已预计应付利息 10 000 元)

(61)12 月 31 日，到开户行拿回存款计息凭证，进行账务处理。

(62)12 月 31 日，将账面价值为 100 000 元的“交易性金融资产——基金”全部出售，实得现金 105 000 元。填写“内部转账单”和“进账单”，将现金送存银行(全为百元券)。

16.2 达昌公司记账会计岗位实操

16.2.1 开设有关账户

达昌公司 2017 年 11 月 30 日明细账期末资料如表 16—2 所示：

表 16—2　　明细账户余额(截至 2017 年 11 月 30 日)　　单位：元

科　目	借或贷	金　额
其他货币资金——外埠存款	借	10 000.00
交易性金融资产——股票(成本)	借	100 000.00
交易性金融资产——债券(成本)	借	90 000.00
交易性金融资产——基金(成本)	借	100 000.00
应收票据——昌安公司	借	100 000.00
应收票据——大兴公司	借	90 000.00
应收票据——大华公司	借	110 000.00
应收账款——昌安公司	借	100 000.00
应收账款——大兴公司	借	110 000.00
应收账款——大华公司	借	90 000.00
坏账准备	贷	1 200.00
其他应收款——采购办事处	借	17 000.00
其他应收款——代扣水电费	借	12 000.00

续表

科　目	借或贷	金　额
在途材料——德茂公司	借	25 000.00
周转材料——低值易耗品——在用	借	50 000.00
周转材料——低值易耗品——在库	借	20 000.00
周转材料——低值易耗品——摊销	贷	30 000.00
库存商品——A类商品	借	158 200.00
库存商品——B类商品	借	157 800.00
库存商品——C类商品	借	152 400.00
库存商品——D类商品	借	157 100.00
库存商品——E类商品	借	159 100.00
库存商品——F类商品	借	157 500.00
库存商品——G类商品	借	156 900.00
库存商品——H类商品	借	160 300.00
库存商品——I类商品	借	157 600.00
库存商品——J类商品	借	159 400.00
库存商品——K类商品	借	164 200.00
库存商品——L类商品	借	156 800.00
库存商品——M类商品	借	1 237 200.00
库存商品——一零售部	借	500 000.00
库存商品——二零售部	借	600 000.00
库存商品——三零售部	借	700 000.00
商品进销差价——一零售部	贷	150 000.00
商品进销差价——二零售部	贷	180 000.00
商品进销差价——三零售部	贷	210 000.00
长期股权投资——股票投资(兴隆公司)	借	100 000.00
持有至到期投资——成本	借	150 000.00
持有至到期投资——利息调整	借	10 000.00
持有至到期投资——应计利息	借	10 000.00
固定资产——经营用固定资产	借	1 300 000.00
固定资产——非经营用固定资产	借	500 000.00
固定资产——不需用固定资产	借	200 000.00
固定资产——出租固定资产	借	200 000.00
累计折旧	贷	500 000.00

续表

科　目	借或贷	金　额
工程物资——专用材料	借	500 000.00
在建工程——大楼建设工程	借	600 000.00
固定资产清理——报废	借	12 000.00
无形资产——专利权	借	271 000.00
研发支出——资本化支出	借	29 000.00
长期待摊费用——仓库大修费用	借	68 000.00
待处理财产损溢——待处理流动资产损溢	借	20 000.00
短期借款——经营周转借款	贷	1 580 000.00
应付票据——德源公司	贷	100 000.00
应付票据——德茂公司	贷	110 000.00
应付票据——昌平公司	贷	120 000.00
应付账款——德源公司	贷	120 000.00
应付账款——德茂公司	贷	110 000.00
应付账款——昌平公司	贷	100 000.00
应付职工薪酬——职工教育经费	贷	3 500.00
应付职工薪酬——职工福利	贷	1 100.00
应付职工薪酬——社会保险费	贷	8 400.00
应交税费——未交增值税	贷	26 000.00
应交税费——应交所得税	借	20 000.00
应交税费——应交城市维护建设税	贷	2 000.00
应交税费——应交个人所得税	贷	2 000.00
应交税费——应交教育费附加	贷	800.00
应付利息	贷	22 000.00
长期借款——基建借款	贷	1 000 000.00
长期应付款——应付设备款	贷	100 000.00
应付债券——面值	贷	500 000.00
应付债券——利息调整	贷	10 000.00
应付债券——应计利息	贷	40 000.00
实收资本——国家投资	贷	2 500 000.00
实收资本——德茂公司	贷	150 000.00
实收资本——其他	贷	973 500.00
资本公积——资本溢价	贷	300 000.00

续表

科　目	借或贷	金　额
资本公积——其他	贷	100 000.00
盈余公积——法定盈余公积	贷	700 000.00
利润分配——未分配利润	贷	20 000.00
本年利润	贷	480 000.00

库存商品三级账 2017 年 11 月 30 日期末资料如表 16—3 所示。

表 16—3　　库存商品三级账户余额(截至 2017 年 11 月 30 日)　　单位:元

类　别	品　名	数　量	单位成本	金　额
A 类商品	A-1 商品	4 000 千克	10	40 000
	A-2 商品	1 600 件	24	38 400
	A-3 商品	1 400 件	26.14	36 600
	A-4 商品	1 200 件	36	43 200
B 类商品	B-1 商品	5 000 千克	8	40 000
	B-2 商品	2 000 件	22	44 000
	B-3 商品	1 500 件	26	39 000
	B-4 商品	1 200 件	29	34 800
C 类商品	C-1 商品	2 600 千克	15	39 000
	C-2 商品	1 800 件	23	41 400
	C-3 商品	1 500 件	22	33 000
	C-4 商品	1 500 件	26	39 000
D 类商品	D-1 商品	4 000 千克	10	40 000
	D-2 商品	2 000 件	23	46 000
	D-3 商品	1 500 件	24	36 000
	D-4 商品	1 300 件	27	35 100
E 类商品	E-1 商品	3 000 千克	12	36 000
	E-2 商品	2 000 件	22	44 000
	E-3 商品	1 800 件	23	41 400
	E-4 商品	1 300 件	29	37 700
F 类商品	F-1 商品	3 000 千克	13	39 000
	F-2 商品	2 500 件	16	40 000
	F-3 商品	2 400 件	17	40 800
	F-4 商品	1 300 件	29	37 700
G 类商品	G-1 商品	4 000 千克	10	40 000
	G-2 商品	1 500 件	24	36 000
	G-3 商品	1 300 件	29	37 700
	G-4 商品	1 200 件	36	43 200
H 类商品	H-1 商品	3 600 千克	11	39 600
	H-2 商品	2 000 件	22	44 000
	H-3 商品	1 500 件	26	39 000
	H-4 商品	1 300 件	29	37 700

续表

类　别	品　名	数　量	单位成本	金　额
I类商品	I-1 商品	3 300 千克	12	39 600
	I-2 商品	1 600 件	23	36 800
	I-3 商品	1 800 件	22	39 600
	I-4 商品	1 600 件	26	41 600
J类商品	J-1 商品	3 000 千克	13	39 000
	J-2 商品	1 700 件	23	39 100
	J-3 商品	1 700 件	24	40 800
	J-4 商品	1 500 件	27	40 500
K类商品	K-1 商品	3 000 千克	14	42 000
	K-2 商品	1 800 件	22	39 600
	K-3 商品	1 700 件	23	39 100
	K-4 商品	1 500 件	29	43 500
L类商品	L-1 商品	4 000 千克	10	40 000
	L-2 商品	2 500 件	16	40 000
	L-3 商品	2 300 件	17	39 100
	L-4 商品	1 300 件	29	37 700
M类商品	甲商品	118 000 千克	2.4	283 200
	乙商品	120 000 千克	1.8	216 000
	丙商品	114 000 千克	3	342 000
	丁商品	110 000 千克	3.6	396 000

16.2.2　开设明细账

按下列要求开设明细账：

(1)下列账户(表16—4)使用三栏式账页(有期初余额的账户结转期初余额，没有期初余额的账户设户后待记发生额)：

表 16—4　　开设明细账户(三栏式)

序号	一级科目	明细科目	序号	一级科目	明细科目
1	其他货币资金	外埠存款	64	短期借款	经营周转借款
2	其他货币资金	存出投资款	65	应付票据	德茂公司
3	交易性金融资产	股票(成本)	66	应付票据	德源公司
4	交易性金融资产	股票(公允价值变动)	67	应付票据	昌平公司
5	交易性金融资产	债券(成本)	68	应付账款	德茂公司
6	交易性金融资产	基金(成本)	69	应付账款	德源公司
7	应收票据	昌安公司	70	应付账款	昌平公司
8	应收票据	大兴公司	71	应付职工薪酬	工资
9	应收票据	大华公司	72	应付职工薪酬	职工福利
10	应收账款	昌安公司	73	应付职工薪酬	社会保险费

续表

序号	一级科目	明细科目	序号	一级科目	明细科目
11	应收账款	大兴公司	74	应付职工薪酬	住房公积金
12	应收账款	大华公司	75	应付职工薪酬	工会经费
13	预付账款	中财保险公司	76	应付职工薪酬	职工教育经费
14	坏账准备		77	应付职工薪酬	非货币性福利
15	其他应收款	采购办事处	78	应交税费	未交增值税
16	其他应收款	李立平	79	应交税费	应交所得税
17	其他应收款	张贤	80	应交税费	应交城市维护建设税
18	其他应收款	代扣水电费	81	应交税费	应交个人所得税
19	在途物资	德茂公司	82	应交税费	应交教育费附加
20	在途物资	德源公司	83	应交税费	应房产税
21	在途物资	昌平公司	84	应付利息	
22	周转材料	在用	85	应付股利	
23	周转材料	在库	86	其他应付款——社会保险费	其他应付款——社会保险费
24	周转材料	摊销	87	其他应付款	住房公积金
25	库存商品	A类商品	88	长期借款	基建借款
26	库存商品	B类商品	89	长期应付款	应付设备款
27	库存商品	C类商品	90	应付债券	面值
28	库存商品	D类商品	91	应付债券	利息调整
29	库存商品	E类商品	92	应付债券	应计利息
30	库存商品	F类商品	93	递延所得税负债	
31	库存商品	G类商品	94	实收资本	国家投资
32	库存商品	H类商品	95	实收资本	德茂公司
33	库存商品	I类商品	96	实收资本	其他
34	库存商品	J类商品	97	资本公积	资本溢价
35	库存商品	K类商品	98	资本公积	其他
36	库存商品	L类商品	99	盈余公积	法定盈余公积
37	库存商品	M类商品	100	利润分配	提取法定盈余公积
38	库存商品	零售一部	101	利润分配	应付现金股利
39	库存商品	零售二部	102	利润分配	未分配利润
40	库存商品	零售三部	103	本年利润	
41	商品进销差价	零售一部	104	主营业务收入	G类商品
42	商品进销差价	零售二部	105	主营业务收入	H类商品

续表

序号	一级科目	明细科目	序号	一级科目	明细科目
43	商品进销差价	零售三部	106	主营业务收入	I类商品
44	长期股权投资	股票投资(兴隆公司)	107	主营业务收入	J类商品
45	持有至到期投资	成本	108	主营业务收入	K类商品
46	持有至到期投资	利息调整	109	主营业务收入	L类商品
47	持有至到期投资	应计利息	110	主营业务收入	M类商品
48	固定资产	经营用固定资产	111	主营业务收入	零售一部
49	固定资产	非经营用固定资产	112	主营业务收入	零售二部
50	固定资产	不需用固定资产	113	主营业务收入	零售三部
51	固定资产	出租固定资产	114	其他业务收入	
52	累计折旧		115	投资收益	
53	工程物资	专用材料	116	公允价值变动损益	
54	工程物资	专用设备	117	营业外收入	
55	在建工程	大楼建设工程	118	主营业务成本	G类商品
56	固定资产清理	报废	119	主营业务成本	H类商品
57	固定资产清理	出售不需用固定资产	120	主营业务成本	I类商品
58	无形资产	专利权	121	主营业务成本	J类商品
59	研发支出	资本化支出	122	主营业务成本	K类商品
60	累计摊销		123	主营业务成本	L类商品
61	长期待摊费用	仓库大修费用	124	主营业务成本	M类商品
62	待处理财产损溢	待处理流动资产损溢	125	主营业务成本	零售一部
63	递延所得税资产		126	主营业务成本	零售二部
			127	主营业务成本	零售三部
			128	税金及附加	税金及附加
			129	其他业务成本	其他业务成本
			130	资产减值损失	资产减值损失
			131	营业外支出	营业外支出
			132	所得税费用	所得税费用
			133	主营业务成本	J类商品
			134	主营业务成本	K类商品
			135	主营业务成本	L类商品
			136	主营业务成本	M类商品
			137	主营业务成本	零售一部

续表

序号	一级科目	明细科目	序号	一级科目	明细科目
			138	主营业务成本	零售二部
			139	主营业务成本	零售三部
			140	税金及附加	税金及附加
			141	其他业务成本	其他业务成本
			142	资产减值损失	资产减值损失
			143	营业外支出	营业外支出
			144	所得税费用	所得税费用

(2)下列账户使用多栏式账页(有期初余额的账户结转期初余额,没有期初余额的账户设户后待记发生额):

应交税费——应交增值税

销售费用

财务费用

管理费用

(3)下列账户(表16—5)使用数量金额式账页(有期初余额的账户结转期初余额,没有期初余额的账户设户后待记发生额):

表16—5　　开设明细账户(数量金额式)

序号	一级科目	明细科目	序号	一级科目	明细科目
1	库存商品	A-1商品	27	库存商品	G-3商品
2	库存商品	A-2商品	28	库存商品	G-4商品
3	库存商品	A-3商品	29	库存商品	H-1商品
4	库存商品	A-4商品	30	库存商品	H-2商品
5	库存商品	B-1商品	31	库存商品	H-3商品
6	库存商品	B-2商品	32	库存商品	H-4商品
7	库存商品	B-3商品	33	库存商品	I-1商品
8	库存商品	B-4商品	34	库存商品	I-2商品
9	库存商品	C-1商品	35	库存商品	I-3商品
10	库存商品	C-2商品	36	库存商品	I-4商品
11	库存商品	C-3商品	37	库存商品	J-1商品
12	库存商品	C-4商品	38	库存商品	J-2商品
13	库存商品	D-1商品	39	库存商品	J-3商品
14	库存商品	D-2商品	40	库存商品	J-4商品
15	库存商品	D-3商品	41	库存商品	K-1商品

续表

序号	一级科目	明细科目	序号	一级科目	明细科目
16	库存商品	D-4 商品	42	库存商品	K-2 商品
17	库存商品	E-1 商品	43	库存商品	K-3 商品
18	库存商品	E-2 商品	44	库存商品	K-4 商品
19	库存商品	E-3 商品	45	库存商品	L-1 商品
20	库存商品	E-4 商品	46	库存商品	L-2 商品
21	库存商品	F-1 商品	47	库存商品	L-3 商品
22	库存商品	F-2 商品	48	库存商品	L-4 商品
23	库存商品	F-3 商品	49	库存商品	甲商品
24	库存商品	F-4 商品	50	库存商品	乙商品
25	库存商品	G-1 商品	51	库存商品	丙商品
26	库存商品	G-2 商品	52	库存商品	丁商品

16.2.3 办理记账业务

办理如下记账业务：

(1)12 月 1 日，依据出纳员“增值税专用发票”填写“商品销售成本计算表”(采用先进先出法)，进行账务处理。

(2)12 月 4 日，收到业务员送来的“验收单”，按买价进行账务处理。

(3)12 月 9 日，收到固定资产折旧计算表，经审核无误进行账务处理。

(4)12 月 9 日，收到业务员交来本公司换出商品的增值税专用发票的记账联，换入商品的增值税发票的抵扣联与发票联及验收单的会计记账联，经审核无误进行非货币性交易的账务处理。

(5)12 月 10 日，收到业务员送来的“商品内部调拨单”，经审核无误进行账务处理。

(6)12 月 12 日，收到邓坚、王玉的“物品领用单”，经审核无误进行账务处理。

(7)12 月 13 日，收到零售一部“商品调价单”，进行账务处理。

(8)12 月 17 日，收到业务员送来的“验收单”，按买价进行账务处理。

(9)2 月 18 日，收到业务员送来的“内部转账单”，经审核无误进行账务处理。

(10)12 月 18 日，收到固定资产报废单，经审核无误进行账务处理。

(11)12 月 20 日，收到业务员送来的材料入库验收单，经审核无误进行账务处理。

(12)12 月 20 日，报废固定资产清理完毕，根据“固定资产清理——报废清理”账户余额编制“内部转账单”，结转清理损益。

(13)12 月 28 日，本月应摊销专利权 30 000 元，应摊销仓库大修费 35 000 元，据以编制“无形资产、长期待摊费用分摊表”，经审核无误进行账务处理。

(14)12 月 28 日，收到业务员送来的“商品内部调拨单”，经审核无误进行账务处理。

(15)12 月 29 日，收到“低值易耗品报废单”经审核无误进行账务处理。

(16)12 月 31 日，根据本月“工资表”与“综合奖金结算汇总表”编制“应付职工薪酬分配表”,经审核无误进行账务处理。

(17)12 月 31 日,公司经理批示:批发仓库短少的商品 20 000 元,挂账已久,查不清原因,同意报损。据以编制“内部转账单”并进行账务处理。

(18)12 月 31 日,收到零售一、二、三部的“商品溢余短缺报告单”进行账务处理。

(19)12 月 31 日,“交易性金融资产——股票”的公允价值为 220 000 元,依据“交易性金融资产——股票——成本”及“交易性金融资产——股票——公允价值变动”明细账户资料计算本期公允价值变动金额,据以填制“内部转账单”,经审核无误进行账务处理。

(20)12 月 31 日,按应收款项百分比法计提坏账准备,提取比例为 3%,依据“应收账款”及“坏账准备”明细账资料分析计算本期应计提的坏账准备金,据以编制“内部转账单”,经审核无误进行账务处理。

(21)12 月 31 日,分部计算零售业务的已销商品应分摊的进销差价,根据计算结果编制“商品进销差价计算表”,并做出账务处理。(进销差价率精确到小数点后四位)

(22)12 月 31 日,依据“应交税费——应交增值税”明细账资料分析填写“增值税纳税申报表”,计算出未交增值税额,经审核无误进行账务处理。

(23)12 月 31 日,依据“其他业务收入”和“固定资产”明细账及“增值税纳税申报表”资料,计算应交营业税、应交房产税、应交城市维护建设税、应交教育费附加,编制“地方税收综合纳税(费)申报表”,经审核无误进行账务处理。

(24)12 月 31 日,依据“持有至到期投资”明细账期初资料计算本年利息收入,并进行利息调整(按票面利率 7%,实际利率 5%计算),据以填制“内部转账单”,经审核无误进行账务处理。(本月发生数,暂不计算利息)

(25)12 月 31 日,依据“应付债券”明细账期初资料计算本年利息费用,并进行利息调整,按票面利率 6%,实际利率 5%计算,(为大楼建设工程而发行债券)据以填制“内部转账单”,经审核无误进行账务处理。(本月发生数,暂不计算利息)

(26)12 月 31 日,结平“待处理财产损溢”及“应付职工薪酬——职工福利”账户。

(27)12 月 31 日,填写“内部转账单”将损益类账户的本月净发生额结转“本年利润”账户。

(28)12 月 31 日,编制“利润表”初稿,据以编制“暂时性差异计算表”“所得税纳税申报表”(税率 25%)经审核无误进行账务处理。

(29)12 月 31 日,将“所得税费用”账户发生额,转入“本年利润”后结平“本年利润”账户。

(30)12 月 31 日,编制“利润分配计算表”进行利润分配。法定盈余公积按净利润的 10%分配,应付现金股利按“未分配利润”明细账期初余额加上本年净利润,减去本年提取的法定盈余公积后的 30%分配。

(31)12 月 31 日,将“利润分配——提取盈余公积”“利润分配——应付现金股利”账户余额转入“利润分配——未分配利润”账户。

16.3 达昌公司财务科长岗位实操

16.3.1 开设总账

根据下列资料(表 16—6)开设总账账户,每个账户占一页。达昌公司 2017 年 11 月 30 日总账期末资料如下：

表 16－6　　总账账户余额（截至 2017 年 11 月 30 日）　　单位：元

科　目	借或贷	金　额	科　目	借或贷	金　额
库存现金	借	1 000.00	短期借款	贷	1 580 000.00
银行存款	借	301 000.00	应付票据	贷	330 000.00
其他货币资金	借	10 000.00	应付账款	贷	330 000.00
交易性金融资产	借	290 000.00	应付职工薪酬	贷	13 000.00
应收票据	借	300 000.00	其他应付款	平	
应收账款	借	300 000.00	应交税费	贷	10 800.00
预付账款	平		应付利息	贷	22 000.00
坏账准备	贷	1 200.00	应付股利	平	
其他应收款	借	29 000.00	长期借款	贷	1 000 000.00
在途物资	借	25 000.00	长期应付款	贷	100 000.00
周转材料	借	40 000.00	应付债券	贷	550 000.00
库存商品	借	4 934 500.00	递延所得税负债	平	
商品进销差价	贷	540 000.00	实收资本	贷	3 623 500.00
长期股权投资	借	100 000.00	资本公积	贷	400 000.00
持有至到期投资	借	170 000.00	盈余公积	贷	700 000.00
固定资产	借	2 200 000.00	利润分配	贷	20 000.00
累计折旧	贷	500 000.00	本年利润	贷	480 000.00
工程物资	借	500 000.00	主营业务收入	平	
在建工程	借	600 000.00	其他业务收入	平	
固定资产清理	借	12 000.00	投资收益	平	
无形资产	借	271 000.00	公允价值变动损益	平	
研发支出	借	29 000.00	营业外收入	平	
累计摊销	平		主营业务成本	平	
长期待摊费用	借	68 000.00	税金及附加	平	
待处理财产损溢	借	20 000.00	其他业务成本	平	
递延所得税资产	平		销售费用	平	
			管理费用	平	
			财务费用	平	
			资产减值损失	平	
			营业外支出	平	
			所得税费用	平	

16.3.2 处理日常总账业务

日常总账业务如下：

(1)复核上旬会计凭证，根据审核无误的上旬记账凭证编制记账凭证汇总表，并据以登记总账，结出账户余额，与出纳员所经管的日记账核对，如有不符，查明原因，予以更正；与记账员所经管的明细账进行核对，如有不符，查明原因，予以更正。

(2)复核中旬会计凭证，根据审核无误的中旬记账凭证编制记账凭证汇总表，并据以登记总账，结出账户余额，与出纳员所经管的日记账核对，如有不符，查明原因，予以更正；与记账员所经管的明细账进行核对，如有不符，查明原因，予以更正。

(3)复核下旬会计凭证，根据审核无误的下旬记账凭证编制记账凭证汇总表，并据以登记总账，结出账户余额，与出纳员所经管的日记账核对，如有不符，查明原因，予以更正；与记账员所经管的明细账进行核对，如有不符，查明原因，予以更正。

(4)编制总账账户余额试算平衡表。

(5)办理年结。

16.3.3 编制会计报表

编制如下会计报表：

(1)编制资产负债表。

(2)编制利润表。

(3)编制现金流量表。

16.4 达昌公司业务员岗位实操

按要求填制和传递 2017 年 12 月份凭证：

(1)12 月 1 日，李立平因要去北京出差需借支 3 000 元，张贤因要去上海出差需借支 2 000 元，分别以李立平和张贤的名义填写“借款单”各一张，经理王生辉在借款单上签字：同意借支。持单以李立平和张贤的名义向财务科出纳员借款。并将出纳员开出的现金支票送到开户银行提取现金。

(2)12 月 1 日，销售商品一批，资料如表 16—7 所示。

表 16—7　　销售商品资料

购货单位	品名	数量	单价(元)	购货单位	品名	数量	单价(元)
MF 公司	G-1 商品	2 000 千克	13	ND 公司	J-1 商品	2 000 千克	17
	G-2 商品	1 000 件	31		J-2 商品	1 000 千克	30
	G-3 商品	800 件	38		J-3 商品	1 000 件	31
	G-4 商品	700 件	46		J-4 商品	1 000 件	35

续表

购货单位	品名	数量	单价(元)	购货单位	品名	数量	单价(元)
NB 公司	H-1 商品	2 000 千克	14	NF 公司	K-1 商品	2 000 千克	18
	H-2 商品	1 000 件	28		K-2 商品	1 000 件	28
	H-3 商品	1 000 件	33		K-3 商品	1 000 件	30
	H-4 商品	800 件	37		K-4 商品	1 000 件	37
NC 公司	I-1 商品	2 000 千克	16	NG 公司	L-1 商品	2 000 千克	13
	I-2 商品	1 000 件	30		L-2 商品	1 500 件	21
	I-3 商品	1 000 件	29		L-3 商品	1 500 件	22
	I-4 商品	1 100 件	33		L-4 商品	1 000 千克	37

增值税税率 13%，价税款均已收讫。据以填写“增值税专用发票”，款项全部存入银行，填写“进账单”，送银行办理进账手续后取回“进账单”回单。将“进账单”回单连同“增值税专用发票”的记账联送财务科出纳员。（开户行：中国工商银行江泽市支行；账号：1156674356327）

（3）12 月 2 日，以采购办事处张兴华的名义填写“领款单”，领款金额 3 000 元，领款单填写好后到财务科找出纳员领款，作为采购办事处的备用金。

（4）12 月 3 日，以亚洲证券营业部的名义填写“亚洲证券营业部成交过户交割单”1 张，内容如下：本交割单系达昌公司购买股票，成交编号为 12688，股东账户为 33665694，股东名称为达昌公司，申请编号为 691，公司代码为 M124，申报时间为 095255（即 9 点 52 分 55 秒），成交时间为 095325，实收金额为 131 836 元，资金余额为 98 164 元；证券名称为 500232，成交数量 16 000 股，成交价格 8.18 元，佣金 440 元，印花税 500 元，附加费 16 元。填写好后送财务科出纳员。

（5）12 月 4 日，向德茂公司购进的 H-3 商品 1 000 件，每件买价 25 元，商品全部验收入库，据以填写“验收单”，将其会计记账联送账务科记账员。

（6）12 月 5 日，以中财保险股份有限公司的名义填写“机动车辆保险单”和“保费收据”各一张，填写内容如下：被保险人为达昌公司；投保险种为车辆损失险、第三责任险，盗抢险、玻璃险、他人恶意险等；车辆型号为丰田（普）；发动机号为 625558；牌号为 A-36578；非营业用车；座位为 5 座；保险价值 35 万元，保险金额 35 万元；基本保费 250 元；车辆损失险费率 0.8%；第三责任险最高赔偿限额为 25 万元；第三责任险保费为 2 300 元；盗抢险保费据表计算；玻璃险保费为 50 元；他人恶意险保费为 100 元；保险期限自 2018 年 1 月 1 日零时起至 2018 年 12 月 31 日 24 时止。地址：十字街 58 号；电话：8666688；邮政编码 438000；总经理：洪源。填好后将“机动车辆保险单”正本和“保费收据”发票联送本公司出纳员。

（7）12 月 6 日，以江泽市第一律师事务所陈海的名义填写“增值税专用发票”，收取本公司本月律师顾问费用 1 300 元，持其发票联、抵扣联，找本公司出纳员收款。（税率 6%）

（8）12 月 8 日，江泽市电视台收取本公司广告费 25 000 元代电视台填写“增值税专用发票”，持其发票联、抵扣联找本公司出纳员收款。（税率 6%）

（9）12 月 9 日，债券公司应向本公司收取债券印刷费及手续费 8 000 元。代填写“增值税普通发票”，并持其第二联到本财务科结算。（税率 3%）

（10）12 月 9 日，根据下述资料编制“固定资产折旧表”（采用平均年限法），编制完成后将其送交本公司记账员。

11 月 30 日，固定资产资料如表 16－8 所示。

表 16－8　　固定资产资料(截至 2017 年 11 月 30 日)

部　门	固定资产类型	固定资产原值(元)	预计净残值(元)	预计使用年限(年)
经营部门	房屋	500 000	25 000	40
	专用电子设备	450 000	32 500	10
	其他专用设备	350 000	17 500	20
管理部门	房屋	500 000	25 000	40
	不需用设备	200 000	20 000	10
出租	仓库	200 000	10 000	10

(11)12 月 9 日，达昌公司分别与丰润、丰利、众生公司进行非货币交易，交易内容如下：

达昌公司向丰润公司销售甲商品 14 400 千克，每千克售价 3.75 元；向丰润公司购进 A-3 商品 2 000 件，每件进价 27 元；向丰利公司销售乙商品 20 000 千克，每千克售价 3.15 元；向丰利购进 B-3 商品 2 520 件，每件进价 25 元；向众生公司销售丙商品 20 000 千克，每千克售价 4.90 元，向众生公司购进 C-3 商品 4 900 件，每件进价 20 元。增值税税率均为 17%，据以填写销售商品的“增值税专用发票”和购进商品的“验收单”，(保管员：李平)填写好后先持销售商品的增值税专用发票的 2、3 联到丰润、丰利、众生公司业务处换取购进商品的增值税专用发票；后将销售商品的“增值税专用发票”的记账联和购进商品的“增值税专用发票”及“验收单”一并送交本公司记账员。

(12)12 月 10 日，以公司职工杨柳的名义填写“费用报销领款单”，到财务科领取独生子女费 160 元。

(13)12 月 10 日，代房地产管理所开具“增值税专用发票”，应收取达昌公司办公用房租金 1 300 元。制单人：李风。持发票联、抵扣联到达昌公司财务科结算。(税率 9%)

(14)12 月 10 日，以江泽市汽车队的名义开具“增值税专用发票”，应收取达昌公司销货运费 10 000 元。制单人：何春明。持发票联到达昌公司财务科结算。(税率 9%)

(15)12 月 10 日，业务科余敏、徐梅、邱青、程东 4 人领取本年度烤火费，每人 80 元，经理习文签字：同意付款。代填写“费用报销领款单”，到财务科出纳处领款。

(16)12 月 10 日，代司法局开具“增值税专用发票”，应收取达昌公司公证费用 1 000 元。收款人：王波。持发票联、抵扣联到达昌公司财务科结算。(税率 6%)

(17)12 月 10 日，从批发仓库调给各零售部商品如表 16－9 所示。

表 16－9　　批发仓库调给各零售部商品

调入部门	商品名称	数　量	单位进价	零售价(元)
零售一部	A-1 商品	500 千克	见数量金额式明细账	17
	B-3 商品	1 000 件	见数量金额式明细账	43
	C-3 商品	2 000 件	见数量金额式明细账	37
	D-2 商品	500 件	见数量金额式明细账	38

续表

调入部门	商品名称	数 量	单位进价	零售价(元)
零售二部	E-1 商品	1 000 千克	见数量金额式明细账	20
	F-1 商品	1 000 千克	见数量金额式明细账	22
	G-1 商品	1 000 千克	见数量金额式明细账	17
	H-3 商品	1 000 件	见数量金额式明细账	43
零售三部	I-1 商品	1 000 千克	见数量金额式明细账	20
	J-3 商品	500 件	见数量金额式明细账	40
	K-1 商品	800 千克	见数量金额式明细账	23
	L-1 商品	1 000 千克	见数量金额式明细账	17

据以分别填写"商品内部调拨单"并将其送交财务科记账员。

(18)12 月 10 日,各零售部将零售款送存银行如表 16—10 所示。开户行:中国工商银行江泽市支行;账号:115674356327。

表 16—10　　各零售部送存银行零售款

部门	经办人	面值	数量	部门	经办人	面值	数量	部门	经办人	面值	数量
零售一部	涂红	100 元	1 000 张	零售二部	张洁	100 元	1 000 张	零售三部	秦川	100 元	1 000 张
	涂红	50 元	200 张		张洁	50 元	600 张		秦川	50 元	1 000 张
	涂红	10 元	1 000 张		张洁	10 元	1 000 张		秦川	10 元	210 张
	涂红	5 元	1 600 张		张洁	5 元	80 张				
	涂红	2 元	350 张								

据以上资料填写"进账单",持单到银行办理进账手续,取回回单交财务科出纳员。

(19)12 月 11 日,代商品采购供应站开出"增值税普通发票",应收达昌公司张兴参加商品交易会的住宿及会务费计 500 元,持收据向达昌公司财务科结账。(税率 3%)

(20)12 月 11 日,大楼建设工程的承建单位向达昌公司收取工程款 100 000 元,领款人:秦愿。据以填写"增值税专用发票",持发票联、抵扣联到财务科出纳处办理领款,取得出纳员签发的"现金支票"到银行取款。(税率 9%)

(21)12 月 12 日,业务员邓坚、王玉各领计算器一个,单价 150 元,合计金额 300 元。经理习文审批:同意领用,一次摊销。据以填写"物品领用单"并将其送交财务科记账员。

(22)12 月 12 日,达昌公司向证券公司购买一年期债券 1 200 000 元,手续费 2 400 元,以证券公司名义开出"收据",持收据第二联到达昌公司财务科结算。

(23)12 月 13 日,根据下列资料分别编制"工资表"。

经营人员工资计算资料如表 16—11 所示。

表 16—11　　经营人员工资资料　　单位:元

姓 名	月标准工资	津贴	水电费	公积金	个人所得税	个人承担社保
张四平	1 220	97	50	120		20
洪锋	1 220	97	50	120		20
李军	960	87	48	110		10

续表

姓　名	月标准工资	津贴	水电费	公积金	个人所得税	个人承担社保
张胜	960	87	46	110		10
李明等 200 人	180 000	15 200	9 806	3 000	760	1 020

管理人员工资计算资料如表 16－12 所示。

表 16－12　　**管理人员工资资料**　　单位:元

姓　名	月标准工资	津贴	水电费	公积金	个人所得税	个人承担社保
习文	1 360	207	50	130		25
赵胜	1 220	167	48	120		20
李清	1 220	167	39	120		20
罗兰	1 220	157	53	120		20
陶勇等 36 人	34 560	3 110	1 810	1 085	443.5	301

“工资表”编制好后送交财务科出纳员。

(24)12 月 13 日,李立平出差北京联系业务,返回公司报账,出差相关内容如下:2017 年 12 月 1 日从江泽市乘火车至北京(当日到达)火车票 270 元,在北京期间住宿费 1 200 元,2017 年 12 月 12 日晚从北京乘火车返回,于 12 月 13 日上午到达返程票 350 元;张贤 12 月 1 日从江泽市乘火车至上海(当日到达),火车票 240 元,在上海期间住宿费 1 300 元,2017 年 12 月 12 日从上海乘火车回江泽市(次日到达)火车票 320 元,出差补助每天 20 元,据以分别填写“旅差费报销单”(经理习文在单上签字:同意报销),并持单以李立平与张贤的名义向财务科出纳处报账(出差前李立平已预支 3 000 元、张贤已预支 2 000 元)。

(25)12 月 13 日,零售一部库存 C-2 商品 500 件,每件零售价由原来的 25 元调至 24 元,据以填写“商品调价单”将其记账联送达昌公司财务科记账员。

(26)12 月 14 日,业务科各种费用支出汇总情况如下:差旅费 360 元(20 张原始凭证);办公费 240 元(40 张原始凭证);其他费用 160 元(6 张原始凭证);经核对,编制“管理费用支出汇总表”,持表到财务科报账。

(27)12 月 14 日,袁旭辉等 4 名职工参加江泽市商学院短期培训,支付学杂费 3 200 元,以商学院名义开出“增值税普通发票”找达昌财务科出纳员办理领款,取得出纳员签发的“现金支票”到银行取款。(税率 3%)

(28)12 月 15 日,达昌公司职工食堂向为民日杂公司购买碗 40 个,单价 2.50 元,计 100 元;盘子 40 个,单价 2 元,计 80 元;合计 180 元。以为民日杂公司名义开具“增值税普通发票”,持发票联向达昌公司财务科出纳员报账。(在发票备注上填写:列入职工福利。税率 3%)

(29)12 月 16 日,达昌公司向税务局购买 30 张 5 元券印花税票,30 张 2 元券印花税票,40 张 1 元券印花税票,以税务局名义开具“市税务局印花税票发售统一发票”,持发票联向达昌公司财务科出纳员报账。

(30)12 月 17 日,向德茂公司购进的 H-1 商品 10 000 千克,每千克买价 10.80 元;H-2 商品 10 000 件,每件买价 21.50 元;向德源公司购进的 G-1 商品 10 000 千克,每千克买价 9.80

元;G-3 商品 10 000 件,每件买价 30 元;向昌平公司购进的 I-1 商品 10 000 千克,每千克买价 11.80 元;I-2 商品 10 000 件,每件买价 22.60 元;以上商品均已到达,如数验收入库。据以填写“验收单”,将验收单的会计记账联送财务科记账员。

(31)12 月 17 日,本月综合奖金结算汇总资料如下:经营人员奖金 20 400 元,管理人员奖金 4 000 元。据以编制“综合奖金结算汇总表”,持表向财务科出纳员领取奖金。

(32)12 月 18 日,销售给宏盛公司不需用丙设备一台,原始价值 7 万元,已提折旧 30 000 元,协商作价 45 000 元。据以填写“增值税专用发票”,持其到宏盛公司财务科收款,要求宏盛公司出纳员签发“转账支票”,并与其一同去银行办理转账手续,取得银行盖章后“进账单”的收账通知联后,将“进账单”的收账通知联及“增值税专用发票”记账联送交本公司财务科出纳员。同时依据固定资产原始价值与已提折旧填写“内部转账单”,并将其送本公司财务科记账员。(税率 13%)

(33)12 月 18 日,一栋仓库 250 平方米,预计使用 30 年,已使用 28 年,原值 90 000 元,已提折旧 75 000 元,因重建提前报废。其处理意见,使用部门的意见:因陈旧要求报废;技术鉴定小组意见:情况属实;固定资产管理部门意见:同意转入清理;主管部门审批意见:同意报废重建。据以填写“固定资产报废单”后将其会计记账联送财务科记账员。

(34)12 月 19 日,向达亿公司购进丁设备一台,交易价 50 000 元,经验收交零售三部使用,据以填写“固定资产验收单”,将其第二联送财务科出纳员。

(35)12 月 19 日,采购办事处与业务往来单位洽谈业务,接待、就餐、补助及接送车费共计金额 2 004.8 元,单据 24 张。据以填写“业务招待费汇总表”,经理习文在单上签字:同意报销。持单向财务科出纳员报账,取得出纳员签发的“现金支票”后到银行提取现金。

(36)12 月 19 日,报废固定资产的清理人员杨元等 4 人应领取清理费用 300 元,以杨元的名义填写“费用报销领款单”,经理习文在单上签字:同意付款。持单向财务科出纳员领款。

(37)12 月 19 日,达昌公司向北苑公司收取仓库租金 5 000 元,据以开出“增值税专用发票”,收到现金 5 000 元,当即填写“进账单”到开户行办理进账手续,收到银行盖章后的“进账单”回单,将“增值税专用发票”的记账联及“进账单”回单送交本公司出纳员。(本公司开户行:中国工商银行江泽市支行,账号:115674356327)(税率 9%)

(38)12 月 20 日,仓库清理残料如下:红砖 110 000 块,每块 0.20 元,计 22 000 元,其他材料 6 000 元,合计 28 000 元。材料全部入库作重建仓库用,据以编制“材料入库单”,并将其记账联送财务科记账员。

(39)12 月 20 日,达昌公司向为民五金公司购买灭火器五个,单价 100 元,计 500 元。灭火器购回后当即由仓库领用。先以为民五金公司名义开具“增值税普通发票”;再以仓库保管员胡军名义填写“物品领用单”(经理习文在单上签字:同意领用,一次摊销)。最后将“增值税普通发票”的发票联和“物品领用单”送财务科出纳员,并要求领款、领物。(税率 3%)

(40)12 月 21 日,向宏盛公司转让技术,收取技术转让费 19 000 元,据以填写“增值税专用发票”,持其发票联、抵扣联到宏盛公司财务科收款,要求宏盛公司出纳员签发“转账支票”,并与其一同去银行办理转账手续,取得银行盖章后的“转账支票”的收账通知联后,将“转账支票”的收账通知联及“增值税专用发票”记账联送交本公司财务科出纳员。(税率 6%)

(41)12 月 21 日,向会计局购买《新会计准则》等书籍,付款 165 元,以会计局的名义填写“增值税普通发票”,并持其发票联到账务科报账。(税率 3%)

(42)12 月 21 日,达昌公司的汽车送汽车修配厂修理,具体修配项目如下:汽车补胎 310

元，汽车轮胎2个，单价500元。以汽车修配厂名义开具“增值税专用发票”，送交本公司财务科结算。(税率13%)

(43)12月23日，达昌公司使用自来水厂的供水，水表记录是：本月号码为3654436，上月号码为363636，实用水1 800吨，每吨单价4元。以自来水厂名义开具“增值税专用发票”持其发票联到达昌财务科结算。(税率9%)

(44)12月23日，采购办事处用备用金开支下列各种费用：招待费5 600元(20张原始凭证)；修理费5 600元(15张原始凭证)；经核对全部报销，编制“管理费用支出汇总表”，持表到财务科报账。

(45)12月24日，达昌公司电表的起码是563279，止码是599279，实用电36 000度，每度单价0.80元，以电力局的名义填写“增值税专用发票”(税率13%)，持发票联、抵扣联到达昌公司财务科结算。

(46)12月24日，达昌公司参加本市商品展销会，应付江泽大世界商场的商品展位租用费1 100元，以大世界市场的名义填写“增值税普通发票”，持发票联到达昌公司财务科结算。(税率3%)

(47)12月25日，物价检查所对达昌公司商品销售情况进行检查，发现部分商品违反国家价格政策，罚款1 700元，以物价检查所名义填写“罚款没收专用收据”，持单到达昌公司财务科收取罚款。

(48)12月26日，看望住院病人冯英俊，从副食品商品店购买两袋奶粉，每袋120元，苹果5千克，每千克30元，据以填写“增值税普通发票”经理习文签字：在福利费列支，持发票联到达昌公司财务科结算。(税率3%)

(49)12月26日，迅达搬运公司为达昌公司装卸货物，应收取商品装卸费1 200元，以迅达公司的名义开具“增值税专用发票”，持发票联、抵扣联到达昌公司财务科结算。(税率9%)

(50)12月26日，李立平出差预支差旅费1 200元，据以填写“借款单”，持单向财务科出纳借款。

(51)12月27日，达昌公司自行开发一项实用型专利开发成功，先根据下列资料填写“专利申报表”：申请单位：达昌公司；专利项目：实用新型专利；技术开发费：29 000元；注册登记费：3 600元；单位意见：同意申报；专利局审批：同意注册。再以专利局名义填写“增值税专用发票”收取达昌公司专利注册登记费3 600元，然后持“专利申报表”和“增值税专用发票”到达昌公司财务科结算，要求支付注册登记费。(税率6%)

(52)12月27日，达昌公司销售商品一批如表16—13所示。

表16—13　达昌公司销售商品

购买单位	甲商品		乙商品		丙商品		丁商品	
	单价(元)	数量(千克)	单价(元)	数量(千克)	单价(元)	数量(千克)	单价(元)	数量(千克)
昌安公司	4	20 000千克	3	20 000千克	5	10 000千克	6	10 000千克
大兴公司	4	20 000千克	3	20 000千克	5	10 000千克	6	10 000千克
大华公司	4	15 000千克	3	20 000千克	5	12 000千克	6	15 000千克

增值税税率均为17%，据以分别三个公司填写“增值税专用发票”后持“增值税专用发票”到大兴、大华、昌安公司财务科结算，要求各公司出纳员根据购销合同填写“商业承兑汇票”，经

付款人(各购货公司)承兑后取得“商业承兑汇票”的第二联,并在商业承兑汇票第一联的收款人盖章处盖上本公司财务专用章(由本公司出纳员盖章),在负责、经办处均签名,将“增值税专用发票”的记账联和“商业承兑汇票”的第二联送交本公司出纳员。

(53)12月27日,四通运输公司为达昌公司运输购入的商品,应收运费7 600元。以四通运输公司的名义开具“增值税专用发票”,持发票联、抵扣联到达昌公司财务科结算。(税率9%)

(54)12月27日,外购商品全部验收入库。据表16—14所列资料填写“验收单”,将其记账联送财务科记账员。

表16—14　外购商品资料

供货单位	商品名称	数量(件)	单位进价(元)	合计金额(元)
德源公司	G-2商品	10 000	24	240 000
德茂公司	H-2商品	10 000	22	220 000
昌平公司	I-3商品	10 000	22	220 000

(55)12月28日,从批发仓库调给各零售部商品如表16—15所示。

表16—15　从批发仓库调给各零售部商品

调入部门	商品名称	数量	单位进价	零售价(元)
零售一部	G-1商品	5 000千克	见数量金额式明细账	14
	G-3商品	6 000件	见数量金额式明细账	43
零售二部	G-2商品	5 000件	见数量金额式明细账	34
	H-1商品	6 000千克	见数量金额式明细账	15.4
零售三部	H-2商品	5 000件	见数量金额式明细账	30.7
	I-2商品	6 000件	见数量金额式明细账	32.3

据以分别填写“商品内部调拨单”并将其送交财务科记账员。

(56)12月29日,各零售部将零售款送存银行如表16—16所示。开户行:中国工商银行江泽市支行;账号:115674356327。

表16—16　各零售部送存银行零售款

部门	经办人	面值	数量	部门	经办人	面值	数量	部门	经办人	面值	数量
零售一部	涂红	100元	2 000张	零售二部	张洁	100元	1 800张	零售三部	秦川	100元	1 900张
	涂红	50元	2 000张		张洁	50元	1 000张		秦川	50元	1 600张
	涂红	10元	420张		张洁	20元	200张		秦川	20元	1 000张

据以上资料填写“进账单”,持单到银行办理进账手续,取回回单交财务科出纳员。

(57)12月29日,达昌公司报废低值易耗品资料如下:文件柜三乘,成本1200元,已摊销600元;办公桌4张,成本800元,已摊销400元;其他物品成本600元,已摊销600元。据以编制“低值易耗品报废表”(备注栏里注明五摊销或一次摊销),经理在单上签字:同意报废。将其送财务科记账员。

(58)12 月 30 日，达昌公司支付本公司工会委员会工会经费 3 260 元，以本公司工会委员会的名义开出“收据”，持收据第二联向达昌公司财务科出纳员收款，收到出纳员签发的“现金支票”到银行提取现金。

(59)12 月 30 日，公司支付职工食堂代扣伙食费 4 276 元。以职工食堂名义填写“收据”，持收据第二联向达昌公司财务科出纳员收款，收到出纳员签发的“现金支票”到银行提取现金。

(60)12 月 30 日，销售给昌安公司甲商品 30 000 千克，每千克售价 4 元；销售给大兴公司乙商品 20 000 千克，每千克售价 3 元，丙商品 10 000 千克，每千克售价 5 元，；销售给大华公司丁商品 20 000 千克，每千克售价 6 元；增值税率 13%，分别填写“增值税专用发票”，将其 2、3、4 联送财务科出纳员。

(61)12 月 31 日，各零售部盘点商品情况如表 16—17 所示。

表 16—17　　各零售部盘点商品情况

部门	实际结存	账面结存	进销差价率	备注
零售一部	539 050 元	(明细账余额)	30%	公司经理习文批示：按进价记入当期损益
零售二部	590 100 元	(明细账余额)	30%	
零售三部	676 000 元	(明细账余额)	30%	

据以分别填写“商品溢余短缺报告单”，将其会计记账联送财务科记账员。

17　达亿公司会计业务岗位实操

17.1　达亿公司出纳会计岗位实操

17.1.1　开设有关日记账

达亿公司2017年11月30日有关账户余额如下：

库存现金日记账　　1 000(借)

银行存款日记账　　300 000(借)

达亿公司及往来公司相关情况如表17—1所示。

表17—1　　达亿公司及往来公司相关情况

开户行：中国工商银行江泽市支行		开户行：中国工商银行崎峰市支行	
公司名称	账　号	公司名称	账　号
丰润公司	1156674356321	德源公司	823653676510
丰利公司	1156674356322	德茂公司	823653676511
众生公司	1156674356323	昌平公司	823653676512
众健公司	1156674356324	昌安公司	823653676513
宏源公司	1156674356325	大兴公司	823653676514
宏盛公司	1156674356326	大华公司	823653676515
达亿公司	1156674356328		

17.1.2　办理如下业务

凡出纳业务，在业务办理完毕后，编制记账凭证，交财务科长审核后据以登记库存现金和

银行存款日记账，并将记账凭证连同所附原始凭证一并转交记账员记账。

(1)12 月 1 日，收到张估春和陈平的“借款单”各一张，经审核无误，签发 5 000 元的“现金支票”交给两人到开户行取款，留下“借款单”和“现金支票”存根进行账务处理。

(2)12 月 1 日，收到业务员送来的“进账单”回单及“增值税专用发票”的记账联进行账务处理。

(3)12 月 1 日，填写“信汇”凭证三张，分别支付应付昌安公司账款 90 000 元和应付大兴公司账款 110 000 元；支付应付大华公司账款 120 000 元。填好结算凭证后去开户银行办理相关手续，取回“信汇”凭证回单，经审核无误后进行账务处理。

(4)12 月 2 日，填写“转账支票”及“进账单”，转出投资款 200 000 元，存入亚洲证券营业部账户(亚洲证券营业部开户行:中国工商银行江泽市支行，账号:235673625588)准备用于购买股票。到银行办理转账手续，取回回单。

(5)12 月 2 日，填写“现金支票”一张，提取现金 16 000 元备用，到开户银行办理支款手续。

(6)12 月 2 日，收到采购办事处何其美的“领款单”，经审核无误，当即支付现金 3 000 元，作为采购办事处的备用金(在领款单上注明“现金付讫”)。

(7)12 月 3 日，收到“亚洲证券营业部成交过户交割单”，购入股票划作交易性金融资产。

(8)12 月 5 日，收到开户行转来德源公司、德茂公司和昌平公司“信汇”凭证收款通知。

(9)12 月 5 日，收到中财保险股份有限公司机动车辆保险单(正本)和保费收据第一联，经审核无误，据以填写转账支票(中财保险股份有限公司开户行:中国工商银行江泽市支行；账号:115675368955)，并到银行办理转账手续。

(10)12 月 6 日，填写“中华人民共和国税收通用完税证”，将未交增值税、应交城市维护建设税、应交个人所得税、应交教育费附加上交国库，具体金额见明细分类账各该账户的月初余额。税收通用完税证填写好后，到开户行办理手续，经税务机关、银行盖章后取得完税凭证联，并据以进行账务处理。

(11)12 月 6 日，收到律师事务所的“增值税专用发票”发票联、抵扣联，经审核无误，以现金付讫。

(12)12 月 8 日，收到江泽市电视台的“增值税专用发票”发票联、抵扣联，经审核无误，据以填写转账支票(江泽市电视台开户行:中国工商银行江泽市支行；账号:115674356672)，付广告费，并到银行办理转账手续。

(13)12 月 8 日，达亿公司委托债券发行公司发行 5 年期债券，按面值的 10%溢价发行。现债券公司已发行债券面值 1 700 000 元，实收金额 1 870 000 元，款项今日全部交来，当即送存银行。据以填写“收据”及“进账单”，到银行办理手续后据“收据”记账联及“进账单”回单进行账务处理。

(14)12 月 9 日，收到债券公司的“增值税普通发票”发票联，经审核无误，据以填写转账支票(债券公司开户行:中国工商银行江泽市支行；账号:115676283355)，付手续费，并到银行办理转账手续。

(15)12 月 10 日，收到徐圣的“费用报销领款单”，经审核无误，以现金付讫。

(16)12 月 10 日，收到房地产管理所的“增值税专用发票”发票联、抵扣联，经审核无误，以现金付讫。

(17)12 月 10 日，收到江泽市汽车运输公司的“增值税专用发票”发票联、抵扣联，经审核无误，据以填写转账支票(江泽市汽车运输公司开户行：中国工商银行江泽市支行；账号：115674356698)，付运费，并到银行办理转账手续。

(18)12月10日，依据“应付职工薪酬——社会保险费”期初余额，填写“税收通用缴款书”到银行办理缴款手续。

(19)12月10日，签发“现金支票”，到银行办理取款手续，提回现金3 800元备用。根据“现金支票”存根作账务处理。

(20)12月10日，收到陈明等3人的“费用报销领款单”，经审核无误，以现金付讫。

(21)12月10日，收到司法局的“江泽市行政事业单位收款票据”经审核无误，据以填写转账支票(司法局开户行：中国工商银行江泽市支行；账号：115674356989)，付诉讼费，并到银行办理转账手续。

(22)12月10日，收到各零售部销售商品的送存款的“进账单”回单。

(23)12月11号，收到商品采购供应站的“增值税专用发票”，经审核无误，以现金付讫。

(24)12月11日，收到大楼承建单位袁先耀的“增值税专用发票”，经审核无误，签发“现金支票”，交其到银行取款。

(25)12月12日，收到证券公司的“收据”经审核无误，据以填写转账支票(证券公司开户行：中国工商银行江泽市支行；账号：115674356719)，付债券及手续费，并到银行办理转账手续。

(26)12月13日，收到“工资表”，根据实发工资总额签发“现金支票”，从银行提取现金，当即发放完毕。

(27)12月13日，收到张估春和陈平的“旅差费报销单”(所附单据略)，经审核无误，分别开出“收据”，收到张估春交来结余现金账180元，陈平预支尚未结清。

(28)12月14日，收到业务科“管理费用支出汇总表”(所附单据44张略)，经审核无误，以现金付讫。

(29)12月14日，收到江泽市商学院的“增值税普通发票”，经审核无误，开出“现金支票”付讫。

(30)12月15日，收到银行转来“委托收款凭证”的付款通知3张及“增值税专用发票”的发票联和抵扣联。系付昌安公司、大兴公司、大华公司货款。

(31)12月15日，收到职工食堂购买炊具发票，经审核无误，以现金付讫。

(32)12月16日，收到“市税务局印花税票发售统一发票”，经审核无误，以现金付讫。

(33)12月17日，根据“综合奖金结算汇总表”(实际还应按人头的奖金发放表，此处略)，签发“现金支票”提回现金，当即发放完毕。

(34)12月19日，收到业务员送来的达昌公司转账支票的收账通知联及本公司的固定资产销售的“增值税专用发票”的会计记账联，经审核无误进行账务处理。

(35)12月19日，收到丰润公司出售设备的“增值税专用发票”发票联、抵扣联，及本公司业务员送来的“固定资产验收单”，经审核无误据以填写“转账支票”付设备款，并到银行办理转账手续。

(36)12月19日，收到采购办事处的“业务招待费汇总表”及所附27张单据(单据略)，经审核无误后，当即签发“现金支票”补足其备用金。

(37)12月19日，收到杨林的“费用报销领款单”，经审核无误，以现金付讫。

(38)12月19日，收到业务员送来的仓库租金收入“进账单”回单及“增值税专用发票”记账联。

(39)12月20日,收到业务员送来的“增值税普通发票”和“物品领用单”经审核无误后以现金付讫。

(40)12月20日,收到宏盛公司的“增值税专用发票”发票联、抵扣联,经审核无误后签发“转账支票”支付技术转让费。到银行办理转账手续。

(41)12月21日,收到购买书籍的“增值税普通发票”发票联,经审核无误以现金付讫。

(42)12月21日,收到业务员送来的丰润公司“转账支票”的收账通知联,填“进账单”去开户行办理相关手续,收到本公司收取技术转让收入的“增值税专用发票”记账联。

(43)12月21日,收到汽车修配厂的“增值税专用发票”发票联、抵扣联,经审核无误后以现金付讫。

(44)12月23日,收到自来水厂发票,经审核无误后填写“转账支票”支付水费,到银行办理转账手续。(自来水厂开户行:中国工商银行江泽市支行;账号:115674351125)

(45)12月23日,收到采购办事处的“管理费用支出汇总表”及所附35张单据(单据略),经审核无误后,开出“收据”冲销其备用金,将收据第二联交报账人。

(46)12月24日,收到电力局的“增值税专用发票”发票联,经审核无误后填写“转账支票”支付电费,到银行办理转账手续。(电力局开户行:中国工商银行江泽市支行;账号:115674356211)

同时根据耗用量分配本月电费,耗用量资料如下:大楼建设工程17 000度,其他应收款(代扣职工水电费)10 500度,公司管理部门10 500度,据以编制“外购动力费分配表”。

根据电力局的发票联、“转账支票”存根和“外购动力费分配表”进行账务处理。

(47)12月24日,收到大世界市场的“增值税专用发票”发票联、抵扣联,经审核无误后以现金付讫。

(48)12月25日,签发“现金支票”,到银行办理取款手续,提回现金7 000元备用。根据“现金支票”存根作账务处理。

(49)12月25日,收到物价检查所“罚款没收专用收据”,以现金支付罚款。

(50)12月26日,收到“增值税普通发票”发票联,经审核无误后以现金付讫。

(51)12月26日,收到迅达搬运公司的“增值税专用发票”发票联、抵扣联,经审核无误后以现金付讫。

(52)12月26日,收到张估春的“借款单”经审核无误后以现金付讫。

(53)12月27日,收到业务员送来的“专利申报表”和专利局的“增值税专用发票”发票联、抵扣联,经审核无误后填写“转账支票”支付专利注册登记费,到银行办理转账手续。(专利局开户行:中国工商银行江泽市支行;账号:115675363286)

(54)12月27日,收到本公司业务员送来销售商品给德源公司、德茂公司和昌平公司的六张增值税专用发票记账联和三张商业承兑汇票。

(55)12月27日,收到昌安公司、大兴公司、大华公司业务员送来的“增值税专用发票”,经审核无误后分别填写为期2个月的“商业承兑汇票”三份,其中第一联各收款人盖章签名后收回,在第二联的付款人盖章处盖上财务专用章,在负责经办处均签上名,填好后将第二联分别交昌安公司、大兴公司、大华公司业务员。

同时收到四通运输公司的“增值税专用发票”发票联、抵扣联,经审核无误后填写“转账支票”支付运费,到银行办理转账手续。(四通运输公司开户行:中国工商银行江泽市支行;账号:

115675363298）

根据“增值税专用发票”的发票联、“商业汇票”的留存联，“转账支票”存根联作账务处理。

（56）12 月 29 日，收到各零售部送存银行销货款的“进账单”回单。

（57）12 月 30 日，收到工会的“收据”第二联，经审核无误后签发“现金支票”付讫，根据“现金支票”存根作账务处理。

（58）12 月 30 日，收到职工食堂的“收据”第二联，经审核无误后签发“现金支票”付讫，根据“现金支票”存根作账务处理。

（59）12 月 30 日，收到业务员送来的“增值税专用发票”，合同规定销货款采用委托收款结算方式，经审核无误后，据以填写“委托收款凭证”，持“委托收款凭证”和“增值税专用发票”到银行办理托收手续，经银行盖章后，将退回的“委托收款凭证”回单与“增值税专用发票”的记账联一并作账务处理。

（60）12 月 31 日，到开户行拿回贷款计息凭证，进行账务处理。（已预计应付利息 12 000 元）

（61）12 月 31 日，到开户行拿回存款计息凭证，进行账务处理。

（62）12 月 31 日，将账面价值为 100 000 元的“交易性金融资产——基金”全部出售，实得现金 105 000 元。填写“内部转账单”和“进账单”，将现金送存银行（全为百元券）。

17.2 达亿公司记账会计岗位实操

17.2.1 开设有关账户

达亿公司 2017 年 11 月 30 日明细账期末资料如表 17－2 所示：

表 17－2　　明细账户余额（截至 2017 年 11 月 30 日）　　单位：元

科　目	借或贷	金　额
其他货币资金——外埠存款	借	11 000.00
交易性金融资产——股票（成本）	借	110 000.00
交易性金融资产——债券（成本）	借	100 000.00
交易性金融资产——基金（成本）	借	100 000.00
应收票据——德源公司	借	110 000.00
应收票据——德茂公司	借	100 000.00
应收票据——昌平公司	借	110 000.00
应收账款——德源公司	借	90 000.00
应收账款——德茂公司	借	100 000.00
应收账款——昌平公司	借	110 000.00
坏账准备	贷	1 200.00
其他应收款——采购办事处	借	18 000.00

续表

科　目	借或贷	金　额
其他应收款——代扣水电费	借	10 000.00
在途物资——昌安公司	借	30 000.00
周转材料——低值易耗品——在用	借	50 000.00
周转材料——低值易耗品——在库	借	20 000.00
周转材料——低值易耗品——摊销	贷	30 000.00
库存商品——A 类商品	借	157 500.00
库存商品——B 类商品	借	156 500.00
库存商品——C 类商品	借	152 900.00
库存商品——D 类商品	借	149 800.00
库存商品——E 类商品	借	147 200.00
库存商品——F 类商品	借	155 800.00
库存商品——G 类商品	借	152 600.00
库存商品——H 类商品	借	157 700.00
库存商品——I 类商品	借	157 600.00
库存商品——J 类商品	借	154 700.00
库存商品——K 类商品	借	152 000.00
库存商品——L 类商品	借	154 100.00
库存商品——M 类商品	借	1 248 000.00
库存商品——零售一部	借	500 000.00
库存商品——零售二部	借	600 000.00
库存商品——零售三部	借	500 000.00
商品进销差价——零售一部	贷	150 000.00
商品进销差价——零售二部	贷	180 000.00
商品进销差价——零售三部	贷	150 000.00
长期股权投资——股票投资(兴盛公司)	借	100 000.00
持有至到期投资——成本	借	100 000.00
持有至到期投资——利息调整	借	5 000.00
持有至到期投资——应计利息	借	10 000.00
固定资产——经营用固定资产	借	1 500 000.00
固定资产——非经营用固定资产	借	450 000.00
固定资产——不需用固定资产	借	150 000.00
固定资产——出租固定资产	借	100 000.00

续表

科　目	借或贷	金　额
累计折旧	贷	600 000.00
工程物资——专用材料	借	500 000.00
在建工程——大楼建设工程	借	550 000.00
固定资产清理——报废	借	20 000.00
无形资产——专利权	借	223 000.00
研发支出——资本化支出	借	27 000.00
长期待摊费用——仓库大修费	借	73 000.00
待处理财产损溢——待处理流动资产损溢	借	25 000.00
短期借款——经营周转借款	贷	1 500 000.00
应付票据——昌安公司	贷	110 000.00
应付票据——大兴公司	贷	90 000.00
应付票据——大华公司	贷	110 000.00
应付账款——昌安公司	贷	90 000.00
应付账款——大兴公司	贷	110 000.00
应付账款——大华公司	贷	120 000.00
应付职工薪酬——职工教育经费	贷	4 100.00
应付职工薪酬——职工福利	贷	1 300.00
应付职工薪酬——社会保险费	贷	9 600.00
应交税费——未交增值税	贷	25 000.00
应交税费——应交所得税	借	20 000.00
应交税费——应交城市维护建设税	贷	2 000.00
应交税费——应交个人所得税	贷	1 800.00
应交税费——应交教育费附加	贷	1 000.00
应付利息	贷	23 000.00
长期借款——基建借款	贷	1 000 000.00
长期应付款——应付设备款	贷	100 000.00
应付债券——面值	贷	500 000.00
应付债券——利息调整	贷	20 000.00
应付债券——应计利息	贷	20 000.00
实收资本——国家投资	贷	2 500 000.00
实收资本——德源公司	贷	130 000.00
实收资本——其他	贷	970 400.00

续表

科　目	借或贷	金　额
资本公积——资本溢价	贷	250 000.00
资本公积——其他	贷	120 000.00
盈余公积——法定盈余公积	贷	600 000.00
利润分配——未分配利润	贷	80 000.00
本年利润	贷	320 000.00

库存商品三级账 2017 年 11 月 30 日期末资料如表 17—3 所示。

表 17—3　　库存商品三级账账户余额(截至 2017 年 11 月 30 日)　　单位:元

类　别	品　名	数　量	单位成本	金　额
A 类商品	A-1 商品	3 000 千克	10	30 000
	A-2 商品	2 000 件	24	48 000
	A-3 商品	1 500 件	29	43 500
	A-4 商品	1 000 件	36	36 000
B 类商品	B-1 商品	5 000 千克	8	40 000
	B-2 商品	1 809 件	22	39 800
	B-3 商品	1 500 件	26	39 000
	B-4 商品	1 300 件	29	37 700
C 类商品	C-1 商品	2 500 千克	15	37 500
	C-2 商品	1 600 件	23	36 800
	C-3 商品	1 800 件	22	39 600
	C-4 商品	1 500 件	26	39 000
D 类商品	D-1 商品	4 000 千克	10	40 000
	D-2 商品	1 800 件	23	41 400
	D-3 商品	1 500 件	24	36 000
	D-4 商品	1 200 件	27	32 400
E 类商品	E-1 商品	3 500 千克	12	42 000
	E-2 商品	1 500 件	22	33 000
	E-3 商品	1 500 件	23	34 500
	E-4 商品	1 300 件	29	37 700
F 类商品	F-1 商品	3 000 千克	13	39 000
	F-2 商品	2 500 件	16	40 000
	F-3 商品	2 300 件	17	39 100
	F-4 商品	1 300 件	29	37 700
G 类商品	G-1 商品	4 000 千克	10	40 000
	G-2 商品	1 500 件	24	36 000
	G-3 商品	1 400 件	29	40 600
	G-4 商品	1 000 件	36	36 000
H 类商品	H-1 商品	3 500 千克	11	38 500
	H-2 商品	1 800 件	22	39 600
	H-3 商品	1 500 件	26	39 000
	H-4 商品	1 400 件	29	40 600

续表

类　别	品　名	数　量	单位成本	金　额
I类商品	I-1商品	3 300千克	12	39 600
	I-2商品	1 600件	23	36 800
	I-3商品	1 800件	22	39 600
	I-4商品	1 600件	26	41 600
J类商品	J-1商品	3 000千克	13	39 000
	J-2商品	1 600件	23	36 800
	J-3商品	1 600件	24	38 400
	J-4商品	1 500件	27	40 500
K类商品	K-1商品	2 500千克	14	35 000
	K-2商品	1 800件	22	39 600
	K-3商品	1 600件	23	36 800
	K-4商品	1 400件	29	40 600
L类商品	L-1商品	3 900千克	10	39 000
	L-2商品	2 500件	16	40 000
	L-3商品	2 200件	17	37 400
	L-4商品	1 300件	29	37 700
M类商品	甲商品	120 000千克	2.4	288 000
	乙商品	130 000千克	1.8	234 000
	丙商品	110 000千克	3	330 000
	丁商品	110 000千克	3.6	396 000

17.2.2 开设明细账

按下列要求开设明细账：

(1)下列账户(表17—4)使用三栏式账页(有期初余额的账户结转期初余额，没有期初余额的账户设户后待记发生额)：

表17—4　　开设明细账户(三栏式)

序号	一级科目	明细科目	序号	一级科目	明细科目
1	其他货币资金	外埠存款	64	短期借款	经营周转借款
2	其他货币资金	存出投资款	65	应付票据	昌安公司
3	交易性金融资产	股票(成本)	66	应付票据	大兴公司
4	交易性金融资产	股票(公允价值变动)	67	应付票据	大华公司
5	交易性金融资产	债券(成本)	68	应付账款	昌安公司
6	交易性金融资产	基金(成本)	69	应付账款	大兴公司
7	应收票据	德源公司	70	应付账款	大华公司
8	应收票据	德茂公司	71	应付职工薪酬	工资
9	应收票据	昌平公司	72	应付职工薪酬	职工福利
10	应收账款	德源公司	73	应付职工薪酬	社会保险费

续表

序号	一级科目	明细科目	序号	一级科目	明细科目
11	应收账款	德茂公司	74	应付职工薪酬	住房公积金
12	应收账款	昌平公司	75	应付职工薪酬	工会经费
13	预付账款	中财保险公司	76	应付职工薪酬	职工教育经费
14	坏账准备		77	应付职工薪酬	非货币性福利
15	其他应收款	采购办事处	78	应交税费	未交增值税
16	其他应收款	张估春	79	应交税费	应交所得税
17	其他应收款	陈平	80	应交税费	应交城市维护建设税
18	其他应收款	代扣水电费	81	应交税费	应交个人所得税
19	在途物资	昌安公司	82	应交税费	应交教育费附加
20	在途物资	大兴公司	83	应交税费	应交房产税
21	在途物资	大华公司	84	应付利息	
22	周转材料	在用	85	应付股利	
23	周转材料	在库	86	其他应付款——社会保险费	其他应付款——社会保险费
24	周转材料	摊销	87	其他应付款	住房公积金
25	库存商品	A类商品	88	长期借款	基建借款
26	库存商品	B类商品	89	长期应付款	应付设备款
27	库存商品	C类商品	90	应付债券	面值
28	库存商品	D类商品	91	应付债券	利息调整
29	库存商品	E类商品	92	应付债券	应计利息
30	库存商品	F类商品	93	递延所得税负债	
31	库存商品	G类商品	94	实收资本	国家投资
32	库存商品	H类商品	95	实收资本	德源公司
33	库存商品	I类商品	96	实收资本	其他
34	库存商品	J类商品	97	资本公积	资本溢价
35	库存商品	K类商品	98	资本公积	其他
36	库存商品	L类商品	99	盈余公积	法定盈余公积
37	库存商品	M类商品	100	利润分配	提取法定盈余公积
38	库存商品	零售一部	101	利润分配	应付现金股利
39	库存商品	零售二部	102	利润分配	未分配利润
40	库存商品	零售三部	103	本年利润	
41	商品进销差价	零售一部	104	主营业务收入	G类商品
42	商品进销差价	零售二部	105	主营业务收入	H类商品

续表

序号	一级科目	明细科目	序号	一级科目	明细科目
43	商品进销差价	零售三部	106	主营业务收入	I类商品
44	长期股权投资	股票投资(兴盛公司)	107	主营业务收入	J类商品
45	持有至到期投资	成本	108	主营业务收入	K类商品
46	持有至到期投资	利息调整	109	主营业务收入	L类商品
47	持有至到期投资	应计利息	110	主营业务收入	M类商品
48	固定资产	经营用固定资产	111	主营业务收入	零售一部
49	固定资产	非经营用固定资产	112	主营业务收入	零售二部
50	固定资产	不需用固定资产	113	主营业务收入	零售三部
51	固定资产	出租固定资产	114	其他业务收入	
52	累计折旧		115	投资收益	
53	工程物资	专用材料	116	公允价值变动损益	
54	工程物资	专用设备	117	营业外收入	
55	在建工程	大楼建设工程	118	主营业务成本	G类商品
56	固定资产清理	报废	119	主营业务成本	H类商品
57	固定资产清理	出售不需用固定资产	120	主营业务成本	I类商品
58	无形资产	专利权	121	主营业务成本	J类商品
59	研发支出	资本化支出	122	主营业务成本	K类商品
60	累计摊销		123	主营业务成本	L类商品
61	长期待摊费用	仓库大修费用	124	主营业务成本	M类商品
62	待处理财产损溢	待处理流动资产损溢	125	主营业务成本	零售一部
63	递延所得税资产		126	主营业务成本	零售二部
			127	主营业务成本	零售三部
			128	税金及附加	
			129	其他业务成本	
			130	资产减值损失	
			131	营业外支出	
			132	所得税费用	

(2)下列账户使用多栏式账页(有期初余额的账户结转期初余额,没有期初余额的账户设户后待记发生额):

应交税费——应交增值税

销售费用

财务费用

管理费用

(3)下列账户(表17—5)使用数量金额式账页(有期初余额的账户结转期初余额,没有期初余额的账户设户后待记发生额):

表17—5　　　　**开设明细账户(数量金额式)**

序号	一级科目	明细科目	序号	一级科目	明细科目
1	库存商品	A-1商品	27	库存商品	G-3商品
2	库存商品	A-2商品	28	库存商品	G-4商品
3	库存商品	A-3商品	29	库存商品	H-1商品
4	库存商品	A-4商品	30	库存商品	H-2商品
5	库存商品	B-1商品	31	库存商品	H-3商品
6	库存商品	B-2商品	32	库存商品	H-4商品
7	库存商品	B-3商品	33	库存商品	I-1商品
8	库存商品	B-4商品	34	库存商品	I-2商品
9	库存商品	C-1商品	35	库存商品	I-3商品
10	库存商品	C-2商品	36	库存商品	I-4商品
11	库存商品	C-3商品	37	库存商品	J-1商品
12	库存商品	C-4商品	38	库存商品	J-2商品
13	库存商品	D-1商品	39	库存商品	J-3商品
14	库存商品	D-2商品	40	库存商品	J-4商品
15	库存商品	D-3商品	41	库存商品	K-1商品
16	库存商品	D-4商品	42	库存商品	K-2商品
17	库存商品	E-1商品	43	库存商品	K-3商品
18	库存商品	E-2商品	44	库存商品	K-4商品
19	库存商品	E-3商品	45	库存商品	L-1商品
20	库存商品	E-4商品	46	库存商品	L-2商品
21	库存商品	F-1商品	47	库存商品	L-3商品
22	库存商品	F-2商品	48	库存商品	L-4商品
23	库存商品	F-3商品	49	库存商品	甲商品
24	库存商品	F-4商品	50	库存商品	乙商品
25	库存商品	G-1商品	51	库存商品	丙商品
26	库存商品	G-2商品	52	库存商品	丁商品

17.2.3　办理记账业务

办理如下记账业务:

(1)12月1日,依据出纳员"增值税专用发票"填写"商品销售成本计算表"(采用先进先出法),进行账务处理。

(2)12 月 4 日,收到业务员送来的“验收单”,按买价进行账务处理。

(3)12 月 9 日,收到固定资产折旧计算表,经审核无误进行账务处理。

(4)12 月 9 日,收到业务员交来本公司换出商品的增值税专用发票的记账联,换入商品的增值税发票的抵扣联与发票联及验收单的会计记账联,经审核无误进行非货币性交易的账务处理。

(5)12 月 10 日,收到业务员送来的“商品内部调拨单”,经审核无误进行账务处理。

(6)12 月 12 日,收到童志、程功的“物品领用单”,经审核无误进行账务处理。

(7)12 月 13 日,收到零售一部“商品调价单”,进行账务处理。

(8)12 月 17 日,收到业务员送来的“验收单”,按买价进行账务处理。

(9)12 月 18 日,收到“固定资产报废单”,经审核无误进行账务处理。

(10)12 月 19 日,收到业务员送来的“内部转账单”,经审核无误进行账务处理。

(11)12 月 20 日,收到业务员送来的“材料入库验收单”,经审核无误进行账务处理。

(12)12 月 20 日,报废固定资产清理完毕,根据“固定资产清理——报废清理”账户余额编制“内部转账单”,结转清理损益。

(13)12 月 28 日,本月应摊销专利权 40 000 元,应摊销仓库大修费 30 000 元,据以编制“无形资产、长期待摊费用分摊表”,经审核无误进行账务处理。

(14)12 月 28 日,收到业务员送来的“商品内部调拨单”,经审核无误进行账务处理。

(15)12 月 29 日,收到“低值易耗品报废单”经审核无误进行账务处理。

(16)12 月 31 日,根据本月“工资表”与“综合奖金结算汇总表”编制“应付职工薪酬分配表”,经审核无误进行账务处理。

(17)12 月 31 日,公司经理批示:批发仓库短少的商品 25 000 元,挂账已久,查不清原因,同意报损。据以编制“内部转账单”并进行账务处理。

(18)12 月 31 日,收到零售一、二、三部的“商品溢余短缺报告单”进行账务处理。

(19)12 月 31 日,“交易性金融资产——股票”的公允价值为 220 000 元,依据“交易性金融资产——股票——成本”及“交易性金融资产——股票——公允价值变动”明细账户资料计算本期公允价值变动金额,据以填制“内部转账单”,经审核无误进行账务处理。

(20)12 月 31 日,按应收款项百分比法计提坏账准备,提取比例为 3%,依据“应收账款”及“坏账准备”明细账资料分析计算本期应计提的坏账准备金,据以编制“内部转账单”,经审核无误进行账务处理。

(21)12 月 31 日,分步计算零售业务的已销商品应分摊的进销差价,根据计算结果编制“商品进销差价计算表”,并做出账务处理。(进销差价率精确到小数点后四位)

(22)12 月 31 日,依据“应交税费——应交增值税”明细账资料分析填写“增值税纳税申报表”,计算出未交增值税额,经审核无误进行“转出未交增值税”的账务处理。

(23)12 月 31 日,依据“其他业务收入”和“固定资产”明细账及“增值税纳税申报表”资料,计算应交营业税、应交房产税、应交城市维护建设税、应交教育费附加,编制“地方税收综合纳税(费)申报表”,经审核无误进行账务处理。

(24)12 月 31 日,依据“持有至到期投资”明细账期初资料计算本年利息收入,并进行利息调整(按票面利率 6%,实际利率 5%计算),据以填制“内部转账单”,经审核无误进行账务处理。(本月发生数,暂不计算利息)

(25)12 月 31 日,依据“应付债券”明细账期初资料计算本年利息费用,并进行利息调整,按票面利率8%,实际利率5%计算,(为大楼建设工程而发行债券)据以填制“内部转账单”,经审核无误进行账务处理。(本月发生数,暂不计算利息)

(26)12月31日,结平“待处理财产损溢”及“应付职工薪酬——职工福利”账户。

(27)12月31日,填写“内部转账单”将损益类账户的本月净发生额结转“本年利润”账户。

(28)12月31日,编制“利润表”初稿,据以编制“暂时性差异计算表”、“所得税纳税申报表”(税率25%)经审核无误进行账务处理。

(29)12月31日,将“所得税费用”账户发生额,转入“本年利润”后结平“本年利润”账户。

(30)12月31日,编制“利润分配计算表”进行利润分配。法定盈余公积按净利润的10%分配,应付现金股利按“未分配利润”明细账期初余额加上本年净利润,减去本年提取的法定盈余公积后的30%分配。

(31)12月31日,将“利润分配——提取盈余公积”、“利润分配——应付现金股利”账户余额转入“利润分配——未分配利润”账户。

17.3 达亿公司财务科长岗位实操

17.3.1 开设总账

根据下列资料(表17—6)开设总账账户,每个账户占一页。达亿公司2017年11月30日总账期末资料如下:

表17—6 总账账户余额(截至2017年11月30日) 单位:元

科 目	借或贷	金 额	科 目	借或贷	金 额
库存现金	借	1 000.00	短期借款	贷	1 500 000.00
银行存款	借	300 000.00	应付票据	贷	310 000.00
其他货币资金	借	11 000.00	应付账款	贷	320 000.00
交易性金融资产	借	310 000.00	应付职工薪酬	贷	15 000.00
应收票据	借	320 000.00	应交税费	贷	9 800.00
应收账款	借	300 000.00	应付利息	贷	23 000.00
坏账准备	贷	1 200.00	应付股利	平	
其他应收款	借	28 000.00	其他应付款	平	
在途物资	借	30 000.00	长期借款	贷	1 000 000.00
周转材料	借	40 000.00	长期应付款	贷	100 000.00
库存商品	借	4 696 400.00	应付债券	贷	540 000.00
商品进销差价	贷	480 000.00	递延所得税负债	平	
长期股权投资	借	100 000.00	实收资本	贷	3 600 400.00
持有至到期投资	借	115 000.00	资本公积	贷	370 000.00
固定资产	借	2 200 000.00	盈余公积	贷	600 000.00

续表

科　目	借或贷	金　额	科　目	借或贷	金　额
累计折旧	贷	600 000.00	利润分配	贷	80 000.00
工程物资	借	500 000.00	本年利润	贷	320 000.00
在建工程	借	550 000.00	主营业务收入	平	
固定资产清理	借	20 000.00	其他业务收入	平	
无形资产	借	223 000.00	投资收益	平	
研发支出	借	27 000.00	公允价值变动损益	平	
累计摊销	平		营业外收入	平	
长期待摊费用	借	73 000.00	主营业务成本	平	
待处理财产损溢	借	25 000.00	税金及附加	平	
递延所得税资产	平		其他业务成本	平	
			销售费用	平	
			管理费用	平	
			财务费用	平	
			资产减值损失	平	
			营业外支出	平	
			所得税费用	平	

17.3.2　处理日常总账业务

日常总账业务如下：

（1）复核上旬会计凭证，根据审核无误的上旬记账凭证编制记账凭证汇总表，并据以登记总账，结出账户余额，与出纳员所经管的日记账核对，如有不符，查明原因，予以更正；与记账员所经管的明细账进行核对，如有不符，查明原因，予以更正。

（2）复核中旬会计凭证，根据审核无误的中旬记账凭证编制记账凭证汇总表，并据以登记总账，结出账户余额，与出纳员所经管的日记账核对，如有不符，查明原因，予以更正；与记账员所经管的明细账进行核对，如有不符，查明原因，予以更正。

（3）复核下旬会计凭证，根据审核无误的下旬记账凭证编制记账凭证汇总表，并据以登记总账，结出账户余额，与出纳员所经管的日记账核对，如有不符，查明原因，予以更正；与记账员所经管的明细账进行核对，如有不符，查明原因，予以更正。

（4）编制总账账户余额试算平衡表。

（5）办理年结。

17.3.3　编制会计报表

编制如下会计报表：

（1）编制资产负债表。

（2）编制利润表。

(3)编制现金流量表。

17.4 达亿公司业务员岗位实操

按要求填制和传递 2017 年 12 月份凭证：

(1)12 月 1 日，张估春因要去北京出差需借支 2 500 元，陈平因要去上海出差需借支 2 500 元，分别以张估春和陈平的名义填写"借款单"各一张，经理洪文胜在借款单上签字：同意借支。持单向财务科出纳员借款。并将出纳员开出的现金支票送到开户银行提取现金。

(2)12 月 1 日，销售商品一批，资料如表 17—7 所示。

表 17—7　　销售商品资料

购货单位	品名	数量	单价（元）	购货单位	品名	数量	单价（元）
AI 公司	G-1 商品	2 000 千克	13	AL 公司	J-1 商品	2 000 千克	16
	G-2 商品	1 000 件	31		J-2 商品	1 000 千克	30
	G-3 商品	1 000 件	38		J-3 商品	1 000 件	31
	G-4 商品	600 件	46		J-4 商品	1 000 件	35
AK 公司	H-1 商品	2 000 千克	14	AO 公司	K-1 商品	1 500 千克	18
	H-2 商品	1 000 件	28		K-2 商品	1 000 件	28
	H-3 商品	1 000 件	34		K-3 商品	1 000 件	30
	H-4 商品	1 000 件	38		K-4 商品	1 000 件	38
AM 公司	I-1 商品	2 000 千克	15	AP 公司	L-1 商品	2 000 千克	13
	I-2 商品	1 000 件	30		L-2 商品	1 500 件	21
	I-3 商品	1 000 件	28		L-3 商品	1 200 件	22
	I-4 商品	1 000 件	34		L-4 商品	1 000 千克	38

增值税税率 13%，价税款均已收讫。据以填写"增值税专用发票"，款项全部存入银行，填写"进账单"，送银行办理进账手续后取回"进账单"回单。将"进账单"回单连同"增值税专用发票"的记账联送财务科出纳员。（开户行：中国工商银行江泽市支行；账号：1156674356328）

(3)12 月 2 日，以采购办事处何其美的名义填写"领款单"，领款金额 3 000 元，领款单填写好后到财务科找出纳员领款，作为采购办事处的备用金。

(4)12 月 3 日，以亚洲证券营业部的名义填写"亚洲证券营业部成交过户交割单"1 张，内容如下：本交割单系达亿公司购买股票，成交编号为 12695，股东账户为 33665695，股东名称为达亿公司，申请编号为 691，公司代码为 M125，申报时间为 095300(即 9 点 53 分 0 秒)，成交时间为 095335，实收金额为 123 635 元，资金余额为 76 365 元；证券名称为 500232，成交数量 15 000 股，成交价格 8.18 元，佣金 432 元，印花税 488 元，附加费 15 元 。填写好后送财务科出纳员。

(5)12 月 4 日，向昌安公司购进的 J-3 商品 1 200 件，每件买价 25 元，商品全部验收入库，据以填写"验收单"，将其会计记账联送账务科记账员。

(6)12 月 5 日，以中财保险股份有限公司的名义填写"机动车辆保险单"和"保费收据"各一张，填写内容如下：被保险人为达亿公司；投保险种为车辆损失险、第三责任险，盗抢险、玻璃险、他人恶意险等；车辆型号为丰田(普)；发动机号为 368679；牌号为 A-33567；非营业用车；座位为5座;保险价值32万元,保险金额32万元;基本保费240元;车辆损失险费率0.8%;第三责任险最高赔偿限额为20万元;第三责任险保费为2 100元;盗抢险保费据表计算;玻璃险保费为50元;他人恶意险保费为100元;保险期限自2018年1月1日零时起至2018年12月31日24时止。地址:十字街58号;电话:8666688;邮政编码438000;总经理:洪源。填好后将“机动车辆保险单”正本和“保费收据”发票联送本公司出纳员。

(7)12月6日,以江泽市第一律师事务所陈海的名义填写“增值税专用发票”,收取本公司本月律师顾问费用1 200元,持其发票联、抵扣联找本公司出纳员收款。(税率6%)

(8)12月8日,江泽市电视台收取本公司广告费26 000元代电视台填写“增值税专用发票”,持其发票联、抵扣联找本公司出纳员收款。(税率6%)

(9)12月9日,债券公司应向本公司收取债券印刷费及手续费9 000元。代填写“增值税普通发票”,并持其第二联到本财务科结算。(税率3%)

(10)12月9日,根据下述资料编制“固定资产折旧表”(采用平均年限法),编制完成后将其送交本公司记账员。

11月30日,固定资产资料如表17—8所示。

表17—8　　固定资产资料(截至2017年11月30日)

部　门	固定资产类型	固定资产原值(元)	预计净残值(元)	预计使用年限(年)
经营部门	房屋	600 000	35 000	40
	专用电子设备	500 000	25 000	10
	其他专用设备	400 000	20 000	20
管理部门	房屋	450 000	22 500	40
	不需用设备	150 000	30 000	10
出租	仓库	100 000	20 000	10

(11)12月9日,达亿公司分别与众健、宏源、宏盛公司进行非货币交易,交易内容如下:

达亿公司向众健公司销售丁商品10 000千克,每千克售价5元;向众健公司购进D-2商品2 500件,每件进价20元;向宏源公司销售甲商品10 000千克,每千克售价4.01元;向宏源购进E-2商品2 005件,每件进价20元;向宏盛公司销售乙商品10 000千克,每千克售价3.03元,向宏盛公司购进F-2商品2 020件,每件进价15元。增值税税率均为17%,据以填写销售商品的“增值税专用发票”和购进商品的“验收单”,(保管员:严松)填写好后先持销售商品的增值税专用发票的2、3联到众健、宏源、宏盛公司业务处换取购进商品的增值税专用发票的2、3联;后将销售商品的“增值税专用发票”的记账联和购进商品的“增值税专用发票”的2、3联及“验收单”一并送交本公司记账员。

(12)12月10日,以公司职工徐圣的名义填写“费用报销领款单”,到财务科领取独生子女费170元。

(13)12月10日,代房地产管理所开具“增值税专用发票”,应收取达亿公司办公用房租金1 200元。制单人:李风。持发票联、抵扣联到达亿公司财务科结算。(税率9%)

(14)12月10日,以江泽市汽车队的名义开具“增值税专用发票”,应收取达亿公司销货运费11 000元。制单人:何春明。持发票联到达亿公司财务科结算。(税率9%)

(15)12月10日,业务科陈明、程功、陈辉3人领取本年度烤火费,每人100元,经理签字:同意付款。代填写“费用报销领款单”,到财务科出纳处领款。

(16)12月10日，代司法局开具“增值税专用发票”，应收取达亿公司公证费用1 100元。收款人：王波。持发票联、抵扣联到达亿公司财务科结算。(税率6%)

(17)12月10日，从批发仓库调给各零售部商品如表17－9所示。

表17－9　　批发仓库调给各零售部商品

调入部门	商品名称	数　量	单位进价	零售价(元)
零售一部	A-2商品	500件	见数量金额式明细账	40
	B-1商品	1 000千克	见数量金额式明细账	13
	C-3商品	500件	见数量金额式明细账	37
	D-2商品	2 000件	见数量金额式明细账	38
零售二部	E-2商品	1 000千克	见数量金额式明细账	37
	F-2商品	1 000件	见数量金额式明细账	27
	G-1商品	1 000千克	见数量金额式明细账	17
	H-1商品	1 000千克	见数量金额式明细账	18
零售三部	I-3商品	500件	见数量金额式明细账	37
	J-3商品	1 000件	见数量金额式明细账	40
	K-2商品	500件	见数量金额式明细账	37
	L-1商品	1 000千克	见数量金额式明细账	17

据以分别填写“商品内部调拨单”并将其送交财务科记账员。

(18)12月10日，各零售部将零售款送存银行如表17－10所示。开户行：中国工商银行江泽市支行；账号：115674356327。

表17－10　　各零售部送存银行零售款

部门	经办人	面值	数量	部门	经办人	面值	数量	部门	经办人	面值	数量
零售一部	张丰	100元	1 000张	零售二部	李海	100元	1 000张	零售三部	万洋	100元	1 000张
	张丰	50元	400张		李海	50元	600张		万洋	50元	800张
	张丰	10元	1 000张		李海	10元	1 000张		万洋	10元	625张
	张丰	5元	91张		李海	5元	80张				

据以上资料填写“进账单”，持单到银行办理进账手续，取回回单交财务科出纳员。

(19)12月11日，代商品采购供应站开出“增值税普通发票”，应收达亿公司李元参加商品交易会的住宿及会务费计600元，持收据向达亿公司财务科结账。(税率3%)

(20)12月11日，大楼建设工程的承建单位向达亿公司收取工程款110 000元，领款人：袁先耀。据以填写“增值税专用发票”，持发票联、抵扣联到财务科出纳处办理领款，取得出纳员签发的“现金支票”到银行取款。(税率9%)

(21)12月12日，业务员童志、程功各领计算器一个，单价160元，合计金额320元。经理审批：同意领用，一次摊销。据以填写“物品领用单”并将其送交财务科记账员。

(22)12月12日，达亿公司向证券公司购买一年期债券1 200 000元，手续费2 400元，以证券公司名义开出“收据”，持收据第二联到达亿公司财务科结算。

(23)12月13日，根据下列资料分别编制“工资表”。

经营人员工资计算资料如表17－11所示。

表 17－11　　经营人员工资资料　　单位:元

姓名	月标准工资	津贴	水电费	公积金	个人所得税	个人承担社保
李立三	1 220	97	50	120		20
马力	1 220	97	50	120		20
牛冲	960	87	48	110		10
边防	960	87	46	110		10
王兵等 250 人	230 000	19 000	8 000	3 600	2 450	1 710

管理人员工资计算资料如表 17－12 所示。

表 17－12　　管理人员工资资料　　单位:元

姓名	月标准工资	津贴	水电费	公积金	个人所得税	个人承担社保
章启明	1 360	207	50	130		25
洪元	1 220	167	48	120		20
李立	1 220	167	39	120		20
陆地	1 220	157	53	120		10
刁青等 36 人	33 200	3 025	1 616	1 000	411.25	200

“工资表”编制好后送交财务科出纳员。

(24)12 月 13 日,张估春出差北京联系业务,返回公司报账,出差相关内容如下:2017 年 12 月 1 日从江泽市乘火车至北京(当日到达)火车票 300 元,在北京期间住宿费 1 400 元,2017 年 12 月 12 日晚从北京乘火车返回,于 12 月 13 日上午到达返程票 360 元;陈平 12 月 1 日从江泽市乘火车至上海(当日到达),火车票 280 元,在上海期间住宿费 1 500 元,2017 年 12 月 12 日从上海乘火车回江泽市(次日到达)火车票 320 元,出差补助每天 20 元,据以分别填写“旅差费报销单”(经理在单上签字:同意报销),并持单以张估春和陈平的名义向财务科出纳处报账(出差前张估春已预支 2 500 元、陈平已预支 2 500 元)。

(25)12 月 13 日,零售一部库存 C-2 商品 600 件,每件零售价由原来的 25 元调至 24 元,据以填写“商品调价单”将其记账联送达亿公司财务科记账员。

(26)12 月 14 日,业务科各种费用支出汇总情况如下:差旅费 350 元(23 张原始凭证);办公费 210 元(16 张原始凭证);其他费用 120 元(4 张原始凭证);经核对,编制“管理费用支出汇总表”,持表到财务科报账。

(27)12 月 14 日,丁晓等 5 名职工参加江泽市商学院短期培训,支付学杂费 4 000 元,以商学院名义开出“增值税普通发票”找达亿财务科出纳员办理领款,取得出纳员签发的“现金支票”到银行取款。(税率 3%)

(28)12 月 15 日,达亿公司职工食堂向为民日杂公司购买铁锅 1 个,单价 75 元;菜刀 3 把,单价 10 元,计 30 元;合计 105 元。以为民日杂公司名义开具“增值税普通发票”,持发票联向达亿公司财务科出纳员报账。(在发票备注上填写:列入职工福利。)(税率 3%)

(29)12 月 16 日,达亿公司向税务局购买 25 张 5 元券印花税票,25 张 2 元券印花税票,25 张 1 元券印花税票,以税务局名义开具“市税务局印花税票发售统一发票”,持发票联向达亿公司财务科出纳员报账。

(30)12月17日,向昌安公司购进的J-1商品10 000千克,每千克买价12.80元;J-3商品10 000件,每件买价23.80元;向大兴公司购进的K-1商品10 000千克,每千克买价13.80元;K-2商品10 000件,每件买价21.60元;向大华公司购进的L-1商品10 000千克,每千克买价9.80元;L-2商品10 000件,每件买价15.80元;以上商品均已到达,如数验收入库。据以填写“验收单”,将验收单的会计记账联送财务科记账员。

(31)12月17日,本月综合奖金结算汇总资料如下:经营人员奖金25 400元,管理人员奖金4 000元。据以编制“综合奖金结算汇总表”,持表向财务科出纳员领取奖金。

(32)12月18日,向丰润公司购进甲设备一台,交易价38 000元,经验收交零售一部使用,据以填写“固定资产验收单”,将其第二联送财务科出纳员。

(33)12月18日,一栋仓库320平方米,预计使用30年,已使用29年,原值120 000元,已提折旧105 000元,因重建提前报废。其处理意见:使用部门的意见:因陈旧要求报废;技术鉴定小组意见:情况属实;固定资产管理部门意见:同意转入清理;主管部门审批意见:同意报废重建。据以填写“固定资产报废单”后将其会计记账联送财务科记账员。

(34)12月19日,销售给达昌公司不需用丁设备一台,原始价值7万元,已提折旧22 000元,协商作价50 000元。据以填写“增值税专用发票”,持其发票联、抵扣联到达昌公司财务科收款,要求达昌公司出纳员签发“转账支票”,并与其一同去银行办理转账手续,取得银行盖章后“进账单”的收账通知联后,将“进账单”的收账通知联及“增值税专用发票”记账联送交本公司财务科出纳员。同时依据固定资产原始价值与已提折旧填写“内部转账单”,并将其送本公司财务科记账员。(税率13%)

(35)12月19日,采购办事处与业务往来单位洽谈业务,接待、就餐、补助及接送车费共计金额2 200元,单据26张。据以填写“业务招待费汇总表”,经理在单上签字:同意报销。持单向财务科出纳员报账,取得出纳员签发的“现金支票”后到银行提取现金。

(36)12月19日,报废固定资产的清理人员杨林等6人应领取清理费用500元,以杨林的名义填写“费用报销领款单”,经理在单上签字:同意付款。持单向财务科出纳员领款。

(37)12月19日,达亿公司向南华公司收取仓库租金5 000元,据以开出“增值税专用发票”,收到现金5 000元,当即填写“进账单”到开户行办理进账手续,收到银行盖章后的“进账单”回单,将“增值税专用发票”的记账联及“进账单”回单送交本公司出纳员。(本公司开户行:中国工商银行江泽市支行,账号:115674356328)(税率9%)

(38)12月20日,仓库清理残料如下:红砖150 000块,每块0.20元,计30 000元,其他材料6 000元,合计36 000元。材料全部入库作重建仓库用,据以编制“材料入库单”,并将其记账联送财务科记账员。

(39)12月20日,达亿公司向为民五金公司购买灭火器6个,单价100元,计600元。灭火器购回后当即由仓库领用。先以为民五金公司名义开具“增值税普通发票”;再以仓库保管员徐汉锋名义填写“物品领用单”(经理在单上签字:同意领用,一次摊销)。最后将“增值税普通发票”的发票联和“物品领用单”送财务科出纳员,并要求领款、领物。(税率3%)

(40)12月21日,向丰润公司转让技术,收取技术转让费17 000元,据以填写“增值税专用发票”,持其发票联、抵扣联到丰润公司财务科收款,要求丰润公司出纳员签发“转账支票”,并与其一同去银行办理转账手续,取得银行盖章后的“进账单”的收账通知联后,将“进账单”的收账通知联及“增值税专用发票”记账联送交本公司财务科出纳员。(税率6%)

(41)12月21日,向会计局购买《新会计准则》等书籍,付款180元,以会计局的名义填写

"增值税普通发票",并持其发票联到账务科报账。(税率3%)

(42)12月21日,达亿公司的汽车送汽车修配厂修理,具体修配项目如下:汽车补胎258元,汽车轮胎2个,单价500元。以汽车修配厂名义开具"增值税专用发票",将"增值税专用发票"的发票联、抵扣联送交本公司财务科结算。(税率13%)

(43)12月23日,达亿公司使用自来水厂的供水,水表记录是:本月号码为563768,上月号码为561868,实用水1 900吨,每吨单价4元。以自来水厂名义开具"增值税专用发票"持其发票联、抵扣联到达亿财务科结算。(税率9%)

(44)12月23日,采购办事处用备用金开支下列各种费用:招待费3 600元19张原始凭证);差旅费5 200元(16张原始凭证);经核对全部报销,编制"管理费用支出汇总表",持表到财务科报账。

(45)12月24日,达亿公司电表的起码是323656,止码是361656,实用电38 000度,每度单价0.80元,以电力局的名义填写"增值税专用发票"(税率13%),持发票联到达亿公司财务科结算。

(46)12月24日,达亿公司参加本市商品展销会,应付江泽大世界商场的商品展位租用费600元,以大世界市场的名义填写"增值税普通发票",持发票联、抵扣联到达亿公司财务科结算。(税率3%)

(47)12月25日,物价检查所对达亿公司商品销售情况进行检查,发现部分商品违反国家价格政策,罚款1 600元,以物价检查所名义填写"罚款没收专用收据",持单到达亿公司财务科收取罚款。

(48)12月26日,看望住院病人张启胜,从副食品商品店购买两袋奶粉,每袋120元,苹果5千克,每千克30元,据以填写"增值税普通发票",经理签字:在福利费列支,持发票联到达亿公司财务科结算。(税率3%)

(49)12月26日,迅达搬运公司为达亿公司装卸货物,应收取商品装卸费1 500元,以迅达公司的名义开具"增值税专用发票",持发票联、抵扣联到达亿公司财务科结算。(税率9%)

(50)12月26日,张估春出差预支差旅费1 300元,据以填写"借款单",持单向财务科出纳员借款。

(51)12月27日,达亿公司自行开发一项实用型专利开发成功,先根据下列资料填写"专利申报表":申请单位:达亿公司;专利项目:实用新型专利;技术开发费:27 000元;注册登记费:3 600元;单位意见:同意申报;专利局审批:同意注册。再以专利局名义填写"增值税专用发票"收取达亿公司专利注册登记费3 600元,然后持"专利申报表"和"增值税专用发票"到达亿公司财务科结算,要求支付注册登记费。(税率6%)

(52)12月27日,达亿公司销售商品一批如表17—13所示。

表17—13　　达亿公司销售商品

购买单位	甲商品		乙商品		丙商品		丁商品	
	单价(元)	数量(千克)	单价(元)	数量(千克)	单价(元)	数量(千克)	单价(元)	数量(千克)
德源公司	4	20 000	3	20 000	5	10 000	6	10 000
德茂公司	4	15 000	3	20 000	5	16 000	6	10 000
昌平公司	4	15 000	3	20 000	5	12 000	6	15 000

增值税税率均为13%，据以分别三个公司填写“增值税专用发票”后持“增值税专用发票”到德源、德茂和昌平公司财务科结算，要求各公司出纳员根据购销合同填写“商业承兑汇票”，经付款人(各购货公司)承兑后取得“商业承兑汇票”的第二联，并在商业承兑汇票第一联的收款人盖章处盖上本公司财务专用章(由本公司出纳员盖章)，在负责、经办处均签名，将“增值税专用发票”的记账联和“商业承兑汇票”的第二联送交本公司出纳员。

(53)12月27日，四通运输公司为达亿公司运输购入的商品，应收运费7 500元。以四通运输公司的名义开具“增值税专用发票”，持发票联、抵扣联到达亿公司财务科结算。(税率9%)

(54)12月27日，外购商品全部验收入库。据表17—14所列资料填写“验收单”，将其记账联送财务科记账员。

表17—14　　外购商品资料

供货单位	商品名称	数量(件)	单位进价(元)	合计金额(元)
昌安公司	J-2商品	10 000	23	230 000
大兴公司	K-3商品	10 000	23	230 000
大华公司	L-3商品	10 000	17	170 000

(55)12月28日，从批发仓库调给各零售部商品的资料如表17—15所示。

表17—15　　批发仓库调给各零售部商品

调入部门	商品名称	数量	单位进价	零售价(元)
零售一部	J-1商品	5 000千克	见数量金额式明细账	18.3
	J-3商品	6 000件	见数量金额式明细账	33
零售二部	J-2商品	5 000件	见数量金额式明细账	34
	K-1商品	6 000千克	见数量金额式明细账	20
零售三部	K-2商品	5 000件	见数量金额式明细账	31
	L-1商品	6 000千克	见数量金额式明细账	14

据以分别填写“商品内部调拨单”并将其送交财务科记账员。

(56)12月29日，各零售部将零售款送存银行如表17—16所示。开户行：中国工商银行江泽市支行；账号：115674356328。

表17—16　　各零售部送存银行零售款

部门	经办人	面值	数量	部门	经办人	面值	数量	部门	经办人	面值	数量
零售一部	张丰	100元	1 900张	零售二部	李海	100元	2 000张	零售三部	万洋	100元	1 000张
	张丰	50元	1 600张		李海	50元	1 000张		万洋	50元	2 000张
	张丰	10元	1 000张		李海	20元	370张		万洋	20元	1 700张

以上资料填写“进账单”，持单到银行办理进账手续，取回回单交财务科出纳员。

(57)12月29日，达亿公司报废低值易耗品资料如下：文件柜三乘，成本1 500元，已摊销750元；办公桌4张，成本2 000元，已摊销1 000元；沙发一套，成本1 200元，已摊销600元；其他物品成本500元，已摊销500元。据以编制“低值易耗品报废表”(备注栏里注明五五摊销或一次摊销),经理在单上签字:同意报废。将其送财务科记账员。

(58)12月30日,达亿公司支付本公司工会委员会工会经费3 200元,以本公司工会委员会的名义开出"收据",持收据第二联向达亿公司财务科出纳员收款,收到出纳员签发的"现金支票"到银行提取现金。

(59)12月30日,公司支付职工食堂代扣伙食费4 791元。以职工食堂名义填写"收据",持收据第二联向达亿公司财务科出纳员收款,收到出纳员签发的"现金支票"到银行提取现金。

(60)12月30日,销售给德源公司甲商品25 000千克,每千克售价4元;销售给德茂公司乙商品20 000千克,每千克售价3元,丙商品10 000千克,每千克售价5元,;销售给昌平公司丁商品20 000千克,每千克售价6元;增值税率13%,分别填写"增值税专用发票",将其2、3、4联送财务科记账员。

(61)12月31日,各零售部盘点商品情况如表17—17所示。

表17—17　　各零售部盘点商品情况

部　门	实际结存	账面结存	进销差价率	备注
零售一部	498 860元	(明细账余额)	30%	章启明批示:溢余或短缺,按进价记入当期损益
零售二部	591 260元	(明细账余额)	30%	
零售三部	455 000元	(明细账余额)	30%	

据以分别填写"商品溢余短缺报告单",将其会计记账联送财务科记账员。

18 银行结算业务岗位实操

18.1 中国工商银行江泽市支行结算业务岗位实操

18.1.1 开设活期存款账

表 18—1 为 2017 年 11 月 30 日吸收存款余额(括号内数字为账号)：

表 18—1　　吸收存款余额(截至 2017 年 11 月 30 日)

科　目	借或贷	金额(元)
吸收存款—丰润公司(1156674356321)	贷	300 000.00
吸收存款—丰利公司(1156674356322)	贷	301 000.00
吸收存款—众生公司(1156674356323)	贷	298 000.00
吸收存款—众健公司(1156674356324)	贷	306 000.00
吸收存款—宏源公司(1156674356325)	贷	310 000.00
吸收存款—宏盛公司(1156674356326)	贷	299 000.00
吸收存款—达昌公司(1156674356327)	贷	301 000.00
吸收存款—达亿公司(1156674356328)	贷	300 000.00

18.1.2 办理 2017 年 12 月份结算业务

受理业务后，办理业务手续，据以编制记账凭证，登记以上八个公司的吸收存款明细账，其他单位的只填制记账凭证不登账，月末以吸收存款明细账代对账单提供给开户单位对账：

(1)12 月 1 日，收到达昌公司和达亿公司支取现金的现金支票，经审核无误支付现金。

(2)12 月 1 日，收到丰润公司、丰利公司、众生公司、众健公司、宏源公司、宏盛公司、达昌

公司、达亿公司“进账单”，按规定办理有关手续。(假定现金点收无误)

(3)12月1日，收到丰润公司转账支票和信汇凭证按规定办理有关手续(信汇凭证第三联和第四联放专夹保管，意为邮寄在途，待5日以邮局名义转送中国工商银行崎峰市支行)。

(4)12月1日，收到丰利公司转账支票和信汇凭证按规定办理有关手续(信汇凭证第三联和第四联放专夹保管，意为邮寄在途，待5日以邮局名义转送中国工商银行崎峰市支行)。

(5)12月1日，收到众生公司转账支票和信汇凭证按规定办理有关手续(信汇凭证第三联和第四联放专夹保管，意为邮寄在途，待5日以邮局名义转送中国工商银行崎峰市支行)。

(6)12月1日，收到众健公司转账支票和信汇凭证按规定办理有关手续(信汇凭证第三联和第四联放专夹保管，意为邮寄在途，待5日以邮局名义转送中国工商银行崎峰市支行)。

(7)12月1日，收到宏源公司转账支票和信汇凭证按规定办理有关手续(信汇凭证第三联和第四联放专夹保管，意为邮寄在途，待5日以邮局名义转送中国工商银行崎峰市支行)。

(8)12月1日，收到宏盛公司转账支票和信汇凭证按规定办理有关手续(信汇凭证第三联和第四联放专夹保管，意为邮寄在途，待5日以邮局名义转送中国工商银行崎峰市支行)。

(9)12月1日，收到达昌公司转账支票和信汇凭证按规定办理有关手续(信汇凭证第三联和第四联放专夹保管，意为邮寄在途，待5日以邮局名义转送中国工商银行崎峰市支行)。

(10)12月1日，收到达亿公司转账支票和信汇凭证按规定办理有关手续(信汇凭证第三联和第四联放专夹保管，意为邮寄在途，待5日以邮局名义转送中国工商银行崎峰市支行)。

(11)12月2日，收到丰润公司、丰利公司、众生公司、众健公司、宏源公司、宏盛公司、达昌公司、达亿公司转账支票，办理有关手续。(亚洲证券营业部系本行开户，账号为235673625588，但本操作未设该单位，故转账支票的收账通知联留存)

(12)12月2日，收到丰润公司、丰利公司、众生公司、众健公司、宏源公司、宏盛公司、达昌公司、达亿公司现金支票，经审核无误支付现金。(模拟现金支付过程，并不实际支付现金)

(13)12月5日，将专夹保管的信汇凭证第3、4联，以12月1日的名义编制“联行邮划贷方报单”，一起装入联行专用信封，以邮局名义送中国工商银行崎峰市支行。

(14)12月5日，收到邮局送来的中国工商银行崎峰市支行的联行专用信封，予以拆封，以第3联信汇凭证和另编转账借方传票办理转账，第4联信汇凭证加盖转讫章后作收账通知送交收款人。

(15)12月5日，收到丰润公司、丰利公司、众生公司、众健公司、宏源公司、宏盛公司、达昌公司、达亿公司的转账支票，按规定办理有关手续。

(16)12月6日，收到丰润公司、丰利公司、众生公司、众健公司、宏源公司、宏盛公司、达昌公司、达亿公司的中华人民共和国税收缴款书，按规定办理有关手续，根据第2联作账务处理。

(17)12月8日，收到丰润公司、丰利公司、众生公司、众健公司、宏源公司、宏盛公司、达昌公司、达亿公司的转账支票，按规定办理有关手续。(江泽市电视台在本行开户，账号为115674356672)

(18)12月8日，收到丰润公司、丰利公司、众生公司、众健公司、宏源公司、宏盛公司、达昌公司、达亿公司的进账单，按规定办理有关手续。

(19)12月9日，收到丰润公司、丰利公司、众生公司、众健公司、宏源公司、宏盛公司、达昌公司、达亿公司的转账支票，按规定办理有关手续。(债券公司在本行开户，账号为115676283355)

(20)12月10日，收到丰润公司、丰利公司、众生公司、众健公司、宏源公司、宏盛公司、达

昌公司、达亿公司的转账支票，按规定办理有关手续。（江泽市汽车队在本行开户，账号为115674356698）

(21)12月10日，收到丰润公司、丰利公司、众生公司、众健公司、宏源公司、宏盛公司、达昌公司、达亿公司的现金支票，按规定办理有关手续。

(22)12月10日，收到丰润公司、丰利公司、众生公司、众健公司、宏源公司、宏盛公司、达昌公司、达亿公司的转账支票，按规定办理有关手续。（司法局在本行开户，账号为115674356989）

(23)12月10日，收到达昌公司、达亿公司的进账单，按规定办理有关手续。

(24)12月11日，收到丰润公司、丰利公司、众生公司、众健公司、宏源公司、宏盛公司、达昌公司、达亿公司的现金支票，经审核无误，当即付清现金。

(25)12月12日，收到丰润公司、丰利公司、众生公司、众健公司、宏源公司、宏盛公司、达昌公司、达亿公司的转账支票，按规定办理有关手续。（证券公司在本行开户，账号为115674356719）

(26)12月13日，收到丰润公司、丰利公司、众生公司、众健公司、宏源公司、宏盛公司、达昌公司、达亿公司的现金支票，经审核无误，当即付清现金。

(27)12月13日，收到丰润公司、丰利公司、众生公司、众健公司、宏源公司、宏盛公司委托收款凭证及增值税专用发票，按规定办理有关手续，将委托收款凭证第1联加盖业务公章后退收款人，第2联委托收款凭证专夹保管，第3联委托收款凭证上加盖带有银行行号的结算专用章，将第3、4、5联委托收款凭证连同增值税专用发票暂一并寄交付款人开户行（暂专夹保管，意为交邮局）。

(28)12月14日，收到丰润公司、丰利公司、众生公司、众健公司、宏源公司、宏盛公司、达昌公司、达亿公司的现金支票，经审核无误，当即付清现金。

(29)12月15日，将专夹保管的委托收款凭证3、4、5联连同增值税专用发票一并以邮局名义送交中国工商银行崎峰市支行。

(30)12月15日，收到邮局送来的委托收款凭证的3、4、5联及增值税发票的2、3联，将委托收款凭证的3、4联专夹保管，将委托收款凭证第5联连同增值税专用发票分别送交达昌公司和达亿公司。

(31)12月16日，假定上述委托收款凭证付款期满，从专夹中抽出委托收款凭证3、4联，其中第3联留作本行作账务处理。第4联随邮划贷方报单（此处略）以邮局名义送交中国工商银行崎峰市支行。

(32)12月16日，收到邮局转来的崎峰市工商银行邮划贷方报单（略）和所附第4联委托收款凭证（系丰润公司、丰利公司、众生公司、众健公司、宏源公司、宏盛公司的托收款），将专夹留存的第2联与其核对相符后作账务处理，同时将第4联委托收款凭证加盖转讫章送交收款人（上述六家公司）。

(33)12月16日，收到丰润公司、丰利公司、众生公司、众健公司、宏源公司、宏盛公司、达昌公司、达亿公司的转账支票，按规定办理有关手续。（江泽市保险公司在本行开户，账号为115674363789）

(34)12月17日，收到丰润公司、丰利公司、众生公司、众健公司、宏源公司、宏盛公司的转账支票，按规定办理有关手续。（长丰建筑公司在本行开户，账号为1156332785567）

(35)12月17日，收到丰润公司、丰利公司、众生公司、众健公司、宏源公司、宏盛公司、达昌公司、达亿公司的现金支票，经审核无误，当即付清现金。

(36)12 月 18 日，收到丰利公司、众健公司、宏盛公司、达亿公司的转账支票，按规定办理有关手续。

(37)12 月 19 日，收到丰润公司、众生公司、宏源公司、达昌公司的转账支票，按规定办理有关手续。

(38)12 月 19 日，收到丰润公司、丰利公司、众生公司、众健公司、宏源公司、宏盛公司、达昌公司、达亿公司的现金支票，经审核无误，当即付清现金。

(39)12 月 19 日，收到丰润公司、丰利公司、众生公司、众健公司、宏源公司、宏盛公司、达昌公司、达亿公司送存现金的进账单，在进账单回单上加盖银行印章后交存款人。

(40)12 月 20 日，收到丰润公司、丰利公司、众生公司、众健公司、宏源公司、宏盛公司的现金支票，经审核无误，当即付清现金。

(41)12 月 20 日，收到丰利公司、众健公司、达昌公司、达亿公司的转账支票，按规定办理有关手续。

(42)12 月 21 日，收到丰润公司、众生公司、宏源公司、宏盛公司的转账支票，按规定办理有关手续。

(43)12 月 23 日，收到丰润公司、丰利公司、众生公司、众健公司、宏源公司、宏盛公司、达昌公司、达亿公司的转账支票，按规定办理有关手续。(自来水厂在本行开户，账号为 115674351125)

(44)12 月 24 日，收到丰润公司、丰利公司、众生公司、众健公司、宏源公司、宏盛公司、达昌公司、达亿公司的转账支票，按规定办理有关手续。(电力局在本行开户，账号为 115674356211)

(45)12 月 25 日，收到丰润公司、丰利公司、众生公司、众健公司、宏源公司、宏盛公司、达昌公司、达亿公司的现金支票，经审核无误，当即付清现金。

(46)12 月 27 日，收到丰润公司、丰利公司、众生公司、众健公司、宏源公司、宏盛公司、达昌公司、达亿公司的转账支票，按规定办理有关手续。(专利局在本行开户，账号为 115675363286)

(47)12 月 27 日，收到丰润公司、丰利公司、众生公司、众健公司、宏源公司、宏盛公司、达昌公司、达亿公司的转账支票，按规定办理有关手续。(四通运输公司在本行开户，账号为 115675363298)

(48)12 月 29 日，收到达昌公司、达亿公司送存现金的进账单，经点收现金与进账单无误，按规定办理进账手续。

(49)12 月 30 日，收到达昌公司、达亿公司现金支票各两张，经审核无误，当即付清现金。

(50)12 月 30 日，收到丰润公司、丰利公司、众生公司、众健公司、宏源公司、宏盛公司、达昌公司、达亿公司委托收款凭证及增值税专用发票，按规定办理有关手续，将委托收款凭证第 1 联加盖业务公章后退收款人，第 2 联委托收款凭证专夹保管，第 3 联委托收款凭证上加盖带有银行行号的结算专用章，将第 3、4、5 联委托收款凭证连同增值税专用发票暂一并寄交付款人开户行(暂专夹保管，意为交邮局)。

(51)12 月 31 日，根据各公司贷款积数计算应收利息；各公司 2017 年 9 月 25 日至 12 月 25 日的计息积数和利率如表 18－2 所示。

表 18—2　　计息积数和利率

公司名称	计息积数	日利率	公司名称	计算积数	日利率
丰润公司	126 100 000	0.2‰	宏源公司	127 300 000	0.2‰
丰利公司	127 200 000	0.2‰	宏盛公司	126 800 000	0.2‰
众生公司	128 200 000	0.2‰	达昌公司	127 500 000	0.2‰
众健公司	126 500 000	0.2‰	达亿公司	127 800 000	0.2‰

根据以上资料，分别填写“中国工商银行湖北省分行贷款计息凭证，并将第 1 联送各贷款单位，根据其他联作账务处理。

(52)12 月 31 日，根据各公司存款积数计算应付利息，各公司 2017 年 9 月 25 日至 12 月 25 日的计息积数和利率如表 18—3 所示。

表 18—3　　计息积数和利率

公司名称	计息积数	日利率	公司名称	计算积数	日利率
丰润公司	90 000 000	0.04‰	宏源公司	93 000 000	0.04‰
丰利公司	91 000 000	0.04‰	宏盛公司	88 000 000	0.04‰
众生公司	89 000 000	0.04‰	达昌公司	102 000 000	0.04‰
众健公司	95 000 000	0.04‰	达亿公司	96 000 000	0.04‰

根据以上资料，分别填写“中国工商银行湖北省分行存款计息凭证，并将第 3 联送各存款单位，根据 1、2 联作账务处理。

(53)12 月 31 日，收到丰润公司、丰利公司、众生公司、众健公司、宏源公司、宏盛公司、达昌公司、达亿公司送存现金的进账单，经点收现金与进账单无误，收妥现金，在进账单回单上加盖银行印章后交存款人，留下另一联进行账务处理。

18.2 中国工商银行崎峰市支行结算业务岗位实操

18.2.1 开设活期存款账

表 18—4 为 2017 年 11 月 30 日吸收存款余额下(括号内数字为账号)：

表 18—4　　吸收存款余额(截至 2017 年 11 月 30 日)

科　目	借或贷	金额(元)
吸收存款—德源公司(823653676510)	贷	299 900.00
吸收存款—德茂公司(823653676511)	贷	300 000.00
吸收存款—昌平公司(823653676512)	贷	290 000.00

续表

科　目	借或贷	金额(元)
吸收存款—昌安公司(823653676513)	贷	300 000.00
吸收存款—大兴公司(823653676514)	贷	299 000.00
吸收存款—大华公司(823653676515)	贷	300 000.00
吸收存款—兴隆公司(823653676516)	贷	290 000.00
吸收存款—兴盛公司(823653676517)	贷	301 000.00

18.2.2　办理2017年12月份结算业务

受理业务后，办理业务手续，据以编制记账凭证，登记以上八个公司的吸收存款明细账，其他单位的只填制记账凭证不登账，月末以吸收存款明细账代对账单提供给开户单位对账：

(1)12月1日，收到兴隆公司和兴盛公司支取现金的现金支票，经审核无误支付现金。

(2)12月1日，收到德源公司、德茂公司、昌平公司、昌安公司、大兴公司、大华公司、兴隆公司、兴盛公司“进账单”，按规定办理有关手续。(假定现金点收无误)

(3)12月1日，收到德源公司转账支票和信汇凭证按规定办理有关手续(信汇凭证第3联和第4联放专夹保管，意为邮寄在途，待5日以邮局名义转送中国工商银行江泽市支行)。

(4)12月1日，收到德茂公司转账支票和信汇凭证按规定办理有关手续(信汇凭证第三联和第四联放专夹保管，意为邮寄在途，待5日以邮局名义转送中国工商银行江泽市支行)。

(5)12月1日，收到昌平公司转账支票和信汇凭证按规定办理有关手续(信汇凭证第三联和第四联放专夹保管，意为邮寄在途，待5日以邮局名义转送中国工商银行江泽市支行)。

(6)12月1日，收到昌安公司转账支票和信汇凭证按规定办理有关手续(信汇凭证第三联和第四联放专夹保管，意为邮寄在途，待5日以邮局名义转送中国工商银行江泽市支行)。

(7)12月1日，收到大兴公司转账支票和信汇凭证按规定办理有关手续(信汇凭证第三联和第四联放专夹保管，意为邮寄在途，待5日以邮局名义转送中国工商银行江泽市支行)。

(8)12月1日，收到大华公司转账支票和信汇凭证按规定办理有关手续(信汇凭证第三联和第四联放专夹保管，意为邮寄在途，待5日以邮局名义转送中国工商银行江泽市支行)。

(9)12月1日，收到兴隆公司转账支票和信汇凭证按规定办理有关手续(信汇凭证第三联和第四联放专夹保管，意为邮寄在途，待5日以邮局名义转送中国工商银行江泽市支行)。

(10)12月1日，收到兴盛公司转账支票和信汇凭证按规定办理有关手续(信汇凭证第三联和第四联放专夹保管，意为邮寄在途，待5日以邮局名义转送中国工商银行江泽市支行)。

(11)12月2日，收到德源公司、德茂公司、昌平公司、昌安公司、大兴公司、大华公司、兴隆公司、兴盛公司转账支票，办理有关手续。(三峡证券营业部系本行开户，账号为123456786789，但本操作未设该单位，故转账支票的收账通知联留存)

(12)12月2日，收到德源公司、德茂公司、昌平公司、昌安公司、大兴公司、大华公司、兴隆公司、兴盛公司现金支票，经审核无误支付现金(模拟现金支付过程，并不实际支付现金)。

(13)12月5日，将专夹保管的信汇凭证第3、4联，以12月1日的名义编制“联行邮划贷方报单”，一起装入联行专用信封，以邮局名义送中国工商银行江泽市支行。

(14)12 月 5 日,收到邮局送来的中国工商银行江泽市支行的联行专用信封,予以拆封,以第 3 联信汇凭证和另编转账借方传票办理转账,第 4 联信汇凭证加盖转讫章后作收账通知送交收款人。

(15)12 月 5 日,收到德源公司、德茂公司、昌平公司、昌安公司、大兴公司、大华公司、兴隆公司、兴盛公司的转账支票,按规定办理有关手续。

(16)12 月 6 日,收到德源公司、德茂公司、昌平公司、昌安公司、大兴公司、大华公司、兴隆公司、兴盛公司的中华人民共和国税收缴款书,按规定办理有关手续,根据第 2 联作账务处理。

(17)12 月 8 日,收到德源公司、德茂公司、昌平公司、昌安公司、大兴公司、大华公司、兴隆公司、兴盛公司的转账支票,按规定办理有关手续。(崎峰市电视台在本行开户,账号为 823653676658)

(18)12 月 8 日,收到德源公司、德茂公司、昌平公司、昌安公司、大兴公司、大华公司、兴隆公司、兴盛公司的进账单,按规定办理有关手续。

(19)12 月 9 日,收到德源公司、德茂公司、昌平公司、昌安公司、大兴公司、大华公司、兴隆公司、兴盛公司的转账支票,按规定办理有关手续。(债券公司在本行开户,账号为 825533667788)

(20)12 月 10 日,收到德源公司、德茂公司、昌平公司、昌安公司、大兴公司、大华公司、兴隆公司、兴盛公司的转账支票,按规定办理有关手续。(崎峰市汽车队在本行开户,账号为 823653675588)

(21)12 月 10 日,收到德源公司、德茂公司、昌平公司、昌安公司、大兴公司、大华公司、兴隆公司、兴盛公司的现金支票,按规定办理有关手续。

(22)12 月 10 日,收到德源公司、德茂公司、昌平公司、昌安公司、大兴公司、大华公司、兴隆公司、兴盛公司的转账支票,按规定办理有关手续。(司法局在本行开户,账号为 825634221668)

(23)12 月 10 日,收到兴隆公司、兴盛公司的存入销货款的进账单,按规定办理有关手续。

(24)12 月 11 日,收到德源公司、德茂公司、昌平公司、昌安公司、大兴公司、大华公司、兴隆公司、兴盛公司的现金支票,经审核无误,当即付清现金。

(25)12 月 12 日,收到德源公司、德茂公司、昌平公司、昌安公司、大兴公司、大华公司、兴隆公司、兴盛公司的转账支票,按规定办理有关手续。(证券公司在本行开户,账号为 825634211698)

(26)12 月 13 日,收到德源公司、德茂公司、昌平公司、昌安公司、大兴公司、大华公司、兴隆公司、兴盛公司的现金支票,经审核无误,当即付清现金。

(27)12 月 13 日,收到大德源公司、德茂公司、昌平公司、昌安公司、大兴公司、大华公司、委托收款凭证及增值税专用发票,按规定办理有关手续,将委托收款凭证第 1 联加盖业务公章后退收款人,第 2 联委托收款凭证专夹保管,第 3 联委托收款凭证上加盖带有银行行号的结算专用章,将第 3、4、5 联委托收款凭证连同增值税专用发票暂一并寄交付款人开户行(暂专夹保管,意为交邮局)。

(28)12 月 14 日,收到德源公司、德茂公司、昌平公司、昌安公司、大兴公司、大华公司、兴隆公司、兴盛公司的现金支票,经审核无误,当即付清现金。

(29)12 月 15 日,将专夹保管的委托收款凭证 3、4、5 联连同增值税专用发票一并以邮局名义送交中国工商银行江泽市支行。

(30)12月15日,收到邮局送来的委托收款凭证的3、4、5联及增值税发票,将委托收款凭证的3、4联专夹保管,将委托收款凭证第5联连同增值税专用发票分别送交兴隆公司和兴盛公司。

(31)12月16日,假定上述委托收款凭证付款期满,从专夹中抽出委托收款凭证3、4联,其中第3联留作本行作账务处理。第4联随邮划贷方报单(此处略)以邮局名义送交中国工商银行江泽市支行。

(32)12月16日,收到邮局转来的江泽市工商银行邮划贷方报单(略)和所附第4联委托收款凭证(系德源公司、德茂公司、昌平公司、昌安公司、大兴公司、大华公司的托收款),将专夹留存的第2联与其核对相符后作账务处理,同时将第4联委托收款凭证加盖转讫章送交收款人(上述六家公司)。

(33)12月16日,收到德源公司、德茂公司、昌平公司、昌安公司、大兴公司、大华公司、兴隆公司、兴盛公司的转账支票,按规定办理有关手续。(崎峰市保险公司在本行开户,账号为825634217238)

(34)12月17日,收到德源公司、德茂公司、昌平公司、昌安公司、大兴公司、大华公司的转账支票,按规定办理有关手续。(建筑公司在本行开户,账号为825625671350)

(35)12月17日,收到德源公司、德茂公司、昌平公司、昌安公司、大兴公司、大华公司、兴隆公司、兴盛公司的现金支票,经审核无误,当即付清现金。

(36)12月18日,收到德茂公司、昌安公司、大华公司、兴盛公司的转账支票,按规定办理有关手续。

(37)12月19日,收到德源公司、昌平公司、大兴公司、兴隆公司的转账支票,按规定办理有关手续。

(38)12月19日,收到德源公司、德茂公司、昌平公司、昌安公司、大兴公司、大华公司、兴隆公司、兴盛公司的现金支票,经审核无误,当即付清现金。

(39)12月19日,收到德源公司、德茂公司、昌平公司、昌安公司、大兴公司、大华公司、兴隆公司、兴盛公司送存现金的进账单,在进账单回单上加盖银行印章后交存款人。

(40)12月20日,收到大德源公司、德茂公司、昌平公司、昌安公司、大兴公司、大华公司的现金支票,经审核无误,当即付清现金。

(41)12月20日,收到德茂公司、昌安公司、兴隆公司、兴盛公司的转账支票,按规定办理有关手续。

(42)12月21日,收到德源公司、昌平公司、大兴公司、大华公司的转账支票,按规定办理有关手续。

(43)12月23日,收到德源公司、德茂公司、昌平公司、昌安公司、大兴公司、大华公司、兴隆公司、兴盛公司的转账支票,按规定办理有关手续。(自来水厂在本行开户,账号为865235217658)

(44)12月24日,收到德源公司、德茂公司、昌平公司、昌安公司、大兴公司、大华公司、兴隆公司、兴盛公司的转账支票,按规定办理有关手续。(电力局在本行开户,账号为865235217666)

(45)12月24日,收到兴盛公司的现金支票,经审核无误,以现金付讫。

(46)12月25日,收到德源公司、德茂公司、昌平公司、昌安公司、大兴公司、大华公司、兴隆公司、兴盛公司的现金支票,经审核无误,当即付清现金。

(47)12 月 27 日，收到德源公司、德茂公司、昌平公司、昌安公司、大兴公司、大华公司、兴隆公司、兴盛公司的转账支票，按规定办理有关手续。（专利局在本行开户，账号为825635367658）

(48)12 月 27 日，收到德源公司、德茂公司、昌平公司、昌安公司、大兴公司、大华公司、兴隆公司、兴盛公司的转账支票，按规定办理有关手续。（顺达运输公司在本行开户，账号为865235367898）

(49)12 月 29 日，收到兴隆公司、兴盛公司送存现金的进账单，经点收现金与进账单无误，按规定办理进账手续。

(50)12 月 30 日，收到兴隆公司、兴盛公司现金支票各两张，经审核无误，当即付清现金。

(51)12 月 30 日，收到德源公司、德茂公司、昌平公司、昌安公司、大兴公司、大华公司、兴隆公司、兴盛公司委托收款凭证及增值税专用发票，按规定办理有关手续，将委托收款凭证第 1 联加盖业务公章后退收款人，第 2 联委托收款凭证专夹保管，第 3 联委托收款凭证上加盖带有银行行号的结算专用章，将第 3、4、5 联委托收款凭证连同增值税专用发票暂一并寄交付款人开户行(暂专夹保管，意为交邮局)。

(52)12 月 31 日，根据各公司贷款积数计算应收利息；各公司 2017 年 9 月 25 日至 12 月 25 日的计息积数和利率如表 18—5 所示。

表 18—5　　计息积数和利率

公司名称	计息积数	日利率	公司名称	计算积数	日利率
德源公司	118 000 000	0.2‰	大兴公司	126 000 000	0.2‰
德茂公司	123 000 000	0.2‰	大华公司	131 000 000	0.2‰
昌平公司	125 000 000	0.2‰	兴隆公司	132 000 000	0.2‰
昌安公司	131 000 000	0.2‰	兴盛公司	133 000 000	0.2‰

根据以上资料，分别填写“中国工商银行湖北省分行贷款计息凭证”，并将第 1 联送各贷款单位，根据其他联作账务处理。

(53)12 月 31 日，根据各公司存款积数计算应付利息，各公司 2017 年 9 月 25 日至 12 月 25 日的计息积数和利率如表 18—6 所示。

表 18—6　　计息积数和利率

公司名称	计息积数	日利率	公司名称	计算积数	日利率
德源公司	92 000 000	0.04‰	大兴公司	89 000 000	0.04‰
德茂公司	93 500 000	0.04‰	大华公司	95 000 000	0.04‰
昌平公司	91 000 000	0.04‰	兴隆公司	110 000 000	0.04‰
昌安公司	92 500 000	0.04‰	兴盛公司	105 000 000	0.04‰

根据以上资料，分别填写“中国工商银行湖北省分行存款计息凭证，并将第 3 联送各存款单位，根据 1、2 联作账务处理。

(54)12 月 31 日，收到德源公司、德茂公司、昌平公司、昌安公司、大兴公司、大华公司、兴隆公司、兴盛公司送存现金的进账单，经点收现金与进账单无误，收妥现金，在进账单回单上加盖银行印章后交存款人，留下另一联进行账务处理。